**中国社会科学院学部委员专题文集**

ZHONGGUOSHEHUIKEXUEYUAN XUEBUWEIYUAN ZHUANTI WENJI

# 论黑格尔哲学

汝 信◎著

中国社会科学出版社

图书在版编目(CIP)数据

论黑格尔哲学/汝信著. —北京：中国社会科学出版社，2014.12
（中国社会科学院学部委员专题文集）
ISBN 978 - 7 - 5161 - 5210 - 2

Ⅰ.①论…　Ⅱ.①汝…　Ⅲ.①黑格尔,G. W. F. (1770—1831)—
哲学思想—文集　Ⅳ.①B516.35 - 53

中国版本图书馆 CIP 数据核字(2014)第 297582 号

出 版 人　赵剑英
责任编辑　凌金良
责任校对　张依婧
责任印制　戴 宽

出　　　版　中国社会科学出版社
社　　　址　北京鼓楼西大街甲 158 号（邮编100720）
网　　　址　http://www.csspw.cn
　　　　　　中文域名:中国社科网　　　010 - 64070619
发 行 部　010 - 84083685
门 市 部　010 - 84029450
经　　　销　新华书店及其他书店

印刷装订　环球印刷(北京)有限公司
版　　　次　2014 年 12 月第 1 版
印　　　次　2014 年 12 月第 1 次印刷

开　　　本　710 × 1000　1/16
印　　　张　23.75
插　　　页　2
字　　　数　381 千字
定　　　价　76.00 元

# 前　　言

哲学社会科学是人们认识世界、改造世界的重要工具，是推动历史发展和社会进步的重要力量。哲学社会科学的研究能力和成果是综合国力的重要组成部分。在全面建设小康社会、开创中国特色社会主义事业新局面、实现中华民族伟大复兴的历史进程中，哲学社会科学具有不可替代的作用。繁荣发展哲学社会科学事关党和国家事业发展的全局，对建设和形成有中国特色、中国风格、中国气派的哲学社会科学事业，具有重大的现实意义和深远的历史意义。

中国社会科学院在贯彻落实党中央《关于进一步繁荣发展哲学社会科学的意见》的进程中，根据党中央关于把中国社会科学院建设成为马克思主义的坚强阵地、中国哲学社会科学最高殿堂、党中央和国务院重要的思想库和智囊团的职能定位，努力推进学术研究制度、科研管理体制的改革和创新，2006 年建立的中国社会科学院学部即是践行"三个定位"、改革创新的产物。

中国社会科学院学部是一项学术制度，是在中国社会科学院党组领导下依据《中国社会科学院学部章程》运行的高端学术组织，常设领导机构为学部主席团，设立文哲、历史、经济、国际研究、社会政法、马克思主义研究学部。学部委员是中国社会科学院的最高学术称号，为终生荣誉。2010 年中国社会科学院学部主席团主持进行了学部委员增选、荣誉学部委员增补，现有学部委员 57 名（含已故）、荣誉学部委员 133 名（含已故），均为中国社会科学院学养深厚、贡献突出、成就卓著的学者。编辑出版《中国社会科学院学部委员专题文集》，即是从一个侧面展示这些学者治学之道的重要举措。

《中国社会科学院学部委员专题文集》（下称《专题文集》），是中国社会科学院学部主席团主持编辑的学术论著汇集，作者均为中国社会科学院学部委员、荣誉学部委员，内容集中反映学部委员、荣誉学部委员在相关学科、专业方向中的专题性研究成果。《专题文集》体现了著作者在科学研究实践中长期关注的某一专业方向或研究主题，历时动态地展现了著作者在这一专题中不断深化的研究路径和学术心得，从中不难体味治学道路之铢积寸累、循序渐进、与时俱进、未有穷期的孜孜以求，感知学问有道之修养理论、注重实证、坚持真理、服务社会的学者责任。

2011 年，中国社会科学院启动了哲学社会科学创新工程，中国社会科学院学部作为实施创新工程的重要学术平台，需要在聚集高端人才、发挥精英才智、推出优质成果、引领学术风尚等方面起到强化创新意识、激发创新动力、推进创新实践的作用。因此，中国社会科学院学部主席团编辑出版这套《专题文集》，不仅在于展示"过去"，更重要的是面对现实和展望未来。

这套《专题文集》列为中国社会科学院创新工程学术出版资助项目，体现了中国社会科学院对学部工作的高度重视和对这套《专题文集》给予的学术评价。在这套《专题文集》付梓之际，我们感谢各位学部委员、荣誉学部委员对《专题文集》征集给予的支持，感谢学部工作局及相关同志为此所做的组织协调工作，特别要感谢中国社会科学出版社为这套《专题文集》的面世做出的努力。

《中国社会科学院学部委员专题文集》编辑委员会
2012 年 8 月

# 目　　录

# 序　言

　　本书是从我半个多世纪以来写的有关黑格尔哲学的文章中编选而成的。黑格尔哲学曾是我研究西方哲学史的重点，已故的周杨同志说我是研究"黑学"的，这大概是由于我曾在贺麟先生门下当研究生攻读黑格尔哲学的缘故。

　　其实，新中国成立前我在大学里学习的专业是政治学和经济学，没有专门学过哲学，更没有读过黑格尔的著作。1955 年我由部队转业到中国科学院工作，当时中央发出向科学进军的号召并开始实施副博士研究生条例，我也萌发了投考研究生的念头。原先打算投考政治经济学专业，但有鉴于列宁所说"不钻研和不理解黑格尔的全部逻辑学，就不能完全理解马克思的《资本论》"，觉得还是应该先学习掌握正确的方法，因此下决心到哲学研究所跟贺麟自昭先生学习黑格尔辩证法。为了应付入学考试，我临时抱佛脚，读了几本讲西方哲学史和黑格尔哲学的书，这是我初次接触黑格尔。自昭先生是我国研究黑格尔的权威学者，蒙他不弃收下了我这个哲学根基很差的研究生。他指导我从头学习西方哲学史并重点研读黑格尔的一些主要著作，特别是《精神现象学》《小逻辑》和《美学》。《精神现象学》一书的著名的序言，是他依据原文逐字逐句进行讲解的。黑格尔的《逻辑学》，则是由另一位西方哲学专家和该书译者杨之一教授讲授的。现在回想起来，从这些老一辈学者那里得到的关于黑格尔哲学的启蒙教育，真是受益匪浅。黑格尔哲学体系包罗万象，气势宏伟，思想丰富深刻，使我大开眼界。诚如恩格斯所言，只要深入到黑格尔哲学大厦里面去，就会发现无数珍宝，而这些珍宝在今天也仍具有充分的价值。1958 年，我结束了研究生的学习，留在哲学研究所从事西方哲学史研究，这时我也放弃了回过头来研究经济学的打算，在哲学史领域内涉猎的范围也扩大到古希腊和近现代西方哲学。不过我的主要兴趣在于从西方哲学史中探索马克思主义哲学的渊源，特别是辩证法思想的历史发展，因此黑格尔哲学一直是我着重研究的题目。尽管在马克思写《资本论》的年代，已经有人把黑格尔视作"死狗"，我却始终认为，与当代某些被人吹捧得天花乱坠的西方哲学"大师"相比，黑格尔还比他们高明得多。特别是就黑格尔与马克思主义的关系来说，其影响要远远超出西方哲学史上任何一个哲学家或哲学学派。仅此一端，就足以奠定黑格尔哲学在历史上的地位和贡献。正是基于这样的考虑，我不嫌粗陋把过去的一些文章编成这个专题文集，也算聊备一格吧。

关于收入文集的一些文章作几点说明：

（一）这些文章中最早的一篇发表于1958年，最晚的一篇发表于2008年，前后正好历经半个世纪，有些文章不可避免地带有当时那个时代的烙印，此次收入文集只是在文字上做了一些删改，文中的引文也仍采用当时通行的译本，以基本保持文章的原貌。

（二）文集中许多文章曾由贺麟老师审阅并提过意见，其中最早的一篇《论车尔尼雪夫斯基对黑格尔美学的批判——兼论车尔尼雷夫斯基美学观点的哲学基础》是经他推荐在《哲学研究》杂志上刊登的。我关于青年黑格尔的研究也是在他的启发和指引下进行的。自昭先生晚年花费很大精力研究黑格尔早期思想并亲自翻译了不少早期著作，他曾对我说这是解开黑格尔哲学秘密的真正钥匙，不了解青年黑格尔，后来的辩证法思想的发展将成为无源之水。他认为，开展这方面的研究，填补我国黑格尔研究中的这一重要空白，对正确理解黑格尔辩证法以及马克思主义的思想来源都具有重大意义。这次选的两篇有关青年黑格尔的论文，曾得到自昭先生的赞许，在此谨表示对老师的尊敬和感激之情。

（三）20世纪60年代，我在报刊上发表的不少文章是和姜丕之同志合作写成的，他是早年参加革命，长期从事理论宣传和新闻工作的老同志，却转行到哲学研究所研究黑格尔，他的那种刻苦钻研的毅力和坚持以马克思主义为指导去研究问题的精神，使我在合作研究中颇受教益。我们合作的方式通常是共同商定文章的要旨，然后由我执笔写成。这次选两篇发表于《光明日报》的文章以表达对故友的怀念。另有一篇《从右面批判黑格尔的克罗齐》，原来是为商务印书馆出版的克罗齐著《黑格尔哲学中的活东西和死东西》一书中译本所写的序言，以笔名发表，特此说明。

# 青年黑格尔的社会政治思想

　　黑格尔的辩证法是马克思主义的重要思想来源之一，对黑格尔辩证法的研究应该得到哲学史工作者的特别重视。列宁说："马克思和恩格斯认为，黑格尔辩证法这个最全面、最富有内容、最深刻的发展学说，是德国古典哲学最大的成果。"① 这就充分肯定了黑格尔辩证法的历史价值。

　　黑格尔辩证法是在什么样的社会阶级基础上形成的？这是我们研究黑格尔辩证法时首先必须解决的问题。这个问题在过去还没有加以认真、深入地研究。在斯大林时期的苏联，曾经有过一种流行一时的错误看法，使这个问题不能得到正确的解决。毛泽东同志批判过这种错误看法，并明确地指出，"把德国古典唯心主义哲学说成是德国贵族对于法国革命的一种反动。作这样一个结论，就把德国古典唯心主义哲学全盘否定了"。② 无疑地，这种错误看法严重地影响了对黑格尔辩证法的评价，并使有关马克思主义思想来源的研究发生了极大的困难。如果这种看法能够成立，那就无法解释为什么本质上是革命的辩证法竟会在腐朽反动的封建贵族哲学中得到高度的发展，更难解释为什么无产阶级革命哲学竟要以这样一种没落阶级的意识形态作为自己的思想源泉了。

　　应该指出，把德国古典哲学说成是德国贵族对于法国革命的一种反动，是没有任何理论根据的，也是严重违背历史事实的。恰恰相反，德国古典哲学，特别是黑格尔辩证法，乃是法国资产阶级革命在当时德国特殊历史条件下的一种曲折的思想反映。当然，这需要作具体的论证，单纯地下一个判断是无济于事的。

---

① 《列宁选集》第 2 卷，第 583 页。
② 《毛泽东选集》第 5 卷，第 347 页。

我们认为，要弄清黑格尔辩证法形成的社会阶级基础，关键之一在于正确地剖析黑格尔的早期社会政治思想，亦即他在写作《精神现象学》一书以前的思想发展。可以说，这是理解黑格尔辩证法形成过程的一把钥匙。一般来说，《精神现象学》出版时，黑格尔已经以一个成熟的辩证法思想家的面貌问世了，而他在该书出版以前的一系列著作则仿佛都是为他的辩证法思想的形成作准备。这些早期著作在黑格尔的思想发展上是重要的里程碑。它们清楚地说明了青年黑格尔的阶级立场和观点，也在某种程度上揭示了黑格尔辩证法的秘密，暴露出它的阶级本质。因此，对黑格尔辩证法的认真研究，有必要从他的早期著作开始。

在黑格尔生前，他的早期著作绝大部分没有出版，除了在罗森克朗茨所写的黑格尔传记中有所提及外，这些著作并没有得到应有的重视和研究。黑格尔的这些遗留下来的手稿的整理和出版，主要是在20世纪开始进行的，直到20—30年代才告完成。20世纪初，德国唯心主义哲学家，所谓"生命哲学"的鼓吹者狄尔泰，研究了保存在柏林皇家图书馆里的黑格尔青年时期的手稿，于1906年发表了《黑格尔青年时代的历史》一书，从此引起了人们对黑格尔早期著作的注意。次年，狄尔泰的学生诺尔整理出版了黑格尔的一部分手稿，并且加上了《黑格尔青年时期神学著作》这样一个很不确切的书名。后来，拉松编辑出版了《黑格尔政治和法哲学著作》（其中收集了第一次发表的《德国宪法》和《伦理体系》）和《黑格尔耶拿时期的逻辑、形而上学和自然哲学》。霍夫迈斯特也编辑出版了黑格尔讲演稿《耶拿时期的实在哲学》，并收集了过去散见的一批文献，辑成《有关黑格尔思想发展的文献》一书。这些文集基本上包括了黑格尔早期的主要著作，为我们研究黑格尔青年时代的思想发展提供了第一手材料。

马克思、恩格斯和列宁虽然未能读到黑格尔的这些早期著作，但他们对黑格尔哲学所做的许多深刻的评述，却由于这些早期著作的出版而又一次得到了辉煌的证实。这充分说明马克思列宁主义的科学具有威力无穷的洞察力。相反，有些西方学者尽管掌握了大量有关的原始资料，却由于他们的阶级偏见和唯心主义的思想方式，始终不能对黑格尔青年时代的思想发展过程作出正确的解释。例如前面所说的那个狄尔泰，虽然他很熟悉黑格尔的早期著作并竭力加以吹捧，说黑格尔从未写过"比这更美的东西"。但是，他力图把青年时代的黑格尔歪曲成为一个非理性主义者，把黑格尔思想神秘化，仿佛在黑格尔的早期著作中就已经有了所谓"生命哲学"的萌芽。在研究黑格尔的现代西方学者中间，狄尔泰那样的观点是有代表性的，流毒亦颇为深广。这表明现代资产阶级已经完全没有能力去正确地认识黑格尔哲学的"合理内核"，更谈不上对它进行批判地继承了。

　　扫清现代西方学者所制造的迷雾，对黑格尔的早期思想的发展作出客观的、正确的估价，并阐明形成黑格尔辩证法的社会阶级基础，这是一个很繁重的任务。下面我们只是试图在这方面进行初步的探索。

## 一　关于启蒙运动对黑格尔早期思想形成的影响

　　青年黑格尔的世界观，是在启蒙运动思想的强烈影响下开始形成的。黑格尔早期社会政治观点带有启蒙运动的深刻烙印，这是无可辩驳的事实。

　　1780—1788 年，黑格尔在斯图嘉特上中学，在他的传记和思想发展史上一般被称为斯图嘉特时期。当时的斯图嘉特中学正在启蒙运动的影响下逐步进行教学改革，神学和哲学课程注重学生的性格形成，并且加强了德国文学和自然科学方面的课程。这对刚开始学习思考、如饥似渴地寻求知识的年轻的黑格尔，产生了不小的影响。黑格尔去世后，罗森克朗茨收集了黑格尔中学时期的全部笔记。从这些笔记中可以看出，黑格尔在这个时期内勤勉地阅读和摘录了大量启蒙运动者的著作，其中有卢梭的《忏悔录》和莱辛、加尔夫、舒尔采、孟德尔松等人的作品①；还阅读了许多古希腊、罗马的古典著作，如柏拉图、亚里士多德、西塞罗、塔西陀的一些作品，甚至还翻译了索福克勒斯的悲剧《安提戈涅》和朗吉弩斯的《论

───────────

　　①　遗憾的是，关于卢梭和莱辛的读书笔记都已佚亡。有的研究者（如哈里斯）认为，黑格尔阅读卢梭的著作要晚一些，是在杜宾根时期开始的，对罗森克朗茨的说法表示怀疑（参见哈里斯《黑格尔的发展》，牛津版，1972 年，第 49 页）。关于黑格尔所摘录的莱辛的著作，霍夫迈斯特认为可能是《文学书简》和《汉堡剧评》。此外，黑格尔肯定还读过莱辛的《智者那坦》，因为他在这个时期写的文章引证过这部著作。

崇高》。罗森克朗茨在谈到黑格尔所受的中学教育时说，"黑格尔所受的教育，在原则方面完全是属于启蒙运动性质的，而在课程方面则偏重于古代的古典作品"①。霍夫迈斯特也承认，影响求学时期的黑格尔的不仅是康德和费希特，而且是启蒙运动的整个传统。②

　　在黑格尔中学时期的笔记中，有一长段摘录特别值得我们注意。这段文字摘自孟德尔松于1784年在《柏林月刊》发表的《什么是启蒙》一文，其中有这样的一些话："教育、文化和启蒙是社会生活的各种变形，是人们的工业和他们改善自己的社会状况的努力的产物。艺术和工业越是使一国人民的社会状况和人的使命（die Bestimmung des Menschen）相协调，该国人民也就越能得到更多的教育。""人的使命可分为：1. 人作为一个人的使命，2. 人作为一个公民的使命……把人作为人来对待，启蒙是没有等级（Stande）区别而面对所有人的。把人作为公民来看，启蒙则按等级和职业而有所不同。但是，在这里人的使命为人的努力提供了标准和目标。"孟德尔松是唯心主义哲学家，他是莱辛的朋友，属于德国启蒙运动的温和派。他上面的这些话很可以表现整个德国启蒙运动的思想特征。所谓把人作为人来对待，提出人作为一个公民的使命，要求改善人的社会状况等，都无非是当时幼弱的资产阶级反封建的要求和愿望的某种反映。黑格尔在摘录孟德尔松的文章时虽然没有加上他自己的评论，使我们难以确切地判定他在何种程度上赞同孟德尔松的这些观点，但是启蒙思想对这个年轻的中学生的影响无疑是巨大的，这从他中学时期写的一些文章中可以得到证明。

　　据罗森克朗茨说，在所见到的黑格尔中学时期写的文章中，最早的一篇是《三头对话》。③此文作于1785年6月30日，是以古罗马第二次三头执政安东尼、雷必达和屋大维之间的戏剧对话的形式写成的。从黑格尔的这篇习作可以明显地看到莎士比亚的剧本《朱利·恺撒》的影响。④令人

①　罗森克朗茨：《黑格尔传》，德文版，第10页。
②　参见霍夫迈斯特《〈有关黑格尔思想发展的文献〉序》，德文版，第Ⅷ页。
③　霍夫迈斯特：《有关黑格尔思想发展的文献》，德文版，第3—6页。
④　黑格尔很早就开始阅读莎士比亚的作品，在他八岁的时候，老师就送给他一部多卷本的德译《莎士比亚戏剧集》。在他的日记中曾经提到过这件事。

感兴趣的是黑格尔在该文中流露出来的政治倾向。黑格尔心目中的英雄是屋大维，他勉强同意对西塞罗实行公敌宣告，并且对"自由的罗马人"是否会容忍一个主人表示怀疑。屋大维在最后的独白中说："我这个不当奴隶的人是不习惯在一个主人的傲慢的目光下低头的。"显然，黑格尔是把古代罗马共和国的自由（那种奴隶制度下的自由）加以理想化和美化了，而这正是反映了当时启蒙运动者对罗马史的普遍的看法。

黑格尔在中学时期写的最重要的一篇文章是《论希腊人和罗马人的宗教》（1787 年 8 月）。[①] 这篇文章已经开始提出一些很有独创性的见解，表明年轻的黑格尔尝试独立思考问题。在这篇文章里，黑格尔基本上遵循着 18 世纪理性主义精神，对宗教迷信和偶像崇拜进行了谴责。黑格尔认为，在宗教方面，希腊人和罗马人所走的是所有民族都走过的道路，所有民族都发展了关于上帝的观念。"在幼年时期，在原始的自然状态下，人们把上帝想象成一个全能的存在物，他任意地统治着人们和广大事物。他们按照他们所知道的主人的模型，来形成他们关于上帝的观念，家族的族长和头领完全随心所欲地对他们的部属操有生杀之权，而部属们则盲目地听从他们的一切命令，甚至听从非正义的、不人道的命令；上帝也像人一样发怒，轻率地行动并可能为此而感到后悔。他们正是以这种方式来想象他们的上帝。在我们这个有名的启蒙时代，大多数人的观念仍然是这样形成的。"[②] 黑格尔指出，人们认为恶来自上帝的惩罚，因此用牺牲去讨上帝的欢心。早期的希腊人和罗马人，由于对可怖可畏的全能之神的迷信崇拜，建造了万神殿，在遇到困难时就去那里求助。祭师们用许多礼仪去教人迷信。迷信的希腊人把每件东西都看作预兆，"直到我们今天，人们仍然把彗星看作国王去世的兆头，把猫头鹰叫看作人将死的兆头"。而有些狡猾的人，就利用宗教信仰，把自己的一切行动都和宗教联系起来，从而使这些行动成为神圣而正当的事。

年轻的黑格尔认为，只有当一个民族达到了一定的教育阶段时，才能出现一些具有明晰理性的人，他们开始发现"更好的上帝概念"，并向别

---

① 霍夫迈斯特：《有关黑格尔思想发展的文献》，德文版，第 43—48 页。
② 同上书，第 43—44 页。

人传授。希腊哲学家们的神的概念是更开明的，他们教导说，神给予每个人充分的手段和力量去获得幸福，真正的幸福是通过智慧和道德的善而达到的。他们就神的最终本质提出了各种不同的说法，这说明要达到真理是多么困难。在历史上我们可以看到，习惯和古老的习俗怎样使人们把胡言乱语当作理性、把极度愚蠢当作智慧来接受。由此黑格尔得出结论说："这将使我们小心地去对待我们自己所继承的传统的看法，甚至准备去审查那些我们头脑里从未发生怀疑和揣测的看法，去审查一下那些看法是否可能是完全错误的或只有一半是正确的。"①

　　黑格尔在这篇文章里猛烈地抨击宗教迷信，尊崇理性，对传统观念提出了大胆的怀疑，所有这些无疑地都是符合启蒙运动精神的。在这里需要注意的是他对待宗教的态度，他的这些初步的看法在以后的著作中得到了进一步的发展，成为整个黑格尔青年时代思想的一个重要组成部分。黑格尔从来也不是无神论者，他并不否定宗教，而只是反对迷信。他对宗教的看法总的来说接近于启蒙运动中的温和派的观点，但在他的文章中也包含着一些很有价值的思想萌芽。他虽然也像某些启蒙运动者一样，把宗教迷信看作由于教育不发达而愚昧无知的产物，但他并不是把宗教简单地归结为纯粹由骗子手编造出来而使人受骗上当的谎言，而开始接触到产生宗教观念的社会历史根源。在他看来，人们早期的上帝概念是按照人们在生活中所熟悉的"主人"的模型来形成的，因此也就赋予上帝以"主人"的一切特性。从黑格尔的这种看法实际上可以推导出这样的结论：不是上帝按照自己的形象来创造人，而是人根据自己的形象去塑造上帝。黑格尔自己并没有明确地说出这一点，这个思想在他那里始终处于萌芽状态，但对于一个中学生来说，有这样独创的见解确实已经是难能可贵的了。

　　年轻的黑格尔并不否认神的存在，他的启蒙思想是不彻底的。但是，黑格尔的宗教观点所强调的是人，而不是神。人向神贡献牺牲，为神建造壮丽的万神殿，并不是真正为了神，而是为了自己。讨神的欢心，是为了害怕神的惩罚或是为了求得神的帮助，因此归根到底是为了人的利益。而一旦人的理性认识到这样做的荒谬性，他们就不再把人的幸福看作是神的

---

① 霍夫迈斯特：《有关黑格尔思想发展的文献》，德文版，第47—48页。

赏赐，而看作是人自己努力的结果。这种以人为中心的观点，是青年黑格尔的启蒙思想的一大特色。

黑格尔主张独立思考，要求对一切传统思想进行重新审查，这也表现了启蒙运动的精神。恩格斯在谈到法国启蒙运动者的时候说："他们不承认任何外界的权威，不管这种权威是什么样的。宗教、自然观、社会、国家制度，一切都受到了最无情的批判，一切都必须在理性的法庭面前为自己的存在作辩护或者放弃存在的权利。"① 由于历史条件的不同，德国启蒙运动者远没有达到这样彻底的程度，他们对传统事物的批判暂时还仅限于思想的范围内。中学时期的黑格尔主要还是接受德国启蒙运动者的思想影响，后来随着他的视野的扩大，他对传统事物的态度也就越来越激烈了。

黑格尔在中学时期写的另一篇文章《论古代诗人（与近代诗人不同）的某些特征》（1788 年）②，也值得一提。这篇文章显然受到启蒙运动者加尔夫关于同一论题的一篇文章的强烈影响（加尔夫的文章写于 1770 年，题为：《对古代和近代作家、特别是古代和近代诗人的作品的某些区别的一个考察》）。黑格尔把古代诗人和近代诗人作了对比，认为古代诗人比近代诗人优越。他后来把希腊艺术看作美的典范，这种观点在他的这篇早期著作中已见端倪。一般来说，对于古典作品的颂扬，也是当时启蒙运动者通常的看法。值得我们注意的是黑格尔论证的方式。黑格尔指出，古代诗人的一个重要特征是质朴性（Simplizitat），他们如实地把事物的原貌呈现在我们面前，不加夸大和人为的加工，他们的思想直接来自个人经验，直接从生活中取材，他们在写作时毫无拘束，没有什么条条框框，每个人都有他自己的独创性。而近代诗人所描述的历史事件则来自书本的材料，与我们本民族的宗教体系和真实历史没有本质联系，因而我们的兴趣从作品的内容本身转向了诗人的技艺。古代人的思想是从个人生动的直接经验中抽象出来的，近代人的思想则是脱离经验而从书本中得来的。黑格尔反对死读书，他说，"冷漠的死读书在大脑上印下死板的符号"。近代人从小就学习一大堆流行的言语和观念符号，根据这些东西去形成自己的观念，因

---

① 《马克思恩格斯选集》第 3 卷，第 104 页。
② 霍夫迈斯特：《有关黑格尔思想发展的文献》，德文版，第 48—51 页。

此他们的认识早就被划定了范围和界限，这样得到的思想也就不能不是脱离实际的空洞的抽象。在这里，黑格尔所作的古代人和近代人的对比，实际上也就是素朴的辩证思维和形而上学思维的对比。后来，黑格尔在《精神现象学》一书序言里又重复提出并进一步发挥了这个看法。他写道："古代人的研究方式跟近代的研究很不相同，古代人的研究是真正的自然意识的教养和形成。古代的研究者通过对他的生活的每一细节都作详尽的考察，对呈现于其面前的一切事物都作哲学的思考，才给自己创造出了一种渗透于事物之中的普遍性。但现代人则不同，他能找到现成的抽象形式，他掌握和吸取这种形式，可以说只是不假中介地将内在的东西外化出来并隔离地将普遍的东西（共相）制造出来，而不是从具体事物中和现实存在的形形色色之中把内在和普遍的东西产生出来。"① 黑格尔为什么要赞扬古代人和贬抑近代人，原因就在于他欣赏古希腊的自发的朴素辩证法，而反对在近代曾经占统治地位的形而上学思想。他对近代人的指责，应该理解为对形而上学的批判。有的现代西方学者，如赫林把黑格尔说成是一个所谓"精神的经验论者"②，这就说明他根本没有理解黑格尔的辩证法，从而把黑格尔所说的具体共相和经验论混为一谈了。

　　这里需要提一下青年黑格尔于同一年12月写的另一篇文章《论阅读古希腊、罗马古典作家们的作品对我们的益处》。他写这篇文章时已经从斯图嘉特中学毕业，刚进入杜宾根神学院学习。根据罗森克朗茨的看法，这篇文章只是黑格尔前一篇论古代诗人特征的文章的改写稿。两篇文章的中心思想确实没有多大变化，只是在某些观点上，后一篇文章比以前更明确了。例如，他特别强调古希腊文化的优越性，相形之下把罗马的作品放在较低的位置上，认为它们大多数只不过是模仿而已。③ 他还认为，在一切时代人类精神普遍地都是一样的，只是由于环境的不同，人类精神的发展有各种不同的变形。他把希腊人的那种健康的、完整的自然意识同现代人的堕落的、分裂的人为意识对立起来，希望能够借助于研究古典遗产去

---

① 黑格尔：《精神现象学》上卷，商务印书馆1962年版，第21—22页。
② 赫林：《黑格尔，他的志愿和著作》。
③ 霍夫迈斯特：《有关黑格尔思想发展的文献》，德文版，第170页。

克服现代意识的这种缺点。黑格尔的这个想法是当时许多启蒙运动者所共有的，而且到后来还得到了进一步的发展。

在中学毕业时，黑格尔代表全班在毕业典礼上致告别辞。① 他在这篇讲话中表扬了斯图嘉特中学的教育，描述了土耳其人在艺术和科学方面的不发达状态。他认为，土耳其人之所以野蛮，不是由于缺乏才能，而是由于国家忽视教育。"因此，教育对一个国家的公共福利有着多么重大的影响啊！我们多么明显地看到在这个民族（指土耳其人——引者注）那里忽视教育的可怕后果。"现在经过某些研究者的考证已经弄清楚，黑格尔在讲话里谈论土耳其是出于修辞学老师豪格的授意。但是，黑格尔对教育的社会作用和意义的强调，乃是他自己的看法，这可以从他当时的读书摘录中得到证明。② 在他看来，教育是整个社会机体的基础，国家的首要职责就是推进教育事业。黑格尔对教育的这种看法，也正是启蒙运动思想家们一般所宣扬的观点。他们都幻想通过教育来促使社会进步，把教育看作改造社会、推动社会发展的主要手段。年轻的黑格尔无疑也接受了他们的影响。

斯图嘉特时期的黑格尔，是在启蒙运动思想的熏陶下开始形成自己的世界观的。我们在他后来成熟时期的著作中，还能看到他早年所受到的这种影响。例如，在《历史哲学》中，黑格尔就曾经这样热情地描述启蒙运动："人类的眼睛变得明亮了，知觉变得敏锐了，思想变得灵敏并有解释的能力了。'自然'法则的发现，使人类能够对抗当时那种极端荒谬的迷信，并且对抗那只有魔术才能够克服的对于巨大陌生的权力的一切观念……他们拥护着'个人'独立的自主，来反对那根据着权威的信仰。"又说："启蒙运动从法兰西输入到日耳曼，创造了一个新思想、新观念的世界。"③ 上面这一番话在某种程度上可以被理解为黑格尔自己的精神发展史中的一个片断。正是在启蒙运动的培育下，年轻的黑格尔眼睛变得明亮了，而且在他面前开始展现一个新思想、新观念的世界，那就是法国革命

---

① 霍夫迈斯特：《有关黑格尔思想发展的文献》，德文版，第52—54页。

② 例如，他有一个读书摘录，题为：《教育：俄国师范学校计划》，《有关黑格尔思想发展的文献》，德文版，第54—55页。

③ 黑格尔：《历史哲学》，商务印书馆1963年版，第487—488页。

所创造的新世界。

## 二　青年黑格尔是怎样对待法国资产阶级革命的?

1788 年秋, 黑格尔进杜宾根大学神学院学习, 不久就爆发了震撼整个欧洲的法国大革命。这位具有启蒙思想的青年大学生, 像当时许多进步青年一样, 为这个伟大的历史事件感到欢欣鼓舞。正如恩格斯所说: "突然, 法国革命像霹雳一样击中了这个叫做德国的混乱世界。它的影响非常大。极其无知的、长期习惯于受虐待的人民仍然无动于衷。但是整个资产阶级和贵族中的优秀人物都为法国国民议会和法国人民齐声欢呼。"① 黑格尔对法国革命的关心并不是转瞬即逝的一时的热情冲动, 他始终密切地注视着法国革命的发展进程, 试图去理解它在世界历史上的意义。我们甚至可以说, 黑格尔的哲学世界观的最后形成是和法国资产阶级革命的结局分不开的。

在杜宾根时期, 黑格尔学了两年哲学课和三年神学课。虽然他通过了所有的必修课程, 并取得了哲学和神学的学位, 但他在那个时期的真正兴趣却不在于抽象的哲学和神学问题, 而在于比较现实的社会政治和伦理问题。也正是在这一时期内, 黑格尔特别醉心于卢梭的著作, 受到卢梭的巨大影响。卢梭代表着法国启蒙运动中激进的一翼, 是法国资产阶级革命的思想旗帜。黑格尔对卢梭的倾慕是同他对法国革命的态度分不开的。根据罗森克朗茨在黑格尔传记中引自报刊的材料, 黑格尔当时的同学回忆说: "至少在我结识他的四年内, 形而上学②并不是黑格尔的专门兴趣所在。他心目中的英雄是他经常阅读的《爱弥儿》、《社会契约论》和《忏悔录》的作者卢梭。他认为, 阅读这些书使他从一般的偏见、习惯的假设或他所谓的桎梏下解放出来了……在杜宾根, 他甚至还不真正熟悉康德老爹的著作。""人们说, 黑格尔是宣传自由、平等的最热心的讲演者, 并像当时所有青年一样, 热烈地崇拜(法国)革命的思想。有一个星期日早晨, 一个

---

① 《马克思恩格斯全集》第 2 卷, 第 635 页。
② 这里所说的形而上学指的是研究经验范围以外的对象的那部分哲学。

美丽的、晴朗的春天早晨，黑格尔、谢林和其他几个朋友，据说到离杜宾根不远的草地上种了一株自由树。"在法国革命的精神鼓舞下，杜宾根神学院的学生曾经仿照雅各宾俱乐部的榜样成立了秘密的政治团体，阅读和交流被查禁的法国革命报刊，举行集会讨论有关祖国前途的政治问题，甚至高唱《马赛曲》（把这首革命歌曲译成德文的是谢林）。这些活动曾经遭到反动当局的追查，而青年黑格尔则是当时的进步学生运动的参与者之一。① 他的大学时期纪念册上的许多题词，也可以印证他的政治态度。在那里我们可以看到这样一些革命口号："打倒暴君！""自由万岁！""让·雅克（即卢梭——引者注）万岁！"等等。②

　　法国资产阶级革命使年轻的黑格尔受到了一次真正的思想洗礼。恩格斯说，"黑格尔谈论这次革命时总是兴高采烈的"③，又说，"在他的著作中相当频繁地爆发出革命的怒火"④。所有这些无疑地都应归因于法国革命对黑格尔的影响。直到黑格尔晚年，当他已经成为柏林大学教授、普鲁士王国官方哲学家的时候，他仍然在巴黎人民攻克巴士底狱的纪念日举行聚会，请朋友们为这一革命事件干杯。在《历史哲学》中，他还热情地称颂法国革命说："自从太阳照耀在天空而行星围绕着太阳旋转的时候起，还从来没有看到人用头立地，即用思想立地并按照思想去构造现实。阿那克萨哥拉第一个说，Nûs 即理性支配着世界；可是直到现在人们才认识到思想应当支配精神的现实。这是一次壮丽的日出。一切能思维的生物都欢庆这个时代的来临。这时笼罩着一种高尚的热情，全世界都浸透了一种精神的热忱，仿佛第一次达到了神意和人世的和谐。"⑤ 从这一段话里我们可以想象得到，当几十年前法国革命刚爆发时，大学生黑格尔会抱有何等欢欣鼓舞的激动心情了。

---

　　① 有的西方学者如哈里斯武断地认为，关于青年黑格尔参加政治活动的回忆录材料都是"没有根据的""神话"。他虽然对黑格尔的学生时代作了极其烦琐的详细考证，却一叶障目，看不见基本的历史事实。要知道，在 19 世纪普鲁士反动势力猖獗的情况下，黑格尔的那些老同学根本没有必要去制造关于黑格尔曾经向往法国革命的"神话"。

　　② 参阅库诺·费舍《黑格尔的生平和著作》，《近代哲学史》第 8 卷。

　　③ 《马克思恩格斯选集》第 4 卷，第 211 页。

　　④ 同上书，第 216 页。

　　⑤ 参阅黑格尔《历史哲学》，商务印书馆 1963 年版，第 493 页。

　　1793 年，黑格尔从杜宾根神学院毕业后，并没有去从事宗教职业，而是去瑞士伯尔尼担任家庭教师，后来又回到德国，在法兰克福当家庭教师。1801 年，去耶拿大学任哲学讲师，开始了他的学术生涯。从伯尔尼到耶拿，在黑格尔的思想发展史上是一个重要的阶段，他自己的哲学世界观正是在这个阶段形成的。他博览群书，研究哲学、历史、宗教、经济和伦理等各方面的问题，同时也密切关心与法国革命相联系的当代政治问题，并且在他的著作和书信中经常对政治问题发表自己的意见。海谋说，"黑格尔在他写《现象学》之前是一个卓越的政论家"①。这句话并没有说错，他的错误在于把黑格尔说成是法国革命的坚决反对者。现代批判黑格尔的西方学者如波普尔，也重复海谋的错误论断，说黑格尔是"反对法国革命的反动势力的喉舌"②，是所谓"开放"社会或民主制度的主要敌人。这些武断的说法是完全违背历史事实的。在这方面，里特尔的看法则走向了另一个极端，他在《黑格尔和法国革命》一书中指出，在黑格尔那里，与时代有关的哲学的一切规定都汇集在法国革命这一事件周围，而没有第二种哲学像黑格尔哲学那样可以称得上是革命的哲学。③

　　诚然，黑格尔对法国革命的热烈同情是随着革命的深入而有所减退的，雅各宾派对反革命的坚决镇压使他发生动摇。这也正好说明了黑格尔所代表的德国新兴资产阶级的软弱性。罗伯斯庇尔对封建贵族阶级和反对派所实行的资产阶级专政和革命恐怖政策，在黑格尔看来是过于激进的，因而是不能接受的。当时德国有一些开始还同情法国革命的人，确实由于反对罗伯斯庇尔的革命专政而转变为法国革命的反对者。黑格尔不是这样的人，他虽然反对罗伯斯庇尔，却从来也没有变成法国革命的敌人。他始终清醒地认识到法国革命的历史必然性，充分承认这一伟大事件所具有的世界历史的意义。他所反对的并不是法国革命的原则，而只是它所采取的那种激进而又彻底的方式。

　　我们可以举一个例子。1794 年圣诞节，黑格尔从伯尔尼给谢林写信，

---

①　海谋：《黑格尔和他的时代》，1857 年柏林版，第 269 页。

②　波普尔：《开放社会及其敌人》第 2 卷，1962 年纽约版，第 56 页。

③　参阅里特尔《黑格尔和法国革命》，1957 年德文版，第 15 页。

谈到法国热月政变后著名雅各宾党人卡里厄被处死的事。他以赞许的口吻说，"这场审讯非常重要，已把罗伯斯庇尔派的丑行败德完全揭发出来了"。黑格尔的这些话当然暴露了他在法国革命的重要转变关头时倾向于保守的政治立场。但是，我们却不能把这作为他根本反对法国革命的证据，因为紧接在这封信之后，黑格尔给谢林的其他几封信表明，他仍然是以法国革命的精神作为依据的。在1795年1月底的一封信中，黑格尔提出"让理性和自由作为我们的口号"。谁都知道，所谓理性和自由恰恰就是法国革命的一面思想旗帜，而黑格尔所反对的罗伯斯庇尔也正是理性和自由的最热烈的鼓吹者之一。① 尤其值得我们注意的是1795年4月16日黑格尔写给谢林的信。这封信一开始就猛烈地抨击伯尔尼的贵族寡头政治，对在宫廷里大搞阴谋诡计等钩心斗角的黑暗情形表示深恶痛绝。他要求把人的尊严提得更高些，要求承认人的能力是自由的。他说，"我认为，时代的标志莫过于说：人类已以极可尊敬的姿态出现在它自己面前，围绕在人世间的那些压迫者和神灵头上的灵光正在消逝，即是一个证明。哲学家们正在论证人的这种尊贵品质，人民将学会去认识自己，而且不是去要求他们被践踏了的权利，而是直接去重新取得这些权利，掌握这些权利。宗教和政治已经狼狈为奸，沆瀣一气。宗教所教导的，正是专制政治所想要的东西"。他还从一部小说里引用了这样的话："朋友们，努力向太阳，使人类早日得救！"② 在这封信里我们听到的简直就是法国革命的回声。青年黑格尔大胆地把进攻的矛头直接指向人世间的压迫者和神灵，指向专制政治和宗教，主张人民直接去重新取得自己过去被践踏了的权利，这不是公然要背叛封建制度吗？强调所谓人的尊严，维护人的权利，这正是资产阶级革命家动员人民进行反封建斗争的有力口号。说穿了，当时黑格尔心目中的使人类得救的"太阳"，实质上就是法国革命。他不是把法国革命比作"壮丽的日出"吗？

青年黑格尔的激进情绪无论如何总是法国革命影响的产物，他的这种

---

① 罗伯斯庇尔在他特别擅长的演说中经常大谈理性和自由，例如，他说："地球上有两种力量：一种是理性的力量，另一种是暴君的力量"，"将要传播我们的光荣革命原则的是理性的力量，而不是武器的力量"，"人生来是为了幸福和自由"，"革命是自由反对其敌人的战争"，等等。

② 黑格尔在这里引证的是哥尼斯堡市长纪佩尔匿名出版的小说《上升的生活路程》。

倾向革命的心情是有诗为证的。在 1796 年 8 月黑格尔赠予他的密友、后来著名的诗人荷尔德林的一首诗 Eleusis 中，就有这样激昂的诗句："只为自由的真理而生存，绝不与规定意见和情感的法令相妥协！"[①] 黑格尔在诗中回忆起他在杜宾根求学时期和荷尔德林的"旧盟"，这也至少可以证明，青年黑格尔和荷尔德林曾经一起决心要为自由的真理而献身。对于这两个怀着美好理想的年轻人来说，法国革命该是多么具有吸引力的范例啊！

黑格尔对法国革命的美丽的幻想不久就宣告破灭了。流血的动乱，大规模的镇压，政局的不稳，显然使他深感失望，从而对法国革命的某些方面采取批判的态度。但同时他也更进一步从历史的角度思考法国革命的意义，试图对它作出哲学的解释。黑格尔认为，法国革命从抽象的人权的原则开始，必然会导致恐怖统治。他的这种观点后来最清楚地表述在《精神现象学》一书的"绝对自由与恐怖"这一节中，在那里他断定："普遍的自由既不能产生任何肯定性事业，也不能作出任何肯定性行动；它所能做的就只有否定性行动；它仅只是制造毁灭的狂暴。"[②]

但是，黑格尔并不是单纯地攻击法国革命的恐怖，而予以全盘否定。相反，他认为在世界历史的发展中这是不可避免的，是必然要发生的。就在他写作《精神现象学》的同时，他在耶拿大学的讲演录（1805—1806年），即《耶拿时期的实在哲学》中，十分明确地指出了法国革命的历史必然性。他说，一切国家都是由于伟大人物的崇高的力量所创立的，"伟大人物的优越性就在于他能知道和表达绝对意志。所有的人都集合在他的旗帜下，他就是他们的上帝。例如，提修斯创立了雅典国家，又如，在法国革命中，国家、普遍的整体掌握了可怕的力量。这种力量——不是专制，而是暴政——是纯粹的恐怖统治，但这种统治却是必然的和正义的……这个国家是简单的绝对精神，它知道它自己，而且对它来说，除了它自身之外没有任何东西是有力量的，——关于善恶、卑鄙可耻、阴谋欺骗的概念都没有力量；它高于所有这一切之上，因为在它之中恶和自身相和

---

① 赫林：《黑格尔，他的志愿和著作》，第 2 页。赫林根据黑格尔的手稿在该书中第一次发表了这首诗，后来霍夫迈斯特把它收入了《有关黑格尔思想发展的文献》。

② 黑格尔：《精神现象学》，1964 年柏林版，第 418 页。

解了"。因此，在黑格尔看来，不管人们是否喜欢法国革命的所谓"暴政"，它的存在是有历史理由的，只有当它在历史上成为不需要的东西之后，它才会消失。"暴政被人民所推翻，因为它是令人厌恶的，卑鄙的等等，但是实际上它之所以被推翻，仅仅是由于它是多余的。"罗伯斯庇尔就是这样，"他的力量抛弃了他，因为必然性抛弃了他，所以他也就被人用暴力推翻了。必然性得到实现，但必然性的每个部分通常是分配给个人的。有些人充当起诉人和辩护人，有些人充当法官，而另一些人则充当刽子手，但一切都是必然的"①。

在这里，我们可以看到后来在黑格尔的《历史哲学》中加以进一步发挥的所谓"理性的诡计"这一著名论点的雏形。如果考虑到在黑格尔那里理性是历史的主宰，而伟大人物只不过是理性为了达到自己的目的而使用的工具，那么他用这样的观点去解释法国革命和罗伯斯庇尔，实际上就不是对它（他）的谴责，而是为它（他）所作的强有力的辩护。我们不妨把青年黑格尔和晚年的柏克对法国革命的态度作一比较，就可以看出他们之间的原则区别。柏克在青年时代曾经接受了培根和洛克的唯物主义哲学观点，并且受到了启蒙运动思想家、特别是卢梭的强烈影响。但是在法国革命爆发后，他却坚决地站在反对的立场上攻击法国革命。在《对法国革命的感想》一书中，他简直把法国革命说成是一种危险的传染病，主张用一切手段，包括切除手术来防止它的蔓延。而对黑格尔来说，法国革命在世界历史上是一种有益的现象，它仿佛是有机体向新的更高阶段急速发展时必然伴随而来的一时的热病，它会自然痊愈而不应加以外力的干预。黑格尔从来也没有像柏克那样站到封建阶级立场上去反对法国革命。当然，如果与同时代的德国先进思想家相比，黑格尔对法国革命的态度是落后于福斯特为代表的革命民主派的，甚至还比不上费希特，但是就他们对法国革命的历史必然性的深刻理解而言，黑格尔可以说是首屈一指的。

应该指出，青年黑格尔早就是一个唯心主义者，因此他对法国革命的历史必然性的理解也不能不是唯心的。在他看来，法国革命的发生是精神革命的结果。他说："初看起来使人刺目的那些大革命，必须有时代精神

---

① 拉松编：《黑格尔全集》第20卷，德文版，第246—248页。

方面的沉默的、秘密进行的革命作为先导，这种革命不是每个人都能看得见的，特别是对当代人来说是感觉不到的，并且难以认识它，正如难以用言语去形容它一样。正是由于对这种精神革命缺乏认识，才使人对它所引起的变革感到惊奇。"① 黑格尔的这些话包含着一定的合理因素，因为恩格斯也指出过，在 18 世纪的法国和 19 世纪的德国，哲学革命曾经作了政治变革的前导。② 黑格尔指出了意识形态领域内的革命往往为政治革命作思想准备，这一点是有道理的。但是，作为一个唯心主义者，他却把政治革命看作是精神革命的一种体现，因此发生政治革命的原因归根到底应该到精神的自身发展中去寻找，而不应该到社会物质生活中去寻找。这样，他就把事物的真实关系完全弄颠倒了。实际上，无论是政治革命，或是精神革命，都不是决定历史发展的最终原因。马克思和恩格斯说："人们为了能够'创造历史'，必须能够生活。但是为了生活，首先就需要衣、食、住以及其他东西。因此第一个历史活动就是生产满足这些需要的资料，即生产物质生活本身。"③ 因此，理解历史发展的真正钥匙应该到社会生产方式、到生产力和生产关系的矛盾以及被它制约的阶级斗争中去寻找。黑格尔当然不懂得这个真理，他始终坚持"精神世界"统治"事物世界"，从而"把法国革命看作是这种精神的统治的新的更完备的阶段"④。他的这种唯心主义观点，曾经受到马克思主义创始人的尖锐批判。

青年黑格尔对法国革命的看法是典型的德国资产阶级观点，他对法国革命的向往正是德国资产阶级反封建要求的反映。他说，法兰西民族通过革命的洪炉把自己从如同无生气的锁链那样束缚着它的许多制度下解脱出来了，个人也抛弃了对死的恐惧和历来的生活方式，这就使法兰西民族获得了有助于同其他民族进行斗争的巨大力量。他所说的"无生气的锁链"不就是指封建制度吗？法国人在革命后所表现的那种不怕死的英勇精神，也正是德国资产阶级庸人们身上最缺少的东西。黑格尔意识到，只有经过革命的洪炉才能摆脱"无生气的锁链"和改变人的精神面貌。但是，由于

---

① 《黑格尔青年时期神学著作》，英译本，第 152 页。
② 参阅《马克思恩格斯选集》第 4 卷，第 210 页。
③ 《马克思恩格斯全集》第 3 卷，第 31 页。
④ 黑格尔 1807 年 1 月 23 日写给蔡尔曼的信。

德国资产阶级的软弱性，黑格尔却又十分害怕革命，因而陷于不可解决的矛盾。他的另一封信也反映出他的这种矛盾的心理状态，他在信中写道："直到现在，我们在仿效法国人方面只是接受了一半，而抛弃了另一半，可是这另一半却恰恰是最宝贵的部分——人民的自由，人民参加选举和参与决策，或至少是向人民的社会舆论说明政府的一切措施。"从他的这些话里可以看出，他是主张向法国学习资产阶级民主自由的，而且认为德国人学习得很不好。但是接下来他又说："毕竟德国从法国已经学到足够多的东西了，而且德国人的慢性子将来还会由此得到某种好处。绝不能一下子就要求得到一切……"① 德国资产阶级的两面性在黑格尔身上真是表现得淋漓尽致，一方面他很羡慕法国资产阶级革命的胜利果实，希望向法国学习；另一方面又不敢采取革命手段，主张"慢慢来"。青年黑格尔的这种矛盾性格，贯穿在他的社会政治思想的各个方面，他的这种性格归根到底是必须用德国资产阶级所处的历史地位去解释的。

法国革命的结局导致了拿破仑帝国的大资产阶级统治，青年黑格尔是支持拿破仑的亲法派。列宁曾经指出，拿破仑主义这种统治形式是在反革命资产阶级的基础上成长起来的，"是由于资产阶级在民主改革和民主革命的环境里转向反革命而产生的"② 。但是，在法国国内，拿破仑主义虽然是资产阶级转向反革命的标志，而对于当时西欧其他封建国家来说，拿破仑主义却起着瓦解封建制度的作用。拿破仑代表法国大资产阶级的利益，实行对外侵略扩张的政策，在他的军事力量所到之处，摧毁了封建旧秩序，而建立了有利于当地资本主义发展的新秩序。正如马克思所说，在拿破仑时代，国家机器"不仅被用来压制革命，取消人民的一切自由权利，而且是法兰西革命的一种工具，用来对外攻击，用来为法国在大陆上建立大体与法国相仿佛的一些国家来代替封建王朝"③ 。尤其是在邻近法国的德国西部和西南部地区，如莱茵河地区、威斯特法利亚、巴伐利亚、符腾堡等地，由于法国的直接干预，封建制度遭到了沉重的打击，资本主义较为

---

① 黑格尔 1807 年 11 月写给尼泰默的信。
② 《列宁全集》第 25 卷，第 245 页。
③ 《马克思恩格斯选集》第 2 卷，第 410 页。

迅速地发展起来了。所以恩格斯说，"德国资产阶级的创造者是拿破仑"①，"对德国来说，拿破仑并不像他的敌人所说的那样是一个专横跋扈的暴君。他在德国是革命的代表，是革命原理的传播者，是旧的封建社会的摧毁人"②。因此，青年黑格尔对拿破仑的崇拜，也是符合当时德国资产阶级利益的。

　　在当时德国进步知识分子中间，崇拜拿破仑是相当普遍的现象。随着拿破仑加冕称帝，他的德国崇拜者中间发生了分化。德国资产阶级的激进的一翼感受到了革命理想幻灭的痛苦，他们愤慨地抛弃了拿破仑这个偶像。贝多芬就是一个著名的例子，他愤怒地改变了原定把第三交响乐献给拿破仑的计划，而另外献给了他心目中的"英雄"。贝多芬拒绝和现实妥协，又看不到新的出路，最后只能把他的巨大激情融化在席勒式的注定无法实现的美好理想里（这在他的第九交响乐中得到了如此辉煌的艺术表现）。黑格尔是贝多芬的同龄人，但在思想倾向上则属于德国资产阶级的稳健的一翼，拿破仑当皇帝，建立了比较稳定的资产阶级统治，阻止了平民群众造反的危险，这些都正合他的心意。黑格尔希望借助于拿破仑的剑来促进德国的资产阶级改革和现代化的过程，在决定德国发展前途的耶拿之战前夕，他完成了第一部巨著《精神现象学》。③ 他在给朋友的信中表示"希望法军交好运"，并认为普鲁士军队必败无疑。拿破仑在耶拿大获全胜，彻底粉碎了普军，使黑格尔感到欢欣。尽管黑格尔个人遭到很大的物质损失，房屋被烧，耶拿大学关门使他失业，但他仍然认为耶拿之战是具有世界历史重要性的事件。特别是在法军攻占耶拿的当天，他在通信中有这样一些赞颂拿破仑的话："我看到了皇帝本人（指拿破仑——引者注）——这个世界灵魂（Weltseele）——骑马巡视全城。看到这样的一个人物，就在这个地方，骑在马背上，掌握和统治着全世界，真使人发生一种奇异的感觉……只有这个非常的人物才能取得从上星期四到本星期一那

---

①　《马克思恩格斯全集》第4卷，第52页。
②　《马克思恩格斯全集》第2卷，第636页。
③　黑格尔的《精神现象学》和贝多芬的英雄交响乐，是拿破仑时代德国精神的巨大纪念碑，对这两个重要的"精神现象"作比较研究，是一个很有意义的专题。

样的胜利，他简直不能不令人惊叹万分。"①

耶拿之战实质上是资本主义的法国和封建主义的普鲁士之间的一次决战，是两种社会制度的较量。黑格尔明显地站在法国这一边，这说明他支持的是资本主义制度，而不是封建制度。有一种意见认为，黑格尔在耶拿之战时期是个民族主义者，这是没有充分根据的。在这场战争中，黑格尔的阶级意识显然压倒了他的民族主义感情。拿破仑的胜利导致了德意志各邦的改革，甚至像普鲁士那样的封建堡垒也不得不进行封·施太因的改革。黑格尔支持所有这些资产阶级性的改革，他把拿破仑叫做"巴黎的伟大的宪法律师"，希望拿破仑教会德意志王公们理解"自由君主的概念"②。他对巴伐利亚采用拿破仑法典表示高兴，并希望法国宪法的其他部分也将在巴伐利亚采用。③ 黑格尔的这种亲法的政治态度，一直继续到拿破仑垮台为止。顺便提一下，对拿破仑的失败，黑格尔是十分惋惜的。他写道："看一个巨大的天才毁灭他自己，确是一出绝妙的戏。这是存在过的最大的悲剧。"④ 他甚至说，如果他认为拿破仑还有胜利的希望，他就要"肩上扛起枪"去参加拿破仑的部队。⑤ 罗森克朗茨在写《黑格尔传》的时候，显然出于政治上的考虑，竭力想掩饰黑格尔曾经采取亲法立场的历史事实。在这方面，黑格尔的另一个学生加勃勒倒坦率得多，他还比较老实地叙述了黑格尔在耶拿时期的亲法观点。

黑格尔对拿破仑的看法，是他对法国革命的态度的继续。他并不把拿破仑看作法国革命原则的背叛者，而是把拿破仑当做法国革命原则的推行者，用火与剑为新世界开辟道路的伟大人物。耶拿之战前夕，1806 年 9 月 18 日，黑格尔在讲课时说："我们正面临着一个意义重大的时代，一个动乱的时代，在这时代里精神正向前跃进，超越它过去的形态，而获得一个新的形态。全部以往的观念、概念和世界联系都已瓦解，并且像梦境那样

---

① 黑格尔 1806 年 10 月 13 日写给尼泰默的信。他在这里用的"世界灵魂"一词和他通常所用的"世界精神"（Weltgeist）有着微妙的区别。

② 黑格尔 1807 年 8 月 29 日写给尼泰默的信。

③ 黑格尔 1808 年 2 月 11 日写给尼泰默的信。

④ 黑格尔 1814 年 4 月 29 日写给尼泰默的信。

⑤ 黑格尔 1815 年 3 月 19 日写给尼泰默的信。

崩溃了。新的精神正出现在眼前。哲学首先必须欢迎它的表现并承认它，而其他的东西则墨守成规，无力地反对它……"① 黑格尔的这些话说得再清楚不过了，他为之欢呼的所谓精神的新的出现，不就是拿破仑力图在整个欧洲建立的资产阶级社会吗？整个旧世界都崩溃了，法国大革命的恐怖和拿破仑战争只不过是新世界诞生前的阵痛而已。黑格尔的辩证法，无非就是这种社会大变动在当时德国历史条件下的一种思想反映。人们不是到处寻找黑格尔辩证法的来源吗，就请到这里来探索吧！

可以毫不夸张地说，离开了法国革命的影响，就无法真正理解黑格尔的辩证法。法国革命是黑格尔一生中经历的最重大的世界历史事件。马克思说：英法两国的资产阶级革命"并不是英国的革命和法国的革命，这是欧洲范围的革命。它们不是社会中某一阶级对旧政治制度的胜利，它们宣告了欧洲新社会的政治制度……这两次革命不仅反映了它们本身发生的地区即英法两国的要求，而且在更大得多的程度上反映了当时整个世界的要求"②。黑格尔的辩证法的巨大历史意义也就在于，它在反映法国革命影响的同时反映了当时整个世界的要求。

## 三　青年黑格尔的所谓"神学"著作的实质究竟是什么？

青年黑格尔的著述活动是从宗教问题开始的。在这方面特别值得我们注意的是他的以下著作：《民众宗教和基督教》（1792—1795 年）③、《耶稣传》（1795 年）、《基督教的实证性》（基本完成于 1795—1796 年）。这些著作的手稿后来由诺尔整理出版，编成《黑格尔青年时期神学著作》一书。但是，青年黑格尔的这些著作并不局限于讨论专门的宗教问题，而是通过对宗教的历史考察，广泛地涉及社会历史发展的各个方面，尤其是迂回曲折地表达了他当时的社会政治理想。就其总的倾向来说，这些著作与

---

① 霍夫迈斯特：《有关黑格尔思想发展的文献》，德文版，第 352 页。

② 《马克思恩格斯全集》第 6 卷，第 125 页。

③ 黑格尔哲学研究者一般认为，这一著作开始写于杜宾根时期，因而通常把它称为"杜宾根时期著作残篇"。但有的考证者认为，它是黑格尔于 1793 年夏离开杜宾根以后开始写的（参阅哈里斯《黑格尔的发展》，第 119 页）。

其说是宣传神学，倒不如说是批判基督教，反对当时统治人们思想的神学。因此，诺尔把这些著作命名为"神学著作"，是很不确切的，这只能说明诺尔本人的倾向性。关于青年黑格尔对神学的批判态度，连罗森克朗茨也不得不予以承认。他指出，黑格尔在伯尔尼时期将自己从杜宾根神学院所学的那一套正统神学中解放出来了。①

　　宗教问题成为青年黑格尔首先研究的中心，这并非偶然，而是有着深刻的历史原因的。恩格斯在谈到黑格尔时代的德国情况时指出，"在当时的理论的德国，有实践意义的首先是两种东西：宗教和政治"。② "但是，政治在当时是一个荆棘丛生的领域，所以主要的斗争就转为反宗教的斗争，这一斗争，特别是从 1840 年起，间接地也是政治斗争。"③ 恩格斯的这些话，尤其适用于黑格尔青年时期的德国。由于当时德国资产阶级革命的客观条件不够成熟，资产阶级的反封建斗争还不可能像法国那样采取非宗教的、纯粹政治的形式，而必然要披着宗教的外衣来对当时封建制度的思想支柱——基督教——进行批判。只有用这样的观点去看青年黑格尔的"神学"著作，才能充分理解它们的真实意义。

　　事实上，青年黑格尔从来也不是孤立地去考察宗教问题的。库诺·费舍曾经指出，青年黑格尔把研究宗教的本质当作他自己要加以解决的主要课题之一，但他并不是把宗教作为神学所专门研究的那个对象，而是把宗教作为"世界性的问题"来进行探讨的。黑格尔始终密切地注意到宗教和政治之间的联系。根据库诺·费舍的说法，黑格尔早年曾一度赞同法国启蒙运动者的观点，认为宗教之所以占有统治地位，是因为宗教和政治都是维护同一个东西，宗教支持的是有利于专制制度的学说。④ 在黑格尔看来，精神统治和政治统治是紧密地结合在一起的，推行一种政治往往要借助于宗教的力量，而一种宗教的存在也经常要依赖于政治的支持。他曾经不止一次地谈到宗教和政治的相互关系。例如，他明确地指出："当专制主义

---

① 见罗森克朗茨《黑格尔传》，第 45 页。
② 《马克思恩格斯选集》第 4 卷，第 216 页。
③ 同上书，第 217 页。
④ 见库诺·费舍《黑格尔的生平、著作和学说》第 1 部第 5 章。

在教士们的帮助下，压制了一切意志自由，它就保证了自己的胜利。"① 又说："只要正教这一行业还同世俗的利益联系在一起，只要它还交织在国家的整个机构里，对正教的信奉就动摇不了。这种利益还太强烈，所以正教不会马上被放弃掉的，并且它正在发生着作用，虽然人们并不完全清晰地意识到这一点。在这样的情况下，正教学说就将拥有由鹦鹉学舌的应声虫和缺乏高级趣味与思维能力的下流作家所组成的一支大军。"② 话的确说得很尖锐，很明确有力，使我们不禁回想起启蒙学派的一些优秀作品。应该说，在黑格尔晚年著作里是很少再见到这样使人清醒的语言的。

由于青年黑格尔不是把宗教看作孤立的社会现象，而是力图从整个社会和精神发展的联系中去研究宗教的产生和演变过程，因此绝不能把他有关宗教问题的早期论文简单地看成是一般的神学著作。从杜宾根神学院时期开始，黑格尔就详尽地研究过宗教史，特别是基督教教会史，他熟悉宗教史料，在著作中涉及不少具体的宗教问题。但是，他的这些著作形式上虽然是宗教的，而且有时十分抽象晦涩，却有着很现实的内容。他对基督教的批判，实质上是一种政治的批判。在我们今天看来，这也就是青年黑格尔的"神学"著作中真正有价值的东西。

应该指出，作为一个唯心主义者，青年黑格尔尽管对基督教进行了批判，却并没有对一般的宗教采取否定的态度。他像所有的德国启蒙运动者一样，从来也没有达到战斗的无神论的水平。恰恰相反，黑格尔常常夸大宗教在历史上所起的作用，并且把他的希望寄托在宗教的革新上。在《民众宗教和基督教》一文中，他一开始就指出，宗教是我们生活中最重要的事情之一，我们从小就学习祈祷，长大后从事宗教活动又占了我们生活的很大一部分。许多人的思想和志向都和宗教联系在一起，就如车轮和车轴的关系一样。人们生活中一切重要的事件，关系到个人幸福的行为，以及生死、婚丧等，都无不与宗教联系在一起。在他看来，宗教之所以这么重要，是因为它起源于人的理性的能力，给人以道德教育。他说："道德是人的最高目的，在人所拥有的促进这个目的的手段中，宗教是最突出的一

---

① 诺尔编：《黑格尔青年时期神学著作》，德文版，第 209 页。
② 黑格尔 1795 年 1 月末写给谢林的信。

种手段。"① 在《基督教的实证性》中，他又把人类道德说成是一切真正的宗教的目的和本质。他认为，就宗教的概念本身所包含的内容来说，宗教不单是关于上帝，关于我们和上帝的关系以及灵魂不朽等的知识，不单是历史的或知性的知识，而是首先同"心"有关系的东西，它影响我们的情感和我们的意志所作的决定，把道德和道德动机提到新的高度。宗教是左右人们的道德观念的最有效的手段，它的重要意义也就在这里。

由于青年黑格尔把社会问题主要看作道德问题，所以他极其重视社会道德的更新。他不是把道德的更新看作社会变革的结果，而是相反地把它当作社会变革的前提来看待的。在这里我们可以明显地看到康德和席勒的影响。青年黑格尔在那个时期主要是对《实践理性批判》感兴趣，并且说过他预期康德的体系及其最高成就会在德国产生一场革命。② 他也非常赞赏席勒的《论人的审美教育的通信》，把它称之为"杰作"③。康德和席勒对于道德问题的强调，无疑地对青年黑格尔造成了深刻的印象。他们都把道德置于首位，这也正好表现了他们所代表的德国资产阶级的软弱性。德国资产阶级缺乏法国资产阶级那样的勇气，不敢发动群众拿起武器去推翻封建制度，而幻想通过道德的更新来变革社会制度。马克思和恩格斯指出，康德只谈"善良意志"，"康德的这个善良意志完全符合于德国市民的软弱、受压迫和贫乏的情况"④。青年黑格尔虽然要比康德更为激进，但在如何变革德国社会这个根本问题上，却仍然超越不了德国资产阶级所给予他的限制。

在预先说明上面这一点以后，再来看青年黑格尔对于基督教的批判，就比较容易理解其意义和局限性了。黑格尔的批判是从主观宗教和客观宗教的区分开始的。他认为，所谓主观宗教只表现在感觉和行为里，它是活的，是"本质的内在效用和外在活动"。而所谓客观宗教则是与主观宗教相对立的，或者更确切地说，是包含在主观宗教之中的，它表现为关于上

---

① 诺尔编：《黑格尔青年时期神学著作》，德文版，第48页。
② 参看黑格尔1795年4月16日写给谢林的信。黑格尔在这里所说的革命不是指政治革命，而是思想上、道德上的革命。
③ 黑格尔1795年4月16日写给谢林的信。
④ 《马克思恩格斯全集》第3卷，第212页。

帝的一堆僵死的知识。他说："客观宗教是 fides quaecreditur①，知性和记忆是在其中发生作用的两种力量，它们获取、估量和保存知识，或者还加上信仰这些知识。属于客观宗教的可能还有实际知识，但这种实际知识必须仅仅是一笔僵死的资本，客观宗教可以让人有条不紊地记住，可以形成一个体系，可以在一本书中加以陈述，并且还可以通过讲演传达给别人。"② 主观宗教是某种有个性的东西，而客观宗教则只是一种抽象。如果可以把主观宗教比作活生生的自然界，在那里植物、昆虫、飞禽和走兽都在一起生活，那么就可以把客观宗教比作自然科学家的陈列室，各种生物都被制成了标本，取消了自然界的无限多样性。在黑格尔看来，只有主观宗教才有真正的价值，它是道德行为的同义语，是"好人"的宗教。客观宗教则是神学，它依靠着知性，而知性最多只能使人更聪明一些，却不能使人更善良一些。客观宗教可以采取几乎任何一种色彩，"因为宗教是内心的事情，而内心时常并不始终一致地对待它的知性或记忆所接受的那些教条，——毫无疑问，最值得尊敬的人并不总是那些谈论宗教最多的人"③。在这里，黑格尔所批判的所谓客观宗教，就是当时居于统治地位的基督教神学。

青年黑格尔提出了"民众宗教"的概念，照他说来，主观宗教也就是一种真实的"民众宗教"。所谓"民众宗教"，其条件就是它的学说必须建立在一般理性的原则之上，但又首先诉诸人的想象、心灵和感觉，而且它还应当包括"国家的公共活动"。他特别强调，"民众宗教"是和自由分不开的。他说："民众宗教产生并养育着崇高的思想方式——它是和自由携手并进的"，"一个民族的精神、它的历史、宗教和它所达到的政治自由的程度，无论就它们的相互影响来说，或是就它们的内在本质来说，都不能把它们分开来单个地进行考察，它们是紧密地联系在一起的"④。他认为，形成民族精神这一工作，部分地就应由民众宗教来承担，他是把民众宗教当作对整个民族进行道德教育的手段来看待的。

---

① 被人信的信仰。
② 诺尔编：《黑格尔青年时期神学著作》，德文版，第6页。
③ 同上书，第10页。
④ 同上书，第27页。

如果说青年黑格尔在杜宾根时期的著作中开始提出了主观宗教和客观宗教的对立问题，并且宣传了"民众宗教"的主张，那么在稍后的伯尔尼时期的著作中，他就进一步从历史的角度对这个问题进行了深入的探讨。现在成为讨论中心的是"实证宗教"和"民众宗教"之间的尖锐对立，所谓"实证宗教"实际上也就是客观宗教这一概念的进一步发展。在他看来，基督教就是"实证宗教"的样板，而古希腊城邦共和国和古罗马共和国的宗教则是非实证的"民众宗教"的典范。黑格尔把批判的锋芒狠狠地刺向"实证宗教"，对基督教的"实证性"予以大胆的揭露和无情的鞭笞，同时又热情地歌颂了古希腊、罗马共和国的民主自由。《基督教的实证性》是他这个时期的代表作，无论从思想的进步和内容的深刻，或是从文字的优美来说，都应把它列为青年黑格尔最卓越的作品之一。

"实证宗教"这个提法并不是黑格尔的新发明。在他之前，莱辛在《论人类的教育》一文的导言里就用过这个名词①，莱辛是把"实证宗教"看作人类知性发展的必经之路的。对于基督教在历史上所起的消极作用的揭露，也是黑格尔以前德国启蒙运动者已经做过的。例如赫尔德就在《关于人类历史哲学的一些思想》第四卷（1791年）中，对基督教进行了相当尖锐的批判。黑格尔正是在继承德国启蒙学派的优秀成果的基础上继续前进，把对基督教的批判大大地推进了一步。

那么，什么是黑格尔所说的"实证宗教"呢？他在《基督教的实证性》中一开始就指出，宗教的实证性这个概念只是在近代才出现并具有重大意义。实证宗教是和自然宗教相对立的，自然宗教只有一种，而实证宗教则可以有许多种。从这种对立就可以看出，实证宗教是违反自然的或超自然的。它所包含的概念和知识都是理智和理性所达不到的，它所要求的那种感觉和行动，是人永远也不会自然地产生的，就感觉而论，就是用特殊手段强制地在人身上引起的，就行动而论，则仅仅是按照指示和由于听从命令而进行的。用黑格尔自己的话来说，"一种实证的信仰，是这样一个宗教命题的体系，它们所以对我们来说是真理，是因为它们是由一个权

---

① 参看《莱辛选集》第3卷，1952年莱比锡版，第465页。莱辛的这篇文章写于1780年，这是他生前的最后作品，1781年他就去世了。

威吩咐我们接受的，而我们又不能不使我们的信仰听从于这个权威。实证的信仰这个概念，首先表示一个宗教命题的体系或真理，不管我们是否承认它们是真的，总得把它们看作是真理，它们即使从来没有被人认识过，即使从来没有人承认它们是真的，它们也仍然是真理，而且它们虽然时常被称为客观真理，现在也必须是我们的真理，主观真理"①。

　　因此，在黑格尔看来，"实证宗教"最大的特点就在于，它是作为僵死的宗教信条由外在的权威强加于人们的。它剥夺了人们在道德上的自主性和自由抉择，生硬地为人们规定一些道德规律，规定什么是应该做的，什么是应该知道和相信的，什么是应该感觉的，等等。这就根本违反了道德规律，因为任何道德规律的本质就在于，它们是由人们自己即道德主体本身所制定的。黑格尔指出，基督教就是这样的一种"实证宗教"。"基督教向我们宣称，道德规律是外在于我们的、被给予的东西，所以它必须努力通过另外的途径使人尊重这种规律。在实证的宗教这种概念里就已经包含着这样的意味：它是把道德律当作某种被给予的东西强加给人们的。"② 基督教这种基于权威的"实证宗教"，不是主张道德的自律，而是主张道德的他律。它扼杀人们的道德自由，从而使人丧失了独立使用理性能力的权利。它践踏人的尊严，根本不考虑道德中的人的价值。基督教教会所鼓吹的一套道德说教，并不是建立在自由的基础之上的③，而国家把教育人民的权利交给这样一个"实证的"基督教教会，它自己就背叛了人民享受自由发展其精神和能力的不可剥夺的权利，而成为教会"消灭一切意志自由和理性"的共谋犯。④ 青年黑格尔就是这样猛烈抨击基督教，把实证的基督教看作丧失人类自由的宗教，维护奴役和压迫的宗教，而把基督教教会则看作专制政治的支柱。

　　实证的基督教和古希腊、罗马的那种表现自由和人类尊严的"民众宗教"，恰好形成强烈的对照，因为在青年黑格尔看来，一种"民众宗教"的必须条件就是：它不能把它的教义强加于任何人，不能对任何人的意识

---

① 诺尔编：《黑格尔青年时期神学著作》，德文版，第233页。
② 同上书，第212页。
③ 同上书，第205页。
④ 同上书，第177页。

实施暴力，它的道德箴言也绝不能包含普遍理性所不承认的任何东西。①
两者是完全对立的。但是，在世界历史上，为什么基督教竟然取代了古希腊、罗马宗教的地位呢？是什么原因促使基督教的兴起呢？黑格尔认为，应当到当时的社会条件中去寻找原因。他深刻地分析了产生这两种宗教的社会历史环境，发表了一段精彩的议论：

"自由的罗马起初是使亚洲、后来是使西方的许多国家降服于自己，使它们丧失了自由，并且还消灭了少数几个仍然是自由的国家，因为它们不肯屈服于桎梏之下，——罗马这个全世界的征服者只保留了这样一个光荣，即它自己是最后一个丧失自由的。希腊和罗马的宗教只是自由民族的宗教，随着自由的丧失，这种宗教的意义和力量，它对人们的适应性也就必然消失了。军队的大炮如果用完了弹药，还要它们干什么呢？他们就必须寻找别的武器。如果河流干涸了，渔网对渔夫来说还有什么用处呢？"

"作为自由人，希腊人和罗马人服从自己为自己制定的法律，服从他们自己推选出来的领导人，进行他们自己决定要打的战争，为了他们自己的事业而献出他们的财产和热情，牺牲成千的生命。他们不学也不教，而是通过行为来实现道德原则，而这些行为是完全可以称之为他们自己的行为的；无论在公共生活中，或是在私人和家庭生活中，每个人都是自由的人，每个人都按自己的法律生活。自己的祖国、自己的国家的观念，这就是他为之工作并激励他去努力的那种无形的、更高的东西，就是对他来说的世界最终目的，或是他的世界的最终目的——他在现实里看到这个最终目的正在表现出来，或是他自己帮助去实现和保持这个最终目的。在这个观念面前，他的个别性消失了，他所祈求的只是这个观念的保存、观念的生命和延续，而这是他自己能够实现的，他不可能想到或很难想到要去祈求或要求他个人的延续或永恒的生命，只有在无所事事的闲散时刻，他才可能较强烈地感到有某种只与他自己有关的愿望。加图只是在他眼里的最高事物秩序、他的世界，他的共和国遭到毁灭以后，才转向柏拉图的《斐多篇》；在这以后，他才逃避到一种更高的秩序中去。"②

①　诺尔编：《黑格尔青年时期神学著作》，德文版，第50页。
②　同上书，第221—222页。

在这里，青年黑格尔向我们描绘了一幅关于古希腊、罗马民主自由的诱人图景。这与其说是历史的真实写照，倒不如说是他自己的美丽憧憬。古希腊、罗马的民主是奴隶制的民主，这种民主是专供少数奴隶主享受的，对于普通自由民来说民主也只是徒有其名，更不用说被压在社会底层遭受残酷剥削和非人待遇的广大奴隶群众了。在希腊的田野上被人任意屠杀的希洛人，难道有起码的自由吗？在罗马的角斗场里供人取乐的角斗士们，难道还有一点人的尊严吗？蒙在古希腊、罗马共和国身上的这层民主自由的美丽面纱，绝对掩饰不了人压迫人的血淋淋的现实。青年黑格尔当然不懂得用阶级斗争的观点去看问题，因而把古希腊、罗马的奴隶制的民主理想化了。他认为只是在古希腊、罗马共和国的民主制度崩溃以后，人才丧失了自由。这种看法显然是一个历史的错误，因为自从产生阶级以后，社会上的一部分人早就已经丧失自由了。但是，黑格尔用这样的观点去解释基督教的兴起，却是有着积极意义的。他把基督教的普及看作是人丧失了自由的必然结果，从而揭示了基督教与人类自由互不相容的尖锐矛盾。关于自由的丧失和基督教的产生的历史过程，黑格尔是这样描述的："成功的战争、财富的增多、熟悉各种生活的舒适和奢侈，在雅典和罗马产生了一批建立战功和拥有财富的贵族，并使他们获得了对许多人的统治和权力。"起初人们是心甘情愿地把国家权力赋予这些贵族的，但很快这种自愿赋予的权力就被他们用暴力来加以确立了。政权落入了少数人之手。因此，"国家作为公民自己活动的产物的这种形象，从公民的灵魂中消失了，对整体的关怀和监督只落在个别人或少数人的灵魂里了，每个人都有分配给他的多少带有局限性的、与别人不同的位置，管理国家机器被委托给少数公民，他们只是充当个别的齿轮，只是和别的齿轮结合在一起才有他们的价值"。每个人在整体中所占的那个部分，对整体来说是如此微不足道，以致个人简直不需要去知道或注意自己和整体的关系。国家对公民们提出的伟大目标是对国家有益，而公民们为自己提出的目标则是赚钱、维持生计，再外加虚荣。"现在，一切活动、一切目标都只是与个人有关，已经不再有为了一个整体或一个观念而进行的活动了——每个人要么是为了自己而工作，要么是被迫为别的个人而工作。服从自己制定的法律的那种自由没有了，追随自己选出来的和平时期的领导和军队统帅的那种自由没有了，去实行自己参与制定的计划的那种自由也没有了，所有的政治自由都没有了；公民权只提供了保护私有财产的权利，而私有财产就充满了公民的全部世界，死亡这种在他看来会毁灭他的全部目标和毕生活动的现象，对他来说必然成为某种可怕的东西，因为在他死后就没有什么东西还活着了（而共和主义者死后共和国却还活着），于是在他面前就浮现出念头，即认为自己的灵魂是某种永恒的东西。"①

因此，在青年黑格尔看来，由于古代民主制的瓦解导致了自由的丧失，个人就不再关心社会集体，古代民主社会里个人和集体之间的那种和谐一致的关系也就消失了。古代共和国里具有英雄气概和献身精神的自由人，变成了斤斤计较个人得失、自私自利的庸人。没有任何远大的理想，只关心自己鼻子底下的私有财产，能够屈服于任何专制暴力，只求个人的灵魂得救，成为社会上大多数人的普遍风气。这就替基督教的传播准备了肥沃的土壤，因为基督教正是一种丧失自由的宗教、私人的宗教。黑格尔认为，古代民主的没落和自由的丧失是从罗马帝国建立的时期开始的，基督教正是在罗马帝国后期取得统治地位，这绝不是偶然的。他说："罗马皇帝们的专制独裁把人的精神从人间驱逐走了，精神被剥夺了自由，就被迫把一切永恒的、绝对的东西隐藏到神身上去了——专制制度所传播的灾难，迫使人们到天上去寻找幸福并期待从天上降下幸福。神的客观性是伴随着人的堕落和奴役的，说实在的，它只是一种启示，只是那个时代精神的表现。"② 人处在一个异己的世界里，他们既不能参与这个世界的事情，也不能依靠自己的行为来取得任何东西。人自身成为一个"非我"，而上帝则成为另一个"非我"，这样，时代精神的启示就实现了。在这里，我们可以看到黑格尔的异化学说的最初形态。照他说来，人正是处于这种自我异化的情况下才接受基督教，服从于异己的意志和异己的法律。

青年黑格尔试图用罗马帝国的社会历史状况去说明基督教的产生，特别是注意到私有财产是基督教社会的经济基础，这在当时来说是了不起的。恩格斯曾经指出："对于一种征服罗马世界帝国，统治文明人类的绝

---

① 诺尔编：《黑格尔青年时期神学著作》，德文版，第 223 页。

② 同上书，第 227 页。

大多数达一千八百年之久的宗教，简单地说它是骗子手凑集而成的无稽之谈，是不能解决问题的。要根据宗教借以产生和取得统治地位的历史条件，去说明它的起源和发展，才能解决问题。对基督教更是这样。"① 青年黑格尔是历史唯心主义者，他当然不可能正确地依据客观社会历史条件去解决基督教的起源和发展的问题。但是，应该承认，他曾经朝着这个方向努力，因而比简单地否定基督教的一般启蒙运动者要高出一头。

黑格尔认为，现代社会是建立在和晚期罗马帝国社会同样的基础之上的。它们都具有同样的一些特征，如：君主专制，人们只关心私利和私有财产，一般人被排斥于社会政治生活之外以及由少数官僚充当国家机器的螺丝钉等。因此，在他眼里，自从罗马帝国以来一直有着使实证的基督教得以生根繁衍的社会环境。他对基督教的兴起所作的分析，就不仅是谈论历史，而且也是针对他当时的现实，是对现存社会的批判。

青年黑格尔除了探讨产生基督教的社会条件外，还研究了基督教本身的演变过程。他在分析基督教的思想起源时，指出了基督教与犹太教的关系。他的这种看法是有道理的，因为恩格斯也说过，"基督教是犹太教的私生子"②。我们知道，黑格尔对犹太教和犹太文化的评价很低，他是把以色列作为古希腊的对立面来看的。如果说，希腊是自由和美的文化，那么以色列就是恐惧、奴役和"实证的"文化。至于犹太教，那是奴隶的宗教，是"实证宗教"的一个变种。特别是黑格尔在稍晚的法兰克福时期所写的《基督教精神及其命运》一文中，尖锐地揭露了犹太社会的不自由，指出犹太人屈服于外来的罗马的统治更加深了这种奴役状态。但是，黑格尔认为，基督教虽然起源于这样一个不自由的犹太社会，它起初却是作为犹太教的对立面而出现的。耶稣在创立基督教的时候，恰恰是反对犹太教的"实证性"，企图使犹太教中的道德因素从"实证的"条律下解脱出来。耶稣所宣传的教义本来是一种理性的宗教，他教导的是一种自律的道德，而不是基于权威的道德。后来基督教却通过它的创始人的被神化和信徒们的自愿信从而变成了一种"实证的"信仰，甚至它的"实证性"比

---

① 《马克思恩格斯全集》第 19 卷，第 328 页。
② 《马克思恩格斯全集》第 38 卷，第 27 页。

犹太教还有过之而无不及。尤其是从基督教这个教派中成长出一个教会，又进一步发展成为国家教会，即教会和专制国家的结合，基督教的"实证性"就愈演愈烈了。最初构成这个教派的本质的那种素朴的理性，已经连痕迹都见不到了。国家教会所宣传的那一套，已经变成了一种纯粹的表面文章，变成了一种谎言、一种美化现存秩序的意识形态。基督教为了适应当时的社会，改变了自己的理论。早期的基督徒所信奉的那种社会平等，被巧妙地修改为在上天的眼里人人平等；而原始基督教所鼓吹的财产公有，则为了迁就私有制的现实而干脆被放弃了。黑格尔讽刺地说："是的，基督教的理论是被最充分地保留下来了，但它只是在上天的眼里被保留下来了，而不再注意把它带到人间。"① 他直截了当地宣称，现实的基督教只不过是一种"拜物教信仰"、拜物教崇拜。

黑格尔驳斥了神学家们关于人们皈依基督教是纯粹出于对真理的纯洁的爱之类的胡言乱语，他指出，事情恰好相反，人们信奉基督教的动机往往是很混杂的，经常出于很不神圣的考虑，带着不纯洁的情欲和完全基于迷信的精神需求。他揭露了基督教用来影响群众的一些手段，诸如对耶稣个人的神化、制造"奇迹"、煽动和利用迷信、举行各种宗教仪式等。后期基督教会利用这些手段达到了登峰造极的地步，也正是这些手段使基督教愈益成为"实证的"宗教。黑格尔激烈地攻击基督教的宗教仪式，甚至公然指出："这是死人的行动。人们试图完全变成一个客体，完全为一个外来人所支配。这种活动就叫祈祷。"② 他还尖锐地斥责了基督教的虚伪。他说，古希腊人是诚实而勇敢的，对他们来说，不幸就是不幸，痛苦就是痛苦，而基督教却偏要挖空心思地找出一大堆理由来安慰不幸者，以致我们只能感到遗憾，因为我们不可能每周都死一个父亲或母亲。像这样机智而又辛辣的对基督教的揭露和批判，在当时德国确实是不多见的。必须要有足够的才华和勇气，才能写得出这样的文字来。

青年黑格尔对耶稣这个人物的塑造也是很有趣味的。他把耶稣和苏格拉底并列在一起，并认为苏格拉底是更好的道德教师，因为苏格拉底只是

---

① 诺尔编：《黑格尔青年时期神学著作》，德文版，第168页。
② 罗森克朗茨：《黑格尔传》，第518—519页。

对人们进行启蒙，而不进行说教，也不像耶稣那样拉自己的队伍，他不靠摆架子来表达自己的重要地位，或者使用夸张的神秘语言去影响愚昧无知和易于受骗的人。耶稣本人的学说和行动举止中，却包含有某些"实证的"、权威的、非理性的因素，因此苏格拉底比他要略胜一筹。不过在《耶稣传》里，黑格尔倒给我们塑造了一个比较完美的耶稣的形象。这个经过再创造的耶稣，当然和福音书里的耶稣相距甚远，在某种程度上变成了宣扬黑格尔自己的宗教主张的代言人。黑格尔笔下的这个耶稣，显然是涂上了一层康德伦理学色彩的，请看这个耶稣究竟说了些什么吧。

这个耶稣极其推崇理性，把理性看作至高无上的存在："那打破一切限制的纯粹理性就是上帝本身。因此世界的规划一般来讲是按照理性制定的。理性的功能在于使人认识他的生活的使命和无条件的目的。"① 上帝赋予人以理性，就使人成为上帝的本质的光辉重现。理性是"知识和信仰的最高标准"，"理性的立法作用是不复依赖任何别的东西的。对于理性，无论在地上或天上都没有另外一个权威能够现成地提出另外一个裁判的标准"②。

这个耶稣劝导人们要相信自己本身的力量，由自己来改善自己的命运，而不要消极地等待什么救世主出世。"努力寻求控制自然的权力乃是属于人的尊严本身之内的，因为人自身内即拥有超出自然的崇高力量，对于这种力量的培养和提高就是他的生活的真正使命。"③

这个耶稣要求尊重人的道德自由，把道德律看作"理性之花"，号召人们自觉地遵守永恒的伦理规律。"天地可以毁灭，但道德律的要求、服从这些要求的义务却永不会消亡。"④ "这个内心的法则是一种自由的法则，好像是由他自己建立的，人自觉自愿地受它的节制，由于它是永恒的，人便有了不朽之感。"⑤

---

① 诺尔编：《黑格尔青年时期神学著作》，德文版，第75页。（引自《耶稣传》的文字均用贺麟先生译文）

② 同上书，第89页。

③ 同上书，第7页。

④ 同上书，第83页。

⑤ 同上书，第98页。

这个耶稣又是一个反权威的勇士，他反对把教会的规则和权威的命令看成最高法规，认为无论从天上或是从坟墓里都不能给人以教训，而某些人之所以要用武断的训条和法规来压制人的高尚需要，就是为了想要在民众中保持他们的信仰和诫命的权威。下面这段话是意味深长的："人们摧毁了旧东西，因为这些旧东西束缚了理性的自由，玷污了伦理的源泉，他们又代之以一种权威的信仰，束缚于词句条文，这些东西又重新夺去了理性的权利——剥夺了理性自己立法，自由信仰，只接受理性自己的约束的权利——真可叹惜呵！"①

显而易见，青年黑格尔笔下的这个耶稣，根本不是基督教教主的耶稣，倒像是一个高举理性与自由的火炬的启蒙运动者。他塑造这样一个耶稣，目的不是为了宣扬基督教，反而是为了揭露和批判他当时的基督教。难道黑格尔的耶稣所严厉谴责的，不正是当时基督教的理论和实践吗？

青年黑格尔对古希腊、罗马宗教的颂扬和对基督教的批判，还贯彻在他对美学问题的看法中。作为古希腊文化的崇拜者，黑格尔把希腊艺术看作美的典范，在那里"神的形象表现着最高的美的理想"，美的人体也是高度依据他们的存在和生活来加以描绘的。在他看来，作为一种"实证宗教"的基督教，本质上则是同艺术和美相敌对的，如果在基督教中还有什么美的东西的话（如美丽的圣母之类），那也是从古希腊罗马剽窃得来的。② 为什么基督教不适宜于艺术和美呢？这是因为："我们的宗教想要培养的是天上的公民，他们的眼睛总是向上，因此这种宗教是和人的感觉格格不入的。"③希腊艺术远比基督教艺术优越，黑格尔早就形成了并且终身都保持了这个看法。后来他在《美学讲演录》中谈到的古典艺术和浪漫艺术的区别，在青年时期"神学"著作中也早已出现了，只是在叙述的方式上对基督教艺术更为贬低而已。黑格尔认为，自由是艺术发展的先决条件，没有自由，就不可能有真正美的艺术。古希腊艺术之所以达到高度的

---

① 诺尔编：《黑格尔青年时期神学著作》，德文版，第106页。

② 同上书，第359页。

③ 同上书，第27页。

完美，正因为它是在个性自由的环境下成长起来的①，而基督教艺术的致命缺陷就在于缺乏自由，因为它是在政治和宗教的专制条件下产生的。例如，他把古希腊和近代基督教城市的建筑艺术作一对比，指出了它们之间的本质区别。古希腊建筑风格的特点是素朴、明亮、充满生活的欢乐，在希腊城市里有宽阔的街道、大广场，神庙建筑得非常美而且优雅，像希腊精神那样素朴，像它所供奉的神那样崇高。这一切说明这里所居住的是自由的人们。相反，基督教建筑则根本没有任何自由的概念，城市里有着散发臭气的狭窄的街道，房屋狭小而阴暗，使人感到压抑和孤单，哥特式建筑风格表现的是一种令人恐怖的崇高。在这样的环境下居住的只能是不自由的人。② 黑格尔认为，不仅建筑如此，而且在绘画、雕塑或诗歌方面，基督教艺术都创造不出一个美的形象来。原因就在于，基督教的中世纪以至近代社会的专制统治压制了人的自主活动，缺少使真正的艺术得以蓬勃发展的那种政治自由。

从上面所述，我们可以看出，无论是黑格尔对古希腊罗马的向往，或是对基督教世界的批判，都是围绕着自由这个核心问题的。他热烈赞颂雅典和罗马共和国的民主自由，绝不意味着他主张"复古倒退"或是"发思古之幽情"，而是他反对封建制度、主张在德国实行资产阶级改革的一种特殊方式。他是把古希腊城邦共和国作为改造德国社会的范本来树立的。历史上已经消逝的奴隶制共和国和黑格尔所向往的资产阶级共和国，在形式上存在着某种类似之处，用"托古改制"的方式把古代共和国作为政治理想和榜样提出来是比较容易被人接受的。如果说封建专制是对奴隶制民主的否定，那么在表面上看似乎资产阶级民主就是否定之否定，仿佛是已经丧失了的古代民主制的恢复。用这样的观点去看青年黑格尔的"神学"著作，其真实意义就比较清楚了。

其实，崇拜古希腊、罗马不止青年黑格尔一人，当时先进的德国人中间不少人都有这种看法。席勒就是一个突出的例子，不过席勒主要是赞扬

---

① 在这一点上，黑格尔显然受到了温克尔曼的影响。温克尔曼把古希腊看作自由的故乡，认为"在希腊政府机构和国家制度中占统治的那种自由，乃是希腊艺术繁荣的主要原因之一"（参看温克尔曼《古代艺术史》第1部第4章："论希腊人的艺术"）。

② 诺尔编：《黑格尔青年时期神学著作》，德文版，第358页。

古代艺术，而青年黑格尔则把注意的重点放在宗教上。这种情况也并不仅限于德国。请出历史上的亡灵，借用他们的名字、战斗口号和衣服，来演出世界历史的新场面，这是相当普遍的现象。法国资产阶级革命时代的代表人物，如丹东、罗伯斯庇尔和拿破仑等人，都是穿着罗马的服装，讲着罗马的语言来实现当代的任务，即粉碎封建制度和建立资产阶级社会。马克思曾经深刻地分析了产生这种现象的原因，他指出："不管资产阶级社会怎样缺少英雄气概，它的诞生却是需要英雄行为、自我牺牲、恐怖、内战和民族战斗的。在罗马共和国的高度严格的传统中，资产阶级社会的斗士们找到了为了不让自己看见自己的斗争的资产阶级狭隘内容、为了要把自己的热情保持在伟大历史悲剧的高度上所必需的理想、艺术形式和幻想。"① 应该看到，在进行了资产阶级革命的法国都尚且缺少英雄气概，而不得不向古罗马共和国去求借，那么在笼罩着当时落后的德国的那种令人窒息的庸俗气氛下，青年黑格尔要求助于古希腊、罗马就更加是可以令人理解的了。

　　青年黑格尔把古希腊罗马的奴隶制民主共和国和近代的资产阶级民主共和国混为一谈，这当然是错误的。但是，我们要知道，即使法国资产阶级革命的领袖人物也未能避免这种错误，并且为之付出了沉重的代价。马克思主义创始人曾经指出："罗伯斯庇尔、圣茹斯特和他们的党之所以灭亡，是因为他们混淆了以真正的奴隶制为基础的古代实在论民主共和国和以被解放了的奴隶制即资产阶级社会为基础的现代唯灵论民主代议制国家。"② 青年黑格尔当时对资产阶级社会的性质还缺乏深刻的认识，所以他犯这样的错误是不足为奇的。后来黑格尔的认识逐步加深了，因此他也就放弃了青年时期渴望回到古希腊罗马共和国去的美丽幻想。

　　现代西方学者不能对黑格尔早期的所谓"神学"著作作出正确的评价，他们总是歪曲这些著作的真实意义，利用它们来大做文章。他们竭力把青年黑格尔打扮成一个宗教思想家，根本抹杀他对基督教的批判的政治意义。此外，另外有一些人则片面地夸大黑格尔反对基督教的历史功绩，

---

①《马克思恩格斯选集》第 1 卷，第 604 页。
②《马克思恩格斯全集》第 2 卷，第 156 页。

把他美化成一个革命者。

在前一方面，青年黑格尔手稿的整理出版者诺尔和拉松是有代表性的，他们都把宗教神学问题看作青年黑格尔思想的核心。赫林在《黑格尔，他的志愿和著作》一书中，实际上也是这样的看法，他认为黑格尔与以往哲学家的基本区别在于，黑格尔哲学中的决定性的东西不是认识论和形而上学，而是精神道德问题，主要是人类宗教生活问题。另一个当代的黑格尔研究者考夫曼，则把青年黑格尔对基督教的批判和黑格尔晚年对基督教的吹捧混为一谈，以此来否认黑格尔早期"神学"著作的进步意义。照考夫曼说来，"问题在于强调点的不同。在二十几岁时，黑格尔强调基督教的黑暗面。在他后来的作品里，他强调光明面——基督教的贡献。强调点的区别很大，但黑格尔对基督教的看法从未发生激烈的变化"①。考夫曼就是这样地用折中的手法，既抹杀了青年黑格尔在政治上的进步，又掩盖了黑格尔后来逐渐倾向于保守的思想演变。资产阶级学者离开德国社会的阶级斗争去谈黑格尔的宗教观点，他们不理解黑格尔对基督教的批判代表着当时德国资产阶级的反封建的愿望和要求，更不理解黑格尔后来对基督教的态度的变化，要用德国资产阶级与封建制度的妥协以及基督教逐渐适应于资产阶级的需要去解释。黑格尔始终忠实于自己的阶级，他对基督教的前后不同的态度，不过是反映了德国资产阶级在不同时期内的利益而已。

在后一方面，卢卡奇是比较突出的例子。他在《青年黑格尔》一书中过分夸大了黑格尔对基督教的斗争，把黑格尔早期著作说成是"对基督教的一篇伟大的控诉书"②。黑格尔批判的主要是天主教而不是新教，他关于主观宗教的看法显然受到新教的影响，而卢卡奇却绝口不谈这一点。特别是他认为青年黑格尔的宗教观点十分接近于罗伯斯庇尔，尽管他也不得不承认并没有能够证明黑格尔曾研究过法国革命的宗教政策的直接证据。③其实，有的西方学者也同样有这种看法，早在《青年黑格尔》一书出版

---

① 考夫曼：《黑格尔》，1965 年纽约版，第 66 页。
② 卢卡奇：《青年黑格尔》，1948 年苏黎世版，第 53 页。
③ 同上书，第 42—43 页。

前，梅耶就已经宣称，青年黑格尔在宗教问题上是一个"坚定的雅各宾派"①。苏联的黑格尔哲学研究者奥夫襄尼柯夫，也跟在卢卡奇后面认为黑格尔对基督教的批判和他的"民众宗教"的概念，"只不过是雅各宾派的政治活动的理论反映"②。他们几乎把青年黑格尔说得像罗伯斯庇尔一样革命，而恰恰忘记了黑格尔所代表的软弱的德国资产阶级和罗伯斯庇尔所代表的革命的法国资产阶级之间的重大区别。他们没有注意到恩格斯早已指出过的历史事实，即法国资产阶级在进行革命时已经强大得足以建立他们自己的、同他们的阶级地位相适应的意识形态，他们不再求助于宗教，而仅仅诉诸法律的和政治的观念，"只是在宗教堵住他们的道路时，他们才理会宗教；但是他们没有想到要用某种新的宗教来代替旧的宗教"③。以罗伯斯庇尔为首的雅各宾派，只是在用坚决的革命手段粉碎了封建制度和基督教会的统治后，在革命政权发生危机的情况下，才企图建立一种崇拜所谓"最高本质"的新宗教，作为加强和巩固资产阶级平民专政的辅助手段。④ 罗伯斯庇尔的试验很快就以完全的失败告终，连他自己也付出了血的代价。相反的，青年黑格尔则是在完全不同的基础上提倡"民众宗教"的，他是幻想用宗教来为资产阶级改革开辟道路，这正表现了德国资产阶级对封建制度和基督教只敢采用理论的批判而不敢诉诸武器的批判的虚弱性。而且青年黑格尔对雅各宾派的专政一直是抱批评态度的，罗伯斯庇尔用颁布法令的方式来推行的新宗教，在黑格尔眼里岂不是也属于"实证的"宗教之列吗？由于当时的德国不存在一个革命的资产阶级，也不存在进行资产阶级革命的客观条件，因此青年黑格尔的观点只能是这种不成熟状态的理论表现。如果硬要把他"拔高"，把他的观点说成"雅各宾派的政治活动的理论反映"，那只能是对青年黑格尔的一种误解。

---

① 梅耶：《黑格尔对康德的批判》，1939 年英文版，第 15 页。
② 奥夫襄尼柯夫：《黑格尔哲学》，1959 年俄文版，第 21 页。
③ 《马克思恩格斯选集》第 4 卷，第 231 页。
④ 关于这个问题可参阅马迪厄《法国革命史》下册，商务印书馆 1973 年版，第 573—577页。

# 四　青年黑格尔的国家观和改造德国的要求

我们在前面已经指出，青年黑格尔早在杜宾根求学时期就参加过进步的学生活动，受到法国革命的影响，开始对社会政治问题产生兴趣。但是，他对社会政治问题发表独立的见解，并且从事这方面的著述，这还是在他到伯尔尼担任私人家庭教师以后开始的。

伯尔尼时期的黑格尔具有激进的资产阶级民主思想，他对伯尔尼实行的贵族寡头政治表示了极大的不满。在他给谢林的信中这样写道："议会是每十年补选一次在此期间空缺的议员。补选之如何不合乎人情，宫廷里兄弟姐妹之间的一切阴谋诡计之如何有碍于此间实行的这种制度，我实在无法给你描写。父亲任命自己的儿子或礼聘最厚的女婿。人们如果想了解一种贵族立宪政治的真实情况，就必须在此地复活节举行补选之前经历一个这样的冬季。"① 如果说他对当时有"神圣的自由土地"之称的瑞士还作了这样的政治评价，那么他对腐朽透顶的封建专制的德国会抱有怎样的看法就可想而知了。在他的伯尔尼时期的主要著作《基督教的实证性》中，我们就能读到这样一些强烈地谴责德国现实政治的话："吞食了成千上万德国人的战争，都是为了公爵们的荣誉和独立的战争；民族只是一个工具，它即使浴血奋战，可是归根结底它并不知道它是为了什么而战，或者说，不知道我们赢得了什么。"② 当时的黑格尔还是一个深受法国革命精神感染的血气方刚的青年，是不满于现状的反对派。在他的著作和书信中，时常可以看到对于现存秩序的谴责和嘲讽。他还显然缺少作为普鲁士官方哲学家写作《法哲学原理》时的那种"稳健"精神，不仅不承认现实的就是合理的，反而一心想去改变那个在他看来是不合理的现实。有的西方学者把黑格尔描写成似乎他一出娘胎就老成持重到可以当一个合格的柏林大学教授，这完全是不符合他的思想发展史的。

前面已经说过，伯尔尼时期的黑格尔是把古希腊的城邦共和国作为自

① 黑格尔 1795 年 4 月 16 日写给谢林的信。
② 诺尔编：《黑格尔青年时期神学著作》，德文版，第 215 页。

己的政治理想的，因此有人把这个时期称为黑格尔思想发展中的共和国时期。当时青年黑格尔考虑的诸多问题之一，是怎样恢复人们已经丧失了的政治自由，重新确立人的权利。他说："任何人都不能放弃自己给自己制定法律，自己负责处理法律的权利，因为当他放弃这种权利时，他就不再是一个人了。但是，阻止人放弃这种权利，这却不是国家的事情，因为这意味着要强迫一个人去做人，这就会使用暴力。"① 这表明青年黑格尔的思想是沿着资产阶级革命的总方向发展的，只是由于德国资产阶级的软弱，提不出任何有力的具体措施来恢复和保障人的权利而已。无论是美国的《独立宣言》（1776 年），或是法国革命的《人和公民的权利宣言》（1789年），都强调人人有自由平等和追求幸福的所谓不可让渡的权利，并明确指出，"法律是公共意志的表现。全国公民都有权亲身或经由其代表去参与法律的制定"②。青年黑格尔的看法无非是法国革命的原则在落后的德国的一种微弱的反响，美国和法国的资产阶级为了恢复和保障他们的权利都不惜诉诸暴力，而这正是黑格尔所代表的德国资产阶级所害怕而力图避免的。

　　青年黑格尔翻译并加注释的一本小册子，也可以说明他当时注重人的权利的那种资产阶级民主情结。这本小册子的德译本书名是《关于过去沃特邦对伯尔尼城的宪法关系的亲启信札。彻底揭露以前伯尔尼的上层寡头政治》③，原作者是瑞士律师卡特。该书的译注工作大约是黑格尔在伯尔尼时期开始的，在他离开伯尔尼后于 1798 年在法兰克福匿名出版。这是黑格尔第一部发表的作品，但直到 1909 年才被法尔肯海姆发现该书的译注者是年轻的黑格尔。④ 罗森茨威格曾经把卡特的原著和黑格尔的译文作过对照，据他说，黑格尔不仅是一个译者，而且还是卡特著作的改写者。⑤卡特属于资产阶级温和派，他反对不公正的封建特权和专制独裁，拥护宪

---

① 诺尔编：《黑格尔青年时期神学著作》，德文版，第 212 页。
② 见《人和公民的权利宣言》第六条。
③ 该书的原名为 *Lettres à Bernard de Muralt，tresorier du Pavs de Vaud，surledroitdecepays，etsurevene-mentsactuels*，1793 年巴黎版。
④ 法尔肯海姆：《黑格尔的一部人所未知的政治作品》，《普鲁士年鉴》第 88 卷，1909 年。
⑤ 参阅罗森茨威格《黑格尔和国家》第 1 卷，1920 年德文版，第 51 页。

政和法治，他经常援引孟德斯鸠的《法意》，对英国的资产阶级革命表示同情。黑格尔为译本写了前言，可能是为了应付书报检查而删去了其中两封强烈地谴责伯尔尼贵族对沃特邦的残暴压迫的信。该书的主要精神在于指出，如果拒不进行及时的改革，顽固坚持不公正的特权，蔑视人民应有的权利，那就必然会使现存的制度垮台，而导致一场大灾难。黑格尔显然是赞同卡特的观点，有些地方他还加上一些注释进一步发挥了卡特的论点。例如，下面这条材料是很有代表性的。

卡特在该书中有这样一段话："用赋税的多少去衡量一部宪法的好坏，是一个很大的错误。在这种情况下，英国宪法将会是最坏的宪法，因为没有哪一国的人要付这么多的税，然而在欧洲却没有哪一个民族比英国人享有更大的幸福，并得到像英国人那样多的个人和民族的尊敬。——这是因为英国人是自由的，因为他享有自由所包括的那些权利，一句话，因为他是向他自己收税。"卡特的这些话是为了驳斥某些为伯尔尼辩护的人，他们胡说什么因为伯尔尼收税低所以人民有高度的政治自由。黑格尔完全同意卡特的意见，并且在注释中补充指出："英国议会规定的美国进口茶叶的关税是极其微不足道的，但是美国人感到，他们支付这总数很小的税金就丧失了他们最重要的权利，正是这种感情引起了美国革命。"①

在这里，青年黑格尔的政治倾向表现得再清楚不过了。他向往资产阶级的民主自由，并且大胆地暗示，人民为了保卫自己的权利，有权进行革命。他在这个时期的政治观点相当接近于费希特。费希特当时还是资产阶级激进思想的代表，他根据《人权宣言》的精神，热烈地捍卫公民的政治自由和权利，主张建立共和制度，坚决要求给予人民参政的权利，因为人民不是不会讲话的机器，而是自觉的参与者。费希特明白地宣告："在事实上和法律上，人民是至高无上的最高权力，它是其他一切权力的源泉，而且只对上帝负责。"② 尤其是，他承认人民有在必要时进行革命的"不可让渡的权利"，为法国资产阶级革命和雅各宾派的平民专政作了热情的辩护。青年黑格尔当然没有费希特那样激进，态度也不那样坚决，但是在

---

① 以上卡特的原文和黑格尔的注释见《有关黑格尔思想发展的文献》，德文版，第248—249页。

② 费希特：《自然法基础》。

他的政治思想的演化史上，伯尔尼时期是他的黄金时期，资产阶级民主共和思想占了主导的地位，后来他的政治观点就越来越向妥协和保守的方面转化了。

关于伯尔尼时期黑格尔的政治观点，还有一个有待解决的争论问题需要加以探讨，那就是究竟应该怎样看待《德国唯心主义最早的系统纲领》这个残篇（1796年初夏）。根据许勒的考证，这个残篇是黑格尔在伯尔尼所写的最后一篇理论文章，但它在1913年由罗森茨威格第一次公开发表以后，一直被怀疑不是黑格尔的著作。罗森茨威格本人以及其他一些研究者认为这是黑格尔抄录的谢林的作品，尽管他们的这种看法没有得到任何证实的假设，却被卢卡奇毫无批判地当作确定的事实来接受。[①] 另一些人如柏姆则认为这篇文章的作者是荷尔德林。[②] 以上这两种看法都没有事实的根据。既然这篇手稿无疑是黑格尔的笔迹，而又没有任何可靠的证据说明这是他抄录别人的作品，我们还是宁可相信奥托·波格勒和哈里斯的考证，把它作为青年黑格尔自己的作品。[③] 当然，这并不排除这样的可能，即黑格尔在这篇作品中吸收了其他同道们的思想。

我们之所以重视青年黑格尔的这篇著作，是因为其中包含一个十分重要的思想。他在那里写道："我从自然界进深人的事业。先是人类这一理念——我想指明，根本没有关于国家的理念，因为国家是一种机械的东西，就像根本没有关于一架机器的理念一样。只有自由的对象，才叫做理念。所以我们必须超越国家——因为任何国家都必然把自由的人当作机械的齿轮看待，而它是不应该这样的，所以它就应该停止存在。你们自己看到，在这里所有的理念如关于永恒和平等的理念，都只是隶属于一个更高的理念的。同时，我将在这里叙述人类历史的原则，并彻底揭露全部贫乏的人类事业——国家、宪法、政府、法律。最后是关于道德世界，上帝与不朽的那些理念——一切假信仰的崩溃，牧师神甫之受迫害，近来都表明

① 参阅卢卡奇《青年黑格尔》，1948年苏黎世版，第55—56页。
② 参阅柏姆《荷尔德林是德国唯心主义最早的系统纲领的作者》，《德国文艺科学与精神史季刊》第4卷，第339—425页。
③ 参阅波格勒《黑格尔是德国唯心主义最早的系统纲领的作者》，《黑格尔研究》第4分册（1969年）；哈里斯：《黑格尔的发展》，第249—257页。

理性自己正在显示理性——理性乃是精神的绝对自由，一切精神都在自身之内包含着知识世界，而不可以在其自身以外去寻求上帝与不朽。"① 接下来就是一段关于美学的议论。黑格尔认为，把一切联合在一起的那个理念，就是最高的柏拉图意义上的美的理念；把握一切理念的理性最高活动，是一种审美的活动，而真和善只有在美之中才亲如姊妹地结合在一起。他还强调哲学家也要像诗人一样具有审美的能力，并把精神哲学说成是一种"审美的哲学"。他把诗放在很高的位置，把诗称作"人类的女教师"。他说："理性和内心的一神教，想象力和艺术的多神教，这就是我们需要的东西。"②

青年黑格尔的上面这些看法，标志着他的进步思想发展的极限，它们表明他从唯心主义出发对现存秩序的批判可以达到怎样的限度。说实在，凡是唯心主义所允许的一切，他都已经做到了。黑格尔的观点无疑是彻底的唯心主义，但是尊崇理性，强调精神的绝对自由，却导致了对违反理性与自由的一切事物的无情的否定。在他关于基督教的文章里，我们已经看到他对古希腊罗马共和国瓦解后建立的专制国家的"实证性"的批判，现在这一批判又深入了一步，达到了在原则上对国家的否定，因为在他看来，"任何国家都必然把自由的人当作机械的齿轮看待"，它是一种机械的东西，是不自由的。一切与国家相关联的东西，黑格尔所谓的"全部贫乏的人类事业"如宪法、政府、法律等，也都遭到他的无情批判。他甚至提出要超越国家，认为国家应该停止存在，这和要求"人们必须崇敬国家，把它看作地上神物"③ 的那个晚年的黑格尔，有着多么巨大的差别啊！某些资产阶级学者不能理解为什么青年黑格尔和晚年黑格尔的国家观点会有这样巨大的差别，因而怀疑和否认青年黑格尔曾经有过如此激进的思想。其实，在那激变和动荡的历史时代里，如果一个思想家始终保持一成不变的观点，那倒是奇怪的事。青年时期和老年时期的思想差距，不仅存在于黑格尔身上，而且也同样存在于他的同时代人费希特和谢林身上。如果硬

---

① 霍夫迈斯特：《有关黑格尔思想发展的文献》，德文版，第219—220页。
② 同上书，第220页。
③ 黑格尔：《法哲学原理》，商务印书馆1961年版，第285页。

要把这篇著作说成是谢林的作品，那么它和晚年谢林的观点之间的差距不是更为巨大吗？解释黑格尔国家观点的演变的关键，归根结底要到德国社会的阶级斗争中去寻找。青年黑格尔对国家的否定，反映了力求挣脱封建桎梏的德国资产阶级希望打破封建国家机器的激进情绪，而老年黑格尔对国家的崇拜，则反映了已经和封建势力达成妥协的德国资产阶级竭力想利用现成的国家机器来保障自己的利益和统治的那种愿望。离开阶级斗争去看问题，就根本无法弄清楚黑格尔的思想发展。

应该指出，青年黑格尔的国家观点表面看来很激进，内容却是十分虚弱的。要超越国家，要国家停止存在，话说得很漂亮。但是，怎样去超越呢？用什么手段使国家停止存在呢？国家真的停止存在，以后又怎么办？所有这些问题都找不到答案，连他自己也是茫然。单靠理性的力量是不能改变世界的，尤其是把审美活动当作理性的最高活动，对变革现实社会更显得无济于事。所以青年黑格尔要超越国家的想法，始终只是一个空想，像这样的空想是不可能持久的。果然，在他离开伯尔尼去法兰克福以后，这个短暂的空想很快就幻灭了。

在法兰克福时期，黑格尔的社会政治观点开始发生明显的变化。有些人（如诺克斯、卢卡奇）认为，黑格尔在这一时期遇到了一次严重的"精神危机"，使他的思想发生了"革命"，另一些人（如哈里斯）则根本否认有过这样的"危机"和"革命"。[①] 我们暂且把"危机"问题搁置不论，来看看黑格尔在国家问题上发表了一些什么样的见解。

青年黑格尔到了法兰克福以后的著作中，已经放弃了以前对于恢复古代民主共和制度的那种热烈的希望，也不再抱有要超越国家的那种不切实际的空想，而代之以对近代国家的本质作比较客观的冷静的研究。通过历史的考察，他发现原来近代国家的本质在于它是保护私有财产的工具，而且他也开始认识到，以私有财产为基础的现代社会已经是一个无可改变的基本事实了。在法兰克福时期所写的《历史研究断片》中，黑格尔指出："在近代国家里，保障私有财产的安全乃是全部立法围绕着它旋转的轴，

---

① 参阅诺克斯《黑格尔对康德伦理学的态度》，《康德研究》，1957—1958 年；卢卡奇：《青年黑格尔》第 2 章第 1 节，1948 年苏黎世版；哈里斯：《黑格尔的发展》第 4 章第 1 节。

公民的大部分权利都是与它相关联的。在有些古代自由共和国里，是通过宪法使严格的私有财产权受到损害的，而这种私有财产权却是我们一切政权机构所关心的东西，是我们国家的骄傲。在拉西代孟人的宪法中，保障私有财产和实业的安全这一点几乎未加注意，几乎可以说是被遗忘了。在雅典，通常要夺走富有公民的一部分财富。但在夺走一个人的财富时却利用一个对他很光荣的借口，即要他担任一个需要大量花费钱的职务。"① 在他看来，即使在最自由的宪法之下，少数公民拥有过多的财富也会导致自由的毁灭。这方面的例子很多，伯里克利的雅典，革拉古的罗马，梅迪奇家族的佛罗伦萨，都可以作为历史的例证。财产的相对的平等，是民主政治的基础。青年黑格尔从这个观点出发，为法国革命中提出的平均财产的要求辩护，他虽然不同意雅各宾派的暴力专政，却认为人们把法国无短裤汉主义②的制度平均财产的企图仅仅归结为掠夺欲，这种看法是不公正的。

在这里，我们很容易指出青年黑格尔所犯的历史错误。古希腊的国家，无论是斯巴达或雅典，都绝不是不关心保障私有财产的，恰恰相反，国家机器的主要任务之一就是保障奴隶主阶级对最重要的私有财产（即奴隶）的所有权，镇压奴隶的任何反抗和防止奴隶的逃亡。甚至在伯罗奔尼撒战争中斯巴达和雅典兵戎相见的情况下，交战双方还订立条约，规定彼此不得收容对方逃亡的奴隶并互相援助共同镇压奴隶暴动。③ 顺便提一下，在历史上，西方的保险业正是从古希腊赔偿奴隶逃亡损失的保险业务开始的。怎么能够说古希腊国家几乎不注意保障私有财产的安全呢？实际上，在人类历史上，如果不是先有私有财产的出现以及随之而来的社会阶级分化和阶级对立，国家这个怪物就根本不会产生。关于这一点，恩格斯在《家庭、私有制和国家的起源》一书中，曾经作了光辉的马克思主义的深刻阐述。黑格尔是一个历史唯心主义者，他当然不可能正确地理解国家的起源。但是，重要的是他在法兰克福时期就已经看到了国家的经济内容，认识到保障私有财产乃是近代国家的本质所在。这比他晚年把国家说成是

---

① 霍夫迈斯特：《有关黑格尔思想发展的文献》，德文版，第268页。

② 无短裤汉（sansculotte，或译长裤汉）是法国资产阶级革命时贵族阶级挖苦平民共和党人的话，因为当时贵族穿短裤，平民穿长裤。

③ 参阅修昔底德《伯罗奔尼撒战争史》，商务印书馆1961年版，第340、371页。

什么"伦理理念的现实","理性的形象和现实"① 之类的谬论，无疑要高明和深刻得多。列宁说过，国家问题是被资产阶级学者搞得最为混乱不堪的一个问题，因为它比其他一切问题更加牵涉统治阶级的利益。② 掩盖国家的阶级本质，对巩固阶级统治来说是十分必要的。因此，在国家问题上，一个私人家庭教师往往比一位官方哲学家能够说出更多的真理。

至于青年黑格尔主张财产相对地平等的思想，这是从卢梭那里来的。大家知道，卢梭以及把他奉为老师的激进的雅各宾派，都是竭力鼓吹平均财产的。这在他们力图建立的资本主义社会里当然是根本不可能实现的幻想，因为正是资本主义制度使社会贫富悬殊的两极分化现状更加剧了。法兰克福时期的黑格尔也还有着这样的幻想，这一方面说明法国革命对他的思想影响，另一方面也说明他对资本主义社会的认识还很不深刻。关于资本主义制度下社会财富分配必然极不平等的认识，是他在耶拿时期进一步研究了资本主义社会经济生活以后才得到的。

在法兰克福，青年黑格尔表现了对德国现实政治生活的浓厚兴趣，开始写他的第一批政治著作：《论符腾堡内政近况，特别是关于市参议会宪法的缺陷》（简称《论符腾堡内政近况》）和《德国宪法》。在这两篇著作中，黑格尔对当时德国的政治状况作了广泛的评论。

《论符腾堡内政近况》这本小册子写于 1798 年，原来的书名是《市参议会应该由人民选举》（后由黑格尔将"人民"改为"公民"），现在这个书名是别人替他改的。据罗森克朗茨说，黑格尔写成该书后把稿子寄给斯图嘉特的几位朋友征求意见，有人回信认为，在当时的环境下出版这部著作是弊大于利，会损害自由的事业，因此该书就没有发表。③ 这部著作的手稿一直保存到 19 世纪中期，后来就遗失了，现在只是在海谋的《黑格尔及其时代》一书中保存了该书的某些片断和一个简单摘要，其中一些段落由拉松收入了他编辑的《黑格尔政治和法哲学著作》。

符腾堡公国是黑格尔的故乡，他的父亲是政府官员，所以他对符腾堡

---

①　黑格尔：《法哲学原理》，商务印书馆1961年版，第253、360页。

②　参阅《列宁选集》第4卷，第42—43页。

③　参阅罗森克朗茨《黑格尔传》，第91页。

的政治局势表示关切是很自然的。在当时的许多德意志国家中，符腾堡的政治状况还不算是最坏的，它表面上还是实行宪政，有一个比较强有力的议会和所谓自由的传统，而与德国其他大部分地区有所不同。在 18 世纪末，福克斯甚至指出，在欧洲只有两部宪法，即英国宪法和符腾堡宪法。① 但是，即使在这样一个所谓"开明专制"的公国里，情况也是够糟的。所谓"宪政"只不过是装饰腐朽的封建专制制度的遮羞布而已，实际上根本没有什么民主自由可言。有一部关于符腾堡的历史书对它的政治状况作了这样的叙述："为了进行外国的战争而经常征兵，任意课以重税，贿卖官职，实行使王公发财的专卖，只要有人表示最微小的怀疑和抗议即予逮捕。"② 法国革命使符腾堡受到了很大的冲击，人们议论纷纷，要求进行改革。1797 年末符腾堡新的统治者上台，1798 年初德意志神圣罗马帝国将莱茵河左岸地区让给法国，这就更引起人心浮动。青年黑格尔在这样的时刻写这本小册子，并不是偶然的。

《论符腾堡内政近况》这本小册子的主要精神在于指出符腾堡的现存秩序和制度已经过时，再也不能维持下去了，因此迫切需要改革，否则就不可避免地会爆发革命。黑格尔一开始就在颇有鼓动性的导言中号召符腾堡人民结束在恐惧和希望之间的摇摆，希望大家抛弃个人和本阶级的狭隘的利益，去努力改革宪法中那些"不公正"的部分。在他看来，现在改革的时机已经完全成熟了。形势已经变了，人们安静地满足于现状、毫无希望、忍耐地顺从命运的状况已经改变，他们已经抱有希望、期待，并决心去做某种别的事情了。"关于一个更美好和更公正的时代的图景，已在人们心灵中变得活跃起来了，对更纯洁，更自由的状态的渴望和恋慕激动了所有人的心，并使他们与现状发生冲突。"③ 不仅人们要求一个新局面，而且旧制度越来越难以保持统治了。他指出："人们普遍地、深深地感到，现有状况下的那种国家结构已经维持不下去了。人们普遍地担心它会垮台，并在它崩溃时使每个人都受到损害。"④ 因此，改革是极其必要的。但

---

① 参阅卡尔斯顿《德意志的王公和议会：从十五世纪到十八世纪》，1959 年牛津版，第 5 页。
② 卡尔·帕法夫：《符腾堡公室和国家的历史》，1839 年斯图嘉特版，第 82 页。
③ 拉松编：《黑格尔政治和法哲学著作》，第 150 页。
④ 同上书，第 151 页。

是，哪些东西已经不能维持下去必须进行改革呢？要判断这一点，"公正是唯一的标准"。问题在于要有做事公正的勇气，有了这种勇气，就能完全地、体面地、和平地除掉摇摇欲坠的建筑物，而代之以一个安全的建筑物。如果不进行及时的改革，就会发生一次可怕得多的运动，在这场运动中会进行报复，老是受骗和受压迫的群众会狠狠地惩罚不公正行为。他说，明明感到事物正在摇摇欲坠，却无所作为，盲目自信地等待那到处腐朽不堪、根基已经动摇的旧屋倒塌，让倒下的栋梁砸在自己身上，这简直是违反常识。"有些人可能希望，已经不再适应于人的习惯、需求和意见并已被精神所抛弃的那些制度、宪法和法律，还能够存在下去，这些人是多么盲目啊！"①青年黑格尔在这本小册子中抨击封建专制制度，大胆地指责符腾堡王公专制独裁，并且对官僚们的胡作非为提出抗议，说这些家伙已经丧失了"关于天赋人权的一切意识"②。他一针见血地指出，必须对符腾堡宪法进行根本的改造，因为在旧宪法中，"归根结底一切都围绕着一个人旋转，这个人 exprovidentià majorum（由于最高的天命）把一切权力集中在自己手里，对承认人权和尊重人权不给予任何保证"③。黑格尔要求承认公民平等和信仰自由，尊重一切等级的人权。他把改革的希望寄托于议会，但在他看来，选举议会的方法和宪法的其他部分一样都是错误的。他并不反对通过市镇参议会的间接选举制，但主张市镇参议会由普选产生。可是他又担心把投票权给予"未受教育的群众"会有另一种危险，因为他们"习惯于盲目服从"，易于受王公利用而稳操多数。因此，他最后不得不无可奈何地承认，不知道怎么办才能在符腾堡建立一个良好的民选机构。海谋说："这样的一部作品，它的前提是如此激奋人心，但面对毫无结果的结局又是如此不能令人满意，因此还是不发表的好。"④ 这些话总算还有几分道理。

　　从《论符腾堡内政近况》可以看出，青年黑格尔的政治观点和以前相比有所变化。他在伯尔尼时期写的批判基督教的文章认为，古代民主制崩

---

① 拉松编：《黑格尔政治和法哲学著作》，第151页。
② 参阅海谋《黑格尔及其时代》，第67页。
③ 费舍：《黑格尔的生平、著作和学说》第1部第5章。
④ 海谋：《黑格尔及其时代》，第67页。

溃后产生的一切社会制度都是"实证的",现在则认为只有过时了的制度才是"实证的",符腾堡的政治制度之所以应该改变,因为它所适应的条件已经不存在了。在这一著作中,虽然还贯彻着反封建的资产阶级民主思想,但值得注意的是,他已不再要求建立民主共和国,而只是要求进行宪政改革以限制世袭君主的无上权力。尽管他主张进行重大的改革,但又反对使用暴力,极力想避免革命的爆发,认为在改革时要采取渐进的和平方式谨慎从事。他这一时期的政治观点基本上带有温和的资产阶级自由主义色彩,这是他的思想开始向保守的方面转化的最初的征兆。

青年黑格尔的另一篇政治著作《德国宪法》初稿写于 1799 年,1801 年初他去耶拿后又重新修改,至 1802 年春停笔,全稿未完成,在他生前没有出版。① 罗森克朗茨曾错误地认为该稿写于耶拿之战后的 1806—1808 年②,后来他修正了这个看法,认为写于 1801— 1802 年。③ 这个黑格尔手稿最初于 1893 年由莫拉特发表,原稿无题,由莫拉特加上《德国宪法批判》的标题,后来简称为《德国宪法》。

《德国宪法》一文的目的是分析和批判当时的德意志帝国宪法。所谓德意志民族的"神圣罗马帝国",本来是从中世纪遗留下来的一个怪物,早已名存实亡,只剩下了一个空洞的躯壳。这个名义上的帝国,除了下属有奥地利、普鲁士那样强大的选帝侯以外,还包括三百来个大大小小的诸侯领地和独立市镇。那些割据一方的封建统治者各自拥有自己的军队,行政机构和税收制度,实际上并没有一个真正的中央政权。所谓帝国没有一个兵,它的岁入仅几千弗洛林,完全是形同虚设。在那些大大小小的德意志封建国家里,君主专制制度占着统治地位,政治极端腐败,贪污成风,工商业生产凋敝,经济十分落后。人民生活在水深火热之中,蒙受残酷的压迫和剥削。农奴的从属关系仍然盛行,某些封建主甚至把成批的青年作为雇佣军出租或出售给外国。当时有人愤慨地说:"没有法律和正义,没有禁止任意课税的保护措施,我们儿子的生命、我们的自由和权利都没有

① 根据罗森茨威格的考证,此文写于 1799—1802 年。此说比较可信,参阅他的《黑格尔和国家》第 1 卷,第 231—233 页。

② 罗森克朗茨:《黑格尔传》,第 235—236 页。

③ 罗森克朗茨:《作为德国民族哲学家的黑格尔》,1870 年,第 62 页。

保障，成了专制政权的软弱的捕获物，我们的生存缺乏团结，也缺乏民族精神……这就是我们国家的现状。"① 关于 18 世纪末叶的德国状况，恩格斯也曾经作过深刻的批判揭露。他指出："这是一堆正在腐朽和解体的讨厌的东西。没有一个人感到舒服……一切都烂透了，动摇了，眼看就要坍塌了，简直没有一线好转的希望，因为这个民族连清除已经死亡了的制度的腐烂尸骸的力量都没有。"②

在《德国宪法》里，黑格尔开门见山的第一句话就是："德国不再是一个国家了。"他沉痛地指出，德国现在已经完全是虚有其表，它的各个部分表面上虽然还保持着统一的外貌，却不是靠实际存在的纽带，而是靠记忆中的过去的纽带联合在一起的。正像树上掉下来的果子，因为它落在树底下，所以人们承认它曾经是属于树上的东西，但无论是果子在树下所处的位置或是落在它身上的树影，都不能使它免于腐烂。德国就是这样，它是早已逝去的旧时代的残余，已经完全不能适应于新的历史条件。特别是在对法国的战争中，德国更是通过切身的经验意识到它自己不再是一个国家。这场战争使德国失去了某些最好的领土和几百万人口，债务的重担把战争的苦难一直延长到战后的和平时期，有的邦落入了外国的统治之下，被迫遵守外国的法律和习俗，而另一些邦则将丧失它们最可宝贵的独立。③ 在黑格尔看来，战争充分暴露了所谓德意志帝国的腐朽落后，德国的软弱无力给整个民族带来了屈辱和灾难。因此，要大声疾呼，唤醒他的同胞们要认清真相，敢于冷静地正视现实。他说，这篇文章里包含的思想没有什么别的目的，而只是为了促进人们去理解事物的真相，从而去更沉着地看待和适度地容忍事物的真相。德国人最大的毛病就是拒绝承认事实，所以黑格尔集中力量去揭露德国宪法中理论与实践，理想与现实之间的严重脱节，指出人们在谈论德意志帝国时仿佛它真是一回事似的，实际上它却早已是徒有形式而无实质内容的空架子了。

黑格尔断定德国不再是一个国家后，提出了他自己关于什么是国家的

---

① 这是缪勒的话，引自海格尔《从菲德烈大帝逝世至旧帝国解体为止的德国历史》第 1 卷，1899 年斯图嘉特版，第 115 页。

② 《马克思恩格斯全集》第 2 卷，第 633—634 页。

③ 参阅《黑格尔政治和法哲学著作》，第 3—4 页。

定义。他说："一群人只有当他们联合起来共同保卫他们的全部财产的时候，他们才能叫自己是一个国家。"① 人们的这种联盟不仅要有保卫自己的意愿，而且还要有实际的武器来保卫自己。谁也不否认，在法律上和字面上德国是联合起来进行共同防御的，但法律条文是一回事，实际情况却是另一回事。财产和保卫财产完全是实实在在的事，如果没有现实的存在，那么不管理想的存在如何美妙，它还是不可能成为一个国家。古老的德意志帝国之所以不是一个国家，并不完全因为它在对法兰西共和国的战争中遭到失败。问题在于，它根本没有联合起来共同保卫它的全部财产。它没有防御的组织机构，没有共同行动的意志。因此，黑格尔又指出："如果一群人要组成一个国家，那么他们就必须形成一个共同的军事的公共权威。"② 在他看来，一个国家的力量不在于它的人口和军队的数目，不在于它的土地丰饶，也不在于它的大小，而仅仅在于使所有这些东西能够用来为共同防卫的伟大目的服务，而这乃是把它的各个部分合理地联合在一个单一的公共权威之下的结果。③ 德国就是缺少这样一个公共权威，就像一盘散沙，没有一个中心。但是，需要一个公共权威并不意味着有必要建立一个高度中央集权的政府。相反，青年黑格尔是不赞成高度的中央集权的。

黑格尔认为，一个公共权威（即政府）除了为保证国家安全必须发挥权威作用的活动以外，应该促进和保护公民的自由活动，"因为公民的自由本来就是神圣不可侵犯的"。他激烈地批评那种走极端的中央集权制（他举法兰西共和国和普鲁士为例），说它统得太死，事无巨细都要由最高当局决定和下命令，在二三千万人口的国家里，连用于救济贫民的公共开支的每一分钱都要由最高的政府当局来管，甚至任命一个农村学校教员、关卡小税吏，直到花钱给公共建筑配一块玻璃那样的琐事，也都要由上面来过问，这样就造成了一种极其枯燥无味的缺乏生气的生活。他把这种中央集权制叫做"机械的教阶制度"，指责它完全压抑了人民的自由信仰，

---

① 《黑格尔政治和法哲学著作》，第 17 页。
② 同上书，第 18 页。
③ 同上书，第 57 页。

自尊心和个人努力。在他看来，在一个统一的国家里，各个地区的自治不仅是可能的，而且是应该争取的。他说，国家如果让人民在次要的一般活动方面有充分的自由，那么这样的人民是幸福的，同样地，如果一个公共权威能够得到它的人民的自由精神的支持，那么它就无限地强大。① 那时黑格尔心目中的理想国家，显然是带有一点资产阶级自由主义色彩的，这同他后来在《法哲学原理》中关于国家的说教有着颇大的差别。他反对中央集权，是从德国资产阶级的特殊利益出发的，因为当时德国各个地区资本主义的发展极不平衡，统一的国内市场还远未形成，经济发达地区的资产阶级首先要求一个能够充分自由发展的环境，而不希望受到中央集权的过多的干预。

在黑格尔看来，国家要保卫自己主要依靠军事力量和财政力量。他研究了这两个方面，指出这两种力量都是德意志帝国所不具备的。几个世纪以来，欧洲列强之间的重要战争德国人几乎都参加了，德国人血流成河，表现了勇敢精神和军事才能，但是现在却没有一个国家像德国那样缺乏防御，没有保卫自己的能力。如果我们看到大批德国士兵在战场上打仗，那么他们并不是作为一支帝国的军队为保卫德国而战，而是自相残杀，把德国的肉从骨上撕裂下来。在财政方面，德国更是处于十分可怜的境地。黑格尔指出，在现在或多或少摆脱了封建制度的欧洲国家里，财政已成为最高公共权威手中的越来越重要的一种权力了，可是在德国，国家却不干预任何公共的开支，一个村庄，一个城市都各自照管与它自己有关的财政事务，根本就没有一个与自己有关的公共权威财政机构。中央的财政权力如帝国关税、帝国城市缴纳的税金等，也和国家的观念相距甚远，因为这些收入完全被看作皇帝的私人财产，皇帝甚至可以把它们出售。因此，德国是没有什么财政力量可言的。从这里，黑格尔作出结论说，一国人民由于军事力量的瓦解和缺乏财政能力，不能建立他们自己的公共权威，就没有能力在外敌面前保卫自己的独立。在战争中，它就必然会遭到各式各样的掠夺和蹂躏，必然会丧失自己的土地。② 这样看来，当时德国失败的命运

① 参阅《黑格尔政治和法哲学著作》，第29—31页。
② 同上书，第48页。

是注定了的，只有进行改革，建立一个现代国家，德国才能有光明的前途。

青年黑格尔所建议的政治改革，实际上是实行资产阶级的君主立宪制度。他要求建立一个有效的公共权威，成立一支真正的德国军队，由皇帝来担任政府的首脑和军队的统帅，实行全国通行的税收制度，以支付军队的开支；还要对旧的帝国议会进行根本改造，使它成为拥有财政权和立法权的新的代议机构。总之，早已过时的那些封建机构都必须加以改革，使之适应于现代生活的要求，而代议制则是德国在政治现代化的基础，因为，"如果没有这样一个代议机构，自由就将是无法想象的"①。从他的这些具体建议可以看得很清楚，他所要求的是资产阶级性质的改革，而且这种改革带有浓厚的妥协性，并不触犯封建阶级的根本利益。这同他在伯尔尼时期的政治主张相比，是大大地后退了一步。

在《德国宪法》一文中，黑格尔还着重提出了德国的统一问题。这个问题的迫切性显然是由于抵抗外部敌人侵略的必要而加强了。要建立一个强大的现代化的德国，首先必须实现统一。在黑格尔看来，能够担当起这个任务的德意志国家只有普鲁士和奥地利。根据海谋的说法，黑格尔看中了奥地利。奥地利的宪法比较带有自由色彩，并且一直保留着传统的代议制的议会，因此由奥地利来把德国重建成一个自由国家也将有更大的保证。黑格尔指出，"德国自由的利益，自然要寻求自身建立在这种自由的制度之上的国家的保护"②，而普鲁士却不再和自由的利益发生联系，在公众舆论中，没有一次普鲁士进行的战争从一开始就被看作是为了德国的自由而进行的战争。现在真实的，持久的利益在普鲁士得不到任何保护，如果普鲁士成为德国的复兴者，那就有整个德国被普鲁士化的危险。青年黑格尔那时对普鲁士的评价是很低的：他批评普鲁士国内没有自由，机械死板，等级森严，独裁专断，思想贫乏，完全缺乏"科学或艺术天才"，好比一个"暴发户"。这和他晚年对普鲁士的吹捧和美化，恰好形成强烈的对比。人们一般习惯于把黑格尔看作普鲁士王国的忠实哲学奴仆，却忘记

① 参阅《黑格尔政治和法哲学著作》，第128页。
② 同上书，第129页。

了他在青年时期曾经是普鲁士专制制度的激烈批评者。

　　我们之所以要为《德国宪法》一文花费这许多笔墨，是因为它再清楚不过地表明了青年黑格尔政治思想的资产阶级性质。不仅他的政治理论，而且他的具体政治主张都生动地体现了当时德国资产阶级的特殊利益。在18世纪末至19世纪初，德国资产阶级有两个最突出的政治要求：一是希望摆脱阻挠资本主义发展的封建桎梏，实现德国政治机构的现代化，一是希望实现德国的统一，使德意志民族能够抵御外国的侵略，保护初生的民族资本的利益。这两个政治要求互相交织在一起，构成了《德国宪法》的基调。青年黑格尔有时免不了陷于这样的矛盾：一方面他认识到封建制的旧德国已经是无可救药，必须加以彻底的改造，另一方面他又看不到能够进行这种社会改造的力量，因为德国资产阶级软弱无能，还远没有成熟到能够承担起这个历史任务的地步。他虽然提出了改造德国的建议，但他自己对于德国能否进行这样的改革是抱怀疑态度的，因为他感到德国的旧势力太强大了。德国资产阶级自己既没有力量又没有勇气去领导和发动一场资产阶级革命，以实现国家的现代化和民族统一，它就只能寄希望于出现一个"强有力的伟大人物"去完成这个业绩。所以黑格尔在《德国宪法》中最后把他的全部热切期望都寄托在"德国的提修斯"身上。[1] 这个"德国的提修斯"指的究竟是谁？黑格尔没有明说。狄尔泰认为他指的是外国征服者拿破仑，罗森茨威格则认为他指的是奥地利的查理大公。[2] 其实，这个问题倒无关紧要。重要的是，可怜的德国资产阶级竟然推不出一个像样的领袖人物，去完成本来应该由它自己去完成的历史任务，而不得不寻找一个自己阶级以外的人物来照管自己的利益，充当自己的领袖。

　　青年黑格尔是个历史唯心主义者，他夸大个人在历史上的作用，认为所有国家都是由于"伟大人物"的非凡的才能和努力而创建的。所以他抱着由一个"德国的提修斯"来重建新国家的幻想，是符合他的历史观的。但是，他的这种幻想一旦破灭，就可能转化为同封建势力的更严重的妥

---

　　① 参阅《黑格尔政治和法哲学著作》，第135页。其实，在伯尔尼时期，黑格尔就盼望"德国的提修斯"的诞生，他在《基督教的实证性》一文中曾经发出这样的感叹："有谁能算得是我们的建立国家和制定法律的提修斯？"（《黑格尔青年时期神学著作》，第215页）

　　② 参阅狄尔泰《黑格尔青年时代的历史》；罗森茨威格《黑格尔和国家》。

协。黑格尔对普鲁士的态度的演变，就是一个明证。"德国的提修斯"始终没有出现，怎么办？就只有依靠现有封建统治者之中的"强有力的人物"了。德国资产阶级不得不借助于普鲁士统治者的武力来实现国家现代化和民族统一，为资本主义发展开辟道路。这样地发展资本主义也就是列宁所说的"普鲁士道路"。走这条道路虽然十分缓慢，痛苦和不彻底，但在软弱的德国资产阶级看来却似乎是唯一切实可行的办法。我们知道，德国的民族统一和资本主义化是在黑格尔去世后很久才完成的，而晚年的黑格尔实际上就是在为这条"普鲁士道路"作哲学论证。黑格尔的政治观点在不同时期是有所变化的，但它们反映着德国资产阶级的根本利益和愿望这一点却始终不变。他对普鲁士的态度，由尖锐的批评转变为竭诚拥护，这虽然可能有个人原因，但归根到底必须用德国资产阶级在不同时期的利益去解释。恩格斯对黑格尔生前发表的最后一部著作，也是黑格尔政治观点最为保守的著作《法哲学》，曾经作过这样深刻的评述："最后，当黑格尔在他的《法哲学》一书中宣称君主立宪是最高的，最完善的政体时，德国哲学这个表明德国思想发展的最复杂但也最准确的指标，也站到资产阶级方面去了。换句话说，黑格尔宣布了德国资产阶级取得政权的时刻即将到来。"[1] 因此，如果看到黑格尔晚年对普鲁士的吹捧，就给他乱扣什么"封建复辟派"的帽子，那就再也没有比这更错误的浅薄之见了。

## 五　结束语

经过上面对青年黑格尔的社会政治思想的考察，可以得出结论说，他是当时德国新兴资产阶级的典型代表。黑格尔的辩证法反映着德国资本主义上升时期资产阶级的利益和愿望，这就是他的辩证法的深刻的社会阶级基础。

马克思曾经指出，要"公正地把康德的哲学看成是法国革命的德国理论"[2]。这一科学论断也同样完全适用于黑格尔哲学。正当法国发生轰轰烈

---

① 《马克思恩格斯选集》第 1 卷，第 510 页。
② 同上书，第 100 页。

烈的资产阶级革命的时候，德国发生了哲学革命，而这场哲学革命的成果就是由康德开始而由黑格尔完成的辩证法思想的发展。辩证法是变革的哲学，在它看来，整个自然界和人类社会都处于不断的变化和发展中，根本就不存在任何神圣不可侵犯的绝对的东西。从根本上说，黑格尔的辩证法正是集中地表现了德国资产阶级企图变革封建制度的要求。恩格斯在评述德国的哲学革命时说："正像在18世纪的法国一样，在19世纪的德国，哲学革命也作了政治变革的前导。"① 因此，德国古典哲学（特别是黑格尔哲学）根本不是什么德国贵族对于法国革命的反动，而是为了在德国实现法国革命的目的，即为建立资本主义制度开辟道路。

　　青年黑格尔不愧为自己时代的儿子。他在启蒙运动思想的影响下成长，对法国资产阶级革命抱着同情，举着理性和自由的旗帜，批判"实证的"基督教，要求变革德国的政治制度。所有这一切都无可辩驳地证明他是站在时代潮流前列的。这样，他的辩证法思想的形成才有可能得到合理的解释。

　　当然，我们也不能忘记恩格斯的这样一句话："黑格尔是一个德国人，而且和他的同时代人歌德一样拖着一根庸人的辫子。"② 应该说，黑格尔身上的庸人气味是随着他的年龄和地位的增高而越来越浓的，青年时代的黑格尔比较起来要好一点，但也未能完全摆脱令人讨厌的庸人气味。这不是他个人的问题，而是由整个德国资产阶级的特殊性格所决定的。德国资产阶级当时还远没有成熟，而带有很大的软弱性和两面性。一方面，它反封建，希望实行资产阶级的变革，另一方面，它又极其害怕人民，总是同封建统治阶级谋求妥协，幻想取得他们的让步。德国资产阶级只能停留于跪着造反。这种阶级特性也不能不在黑格尔的思想上留下深刻的烙印。黑格尔的唯心主义，正是反映了德国资产阶级沉溺于思辨的幻想而怯于实践的软弱性和保守性，它束缚了辩证法的发展，歪曲了辩证法的面貌。黑格尔辩证法是唯心的辩证法，它只能以歪曲的形式去反映世界的发展和人们改造世界的主观要求，却不能成为真正改造世界的有力武器。因此，对无产

---

① 《马克思恩格斯选集》第4卷，第210页。
② 同上书，第214页。

阶级来说，黑格尔辩证法在其现成形式下是完全不适用的，必须加以彻底的批判改造。黑格尔辩证法和马克思主义辩证法不仅有着原则的不同，而且是正好相反的。强调黑格尔早期思想的进步，而企图把黑格尔辩证法和马克思主义辩证法混淆起来，这是绝对不能容许的。

（原载《外国哲学史研究集刊》1978 年第 1 辑）

# 论青年黑格尔的异化理论的形成和发展①

　　目前，关于异化问题的研究在我国哲学界正引起越来越大的兴趣。经过长期的忽视以后，人们终于认识到这个问题的重要意义。这是一个可喜的现象。

　　谈论异化问题，一般都要提到黑格尔的名字。这是理所当然的。在哲学史上，过去虽然也有人（如费希特）已经使用过"异化"或"外化"这一概念②，但把异化作为一个重要的哲学问题来加以全面探讨的，黑格尔还是第一个。因此，要探索异化问题的渊源，弄清楚异化问题的真实含义，必须从黑格尔的异化理论开始。可是，迄今为止，在我国还没有对此作过认真的探讨。由此而产生对黑格尔异化学说的一系列误解和简单化的说法，也就是可以理解的了。本文的目的是试图在这方面进行初步的探索，以期在如实地了解的基础上对黑格尔的异化理论作出适当的评价。

　　黑格尔关于异化的思想有一个形成和发展的过程。在他本人的思想演化史上，关于异化的思想最初萌芽于杜宾根时期和伯尔尼时期，经过法兰克福时期的继续探索，而最后形成于耶拿时期。因此，有关异化的理论探讨，基本上是青年黑格尔的哲学课题，它贯穿在黑格尔的一些早期著作中，表现了这位未来的辩证法大师为了寻求和深入理解广泛的社会历史现象的本质所作的巨大努力。到《精神现象学》一书的出版，异化已经成为黑格尔哲学的一个中心概念，取得了它最后的确定的形态。可以说，异化概念的建立是黑格尔在哲学上达到成熟的重要标志之一。在以后黑格尔成熟时期的许多著作中，异化这个概念是常见的，却并没有再对它作集中的

---

　　①　本文发表于《论康德黑格尔哲学》纪念文集，上海人民出版社 1981 年版。
　　②　卢卡契：《青年黑格尔·论辩证法和经济的关系》，苏黎世 1948 年德文版，第 682 页。

探讨。从理论意义上来说，他后来有关异化的一些论述，只不过是《精神现象学》中的异化理论的具体应用和发挥而已。

一

青年黑格尔的哲学兴趣是从宗教伦理问题开始的，他关于异化的思想萌芽首见于论基督教的几篇著作：《民众宗教和基督教》、《耶稣传》、《基督教的实证性》、《基督教精神及其命运》。① 在这些著作中，黑格尔还没有正式使用异化这个专门的哲学概念，虽然在个别文章（例如在《基督教的实证性》一文）里已经出现过这个用词。但是，黑格尔关于异化的思想已经开始酝酿，因此这些著作对我们正确理解黑格尔异化理论的形成具有重要的意义。

在青年黑格尔的这些有关基督教的早期著作中，他所详加发挥的是"实证性"（Positivitat）这个概念。所谓"实证性"实际上说的是人的思想异化的一种形式，是用来指这样一种思想机构，它虽然是人自己所创造的，却变成僵死的客观存在反过来统治人，而与人相对立。在黑格尔看来，某几种宗教形式、特别是犹太教和基督教，就是"实证宗教"②。它们是从外面强加于人的，代表着一种异己的力量对人的强制、奴役和压迫。他在《基督教的实证性》中这样说："一种实证的信仰是这样一种宗教命题的体系，它们所以对我们来说是真理，是因为它们是由一个权威命令我们接受的，而我们又不能不使我们的信仰听从于这个权威。"③因此，"实证宗教"的特点就在于，它是作为必须盲目服从的宗教教条由外在的权威以命令的形式强加于人的。它的真理性是由权威人为地维持着的，而不管它是否得到了验证和承认。这种宗教要求人们无条件信奉，无条件服

① 黑格尔的这些早期著作分别写于杜宾根、伯尔尼和法兰克福等时期，在他生前没有发表，直至1907年才由诺尔根据手稿整理出版，编入《黑格尔青年时期神学著作》一书。

② 黑格尔在《民众宗教和基督教》和《基督教的实证性》中集中批判基督教，而在《耶稣传》和《基督教精神及其命运》中则把批判的锋芒指向犹太教。狄尔泰在《黑格尔青年时代的历史》一书中，主要根据《耶稣传》去解释黑格尔当时的思想，否认青年黑格尔有强烈的反基督教倾向，这是完全错误的。

③ 诺尔编：《黑格尔青年时期神学著作》，德文版，第233页。

从。黑格尔指出，基督教就是这样一种基于权威的"实证宗教"，它完全剥夺了人们在道德上的自主性和自由抉择，从而使人丧失了独立使用理性能力的权利，扼杀了人们的理性自由。这就导致践踏人的尊严，无视人的价值，因此教会体系就无非是一个"不把人当人的体系"。

"实证宗教"的信仰对人造成了严重的后果，人丧失了理性和自由，也就丧失了自身，而沦为一种异己力量的奴隶。黑格尔指出，上帝对我们所拥有的权利和我们必须服从的义务是以下面这一点作为根据的，即上帝是我们的全能的主人和统治者，而我们则是上帝的创造物和臣民，上帝是真理的源泉，而我们则是愚昧无知和盲目的。这样，人就只有感恩戴德地服从上帝、取悦于上帝，才能得到自己的幸福。人的这种自我贬损的结果，就是把一种"强制的权利"交给上帝，使自己受异己的力量统治。这种精神统治甚至比人身的统治更为可怕和可憎，因为奴隶可以希望从自己的主人那里逃走，脱离主人的势力范围，却无法从上帝那里逃脱。因此，在黑格尔看来，实证的基督教为人民锻造了思想枷锁，它是使人类丧失自由的宗教，维护对人的奴役和压迫的宗教。

作为人的思想异化的一种形式，"实证宗教"的实质就表现在强加于人的绝对权威和思想僵化上。青年黑格尔对基督教的"实证性"的批判，主要也集中在这方面。他借耶稣之口说出了这样的话："人们摧毁了旧东西，因为这些旧东西束缚了理性的自由，玷污了伦理的源泉，他们又代之以一种权威的信仰，束缚于词句条文，这些东西又重新夺去了理性的权利——剥夺了理性自己立法，自由信仰，只接受理性自己的约束的权利——真可叹惜呵！"①

青年黑格尔批判"实证宗教"，反对人的思想异化，是从人的本性和理性出发的。黑格尔把"实证性"同人对立起来②，揭露了"实证宗教"对人性的压制和歪曲，斥责"实证宗教"是违反自然的。在他看来，人性中最重要的因素就是理性，理性是"知识和信仰的最高标准"，"理性的立法作用是不复依赖任何别的东西的。对于理性，无论在地上或天上都没

① 诺尔编：《黑格尔青年时期神学著作》，第106页。
② 黑格尔：《基督教精神及其命运》。

有另外一个权威能够现成地提出另外一个裁判的标准"①。黑格尔之所以坚决反对"实证宗教"这种思想异化的形式，主要目的之一也就在于要恢复人的理性应有的地位。捍卫理性的自由，谴责中世纪式的思想统制，这正是欧洲启蒙运动的优秀传统。

　　但是，青年黑格尔的贡献不仅在于他揭露了"实证宗教"这种思想异化的形式，而且更重要的是他对产生这种思想异化形式的社会历史原因所作的分析。按照他的看法，在人类的宗教信仰史上，并不是一开始"实证宗教"就占有统治地位。在基督教诞生之前，古希腊罗马共和国时期的宗教就不是"实证宗教"，而是表现自由和人类尊严的"民众宗教"。他这样写道："民众宗教产生并养育着崇高的思想方式——它是和自由携手并进的。"② 所以，随着自由的丧失，这种宗教的意义和力量以及它对人们的适应性也就必然消失了。在古希腊罗马共和国，无论在公共生活或私人生活中，每个人都是自由的人，都按自己的法律生活。自己的祖国或国家的观念，就是他们每个人为之工作并激励他们的那种"无形的、更高的东西"，就是他们的世界的"终极目的"。因此，在黑格尔看来，在那时人享有充分的自由，个人和集体、国家处于和谐和统一之中，这自然不发生人的异化的问题，从而也就没有思想异化的问题。他指出，"实证的"基督教的兴起，乃是古代民主制崩溃后人丧失自由的结果。政权落入了少数人之手，管理国家机器被委托给少数公民，他们只是作为机器的个别齿轮而起作用。每个人都有指定的位置，整体被肢解成碎片后委诸每个人的部分，与整体相比是如此微不足道，以致个人简直不用知道自己与整体的关系或把整体放在眼里。他说，现在，一切活动、一切目标都只与个人相关联，已经不再有为某一整体或某一观念而进行的活动了——每个人不是为自己而工作，就是被迫为另一个人而工作。一切政治自由都没有了，公民只关心私有财产和个人得失。正是在这种情况下，作为"私人宗教"的基督教就适合于这种社会需要而产生了。③由此可见，产生基督教这种思想异

---

　　① 诺尔编：《黑格尔青年时期神学著作》，第 89 页。
　　② 同上书，第 27 页。
　　③ 同上书，第 221—223 页。

化形式是有深刻的社会历史根源的。在这里，政治自由的丧失是一个决定性的因素。黑格尔认为，古代民主制的没落和自由的丧失是从罗马帝国建立开始的，而基督教正是在罗马帝国后期取得了统治地位。政治上的专制和人的思想异化有着内在的必然联系。他说："罗马皇帝们的专制主义把人的精神从人间驱逐走了，对自由的剥夺迫使精神把一切永恒的东西和绝对的东西隐藏到神身上去了——专制主义所传播的灾难，迫使人们到天上去寻找幸福，并期待从天上降下幸福。神的客观性是伴随着人们的堕落和奴役的，真正说来它只是那个时代精神的显示和表现。"① 人被置于一个"异己的世界"里，他既不能参与这个世界的事情，也不能通过自己的行动获得任何东西。这样，就发生了人的异化，人本身成为一个"非我"，而上帝则成为另一个"非我"。人正是处于这种自我异化的状况下才接受了基督教这种"实证宗教"，服从于异己的意志和异己的法律。因此，思想的异化只是特定的社会历史状况的结果。青年黑格尔对"实证的"基督教进行了无情的揭露，他所着重批判的是这种思想异化形式所起的社会作用。他用火一样的热情向基督教倾泻了他的全部愤怒和憎恨。他说，基督教在罗马皇帝统治下并没有能防止道德的沦丧和对罗马人的自由和权利的侵犯，也没有能防止统治者的暴政和酷刑，防止天才、所有美的艺术和科学的毁灭；相反的，却以畸形化的形态提供了"专制主义的工具"。"它把艺术和科学的毁灭，把在践踏任何人性、人道和自由的美的花朵时作痛苦忍耐，把对专制君主们的服从都搞成一个体系，它是专制主义的令人发指的罪行的辩护士和热烈颂扬者，而且，比这类个别的罪行更为可恨的是专制主义吸尽人的一切生命力量、以慢性秘密毒药把人葬入死坟的罪行。"② 所以基督教不仅是专制政治的产儿，而且也是专制政治的思想支柱和帮凶。青年黑格尔曾直率地指责专制国家和教会是"消灭一切意志自由和理性"的共谋犯。

在青年黑格尔对"实证宗教"的批判中，已经包含着他后来更为成熟的异化理论的雏形，也可以说这是他关于异化的思想的最初形态。后面我

---

① 诺尔编：《黑格尔青年时期神学著作》，第227页。
② 同上书，第366页。

们探讨《精神现象学》一书中的异化问题时，就能够清楚地看到黑格尔前后思想发展的线索。从前面所述，需要指出以下这几点。

第一，青年黑格尔关于基督教的"实证性"的思想是他的异化理论的发源地。在异化的思想开始形成的时候，黑格尔并不是把它作为一个本体论的问题或认识论的问题，而是把它作为一个社会的、历史的、伦理的问题来探讨的。那时黑格尔的出发点是人，是具有自然的想象力、情感和理性能力的活生生的人，而不是抽象的精神。他所关心的是人的问题，也就是人怎样丧失自由以及怎样恢复自由的问题。无论是他对古希腊罗马共和国的向往，或是对基督教世界的谴责，都是围绕着人的自由这个核心问题展开的。在黑格尔看来，自由是人的本质[1]，丧失了自由，人就不成其为人，正如他所说，"任何人都不能放弃自己给自己制定法律，自己负责行使法律的权利，因为当他出让这种权利时，他就不再是一个人了。但是，阻止这种异化却不是国家的事情，因为这意味着要强迫一个人去做人，这就会使用暴力"[2]。但他错误地把古希腊奴隶制社会理想化为没有异化的自由世界，幻想回到古代城邦共和国，使人重新成为自由的人。后来黑格尔的看法虽然有所改变，但这种把古希腊社会理想化的观点却一直保存下来了。

第二，黑格尔关于异化的思想从一开始就具有强烈的批判精神。他通过对基督教这种思想异化形式的批判，深刻地揭露了人的堕落和被奴役状态。但是，黑格尔的批判并不仅限于阐明"实证宗教"对人性的歪曲和戕害，而且揭示了产生这种思想异化的社会根源。他不是把思想的异化看作孤立的现象，而是把它同整个社会状况和时代精神联系起来，进行总体的考察。他说："一个民族的精神、它的历史、宗教和它所达到的政治自由的程度，无论就它们的相互影响来说，或是就它们的内在本质来说，都不能把它们分开来单个地进行考察，它们是紧密地联系在一起的。"[3] 因此，他在剖析"实证的"基督教的时候，批判的锋芒也刺向基督教社会生活的

---

[1] 后来黑格尔在《哲学初阶》中明确地指出："在本质上每个人都是自由的人"，"人是自由的生物。这是人的本性的基本定义"。

[2] 诺尔编：《黑格尔青年时期神学著作》，第212页。

[3] 同上书，第27页。

各个方面，特别是基督教社会的政治结构（封建国家）和经济基础（私有财产）。后来他在《精神现象学》一书中把国家和财富看作异化的不同形式，盖来源于此。尤其应该指出，在黑格尔看来，现代社会是建立在同晚期罗马帝国社会相类似的基础之上的（如专制政治、缺乏自由、人们热衷于私有财产而不关心集体以及个人充当国家机器的螺丝钉等），所以自从罗马帝国以来一直有着使基督教得以生根繁殖的社会环境。因此，他对滋生思想异化的罗马社会的分析，就不仅是谈论历史，而且也是针对他当时的现实，是对现存社会的批判。

第三，青年黑格尔试图用一定的社会历史状况去说明基督教的产生，所以思想的异化不是社会历史发展的第一位原因，而是特定的社会发展的结果（或至少是特定社会的伴生现象）。[1] 这里包含着合理的内核。如果用马克思主义的观点去看的话，这正好说明"不是社会意识决定社会存在，而是社会存在决定社会意识"这个历史唯物主义基本命题是正确的。但是，青年黑格尔却没有也不可能达到这样的科学结论。作为一个唯心主义者，他虽然对基督教作了深刻的批判，但这种批判却具有很大的局限性。他只是把人的思想异化和"实证宗教"联系在一起，而不是用它去解释一般的宗教。因此，古希腊罗马共和国时期虽然没有异化，却也有宗教。青年黑格尔从来也不是无神论者，他只是批判"实证宗教"（就基督教而论，他也只反对天主教，不反对新教），而并不否定一般的宗教。相反的，黑格尔夸大宗教的作用，把宗教看作"我们生活中最重要的事情"，并认为它是左右人们道德观念的最有效的手段，因而是必不可少的。[2] 由于当时他把社会问题主要看成道德问题，所以他把改革社会的希望寄托于宗教的革新。在他看来，克服人的思想异化，打碎"实证宗教"的精神枷锁的办法，不是去根本改造社会以铲除滋长思想异化的土壤，也不是对宗

---

① 关于这一点，青年黑格尔的看法有一个发展的过程。普兰特指出，在杜宾根时期，黑格尔似乎认为宗教在社会中起决定作用，是造成近代社会的有害结构的起因，而到了伯尔尼时期，他的看法发生了重大变化，不再认为宗教对社会起决定作用。"在这个时期内，黑格尔与其说把基督教看作人的异化的原因，倒不如说把它看作人的异化的投影或征兆。"（普兰特：《黑格尔政治哲学中经济和社会的整体性》，载《黑格尔的社会和政治思想》文集，1980 年英文版，第 63 页）

② 黑格尔说："道德是人的最高目的，在人所拥有的促进这个目的的手段中，宗教是最突出的一种手段。"（诺贝编：《黑格尔青年时期神学著作》，第 48 页）

教本身进行彻底批判，而是去重新建立像古代那样的"民众宗教"。这样，问题完全被他弄颠倒了，消灭思想异化仅仅被看作思想本身的改造问题。我们看到，后来黑格尔虽然抛弃了通过重建新宗教和道德革新来变革社会的幻想，而赋予哲学高于宗教的地位，但主张在思想的范围内解决异化问题的看法却始终没有改变。这可以说是黑格尔异化理论的一个本质特征。

应该注意到，青年黑格尔在写作这些论基督教的文章时，他的世界观还处于正在形成的阶段，因此反映在这些文章中的某些观点并不是前后一贯的（例如他在伯尔尼时期的观点和法兰克福时期的观点就有相当大的区别）。但是，在他的思想发展史上，这是一个重要的阶段，是产生黑格尔辩证法的源头。黑格尔关于异化的思想也还没有成熟，但它已经是躁动于母腹中的快要成熟了的胎儿。果然，到了耶拿时期，它就正式呱呱落地了。

## 二

如果说黑格尔对基督教的"实证性"的批判，表现了这位进步的德国青年思想家在异化问题上所作的初步的哲学探求，那么当他到耶拿大学任教正式开始了他的哲学生涯之后，关于异化的思想就进一步得到发展而取得了完整的理论形态。我们知道，黑格尔的世界观是在耶拿时期确定下来的。在这之前，他已经开始考虑如何建立他自己的独创的哲学体系的问题[①]，但真正着手这一巨大的工作是在他去耶拿之后。直到他写作《精神现象学》一书，他才完全摆脱了谢林的影响，而成长为一个成熟的独立思想家。也正是在这部著作中，异化作为一个专门的哲学范畴出现，他从不同的角度（本体论的、认识论的、社会历史的、政治的、经济的、伦理的、美学的）对其进行了探讨。

那么，异化概念在黑格尔的《精神现象学》中占什么样的位置呢？要

---

① 黑格尔在法兰克福时曾写信给谢林说："我在科学上的成长是从人的一些次要的需求开始的，现已达到了科学，而我的青年时期的理想也不能不转化为反思的形式，转化为某一种体系。"（1800 年 11 月 2 日黑格尔写给谢林的信）这些话清楚地说明黑格尔早期思想在他的体系的形成中的作用。

回答这个问题，首先必须弄清楚什么是《精神现象学》所研究的对象。根据恩格斯的看法，它"也可以叫做同精神胚胎学和精神古生物学类似的学问，是对个人意识各个发展阶段的阐述，这些阶段可以看做人的意识在历史上所经过的各个阶段的缩影"①。《精神现象学》所探讨的就是意识从最低级的阶段经过自我意识、理性和精神等阶段一直进展到所谓绝对知识的过程，或者换句话说，它就是"意识自身向科学发展的一篇详细的形成史"。海谋也指出，"精神现象学企图提供由自然的意识，即类似胚胎的意识提高到高度有教养的、高度成熟的意识的发展史"②。

　　但是，黑格尔在考察意识的发展史的时候，并不是单方面地就意识本身来加以研究的。在《精神现象学》里，整个意识的发展过程中始终贯穿着主体和客体、意识和对象之间的矛盾，这个矛盾只有到了意识发展的最后阶段才得到解决。而作为一个唯心主义者，黑格尔却把外部世界的一切对象、客体通通看作自我意识的异化或外化，正如马克思和恩格斯所说，"全部'现象学'的目的就是要证明自我意识是唯一的、无所不包的实在"③。黑格尔企图用自我意识去吞并整个客观世界，这当然是荒谬的。但他正是用异化这个概念去表述历史发展过程中的主客体之间的复杂的辩证关系和交互作用（虽然是在唯心的基础上），从而比他同时代的其他思想家们要高明得多。他批评这些人只注重原始的或直接的统一性，而没有"严肃地对待他物和异化，以及这种异化的克服问题"④。在黑格尔看来，异化现象不仅是不可避免的，而且还是意识自身得以发展的必要条件。他这样写道：

　　"叙述这条发展道路的科学（按：即指精神现象学）就是关于意识的经验的科学；实体和实体的运动都是作为意识的经验对象而被考察的。意识所知道和理解的，不外乎是它经验里的东西，因为意识经验里的东西只是精神的实体，即只是作为经验的自我的对象。但精神所以变成了对象，因为精神就是这种自己变成他物，或变成它自己的对象和扬弃这个他物的

①《马克思恩格斯选集》第 4 卷，第 215 页。
②海谋：《黑格尔和他的时代》，1857 年德文版，第 236 页。
③《马克思恩格斯全集》第 2 卷，第 245 页。
④黑格尔：《精神现象学》上卷，商务印书馆 1979 年版，第 11 页。

运动。而经验则被认为恰恰就是这个运动，在这个运动中，直接的东西，没经验过的东西，即是说，抽象的东西，无论属于感性存在的或属于单纯的思想事物的，先将自己予以异化，然后从这个异化中返回自身，这样，原来没经验过的东西才呈现出它的现实性和真理性，才是意识的财产。"①

因此，异化并不单纯是消极的东西，它是具有一定的积极意义的。对于精神、意识来说，把自身异化成为他物当然不是什么愉快的事，因为这意味着自身的丧失、否定和痛苦，但只要扬弃这个他物，从异化中返回自身，精神也就丰富了自己。黑格尔从唯心主义观点出发，主张实体即主体，所以他批评斯宾诺莎的实体只有客观性，缺乏能动性。黑格尔所说的作为主体的实体则是积极能动的，用他的话来说，活的实体只有当它是建立自身的运动时，它才真正是个现实的存在，它自身分裂为二，从自身中树立起对立面，异化为客体，然后又克服这种异化。这样的实体也就是精神，而精神之所以有力量，就是因为它不害怕异化，不逃避矛盾，而是敢于面对面地正视否定的东西并停留在那里。因此，由黑格尔辩证法所发展了的主体的能动性是同异化和异化的扬弃紧密地联系在一起的，异化之所以成为黑格尔辩证法的基本范畴之一，其原因即在于此。而《精神现象学》的内容既然是讲意识的发展史，那么异化成为该书的中心哲学概念也就是完全可以理解的了。

青年黑格尔对异化的这一新的认识，是他进一步研究了社会政治、经济和社会历史发展后的成果。这表明他已经不再抱有早期关于社会改造的不切实际的空想，而对社会有了比较清醒的理解。这个认识的转变开始于法兰克福时期，而完成于耶拿。

在《精神现象学》中，异化思想可以说是贯彻始终的，由于它使用得很广泛，因此在不同的场合其含义也不尽相同。最主要的区别在于，黑格尔同样用异化和外化这个词去称谓自然和社会历史。在他看来，自然和社会历史都是精神的异化。绝对理念外化为自然，这是一种意义的异化。他把这种异化看得较低，因为他认为自然界的运动只是虚假的，它并没有真正的历史。事实上，《精神现象学》全书只在个别的地方提到这种异化，它根本不是青

---

① 黑格尔:《精神现象学》上卷，商务印书馆 1979 年版，第 23 页。

年黑格尔讨论的主题。他所全力探讨的是另一种异化，即人的异化。这种异化是在人类社会的历史中发生的，用黑格尔的话来说，是精神在时间上的一种外化，因此它是一种真正的历史。由于他把人等同于自我意识，所以人的异化的各种形态往往是以自我意识的异化表现出来，但不管怎样，这种异化还是通过人的各方面的活动（物质的、精神的、社会的）而产生的。黑格尔在分析这种异化时，也就不能不涉及人类社会历史活动的许多方面。他的异化理论的主要价值也就在他关于后一种异化（人的异化）的论述。至于前一种异化，它不仅在理论上没有多大价值，而且其荒谬性又如此明显，在今天就不值得我们去多费笔墨了。遗憾的是，至今有的文章还把这种异化说成是黑格尔的主要思想，这不能不说是一个误解。

在写作《精神现象学》的同时，黑格尔在耶拿大学讲授哲学，这些讲稿材料后来经霍夫迈斯特整理于 1931 年以《耶拿时期的实在哲学》为名出版（共分两部，第一部是 1803—1804 年的讲稿，第二部是 1805—1806 年的讲稿）。在《实在哲学》第二部中已经大量使用"外化"或"异化"这个术语。卢卡契认为，异化在这部著作中"还远不是一个占统治地位的名词"，但他也承认其中已经讨论了在《精神现象学》中被当作异化问题的许多社会问题和哲学问题。① 因此，《实在哲学》应该和《精神现象学》一起，作为我们研究青年黑格尔的异化理论的主要依据。实际上，把这两部著作对照起来阅读，会有助于我们全面理解《精神现象学》中的异化学说。

## 三

在《精神现象学》里，黑格尔广泛地运用异化的概念去解释意识的发展，特别是在著名的"主人与奴隶"这一节中，他以唯心主义的方式深刻地论述了人怎样在劳动中异化自己而又克服这种异化而成为真正的人的过程。马克思曾高度评价黑格尔的这一理论贡献说："黑格尔的《现象学》

---

① 卢卡契：《青年黑格尔·论辩证法和经济的关系》。我们认为，卢卡契对《实在哲学》的意义有点估计不足，他在讨论《精神现象学》中的异化问题时，就很少提到《实在哲学》。《实在哲学》第二部包括两部分，即"自然哲学"和"精神哲学"，关于异化问题的论述集中在"精神哲学"这部分中。

及其最后成果——作为推动原则和创造原则的否定性的辩证法——的伟大之处首先在于，黑格尔把人的自我产生看作一个过程，把对象化看作失去对象，看作外化和这种外化的扬弃；因而，他抓住了劳动的本质，把对象性的人、现实的因而是真正的人理解为他自己的劳动的结果。"① 因此，"主人与奴隶"这一节对于说明黑格尔的异化理论具有重要的意义，它也是《精神现象学》中精彩的章节之一，在这里黑格尔的辩证法得到了充分的发挥。

　　黑格尔认为，主人与奴隶的区分是两个自我意识斗争的结果。一个自我意识与另一个自我意识相对立，彼此间通过生死的斗争来证明它们的存在，斗争的结果便产生了两种不同的意识："其一是独立的意识，它的本质是自为存在，另一为依赖的意识，它的本质是为对方而生活或为对方而存在。前者是主人，后者是奴隶。"② 在黑格尔看来，奴隶意识的本质就是物或物性，奴隶是以物的形式存在的，意识不起主要作用，而主人则是"自为存在着的意识"，他一方面与物，即欲望的对象相关联，另一方面则与意识（奴隶）相关联。他说："主人通过独立存在间接地使自身与奴隶相关联，因为正是在这种关系里，奴隶才成为奴隶。这就是他在斗争中所未能挣脱的锁链，并且因而证明了他自己不是独立的，只有在物的形式下他才有独立性。但是主人有力量支配他的这种存在，因为在斗争中他证明了这种存在对于他只是一种否定的东西。"③

　　主人把奴隶置于自己权力支配之下，他正是由于他对奴隶的关系而成为主人的。主人并不直接地与物发生关系，而是通过奴隶间接地与物发生关系。主人把奴隶作为他自己与物之间的中介，让奴隶对物进行加工改造，然后把物当作非独立的东西而加以尽情享受。因此，主人对物的关系就成为对物的纯粹否定，只是享受而已。相反，奴隶对物的关系则不是享受它，而是在劳动中对它进行加工改造。"奴隶作为一般的自我意识也对物发生否定的关系，并且能够扬弃物。但是对于奴隶来说，物也是独立

---

① 《马克思恩格斯全集》第 42 卷，第 163 页。
② 黑格尔：《精神现象学》上卷，第 127 页。
③ 同上书，第 128 页。

的，因此通过他的否定作用他不能一下子就把物消灭掉，这就是说，他只能对物予以加工改造。"① 这样，通过劳动的辩证法，事情终于走向了自己的反面。主人丧失了对物的直接支配而依赖于奴隶的劳动，他就不再是独立自为的了，正当他完成其为主人的地方，对于他反而发生了作为一种独立的意识所不应有的事。他所完成的不是一种独立的意识，反而是一种非独立的意识。另外，奴隶则在被迫为主人而劳动的过程中，取得了对物进行加工改造的支配权，从而取得了独立的地位。奴隶意识最初似乎不是独立的，"但是正如主人表明他的本质正是他自己所愿意作的反面，所以，同样，奴隶在他自身完成的过程中也过渡到他直接的地位的反面。他成为迫使自己返回到自己的意识，并且转化自身到真实的独立性"。因此，黑格尔得出了这样一个大胆的结论："独立的意识的真理乃是奴隶的意识。"②

　　这样，主人与奴隶的地位就发生了转化，主人变成了奴隶的奴隶，奴隶则变成了主人的主人。奴隶由一个物成长为真正的人。照黑格尔的说法，完成这个过程必须要通过两个环节，一是恐惧，一是陶冶事物的劳动。奴隶本身并不固有着独立的自为存在的意识，但事实上他却曾经在自身内经验到这个本质，因为他曾经感受过死的恐惧，对绝对主人的恐惧。这种恐惧不是在这一或那一瞬间害怕这个或那个灾难，而是对他的整个存在怀着恐惧。但是，在黑格尔看来，在使奴隶取得独立意识的过程中起决定作用的不是恐惧，而是劳动。他指出，"虽说对于主（或主人）的恐惧是智慧的开始，但在这种恐惧中意识自身还没有意识到它的自为存在。然而通过劳动奴隶的意识却回到了它自身"。在恐惧中，奴隶感觉到自为存在只是潜在的，而在劳动中则自为存在成为奴隶自己固有的了，并且他开始意识到他本身是自在自为地存在着的。为什么劳动能起这样的作用呢？这是因为：劳动陶冶事物。劳动与单纯的欲望不同，欲望是对于对象的纯粹否定，它使人享有十足的自我感，但这种满足只是转瞬即逝的，缺少客观的、持久的实质的一面。相反，陶冶事物的劳动则是"受到限制或节制

---

① 黑格尔：《精神现象学》上卷，第128页。
② 同上书，第129页。

的欲望"，它对于对象的否定关系成为对象的形式，并且成为一种"有持久性的东西"。换句话说，意识（人）在劳动中外化了自己，使劳动的意识能够在自己的劳动产品中认识到自己的存在。黑格尔说："奴隶据以陶冶事物的形式由于是客观地被建立起来的，因而对他并不是一个外在的东西而即是他自身；因为这形式正是他的纯粹的自为存在，不过这个自为存在在陶冶事物的过程中才得到了实现。因此正是在劳动里（虽说在劳动里似乎仅仅体现异己者的意向），奴隶通过自己再重新发现自己的过程，才意识到他自己固有的意向。"①

在这里，黑格尔以唯心主义的歪曲的形式深刻地猜测到了劳动在人的形成过程中的作用。作为一个唯心主义者，黑格尔把人归结为意识，把人的形成归结为意识的发展，这种看法当然是错误的、狭隘的、片面的。但是，他正确地看到，人只有在劳动过程中才能产生真正的自我意识，才能成长为真正的人，这个见解确实是卓越的。从这里可以进一步得出一些极其重要的结论，即人类自己创造自己的历史，在改造客观世界的同时，也改造自己的主观世界。当然，黑格尔自己并没有得出这样的结论，这是需要对他的观点进行唯物主义的批判改造后才能达到的。

应该指出，在黑格尔那里，劳动的外化、对象化只是人的异化的一种形式，所以劳动问题始终是和异化问题结合在一起的。他理解到，人类为了摆脱原始的动物状态而向文明进化，只有通过劳动的熔炉（甚至是强制性的奴隶劳动）才能达成。因此，异化是必然的历史现象，不管人类曾为此而付出了多么重大的代价。②

现代西方学者却朝另一个方向去解释《精神现象学》中的"主人与奴隶"，他们利用这一节大做文章，却根本不理解黑格尔关于劳动的合理思想。例如，以讲解《精神现象学》名噪一时的法国哲学家科热夫，在他的

---

① 黑格尔：《精神现象学》上卷，第130—131页。
② "主人与奴隶"并不是专门讲古代奴隶制，但它无疑是以古代奴隶制社会为背景。黑格尔和当时启蒙运动者（如克尼格、标尔格尔等）一样，是谴责奴隶制度的，但他同时也承认奴隶制在历史上的必要性。这使我们想起恩格斯的话："在当时的条件下，采用奴隶制是一个巨大的进步。人类是从野兽开始的，因此，为了摆脱野蛮状态，他们必须使用野蛮的、几乎是野兽般的手段，这毕竟是事实。"（《马克思恩格斯选集》第3卷，第220页）

讲演录中谈到"主人与奴隶"时，用存在主义的观点去歪曲黑格尔的思想，并把马克思主义也硬扯在一起。① 科热夫片面地夸大对死的恐惧在黑格尔哲学中的意义，说什么人之所以区别于动物和植物就因为他认识到自己必然要死亡，人就是一个经常意识到自己所面临的死亡的生物，因此黑格尔的辩证哲学或人本主义哲学归根到底是一种"死亡的哲学"。他的这种观点有一定的代表性，另一个著名的《精神现象学》研究者依波利特也说，在黑格尔看来，"认识生命的整体就是意味着等待死亡，意味着在死亡的门前生存——真实的自我意识对我们来说就是如此"②。科热夫和依波利特的这种存在主义的解释，把对死亡的恐惧说成是人的本质，这完全是不符合于黑格尔原意的，他们企图把黑格尔装扮成存在主义的祖师，只是对哲学史的歪曲而已。

其实，青年黑格尔关于劳动和异化的关系的思想不仅表现在《精神现象学》中，而且也包含在耶拿时期的其他著作中（主要是《实在哲学》和稍早一点的《伦理体系》）。尤其应该指出的是，他的那些著作是以当时的资本主义社会的经济现实作为背景来分析劳动和异化问题的，所以比《精神现象学》中关于"主人与奴隶"的论述更具有现实的意义。

在那些著作里，青年黑格尔的出发点也还是意识。在黑格尔看来，要真正克服意识和自然界的分离必须借助于中介，而这种中介就是劳动。人和动物的区别就在于劳动，真正的人和动物不一样，他不是简单地消灭自然界的对象，而是间接地利用自然界来进行生产以满足自己的需要。劳动就是人的需求和满足需求之间的中介，或者说劳动是人及其世界之间的"中项"。正是通过劳动的中介活动，人才能克服主客体的分离，把自然界变成他自己发展的合适手段。劳动诚然也是把对象加以否定，但这不是单纯的破坏意义上的否定，而是用另一个对象（劳动产品）来代替旧对象，

---

① 科热夫于 1933—1939 年间在法国"高级研究院"作了关于《精神现象学》的讲演（后来以《阅读黑格尔著作入门》为名于 1947 年出版于巴黎），它对现代法国哲学（例如萨特等人）产生了巨大的影响。有个资产阶级学者说，科热夫首先把黑格尔、马克思和海德格尔结合在一起，并取得了"巨大的成功"（巴特里：《主人与奴隶的辩证法》，《社会契约》杂志第 5 卷第 4 期，1961 年 7—8 月）。

② 依波利特：《关于黑格尔和马克思的研究》，1955 年巴黎版，第 33 页。

通过再创造来获得一个新对象。劳动产生某种独立存在的东西而与人相对立，但劳动产品只是人的能力和潜力的外化、客观化和具体实现。黑格尔这样说道："我做成了某个东西，我就实现了外化；这种否定是积极的；外化也就是获取。"①

劳动使自然界的对象第一次成为真正的人的对象。在劳动中，客体改变了形态，变成了别的东西。但劳动不仅改变了客体，而且同时也改变了主体。人在劳动过程中必须根据客观的自然规律，个人只有学习了这些普遍规律，才能获得劳动所必需的技能。因此，劳动使个人的主观活动也变成"某种别的东西"，变成一种"普遍的东西"，因为它是根据普遍规律学习得来的。这样，劳动就把人自己从主观的东西中异化出来，人抛弃了意志的原始状态，脱离了直接性，脱离了自然的、本能的动物式的生活，通过劳动而真正成为人。这里黑格尔从不同的角度论证了《精神现象学》中所达到的同样的结论。

青年黑格尔还谈到了另一种性质的异化，它是由现代商品生产下劳动的社会性所引起的。他指出，劳动是人们之间的普遍联系，正是通过劳动，人才被别人所承认，这是因为劳动按其本性来说是普遍的活动，它的产品在一切个人中间是可以交换的。劳动起初是满足个人的直接需求的，但它一旦成为抽象的、普遍的东西，每个人就不再为满足自己的特殊需求而劳动，而是为满足一般的抽象的需求而劳动了。劳动抽象化了，人也变成了抽象的人。黑格尔说："每个个人，作为单独的人，都为满足某一种需求而工作。他的劳动的内容却超出他的需求的范围；他为了满足许多人的需求而劳动，每个人也都是这样。因此，每个人都满足许多人的需求，而满足他的许多特殊需求的则是其他许多人的劳动。因为他的劳动是这样一种抽象的劳动，所以他是作为抽象的我而出现的。"② 这就使劳动的性质发生了根本的变化，由于劳动的抽象化和社会分工越来越细密和专门化，使人们越来越相互依赖，"人不再生产他所需要的东西，他也不再需要他

---

① 黑格尔：《实在哲学》第二部，德文版，第218页。
② 同上书，第214—215页。

所生产的东西"①，这样就在他的劳动和满足他的需求之间出现了脱节现象。人们之间的普遍依赖造成了一种人所无法控制的异己的力量，劳动原来是每个人自己的有目的的创造活动，结果却反过来支配了他，变成了他完全不能加以控制的过程了。通过劳动，人并没有达到主客体的统一，却反而和客观世界更疏远了。

这种性质的异化对人本身造成了严重的后果。尤其是机器在生产中的大规模使用给劳动者带来了灾难性的影响。工人从事机器劳动，自己变得越来越像机器，劳动越来越片面、单调和沉闷，把人局限在某一点上，不可能得到全面的发展，工人的意识下降到极其愚钝的水平。人通过劳动去统治自然界，自然界却反过来对他进行报复。"他取自自然界的越多，他越是征服自然界，他自己也就变得越加卑微。他通过各种机器去对自然界进行加工，却并没有取消他自己劳动的必要性，而只是使自己的劳动脱离自然界，离开自然界，并且不再把自然界作为一个活生生的东西来生动地对待；而且这种否定的生动性消失了，而给他留下的那种劳动本身变得像机器一样；劳动只是对全体来说是减轻了，但对单个的人来说却并没有减轻，反而大大地增加了，因为劳动越是机器化，它的价值就越少，单个的人就必须按这种方式劳动得更多。"②

黑格尔指出，这种异化不仅歪曲了和阻碍了人的正常发展，而且还造成了尖锐的社会矛盾和对立。他认为，社会分工和生产力的高度发展将不可避免地导致广大群众的贫困化和贫富悬殊的现象。人们为简化劳动、发明新机器等而努力，而许多人则注定要在工厂、工场和矿井里从事那种"使人迟钝的、有害于健康的、不安全的劳动"。"人数众多的阶级赖以维持生活的一些工业部门，由于时势的改变或由于其他国家的发明而造成的跌价等，而突然关门大吉，于是这许多人就陷于贫困而无法自拔。出现了巨富和赤贫的对立，而这种贫困是毫无办法可想的……这种贫富的不平等，这种贫苦和需要，变成了意志的极度分裂、内心的愤慨和仇恨。"③ 他

---

① 黑格尔：《实在哲学》第一部，第237页。
② 同上。
③ 黑格尔：《实在哲学》第二部，第232—233页。

直接地得出结论说："工厂、工场的存在正是以一个阶级的贫困为基础的。"①

从上面可以看出，青年黑格尔对资本主义社会中人的异化问题是有所认识的。但是，他并不认为异化是资本主义生产方式的特有的现象，而把异化看作劳动的对象化的必然结果，因此异化是同社会分工和劳动的发展密切相连的一种历史现象。卢卡契指出，黑格尔没有把资本主义社会中的异化和一般的劳动客观化作严格的区分。卢卡契的这一看法是有道理的。

黑格尔关于劳动的学说是他的异化理论中最有价值的部分，这是他认真地研究了英国政治经济学（亚当·斯密、詹姆斯·斯图亚特等人的著作）和产业革命情况的结果。② 在德国古典哲学的代表人物中间，只有黑格尔对经济学问题作过真正深入的研究。他的异化理论并不是单纯地建立在抽象的哲学思辨之上，而同时也是以对经济事实的一定程度的理解（不言而喻，在这方面他根本不能同马克思相比）为基础的。黑格尔关于人在劳动中的自我创造过程的学说，为后来马克思建立新的革命世界观提供了重要的因素。因此，在劳动和异化的问题上，黑格尔是配得上称为马克思主义的理论先驱的。

本文的目的不在于探讨黑格尔异化理论和马克思主义的关系，因此在这里只能简略地谈一下马克思在劳动和异化问题上对黑格尔的批判。大家都知道，马克思在《1844 年经济学—哲学手稿》中有一段著名的话，这段话是人们在评价黑格尔的劳动观时经常引用的。马克思在那里说："黑格尔站在现代国民经济学家的立场上。他把劳动看作人的本质，看作人的自我确证的本质；他只看到劳动的积极的方面，而没有看到它的消极的方面。劳动是人在外化范围内或者作为外化的人的自为的生成。黑格尔唯一知道并承认的劳动是抽象的精神的劳动。"③ 马克思的这一精辟的论述，深

---

① 黑格尔：《实在哲学》第二部，第 257 页。

② 罗森克朗茨曾在《黑格尔传》（德文版，第 86 页）中谈到青年黑格尔研究经济学问题的情况，但他的叙述过于简略。在这方面，夏姆莱教授作了极有价值的研究，他的研究成果表现为 1965 年发表在《黑格尔研究》上的两篇论文（《黑格尔的经济学说和黑格尔的劳动概念》和《黑格尔经济思想的起源》）和专著《斯图亚特和黑格尔的政治经济学与哲学》（1963 年巴黎版）。

③ 《马克思恩格斯全集》第 42 卷，第 163 页。

刻地阐明了黑格尔的劳动和异化学说的优点和缺点，为我们提供了研究的指针。但问题也就在于，如何正确地理解马克思的这些话。

过去人们往往对马克思的话作这样的解释：（1）由于黑格尔没有看到劳动的"消极的方面"，因此他没有看到资本主义劳动对工人的有害影响；（2）由于黑格尔只知道抽象的精神的劳动，因此他谈的劳动根本不是一般的物质生产劳动。如果我们认真地研究一下黑格尔在《实在哲学》和《精神现象学》中的有关论述，那就可以看出，对马克思的话作这样过于简单化的理解是不符合事实的。黑格尔明明谈到了资本主义商品生产下的劳动对劳动者本身的全面的健康发展所造成的危害，谈到了劳动者的贫困化和社会矛盾的激化（当然，就其认识的深度而论，黑格尔根本不能与马克思相比，甚至也比不上空想社会主义者），总不能说他一点不了解资本主义劳动的有害影响吧。① 黑格尔讲的明明是对物予以加工改造以满足主人物质需要的奴隶劳动，明明是使用工具（机器）制造出商品的工人劳动，怎么能够说这些都不是物质生产劳动呢？

因此，看来有必要对马克思的上述论断作更符合事实的解释。以下就来做一个初步的尝试。

前面引述的马克思的话中提到的劳动的"积极（positive）的方面"和"消极（negative）的方面"，应译为"肯定的方面"和"否定的方面"②（无论在黑格尔辩证法中，或是马克思主义辩证法中，否定都不是消极的东西，而是具有积极意义的）。劳动的肯定的方面表现为对象化、人的自我确证和事物现状的建立，这一点是黑格尔所看到的；他所没有看到的是，在劳动中同时发生着对客观世界、现实的人和现存事物秩序的革命的否定。而这后一点正是马克思主义和黑格尔的一个重要分歧所在。黑格尔不理解，改变世界不是靠思维活动，而主要是靠物质生产实践。他不理

---

① 其实，在黑格尔之前，先进的德国思想家也已经看到了这一点，例如，席勒在《美育书简》第六封信中就尖锐地指出了资本主义劳动分工对人的全面发展的危害。《美育书简》对青年黑格尔的思想发生了相当大的影响（他把该书称之为"杰作"），他对古希腊和近代世界的某些看法就源自席勒。

② 关于这一点，何思敬同志的译文是确切的。见何思敬译《经济学—哲学手稿》，人民出版社1963年版，第128页。

解，在劳动中人们不仅建立起特定的社会生产关系，而且也包含着否定这种社会生产关系的萌芽。他虽然已经多少认识到资本主义劳动对工人造成的贫困和苦难，却根本不懂得正是在那种"严酷的但是能把人锻炼成钢铁的"劳动①中，无产阶级才真正成长为资本主义社会的否定力量。这种革命的否定正表现为无产阶级不能不消灭自身，同时也消灭产生无产阶级的那种社会生产关系。如果加以这样的解释，那么马克思对黑格尔的批判的巨大理论意义就更加清楚了。

对马克思所说的"黑格尔唯一知道并承认的劳动是抽象的精神的劳动"这句话，不能拘泥于字面上的理解，而应领会其深刻的精神实质。马克思认为，黑格尔《精神现象学》的根本错误在于把人、人的本质等同于自我意识，而把对象则看作抽象的意识。从这种错误的唯心主义基本立场出发，黑格尔必然把人的本质的一切异化最后都归结为自我意识的异化。"自我意识的异化没有被看作人的本质的现实异化的表现，即在知识和思维中反映出来的这种异化的表现。相反的，现实的即真实地出现的异化，就其潜藏在内部最深处的——并且只有哲学才能揭示出来的——本质说来，不过是真正的、人的本质即自我意识的异化的现象。掌握了这一点的科学就叫作现象学。"② 正是在这种"最终"的意义上，黑格尔把人的劳动归结为抽象的精神的活动，而且由于他认为只有哲学才能真正认识异化的实质，所以归根到底他又把哲学的本质看成劳动的本质。但是，这并不妨碍他在分析精神发展的特定阶段上的某些具体问题时承认人的物质生产劳动，正如他把整个世界看作绝对精神的体现，并不妨碍他承认一张具体的桌子的存在一样。

对马克思的评论作这样的解释，不仅不会减轻黑格尔的错误，反而会使我们更实事求是地认识到黑格尔的错误的严重性。归结起来，黑格尔在劳动和异化问题上的根本缺陷无非有两条：一是他的整个理论是建立在唯心主义的沙滩上的，在他的体系中把一切都弄颠倒了；二是他没有从自己的理论中得出任何革命的结论。因此，不管他在某些具体问题上具有真知

---

① 《马克思恩格斯全集》第 2 卷，第 45 页。
② 《马克思恩格斯全集》第 42 卷，第 165 页。

灼见，也无法改变他的整个理论的虚幻性。只有把黑格尔的体系重新倒过来，让它双脚落地，他的那些真知灼见才能显出其合理的意义。

# 四

在《精神现象学》第六章"精神"里，黑格尔还专门对异化问题做了社会的、历史的考察。人类意识的发展在达到"精神"以前的几个阶段上（意识、自我意识、理性），主要是以个人意识的各种形式来表现的，因此严格地说还不是真正的社会意识形态的历史。只有到了"精神"的阶段，才确实提供了人类意识在历史上所经过的诸阶段的缩影，也只有在这时异化现象才能得到社会历史的说明。

黑格尔说："当理性之确信其自身即是一切实在这一确定性已上升为真理性，亦即理性已意识到它的自身即是它的世界、它的世界即是它的自身时，理性就成了精神。"① 从这里可以看出，黑格尔在论述"精神"时的根本出发点是"理性即一切实在"这个客观唯心主义的命题。不过，"精神"比意识发展的前几个阶段前进了一步，它已经转化为客观的现实（世界）了，而这种转化无非就是精神本身的异化。精神也必须通过一系列的形态以取得关于它自身的知识，"不过这些形态与以前所经历的形态不同，因为它们都是些实在的精神、真正的现实，并且它们并不仅仅是意识的种种形态，而且是一个世界的种种形态"② 精神正是借助于自身异化的这些形态来展示自己，同时又通过这些形态来认识自己。

精神的发展也是分阶段的。它的第一个阶段，即"真实的精神、伦理"，是与古希腊共和国时期相适应的。在黑格尔看来，古希腊社会是尚未发生异化的、和谐的、充满崇高精神的伦理世界，在那里个人和集体没有任何利害冲突，二者融为一体，个别的人可能遇到的那种不公正，对他来说只是纯粹偶然的遭遇，问题不在于社会。所以黑格尔认为，伦理王国始终是一个"未受玷污、没有破绽而完美无疵的世界"。

---

① 黑格尔：《精神现象学》下卷，第1页。
② 同上书，第4页。

　　紧接着伦理的精神形态出现的是法权状态，也就是指古代城邦共和国崩溃后建立的古罗马帝国。在法权状态下，个人与集体之间的和谐一致的关系已经不再存在，普遍的伦理精神被各个孤立的原子式的个人所代替。"普遍物已破裂成了无限众多的个体原子，这个死亡了的精神现在成了一个平等'原则'，在这个平等中，所有的原子个体一律平等，都像每个个体一样，各算是一个个人。"① 在这种状态下，个人独立性只是一种普遍的混乱和相互排斥，因为把个人统一在一起的那个精神已经瓦解，他们就完全自由散漫肆无忌惮了，只有靠强制的力量才能把分散的众多的个体原子集合在统治者即"世界主宰"周围。所谓"世界主宰"指的是罗马君主。个体原子只有空虚的个别性和无本质的现实，而"世界主宰"则是普遍势力和绝对现实。"这个世界主宰，由于意识到自己是这一切现实势力的总和，就成了一个自视为现实上帝的巨大的自我意识；但由于他只是形式的自我，并无能力对这些势力进行任何约束，所以他自己的行为活动与自我享受又是一个同样巨大的荒唐放纵。"② "世界主宰"对他所统辖的臣民来说，是异己的内容和敌对性的本质。所以说，法权状态是社会异化的开始，罗马帝国是历史上最早的异化形式。这样，精神就从伦理阶段发展到"自身异化了的精神、教化"的阶段。

　　"自身异化了的精神"反映的是从罗马帝国直至法国大革命为止的欧洲历史。在这一阶段，现实世界从精神中异化出来，对精神来说成为异己的东西。黑格尔说："这个世界是精神的东西，它本身是存在与个体性两者融合而成的东西。它的这种特定存在既是自我意识的作品，又同样是一种直接的现成的、对自我意识来说是异己的陌生的现实，这种陌生的现实有其独特的存在，并且自我意识在其中认识不出自己。"③ 在这个异化了的精神的世界里，没有任何东西具有一种以自身为根据并内在于本身的精神；相反的，任何东西都是在它自己以外的一种异己的东西之中。整体的平衡不是在自身内保持不变的统一，而是建立在对立物的异化上，因此整

---

① 黑格尔：《精神现象学》下卷，第33页。
② 同上。
③ 同上。

体也是一个自己异化了的实在。异化了的精神的世界分裂为两个世界，一个是现实世界，它是精神的异化本身，而另一个是精神超越了现实世界后建立的纯意识的世界。纯意识的世界虽然与现实世界，亦即精神的异化相对立，但正因为它与异化相对立，它就不能不与异化有关，甚至可以说，它只是异化的另一种形式。所以，在黑格尔看来，在这个阶段，无论现实世界或人们的意识，都无非是精神的异化而已。

　　毫无疑问，黑格尔把现实世界和人的意识都说成是精神的异化，这是一种纯粹的唯心主义观点，因为它从根本上颠倒了物质和精神之间的真实关系。但是，他却以唯心的歪曲的形式揭示了社会发展中人和周围现实世界之间的深刻矛盾，并且充分肯定了人对外部世界的主观能动作用。按照他的说法，这个现实世界的客观存在以及自我意识的现实，完全取决于这样的运动："这个自我意识把它自己的人格外化出来，从而把它的世界创造出来，并且把它创造的世界当作一个异己的世界看待，因而，它现在必须去加以占有。但是去否定它的自为存在即是去创造现实，并且通过这种否定与创造，自我意识也就直接占有了现实。"因此，异化是必不可少的中介，"自我意识只有当它异化其自身时，才是一种什么东西，才有实在性；通过它的自身异化，它就使自己成为普遍性的东西，而它的这个普遍性即是它的效准和现实性"①。

　　黑格尔认为，异化作为一种中介，对于个体的发展来说也是必要的。个体必须通过"教化"（Bildung）使他的自然存在发生异化，才能真正地成长起来。"教化"是个体赖以取得客观效准和现实性的手段，个体把自己"教化"成它自在的那个样子，而且只是因为通过了这种"教化"它才自在地存在。因此，个体受到了多少"教化"，它就有多少现实性和力量，它的现实性全在于扬弃它的自然的自我。自我意识要去占有世界，它之所以能有统治这个世界的力量，就是因为它进行了自我"教化"。从这方面来看，"教化"的意思就是自我意识要在自身许可的范围内尽量把自己变化得符合于现实。在这里，黑格尔又回到了他反复讨论的一个主题，那就是人怎样由一个自然的人进化为社会的人。他深刻地猜测到，在这个

———————

① 黑格尔：《精神现象学》下卷，第42页。

进化过程中，人不仅在改造现实世界，而且同时也要扬弃掉原来的自然性，把自己改造得能适应于现实世界。因此，尽管他对不发生异化的古希腊社会里的和谐完满的人充满着钦羡之情，却仍然认为以后发生的人的异化是世界历史上不可避免的一个巨大进步。人类社会正是这样曲折地前进的，历史的辩证法就是如此。

黑格尔不仅论证了异化的历史必然性，而且还分析了异化的各种具体的形式。他认为，国家权力和财富都是人类自我异化的形式，所以对"自身异化了的精神的世界"的考察就从它们开始。国家权力和财富本来是人的活动的结果，但对个人来说，却成为与他对立的、统治他的一种异己的力量。就拿国家权力来说吧，它固然是简单的实体，也同样是人们"共同的作品"，是出于所有个体的行动的结果，然而这一事实却已从这个结果中消逝不见了，反而成为所有个体的行动的绝对基础。财富则又是一种情况，它是直接供个人享受的，每个个人都以为在享受财富时其行为是自私自利的，但财富本身却也是普遍的精神性的东西，它是由于大家的行动和劳动而不断地形成的。黑格尔说："即使只从外表上看，也就一望而知，一个人自己享受时，他也在促使一切人都得到享受，一个人劳动时，他既是为他自己劳动也是为一切人劳动，而且一切人也都为他而劳动。"① 在这里，黑格尔通过国家权力和财富这些异化的形式说明了这样一个事实，即个人在无意识地完成着共同的工作，而普遍性的东西则是所有人活动的产物，它又反过来对个人进行统治，因此在个人和个人活动的社会产物之间就发生了尖锐的矛盾。

根据一般的看法，国家权力是善，财富是恶，因为前者是自在地存在的独立的精神力量，而后者则仅仅是供个体享受的一种"被动的或虚无的本质"。黑格尔则认为，这个判断不能看作是一种"精神性的判断"。实际上，善与恶也不是固定不变、绝对对立的，在一定的情况下，它们会向自己的反面转化。在国家权力下，个人的行动受到压制而不得不变为服从。"个体于是在这种权力的压制下返回自己本身；国家权力对它来说已是一种压迫性的本质、坏的东西、恶；因为权力已不是与个体性同一的东

---

① 黑格尔：《精神现象学》下卷，第47页。

西而是完全不同一的东西了。——相反，财富是好的东西、善；它提供普遍的享受，它牺牲自己，它使一切人都能意识他们的自我……它的普遍的必然的本质在于：将自己分配给一切个人，做一个千手的施予者。"①

　　黑格尔把国家权力和财富理解为异化的不同形式，说明他的异化理论并不限于思想异化，而同时也涉及政治领域和经济领域内的异化现象。他在一定程度上已经接触到阶级社会内在结构的实质性问题，因而比当时其他资产阶级思想家要高明得多。特别值得我们注意的是他对国家的看法，他当然不懂得用阶级斗争的观点去解释国家，但是他已明确地指出国家权力对个体来说是一种"压迫性的本质"，这在他的时代诚不失为一个卓越的见解。② 如果我们考虑到国家权力是怎样从社会中产生而又变成一种凌驾于社会之上的统治力量，那就可以看出黑格尔的异化学说中所包含的合理的猜测了。至于黑格尔对财富的看法，那很明显的是受到了以亚当·斯密为代表的英国古典政治经济学的影响。英国古典经济学派认为，人们的经济活动是出于人的利己主义本性，但经济活动的客观社会后果却并不取决于个人的主观意愿。黑格尔的异化理论只不过是把英国古典政治经济学的观点翻译成哲学的语言而已。但是，应该指出，作为一个唯心主义者，黑格尔把政治和经济方面的异化归根结底都看作思维的异化。关于这一点，马克思曾批判黑格尔说："当他把财富、国家权力等等看成同人的本质相异化的本质，这只是就它们的思想形式而言。它们是思想的本质，因而只是纯粹的即抽象的哲学思维的异化。"③ 马克思一针见血地指出了黑格尔的这个错误。正因为黑格尔固守着这种唯心主义的观点，所以他不可能真正科学地阐明这些社会异化现象，无法正确地揭示出国家权力和财富的社会本质。

　　黑格尔认为，人们对国家权力和财富的看法并不一致，正由于在这个问题上存在着两种不同的、对立的态度，所以就产生两种不同的、对立的

---

　　① 黑格尔：《精神现象学》下卷，第49页。
　　② 青年黑格尔曾对国家采取激烈的批判态度。他在《德国唯心主义最早的系统纲领》中指责国家是一种"机械的东西"，"把自由的人当作机械的齿轮看待"，因而他要求国家"应该停止存在"。（《有关黑格尔思想发展的文献》德文版，第219页）
　　③ 《马克思恩格斯全集》第42卷，第161页。

意识。认定国家权力和财富都与自己同一的意识，乃是高贵的意识。高贵意识指的是封建社会里贵族的意识，它把国家权力看作它自己的本质及其具体实现，因此对国家不仅内心里矢志忠诚，实际上也听从驱使。它同样把财富看作是和自己有关系的本质性的东西，由于自己从财富享受实惠而对它表示衷心感激。相反，认定国家权力和财富都与自己不同一的那种意识，则是卑贱的意识。所谓卑贱意识，指的是蒙受封建压迫的平民的意识，它对现存的国家权力和财富抱着截然不同的态度。黑格尔指出："卑贱意识视国家的统治力量为压迫和束缚自为存在的一条锁链，因而仇视统治者，平日只是阳奉阴违，随时准备爆发叛乱。"①

在这里，黑格尔通过意识的分裂和对立，猜测到了封建社会里的阶级矛盾和斗争，特别是他已经看出这场斗争是围绕着国家权力和财富而进行的，这确实是一个深刻的见解。

高贵意识和卑贱意识的斗争最后导致了封建制度的危机，这种危机表现为现存的一切都发生了动摇，一切具有连续性和普遍性的东西，一切称为规律、善良和公正的东西都崩溃瓦解了。意识本身发生了绝对的分裂，这是一种更严重的异化。高贵意识和卑贱意识的区别消失了，它们互相转化和互相颠倒，被规定为善的成为恶的，被规定为恶的成为善的，高贵的成为卑贱的，而卑贱的则转化为高贵的。黑格尔说："对其自己概念有所意识了的精神，就是现实和思想二者的绝对而又普遍的颠倒和异化；它就是纯粹的教化。人们在这种纯粹教化世界里所体验到的是，无论权力和财富的现实本质，或者它们的规定概念善与恶，或者，善的意识和恶的意识、高贵意识与卑贱意识，统统没有真理性；毋宁是，所有这些环节都互相颠倒，每一环节都是它自己的对方。"② 因此，一切事物并不是它们自以为是的那种东西，而是不同于它们所愿望的某种别的东西，自为存在反倒是自身丧失，而自身异化反倒是自我保全。在这样急剧的社会变革面前，也出现了两种对立的意识：诚实的意识和分裂的意识。诚实的意识把世界的每一个环节都看作常住不变的本质，黑格尔对这种思想僵化的保皇派意

---

① 黑格尔：《精神现象学》下卷，第51页。
② 同上书，第65页。

识评价颇低。至于分裂的意识，则是绝对颠倒的意识，是思想异化的一个典型。黑格尔认为，狄德罗的对话体小说《拉摩的侄儿》中的主人公，正好就是这种分裂的意识的具体体现。这个人物是"高傲和卑鄙、才智和愚蠢的混合物"，他没有任何固定的道德观念，真诚坦率而又厚颜无耻。① 黑格尔指出，由于精神关于自己所述说的一切都是颠倒的，是对自己和别人的普遍欺骗，因此像拉摩的侄儿那样恬不知耻地公开说出这种欺骗，反倒是"最大的真理"。

黑格尔的异化理论用辩证法的观点卓绝地描述了社会大变动时期意识形态中的复杂的矛盾现象，他显然是以资产阶级革命前的法国作为社会历史背景的。他详细地分析了当时法国社会中的思想斗争，即信仰与纯粹识见、启蒙与迷信的斗争，并从中引导出法国大革命。在他看来，从启蒙的基本原则必然要导致"绝对自由与恐怖"，因此法国大革命是启蒙运动的合乎规律的必然结果，也正是在这场震撼整个欧洲的具有世界历史意义的社会革命中，异化达到了最高峰。

按照黑格尔的说法，"绝对自由"这个新的意识形态是从启蒙的"有用性"的概念中发展而来的。"绝对自由"的意识是具有自知之明的自我意识，"对它而言，世界纯然是它的意志，而它的意志就是普遍的意志……换句话说，是一切个别人的意志本身"。黑格尔指出，这种"绝对自由"的精神昂首登上了世界的宝座，所向无敌，简直没有任何一种势力可以同它抗衡。"在这种绝对自由中，由整体分解而成的那一切精神本质，也就是说，一切社会阶层，就消除了；当初曾隶属于一个这样的集团并在其中行使意志和获得完成的那种个别的意识，于是扬弃了它的局限性；它的目的就是普遍的目的，它的语言就是普遍的法律，它的事业就是普遍的事业。"②

在这里，黑格尔用唯心主义的晦涩语言描述了大革命时代的法国资产阶级意识。卢梭说过，人是生而自由的，却无往不在枷锁之中。一旦资产

① "他谈论着一件可怕的行为，一件可恶的大罪，有如一个绘画或诗的鉴赏家在品评一件艺术品的美点一般，或者有如一个道德家或历史学家把一件英雄事迹的详细情节追寻出来或生动地表述出来一般……"（《拉摩的侄儿》，《狄德罗哲学选集》，生活·读书·新知三联书店1957年版，第269页）
② 黑格尔：《精神现象学》下卷，第115—116页。

阶级达到了阶级自觉，挣脱了封建枷锁，并上升为统治阶级，它便获得了"绝对自由"，要按自己的意志去改造世界了。不过资产阶级这样做的时候，却披着"普遍性"的外衣，似乎他们所追求的不是某个社会集团的狭隘的私利，而是人类普遍的利益，似乎他们从事的资产阶级的事业是什么普遍的事业。然而这只是一种假象。黑格尔尖锐地指出，法国革命所建立的政府尽管打着全民的旗号，实际上却代表着与普遍意志相对立的一种特定意志，它本身也只是一种派别组织。他说："我们称之为政府的，只是那胜利了的派别，而正是由于它是一个派别，这就直接孕育着它的倾覆的必然性。"① 唯心主义者黑格尔虽然不懂得用阶级斗争的观点去分析法国革命的进程及其政权的性质，但他确实已经觉察到法国革命的普遍性形式和它的实际阶级内容之间的深刻矛盾。

我们知道，黑格尔热情地欢迎法国大革命，把它称为一次"壮丽的日出"。但是，这并不妨碍他对这次革命作冷静的观察。在他看来，法国大革命仍然是一种异化，"普遍的自由，既不能产生任何肯定性事业，也不能作出任何肯定性行动；它所能做的只是否定性行动；它只是制造毁灭的狂暴"②。因此，普遍自由必然会导致恐怖，导致雅各宾专政。按政治观点来说，黑格尔反对雅各宾派的革命恐怖政策，认为这种恐怖只能造成死亡，而且是"没有任何内涵、没有任何实质的死亡"，"最冷酷最平淡的死亡"，比劈开一棵菜头和吞下一口凉水并没有任何更多的意义。然而值得注意的是，不管他主观上怎样厌恶雅各宾派的"纯粹恐怖"，他却仍然认为这种否定就其现实性而言并不是一种外来的东西，而是普遍的意志。换句话说，即使是恐怖，也同样是内在于法国革命进程的一种合乎规律的现象。在耶拿大学的讲演录中，黑格尔说："在法国革命中，国家、普遍的整体掌握了可怕的力量。这种力量——不是专制，而是暴政——是纯粹的恐怖统治，但这种统治却是必然的和正义的。"③ 因此，不管人们是否喜欢法国革命的所谓"暴政"，它的存在是一种历史必然性，只有当它在历

---

① 黑格尔：《精神现象学》下卷，第120页。

② 同上书，第118—119页。在《实在哲学》中也说："暴力本身是通过异化而形成的"，"暴力的政权的形成是一种异化"。

③ 《黑格尔全集》第20卷，拉松版，第246页。

史上成为不需要的东西之后，它才会消失。当历史必然性抛弃了罗伯斯庇尔的时候，他就被人用暴力推翻了。

黑格尔把法国大革命看作异化现象，在一定程度上表现了他对人们的主观意图和伟大历史运动的结果之间的深刻矛盾的理解。客观的历史发展进程并不依个人的主观意愿为转移，人们总是在事后才能充分理解历史事件的真实意义。密纳发的猫头鹰要到黄昏来临时才开始飞翔。但是，当自身异化了的精神达到了自己的对立的顶峰，并在其中发现了自己本身时，异化也就被扬弃了。按照黑格尔的说法，这异化的扬弃是在绝对知识即哲学中完成的，因为只有在哲学中精神才达到了对自身的"概念式"的理解。正如马克思和恩格斯所指出，在黑格尔那里，"哲学家只不过是创造历史的绝对精神在运动完成之后用来回顾既往以求意识到自身的一种工具。哲学家参与历史只限于他那种回顾既往的意识，因为真正的运动已被绝对精神无意地完成了。所以哲学家是 Post festum［事后］才上场的"①。

正因为真正的运动已经完成，异化在浩瀚的世界历史舞台上已经威武雄壮地演完了它的戏，只等哲学家登场来做说明了，所以在《精神现象学》里表现得如此丰富多彩的异化问题，最后却解决得异常简单。

照黑格尔说来，异化的扬弃是这样进行的：自我意识认识到，原来外部世界的一切对象都只是自我意识的异化或外在化，因此对象对于自我来说是消逝着的东西。事物并不是自在的东西，它本质上只是为他的存在；事物只有通过自我以及它与自我的关系才有意义，归根到底，"事物就是我"。这样，自我意识就把对象克服和扬弃了。黑格尔说："对象的否定或对象的自我扬弃对于自我意识之所以有肯定的意义，或者说，自我意识之所以认识到对象的这种虚无性，一方面，是由于它外在化它自己；因为它正是在这种外在化过程里把自身建立为对象，或者说把对象——为了自为存在的不可分割的统一——建立为它自身。另一方面，这里同时还包含另一环节，即自我意识又同样扬弃了这种外在化和对象性，并把这种外在化和对象性收回到它自身中，因为它在它的异在本身里就是在它自己本身里。——这就是意识的'辩证'运动，而意识在这个运动里就是它的各个

---

① 《马克思恩格斯全集》第 2 卷，第 106 页。

环节的全体。"①

因此，在黑格尔看来，异化和异化的扬弃只是意识本身的辩证运动，始终是在意识本身的范围之内进行的。那么，不言而喻，当精神发展到自己认识了自己，从而又返回到自身时，这个辩证运动也就宣告完成了。所以，在《精神现象学》里，异化的扬弃最后仅仅被归结为一个认识问题，即认识到异化的种种形态都不过是自我意识的异化。正如马克思指出，在黑格尔那里，"对异化的、对象性的本质的任何重新占有，都表现为把这种本质合并于自我意识：掌握了自己本质的人，仅仅是掌握了对象性本质的自我意识。因此，对象之返回到自我就是对象的重新占有"②。

在黑格尔的整个异化理论中，异化的扬弃无疑是最薄弱的一环，它充分地暴露了他的唯心主义体系的保守性质。有人说，黑格尔哲学是向后看、而不是向前看的。这句话有一定的道理。在《精神现象学》全书结尾时，那个"在时间里外在化了的精神"即历史，经过漫长的过程和缓慢的运动，终于被精神自己所理解了。但这种异化的扬弃却只是表现为一种"回忆"，即精神回忆它自己是怎样走过来的经历。黑格尔说，"被概念式地理解了的历史，就构成绝对精神的回忆和墓地，也构成它的王座的现实性、真理性和确定性"③。因此，在他那里，异化的扬弃并没有多少积极的现实意义。不管历史的回忆多么有声有色，富有教益，它却终究不过是回忆而已。像《精神现象学》这样一部到处闪耀着辩证法光辉的著作，最后竟然以如此平庸的保守结论告终，这恐怕只能用黑格尔所代表的当时德国资产阶级的特殊性格去解释了。

车尔尼雪夫斯基曾经指出："黑格尔的原则是非常有力、非常宽广的，可是结论却狭窄而渺小。"④ 这些话对黑格尔的异化理论来说，也是同样适用的。

---

① 黑格尔：《精神现象学》下卷，第258—259页。
② 《马克思恩格斯全集》第42卷，第165页。
③ 黑格尔：《精神现象学》下卷，第275页。
④ 《车尔尼雪夫斯基选集》上卷，生活·读书·新知三联书店1958年版，第419页。

# 五

现在我们对黑格尔在耶拿时期建立的异化理论作一个简短的小结。

第一，黑格尔的异化理论是建立在唯心辩证法的基础之上的。他的整个理论前提是一个唯心主义的原理，即马克思和恩格斯所指出的"存在和思维的思辨的神秘同一"。因此，在《精神现象学》中，自我意识囊括了一切，它不仅代替了人，而且纷繁复杂的人类现实也被归结为自我意识的各种异化形式。黑格尔不是把自我意识变成人的自我意识，而是把人变成自我意识的人。这样，就把物质和精神、客体和主体、意识和对象之间的关系根本弄颠倒了。在这里，唯心主义的观点，形成了严密的体系，就这一点而论，耶拿时期的黑格尔比以前退步了。但是，除了唯心主义的谬误外，黑格尔在辩证法思想上却前进了一步。他已经不满足于揭发一些异化的现象，而力图从发展的观点在主体和客体、意识和对象之间的相互矛盾和转化中去考察异化。恩格斯说，黑格尔第一次"把整个自然的、历史的和精神的世界描写为一个过程，即把它描写为处在不断的运动、变化、转变和发展中，并企图揭示这种运动和发展的内在联系"①。异化理论就是黑格尔试图用来揭示这种运动和发展的内在联系的表述方式，由于他从人与客观世界的有机统一和相互作用的方面去理解问题，因此他对社会历史发展的认识达到了前人所未曾达到的深度。

第二，黑格尔的异化理论虽然披着唯心主义的神秘外衣，从形式上看来似乎很抽象玄妙，其内容却始终是很现实的。马克思主义创始人曾指出，"黑格尔的'现象学'尽管有其思辨的原罪，但还是在许多方面提供了真实地评述人类关系的因素"②。异化理论广泛地涉及人类生活的各个方面，不论是人的物质生产活动、政治活动、社会活动、思想活动或个人心理活动都属于它的研究范围，像国家、财富、艺术、宗教等都被看作是人

---

① 《马克思恩格斯全集》第 20 卷，第 26 页。
② 《马克思恩格斯全集》第 2 卷，第 246 页。

的本质力量的异化。特别应该指出，黑格尔善于通过大量的历史材料去论证他的异化学说，正如恩格斯所说，"黑格尔的思维方式不同于所有其他哲学家的地方，就是他的思维方式有巨大的历史感作基础。形式尽管是那么抽象和唯心，他的思想发展却总是与世界历史的发展紧紧地平行着，而后者按他的本意只是前者的验证。真正的关系因此颠倒了，头脚倒置了，可是实在的内容却到处渗透到哲学中"①。这确实是黑格尔的一个重要的优点。如果我们把黑格尔和费尔巴哈二人的异化理论作一比较，那就可以看出，无论是在内容的现实性和广泛性方面，或是在分析问题的历史视野和深度方面，黑格尔都比费尔巴哈略胜一筹。尤其是黑格尔重视劳动问题，这在费尔巴哈那里是看不到的。因此，作为马克思主义异化理论的思想来源，黑格尔也比费尔巴哈更为重要，尽管从表面上看来青年马克思从费尔巴哈那里接受了更大的影响。

　　第三，耶拿时期的黑格尔已经放弃了他早期的那种激进的共和国理想而逐渐趋向于与现实妥协，因此在《精神现象学》里已开始出现他晚期著作中的"那种非批判的实证主义和同样非批判的唯心主义"。但是，总的说来，他的异化理论仍然保持着一种可贵的批判精神。马克思说："《现象学》是一种隐蔽的、自身还不清楚的、被神秘化的批判；但是，由于《现象学》紧紧抓住人的异化，——尽管人只是以精神的形式出现的——其中仍然隐藏着批判的一切要素，而且这些要素往往已经以远远超过黑格尔观点的方式准备好和加过工了。"②黑格尔的异化理论包含着对宗教、国家、市民生活等现存社会重要领域的批判的要素，只是他自己可能还没有充分意识到这一点，或者说他还不知道可能用这些批判的武器来干些什么。但是，《精神现象学》之所以在先进的德国人中间引起共鸣，主要就是因为它所包含的那种对现实社会的批判精神。当时就有人写信给黑格尔，赞扬《精神现象学》是"人的解放的基本读物，莱辛所预言的新福音书的钥匙"③。这说明当时人们感兴趣的也正是该书中隐藏着的革命含义。后来黑

---

① 《马克思恩格斯全集》第 2 卷，第 121 页。
② 《马克思恩格斯全集》第 42 卷，第 162 页。
③ 1810 年 4 月 27 日温迪希曼写给黑格尔的信，转引自考夫曼《黑格尔》，1965 年纽约版，第 324 页。

格尔学派的整个左翼都十分重视异化理论，这并不是偶然的。从施特劳斯、鲍威尔到费尔巴哈和赫斯，他们都寻求以超过黑格尔观点的方式去发挥异化理论的批判作用，但真正做到彻底超过黑格尔的却只有马克思和恩格斯。

第四，对黑格尔异化理论需要进行革命的改造，这首先要求站在唯物主义的立场上对它进行彻底的批判。马克思和恩格斯特别着重批判黑格尔关于异化的扬弃的论述（即关于绝对知识的部分），因为在这部分集中暴露了黑格尔唯心主义的全部谬误以及它必然导致的保守结论。他们指出："在黑格尔的'现象学'中，人类自我意识的各种异化形式所具有的物质的、感觉的、实物的基础被置之不理，而全部破坏性工作的结果就是最保守的哲学，因为这样的观点以为：既然它已经把实物的、感性现实的世界变成'思维的东西'，变成自我意识的纯粹规定性，而且它现在又能够把那变成了以太般的东西的敌人溶解于'纯思维的以太'中，所以它就把这个世界征服了。"① 毫无疑问，黑格尔所鼓吹的这种克服异化的办法，只是一种廉价的自我安慰、阿Q式的"精神胜利法"。不管人们在头脑里自以为"征服"了世界，自以为认识了异化也就扬弃了异化，那些在现实生活中统治着人、折磨着人的异化却仍然存在。正如马克思和恩格斯所说，工人们知道，"财产、资本、金钱、雇佣劳动以及诸如此类的东西远不是想象中的幻影，而是工人自我异化的十分实际、十分具体的产物，因此也必须用实际的和具体的方式来消灭它们，以便使人不仅能在思维中、意识中，而且也能在群众的存在中、生活中真正成其为人"② 作为德国资产阶级的思想代表，黑格尔虽然也看到了资本主义社会里的一些异化现象，但他从来也没有想过用消灭资本主义制度的办法去从根本上消灭这种异化（因为在他看来，资本主义社会是一切可能有的社会中最好的社会），而错误地认为用物质手段不可能克服异化，要扬弃异化就只有通过自我意识、精神的发展。黑格尔的异化理论的最大局限性就在这里。正是由于这个原因，在任何情况下

---

① 《马克思恩格斯全集》第2卷，第244页。
② 同上书，第66页。

都绝对不容许把它和马克思主义的异化理论相混淆。

　　总之，黑格尔的异化理论像他的辩证法一样在其现成形式下是完全不适用的，虽然它包含着许多合理的因素，却终究只是一朵不结果实的美丽的花。只有马克思主义才真正为无产阶级提供了同异化作斗争的强大思想武器。

# 黑格尔与谢林的决裂

## ——关于黑格尔的思想发展的探讨之一

在黑格尔的思想发展中，与谢林决裂是一个重要的事件，但这个问题在我国的黑格尔哲学研究中还没有探讨过。

在写作《精神现象学》一书之前，黑格尔同谢林一起批判以费希特为代表的主观唯心主义哲学。黑格尔和谢林不仅是同窗好友，而且在哲学上也曾经是携手并进的同路人。1801 年黑格尔到耶拿大学任教，是经谢林的推荐，他们在耶拿又共同创办《哲学评论杂志》。这个杂志实际上是宣扬他们共同的哲学观点、反对他们的共同论敌的"同人刊物"①。这个时期的黑格尔起初显然受到谢林很深的影响，他不仅采用了谢林的某些哲学术语，而且也接受了谢林的基本哲学原则。只是到了 1803—1806 年间，黑格尔才和谢林在哲学思想上发生分歧，转而对谢林哲学采取批判态度，直至同谢林完全决裂，而《精神现象学》一书则是他们彻底分道扬镳的一个标志。在该书出版前，谢林还写信给黑格尔，表示他迫切地等待着这部"最后终于出现的著作"②。但是，当他收到了黑格尔的这部著作后，只读了序言就读不下去了。直到半年以后，他才给黑格尔回信，推说他由于种种原因没有足够的时间来安心阅读这部著作。③ 他们之间的通信联系就由这封信而宣告结束，这两个从杜宾根神学院时期就志同道合的好友在哲学上也互相越走越远，成为思想上的仇敌。可以毫不夸张地说，如果黑格尔

---

① 《哲学评论杂志》出版于 1802—1803 年间，共出六期。关于创办这个杂志的目的，黑格尔于 1801 年 12 月写信给法兰克福的朋友说，他要用各式各样的武器，用"粗棒和长鞭，短鞭"来进行战斗。

② 1807 年 1 月 11 日谢林写给黑格尔的信。

③ 1807 年 11 月 2 日谢林写给黑格尔的信。

不是由于《精神现象学》一书的写作而彻底摆脱了谢林的影响，那么他也就不成其为后来的那个作为辩证法大师的黑格尔了。

那么，黑格尔是怎样逐步和谢林分手的呢？又是怎样批判谢林的呢？我们在这里简略地考察一下黑格尔在耶拿时期的几篇哲学著作，从中探索他的思想发展历程。

## 一

黑格尔到了耶拿以后，为了取得在耶拿大学讲课的资格，进行了一次论文答辩。他提出的论文是用拉丁文写的，题为：《论行星轨道的哲学论文》。实际上，在举行答辩时，这篇论文未能及时写出来，大学当局是破例允许黑格尔根据先印出的论文提纲来进行答辩的。① 《论行星轨道》一文表明，当时的黑格尔基本上还站在谢林哲学的立场上，论文的答辩情况也说明了黑格尔和谢林的亲密关系。② 这里不打算详细讨论这篇论文的内容。在今天看来，它除了作为历史文献引起人们兴趣之外，并没有很大的哲学价值，而其中包含的明显的错误，则只能有损于黑格尔的科学声誉。③ 黑格尔的论文主要是反对自然科学中的经验论方法，反对牛顿在《自然哲学的数学原理》一书中对开普勒定律的数学论证和关于行星轨道的解释。他的基本思想是理性和自然的同一（identitas rationis et naturae）、理想和现实的同一，并把这个原则应用于解释行星的轨道。他企图证明，行星的轨

---

① 这次论文答辩是在 1801 年 8 月 27 日举行的。罗森克朗茨说，提纲是作为论文的附录一起提出的（《黑格尔传》，德文版，第 156 页），这个说法是不正确的。

② 这次论文答辩的主要质询人就是黑格尔的好友、耶拿大学的年轻教授谢林和另一位尼泰默教授，黑格尔答辩的助手则是谢林的弟弟，大学生卡尔·谢林（参阅《关于黑格尔在耶拿担任讲师的活动情况的文献（1801—1807 年）》，《黑格尔研究》第四卷，1967 年波恩版）。

③ 黑格尔对自然科学有相当深的造诣，但当他用哲学观点去解释太阳系的行星轨道时，却闹了一个大笑话。当时有的天文学家根据算术级数推论，在火星和木星之间还有尚未被发现的星球（后来证明这种推论也是错误的），而黑格尔则认为这种看法是"没有任何哲学意义的"。黑格尔武断地否认了毕达哥拉斯派在《蒂迈欧篇》里的看法。这点黑格尔也搞错了，毕达哥拉斯比柏拉图更符合"理性"的规律，因此火星和木星之间不可能还有其他的星球。他不知道，就在几个月之前，庇亚齐已经在火星和木星之间发现了一个小行星，即谷神星。这个错误引起了某些人的嘲笑，哲学家不应该随便干预自然科学问题的争论，不应该用哲学去代替自然科学的研究和科学实验，这又是一个例证。

道也是服从于理性的规律的。在论文的开头，他说："再没有比我们名之为太阳系的那个活生生的东西更崇高和更纯粹的理性表现了，再没有比它更值得作哲学考察了。西塞罗赞扬苏格拉底说他使哲学从天上降下来并把哲学引入人们的日常生活中去，这种赞扬或者一般地不值得注意：或者应当加以这样的解释，即如果哲学不是从天上降到人间，它就不可能给人们带来任何利益，因此，必须尽一切努力把哲学升高到天上去。"①

　　毫无疑问，黑格尔的这篇论文是从谢林的客观唯心主义的"同一哲学"的原理出发的，他把整个太阳系说成是什么纯粹的理性表现，这正是纯粹的客观唯心主义观点。他要求把哲学升高到天上去，也无非是说明他企图使哲学取代过去神学的地位。这些唯心主义的糟粕在以后的黑格尔哲学体系中都原封不动地保留下来了，而且得到了进一步的发展。但是，值得我们重视的是他的论文的提纲，其中包含着丰富的辩证法思想的萌芽。例如，这十二条提纲的第一条说："矛盾是真理的标准，而没有矛盾则是谬误的标准。"② 黑格尔的这个提法是同传统的形式逻辑的规律相反的，他显然已经看到了形式逻辑的局限性，而力图把辩证法应用于认识论。他对矛盾的重视和强调，是不能用谢林的影响来解释的。诚然，谢林在一定程度上承认矛盾的存在。早在《自然哲学观念》（1797 年）中，谢林就读到自然界的矛盾，而在《先验唯心论体系》一书（1800 年）中，他又着重指出："对立在每一时刻都重新产生，又在每一时刻被消除。对立在每一时刻这样一再产生又一再消除，必定是一切运动的最终根据。"③ 但是，谢林的"同一哲学"以无差别、无矛盾的"绝对"作为自己的最高原则，

---

　　① 黑格尔：《论行星轨道的哲学论文》，我们可以把黑格尔的这些话和马克思主义创始人的话作一对比。马克思、恩格斯在《德意志意识形态》中曾经指出："德国哲学从天上降到地上；和它完全相反，这里我们是从地上升到天上，就是说，我们不是从人们所说的、所想象的、所设想的东西出发，也不是从只存在于口头上所说的、思考出来的、想象出来的、设想出来的人出发，去理解真正的人。我们的出发点是从事实际活动的人，而且从他们的现实生活过程中我们还可以揭示出这一生活过程在意识形态上的反射和回声的发展。"（《马克思恩格斯全集》第 3 卷，第 30 页）马克思、恩格斯所说的使哲学"从地上升到天上"和黑格尔的意思完全不同，他们指的是哲学必须从人们的现实物质生活出发，从而使哲学建立在唯物主义的基础上．黑格尔所说的"把哲学升高到天上去"，则是从唯心主义出发把哲学神化、绝对化，他们正好代表着两条截然相反的路线。

　　② 黑格尔：《不同时期的著作》，1970 年俄文版，第 265 页。

　　③ 谢林：《先验唯心论体系》，商务印书馆 1977 年版，第 148 页。

它在本质上是反辩证法的。黑格尔把矛盾看作真理的标准，这就说明他在辩证法思想方面早已超出谢林了。还应该指出，提纲的内容与论文颇为不同，它有好几条是关于社会道德问题的，也闪耀着辩证法的光辉。例如，其中的第九条说："自然状态并不是不公正的，但正因为如此，就必然要脱离这种状态。"① 这句话包含着很深刻的道理。一切事物都要走向自己的反面，自然状态要转化为社会状态，公正要转化为不公正，人类社会就是这样通过矛盾而发展起来，在这里任何道德的考虑是不起决定作用的，历史的辩证法就是如此无情。以卢梭为代表的启蒙学派往往把自然状态理想化，黑格尔早期曾经受到卢梭的强烈影响，这时则已经开始摆脱这种影响，转而对卢梭的非历史主义观点持批判态度了。

## 二

黑格尔在耶拿正式发表的第一部著作是：《论费希特和谢林的哲学体系的区别》（1801 年）。在这一著作中，黑格尔支持谢林，对费希特的主观唯心主义观点进行斗争。

费希特的主观唯心主义是在批判和继承康德的基础上形成和发展的。康德承认在人的意识之外存在着不可知的"自在之物"，这就把认识和客体割裂了开来，否定了思维和存在的同一性。康德企图调和唯物主义和唯心主义，结果却更深地陷入了主观唯心主义。他的这种调和的立场本来是当时幼小的德国资产阶级的软弱性的反映。随着德国资产阶级的成长，特别是经过法国大革命的冲击，康德的这一套就显得过于消极，不能更有力地干预现实，以符合德国资产阶级的新的需要。因此，康德以后的德国古典唯心主义哲学的代表们，都努力用不同的方式去填平康德在主体和客体之间划下的鸿沟，在唯心主义的基础上去重新建立思维和存在的同一性原则。费希特就是这样。列宁指出："费希特认为康德和康德主义者最不彻底的地方就在于他们承认自在之物是'客观实在的基础'。"② 费希特根本

---

① 黑格尔：《不同时期的著作》，第 265 页。
② 《唯物主义和经验批判主义》，《列宁选集》第 2 卷，第 198—199 页。

否认有不依赖于人的意识的"自在之物"的存在，说它完全是一种"纯粹的虚构"。他利用康德哲学中的"自我意识"，把它发展成为绝对。在他看来，"自我"是哲学的根本出发点，是第一性的、绝对的、无条件的，是最高的实在，而我们周围世界的一切事物则是"非我"，是由"自我"设定的。"非我"并没有真正的实在性，它们只是"自我"的产物，是由"自我"所创造和建立起来的。照费希特的说法，整个世界就成了自我意识的创造物，创造活动也就是认识活动，而认识归根到底只不过是自我认识，因为"自我"并不是去认识什么客观世界，而只是去认识自己。他说："注意你自己，把你的目光从你的周围收回来，回到你的内心，这是哲学对它的学徒所做的第一个要求。哲学所要谈的不是在你外面的东西，而只是你自己。"① 这当然是彻底的主观唯心主义，而且必然要导致唯我论。费希特正是用这种办法去解决康德的问题，既然客体是由主体产生的，存在是由思维产生的，那么它们之间当然就没有什么不可逾越的界限了。这样，费希特就通过主观唯心主义的道路，达到了主体和客体的同一，思维和存在的同一。

谢林起初是赞同费希特哲学的，他也曾企图把自然界理解为思维活动的结果，把客体说成是主体的创造物。但他很快就感到费希特的主观唯心主义不能令人满意，转而对它进行批判，并着手建立他自己的客观唯心主义哲学体系。谢林认为，必须用与"自我"相对立的客观的一方面即自然界，去补充费希特的理论。因为费希特的"自我"只是主观意识，不能充分说明丰富多样的自然界的精神本质，所以不能说是"自我"产生"非我"。在谢林看来，"自我"和"非我"、主体和客体、思维和存在，都是由一个更高的本原产生的，这个本原就是"绝对"。他说："这种更高的东西无非是绝对的主观事物与绝对的客观事物、有意识的东西与无意识的东西之间的同一性的根据"，它本身"既不能是主体，也不能是客体，更不能同时是这两者，而只能是绝对的同一性"②。正是在"绝对"中，意

①　费希特：《"知识学"引论第一篇》，《十八世纪末——十九世纪初德国哲学》，商务印书馆1975 年版，第137—138 页。
②　谢林：《先验唯心论体系》，第250 页。

识和自然、主体和客体、思维和存在都融合为一，达到"绝对的同一"、"无差别的同一"。这个"绝对"是一种精神力量或所谓"宇宙精神"，它本身原来是没有任何差别的，是无意识的，但由于它有一种要把自己提高为自觉的精神实体的"原始冲动"，才超出"无差别的同一"，而产生精神和自然、主体和客体、思维和存在的差别和对立。这个"绝对"的发展过程，就是所谓理智进行创造的过程，或是盲目地和无意识地进行创造，形成自然界的发展，或是自由地和有意识地进行创造，形成人类社会的发展。但是，不管自然界也好，人类精神也好，都是"绝对"的变化形态，二者虽然有差别和彼此对立，却仍然是同一的。用他的话来说，"自然应该是可见的精神，精神应该是不可见的自然"①。因此，谢林是通过另一个途径，即客观唯心主义的途径，来论证精神和自然、主体和客体、思维和存在的同一性。

面对着费希特和谢林的分歧，黑格尔在《论费希特和谢林的哲学体系的区别》中是站在谢林这一边的。他写这一著作的直接原因是为了反驳赖因霍尔德，因为赖因霍尔德对谢林哲学的独创性提出异议，认为它只不过是费希特的知识学的旁枝末节而已。黑格尔则充分地阐明了这两个不同的哲学体系的区别和这种区别的意义。他指出，费希特虽然创立了同一哲学并且确立了它的原则，却并没有把同一哲学发展到底，真正完成了这一发展的是谢林，因此应该把谢林看作绝对同一的哲学体系的真正代表者。黑格尔认为，费希特是把"主观的主体—客体"作为自己哲学体系的出发点，也就是说，他的出发点乃是一个主观的因素。但是，用这种办法并不能真正克服主体和客体的二元论，因为世界并不是主观意识的简单的产物，主体也绝不能和客体简单地等同起来。在黑格尔看来，客体是不同于主体的"他物"，是"Sein Anderes"，把客体归结为主体显然是不行的，费希特哲学的片面性和局限性也正在于此。黑格尔用谢林的主客体同一的原理来同费希特哲学相对照，他说，谢林的主体—客体不同于费希特，它是"客观的主体—客体"，而赖因霍尔德正是忽视了这一点。他指出，在费希特那里，"绝对同一"即对"绝对"的认识，仍然是一个不能实现的

---

① 《自然哲学观念》，《谢林全集》第 2 卷，第 56 页。

假定，费希特主观唯心主义哲学的最大的缺陷在于不能认识自然界，因为自然界是"没有意识的存在"（bewwusstloses Sein），它无论如何也不可能被意识所同化。黑格尔之所以赞同谢林，重要原因之一就是他认为谢林的客观唯心主义能够更好地理解自然界。

有意思的是，黑格尔对费希特的批判还涉及社会政治问题。黑格尔指出，费希特体系的原则和结果随着体系的发展往往并不一致，"自我"等于"自我"的原则转化为"自我"应该等于"自我"的原则，因而也就转化为"自我"不等于"自我"的相反的论断。因此，主体和客体的同一结果就成了像康德学说中的理念那样的终极目的，而必然同现实生活处于经常的对立之中。这种同一始终只不过是努力争取的东西，而在费希特的学说中，国家也只有借助于没完没了的规定和命令来管理公民的生活。黑格尔批评费希特并不真正理解自由，因为在费希特的体系中，强制手段和在生活的一切方面无限制地使用强制手段乃是绝对必然的。他指责费希特为了制止和预防犯罪而设计了一种令人不能忍受的警察制度，在这样的制度下，任何一种活动都必须服从于某种法律，并处于警察的直接监督下，"警察清楚地知道，每天每小时每个公民在什么地方、在干什么事"。他敏锐地看出了费希特的主观唯心主义的社会后果，它表面上看是主张个人自由的，但实际上却不能真正保证个人自由，而相反地会走向自由的反面。从这方面来说，黑格尔对费希特的批判是从更好地维护德国资产阶级利益的立场出发的。

应该指出，黑格尔虽然批判了费希特的主观唯心主义，却并没有予以全盘否定。例如费希特对康德主义的批判，在某些点上就和黑格尔有共同之处。他们都反对康德的"自在之物"，都对康德伦理学的形式主义表示不满等。更确切地说，黑格尔的目的不在于消灭费希特的主观唯心主义，而在于纠正它的错误，他一方面揭露了主观唯心主义在对待理论问题和实践问题上的缺陷和谬误，另一方面却又把主观唯心主义看作哲学发展中的必然环节。

黑格尔当时还没有看出谢林的错误，他基本同意谢林的同一哲学的原则，甚至还从谢林那里借用了像"理智直观"那样神秘的概念。但是，即使在那个时候，黑格尔的观点也并不是和谢林完全一致，而是已经有所分歧了。最突出的一点是黑格尔十分重视矛盾，把矛盾看作事物的本质，这个辩证法思想后来终于导致了黑格尔和谢林的决裂。黑格尔所注重的不是主体和客体的什么"无差别的同一"，而是主体和客体之间的辩证关系。在《论费希特和谢林的哲学体系的区别》一书中说："当我们进一步考察一种哲学所具有的特殊形式时，我们就可看到，一方面它是从精神的生动的创造力中发源的，精神在这种哲学形式中通过自身恢复了已经分裂的和谐；另一方面，它是从体系所发源的那种分裂为二（Entzweiung）的特殊形式中产生的。分裂为二是哲学的需要的源泉。"他指出，分裂为二的结果是出现了精神与物质、灵魂与肉体、信仰与理智、自由与必然的种种对立，这些对立与人类的重大利益有密切的关系，而且在文化发展的进程中转化为理性与感性、理智与自然的对立形式，转化为绝对主观性和绝对客观性的对立。接着黑格尔又说了一段很精彩的话："理性的唯一兴趣就在于去扬弃这些固定化了的对立。这样说并不是意味着理性好像是一般地反对对立和限制；因为必然的分裂为二乃是生命的一个因素，生命就是永恒地在对立中形成其自身的，而具有最高生命力的全体，只有通过从最大的分离中的恢复才有可能。理性的目的即在于反对由知性引起的把分裂为二绝对固定化，特别是因为那绝对对立本身就是起源于理性。"①

在这里，黑格尔的辩证法思想已经表现得比较成熟了。他所强调的"分裂为二"这个哲学概念，正是对辩证法的基本规律即对立统一规律的最初表述。他把分裂为二看作必然的、普遍的现象，把它看作"生命的一个因素"，并且认为生命是永恒地在对立中形成其自身，这就是承认矛盾对立的普遍性，承认生命本身就包含着矛盾。这种思想和否认矛盾的存在或是把矛盾看作某种偶然的、不正常现象的形而上学观点，是完全对立的。其实，黑格尔在这里所说的理性和知性的区别，实质上就是辩证法和形而上学的区别。形而上学观点把精神与物质、主观与客观、自由与必然等范畴之间的对立绝对化、固定化，否认它们之间的辩证联系和相互转化，而黑格尔则在承认矛盾对立的前提下，强调对立面之间的辩证的统一。他甚至认为，需要哲学的原因就在于反对形而上学的绝对化思想，而

---

①　以上参阅《黑格尔早年刊印的著作》，德文版，第12—14页。

认识对立的统一。他说，当统一的力量从人的生活中消失，对立面丧失了它们之间的活生生的关系和相互作用而变成独立的东西时，对哲学的需要就产生了。黑格尔这样就把对立的统一和哲学联系在一起，正好说明他心目中的哲学，特别是他自己的哲学，本质上就是辩证法。

当然，我们也应该看到，黑格尔那时初创的辩证法思想，就已经具有唯心辩证法的根本缺陷和局限性。黑格尔所谈的分裂为二，只是精神本身的分裂为二，而不是客观物质世界的分裂为二及其在人们意识中的反映。因此，他不能正确地解释这种分裂为二的现象的客观基础。尤其是，黑格尔只谈对立的统一，而忽视对立的斗争，或是离开对立的斗争去谈统一，强调去恢复已经分裂的"和谐"，这就不可避免地会导致矛盾的调和论。黑格尔辩证法的这种倾向，也正是当时德国资产阶级的妥协立场的思想反映。在以后黑格尔哲学思想的发展中，这种倾向是越来越强烈了。

《论费希特和谢林的哲学体系的区别》这一著作和黑格尔后来写的《精神现象学》的著名的序言，有着密切的关系。包含在前一著作中的某些思想，后来都在那个序言中得到了进一步的发挥。例如，黑格尔早就指出，哲学必须是一个体系，哲学真理不可能包含在单独的基本命题之内；又如，他认为，"思辨可以理解常识，但常识却不能理解思辨所理解的东西"①。上面这些思想在《精神现象学》序言中都得到了详细的探讨而被赋予更丰富的内容，成为黑格尔的著名论点。从这一点来说，《论费希特和谢林的哲学体系的区别》在黑格尔哲学思想的发展史上也是有着一定意义的。

# 三

黑格尔在《哲学评论杂志》上发表的一些文章，也说明当时他的哲学观点基本上接近于谢林，而又开始在某些问题上与谢林发生分歧。1802 年发表于该杂志第一期的《泛论哲学批评的本质、特别是论它和当前哲学状况的关系》一文，可以说是这个由黑格尔和谢林合办的刊物的宣言书。在

---

① 《黑格尔早年刊印的著作》，第 22 页。

这篇文章里，黑格尔站在客观唯心主义立场上反对主观主义和"拙劣的经验主义"。在他看来，理性只有一个，因此哲学也只有一个，而且只可能有一个。作为客观评价的批评之所以可能，就是因为只有一个统一的理性真理，正如只有一个统一的美一样。真哲学的理念在不同程度上存在于各种哲学学说中，而哲学批评的任务就在于阐明哲学的理念究竟在什么程度上自由而明白地出现，以及在什么范围内这一理念发展成为科学的哲学体系。在谢林的影响下，黑格尔当时错误地把哲学看作少数思想家的专利，反对把哲学的理念通俗化和普及化。他说："哲学就其本性来说是某种秘传的东西，它既不是为群众而创造的，也不准备去适合群众的口味；它之所以成为哲学，是因为它和知性直接相对立，更和健康的常识相对立……对健康的常识而论，自在和自为的哲学世界乃是一个颠倒的世界。当亚历山大听说亚里士多德公布了有关自己哲学的著作以后，他从亚洲的中心写信给亚里士多德说，不应该把他们一起进行哲学思考所得的东西公之于众，而亚里士多德在答复时则为自己辩护说，他的学说虽然已经公布，但同时又没有公布；因此，哲学必须承认人民有上升到哲学的可能性，却不能自己降低到人民的水平。"[1] 黑格尔的这种错误观点后来在《精神现象学》序言中作了修正，但那已经是他和谢林彻底决裂后的事了。

1802 年黑格尔发表于《哲学评论》的另外两篇文章，也是从谢林的同一哲学的原则出发同别人展开论战的。在《一般的人类知性如何看待哲学》一文中，黑格尔用尖刻的讽刺的笔调，批判了反对同一哲学、主张维护健康的人类知性的权利的克鲁格。[2]《怀疑论和哲学的关系》一文，则把批判的锋芒指向舒尔茨的怀疑论。舒尔茨打着古罗马怀疑论者埃奈西德穆的旗号来批判康德哲学，后来又在《理论哲学的批判》一书（1802 年）中，反对费希特和谢林。黑格尔指出，怀疑论在哲学史上是具有重要意义的，但必须把高尚的怀疑论和庸俗的怀疑论区分开，舒尔茨的怀疑论就属于庸俗的一类，它是一种反哲学的思维方式，是与古代

---

① 黑格尔：《不同时期的著作》，第 279—280 页。

② 克鲁格（1770—1812 年），当时任法兰克福大学教授，1804 年继康德之后任哥尼斯堡大学教授。

怀疑论相对立的。古希腊的怀疑论是反对独断论的，而舒尔茨的怀疑论则是一种低级形式的独断论。由此黑格尔得出结论说，舒尔茨和克鲁格实际上是一丘之貉，怀疑论和"健康的人类知性"同流合污，"舒尔茨的怀疑论同最粗野的独断论联合在一起，而同时克鲁格的独断论则自身归结为怀疑论"。

如果说我们从黑格尔的以上这两篇文章里还看不出他和谢林有多大的分歧，那么在 1803 年发表于《哲学评论杂志》的《论信仰和知识，或主观性的反思哲学》一文中，这种分歧就开始暴露出来了。黑格尔在这篇文章里批判了他的哲学前驱康德、雅柯比、费希特，因此这篇文章被拉松尖锐地指责为"典型的忘恩负义"。我们在这里暂且不谈黑格尔对前辈的批判能否叫做"忘恩负义"，使我们感兴趣的是这种批判不仅是对准康德等人的，而且也使黑格尔和反动的浪漫派划清了界限。黑格尔所批判的雅柯比，攻击一般的知识，把知识看作仅仅是对于有限事物的知识，认为知识按其内容来说是不能够认识绝对的。雅柯比推崇所谓直接知识，把理性说成是直接知识、信仰，是对于上帝的知识。他所谓的信仰或直接知识，其实也就是灵感、内心的启示之类的东西。黑格尔在批判雅柯比时，也不指名地批判了反动哲学家和神学家施莱尔马赫，他的批判实质上是对非理性主义和信仰主义的批判。费希特在离开耶拿后，与反动浪漫派代表人物施莱格尔以及施莱尔马赫等混在一起，思想越来越蜕化，连他自己也在给妻子的信中承认，他比以前任何时候都更深地钻到宗教里去了。在关于信仰的问题上，费希特是同意雅柯比和施莱尔马赫的，这恰好同黑格尔的态度相反。因此，黑格尔批判费希特也是很自然的。问题在于谢林，因为就其思想倾向而论，当时的谢林已经向反动浪漫派靠拢，谢林哲学中的非理性主义和宗教神秘主义倾向已经显露。黑格尔的《论知识和信仰》一文，虽然没有直接批判谢林，却清楚地表明他和谢林走的不是一条道路。黑格尔对反动浪漫主义一直采取批判态度，这是导致他和谢林决裂的重要原因之一。有的资产阶级学者如狄尔泰、克罗纳之流，竭力把黑格尔说成是非理性主义者和浪漫主义者，这完全是对历史的歪曲和篡改。

# 四

黑格尔和谢林的原则分歧，到《精神现象学》一书问世就完全公开化了，特别是在该书的序言中，黑格尔对谢林哲学展开了全面的批判。海谋说，这篇序言可以名之为"论谢林和黑格尔的哲学体系的区别"，这个说法是有几分道理的。诚然，黑格尔并没有抛弃谢林的客观唯心主义哲学的根本出发点，即主体和客体同一的原则，但他对这种同一的解释以及对达到这种同一的方法和途径的看法，都和谢林截然不同。《精神现象学》是黑格尔的"独立宣言"，它正式向人们宣告，一个新的黑格尔哲学体系已经取代谢林哲学体系的地位而诞生了。

黑格尔对谢林的批判集中在以下几点：

第一，黑格尔批判了谢林对"绝对"的理解。谢林的所谓"绝对"，指的是主体和客体的"绝对的同一"，"无差别的同一"，因此"绝对"本身不包含任何差别和矛盾，是没有运动和发展的。在他看来，世界上的一切都以这种"绝对的同一"作为自己的根源和最后归宿，也就是说，在差别和矛盾产生之前，有一个无差别、无矛盾的同一状态，而在差别和矛盾产生之后，最后又复归于这种原始的同一状态。所以他不承认矛盾贯穿于事物发展过程的始终，也不承认矛盾是推动事物发展的真正动力和源泉，他的看法是一种形而上学的观点。黑格尔正是针对谢林的这种否认差别和矛盾的形而上学观点来进行批判。他指责谢林说，谢林把一切都归属于绝对理念之下，仿佛绝对理念已在一切事物中都被认识到了，但实际上这并不是因为这同一个理念自己取得了不同的形象，而是因为它作了千篇一律的重复出现，黑格尔曾提到，只因为它外在地被应用于不同的材料，就获得了一种无聊的外表上的差别性。像谢林那样由认识主体把唯一的静止的形式在现存事物上到处引用，把材料从外面投入这个静止的要素里，那么这样做出来的就不是从自身生发出来的丰富内容，也不是各个形态给自身规定出来的差别，而是一种"单调的形式主义"。谢林的形式主义还主张这种单调性和抽象普遍性就是"绝对"，以为思辨的方法就等于把区别和规定消融掉，或是把区别和规定"抛入于空虚的无底深渊"。黑格尔指出，根据谢林的观点，在考察任何一个有规定的东西在"绝对"里是什么的时候，不外乎是说，此刻我们虽然把它当作一个东西来谈论，而在"绝对"里，在 A = A 里，则根本没有这类东西，在那里一切都是一。他批判谢林说："无论是把'在绝对中一切同一'这一知识拿来对抗那种进行区别的、实现了的或正在寻求实现的知识，或是把它的绝对说成黑夜，就像人们通常所说的一切牛在黑夜里都是黑的那个黑夜一样，这两种做法，都是知识空虚的一种幼稚表现。"①

与谢林相反，黑格尔所理解的"绝对"不是 A = A 那样的形而上学的"无差别的同一"，而是自身包含着差别和对立、自己运动和发展的理念。用黑格尔的话来说，"它是单一的东西的分裂为二的过程或树立对立面的双重化过程，而这种过程则又是这种漠不相干的区别及其对立的否定。所以唯有这种正在重建其自身的同一性或在他物中的自身反映，才是绝对的真理，而原始的或直接的统一性，就其本身而言，则不是绝对的真理"②。因此，黑格尔的"绝对"是自身分裂为二，自己为自己树立对立面，并且在他物中反映自身，通过否定而重建其自身的同一性。显然，黑格尔所谈的是对立的同一，他和谢林在这个问题上的分歧，实质上反映了辩证法和形而上学两种根本不同的观点的对立。

第二，黑格尔批判了谢林的非理性主义和神秘主义。他不仅批判了谢林对"绝对"的形而上学的理解，而且也反对谢林所鼓吹的认识"绝对"的途径和方法。在谢林看来，要理解这个"绝对"，不能借助于概念和正常的思维活动，而只能通过一种直接知识的形式，即所谓"理智直观"。他说："整个哲学都是发端于、并且必须发端于一个作为绝对本原而同时也是绝对同一体的本原。一个绝对单纯、绝对同一的东西是不能用描述的方法来理解或言传的，是绝不能用概念来理解或言传的。这个东西只能加以直观。这样一种直观就是一切哲学的官能。但是，这种直观不是感性的，而是理智的；它不是以客观事物或主观事物为对象，而是以绝对同一体，以本身既不主观也不客观的东西为对象。这种直观本身纯粹是内在的

---

① 黑格尔：《精神现象学》上卷，第10页。
② 同上书，第11页。

直观"①。谢林所提倡的这种神秘的"理智直观"本身是同理智相对立的，是反理性的。它同唯心主义的天才论和灵感说紧密地结合在一起，因为根据谢林的理论，只有少数天才人物凭着狂热的灵感才能达到"绝对同一"的神秘境界，广大群众是无法问津的。这样，谢林的认识论就带有秘传的性质，而且具有强烈的贵族主义色彩。

黑格尔从理性主义出发坚决驳斥了谢林，他指出，按照谢林的看法，"绝对不是应该用概念去把握，而是应该予以感受和直观"，"据说哲学不必那么着重于提供洞见而主要在于给予启发或启示"。他说，这是一种"放弃科学而自足自乐的态度"，是一种"蒙昧的热情"，它看来似乎很深邃，"其实与肤浅是同一回事"。黑格尔讽刺地写道："由于这样的精神完全委身于实质的毫无节制的热情，他们就以为只要蒙蔽了自我意识并放弃了知性，自己就是属于上帝的了，上帝就在他们睡觉中给予他们智慧了；但正因为这样，事实上他们在睡眠中所接受和产生出来的，也不外是些梦而已。"② 在黑格尔看来，哲学必须竭力避免想成为有启示性的东西，哲学要成为科学，只有用概念去把握真理。靠什么天才和灵感都是无济于事的，因为"创见虽深刻，还没揭示出内在本质的源泉，同样，灵感虽闪烁着这样的光芒，也还没照亮最崇高的穹苍。真正的思想和科学的洞见，只有通过概念所做的劳动才能获得。只有概念才能产生知识的普遍性"③。

由此黑格尔对他自己前几年在《泛论哲学批评的本质》一文中的观点作了重要的修正，他明确地指出，科学不应成为少数个别人的一种内部秘传的东西，而应该有可能被人们所普遍理解，这是科学本身的性质所决定的。他说："只有完全规定了的东西才是公开的、可理解的，能够经学习而成为一切人的所有物。科学的知性形式是向一切人提供的、为一切人铺平了的通往科学的道路，而通过知性以求达取理性知识乃是向科学的意识的正当要求；因为知性一般说来即是思维，即是纯粹的自我，而知性的东

---

① 谢林：《先验唯心论体系》，第274页。
② 《精神现象学》上卷，第6页。
③ 同上书，第48页。

西则是已知的东西和科学与非科学的意识共有的东西，非科学的人通过它就能直接进入科学。"① 因此，科学并不是排斥理智的，而是以理智为基础，从知性上升到理性。黑格尔的这种理性主义观点是同谢林的非理性主义正好相对立的。

第三，黑格尔批判了谢林认识论的直观性。谢林哲学基本上是一种直观哲学，他认为只要通过所谓理智直观，就可以直接把握"绝对"，而不需要经过漫长曲折的过程。换句话说，在谢林看来，真理是可以一次实现的，认识是可以一次完成的。正如黑格尔所指出的那样，谢林的理论是"一种像手枪发射那样突如其来的兴奋之情：一开始就直接与绝对知识打交道，对于其他观点认为只宣布一律不加理睬就算已经清算了"②。显然，谢林的这种认识论观点是地地道道的形而上学。

与谢林不同，黑格尔则总是强调对真理的认识是一个过程，而且真理存在的真正形态乃是真理的科学体系。因此，无论是真理的实现或是对真理的认识，都不是一蹴而就的，都需要经过自身的矛盾发展和展开的过程，"因为事情并不穷尽于它的目的，而穷尽于它的实现，现实的整体也不仅是结果，而是结果连同其产生过程；目的本身是僵死的共相，正如倾向是一种缺少现实性的空洞的冲动一样；而赤裸的结果则是丢开了倾向的那具死尸"③。黑格尔告诫人们说，如果以为有了绝对原则或绝对直观就不需要使本质实现或使形式展开，这就是一个大大的误解。所以不应该把本质只理解和表述为本质，而同样应该把本质理解和表述为形式，具有"展开了的形式的全部丰富内容"。黑格尔提出了真理是全体的论点，也就是说，真理寓于发展的全过程之中，"绝对"只有到终点才真正成为它之所以为它。因此，只讲开端或是只讲结果，都是不对的，必须要讲整个展开过程，才能把握真理。黑格尔的这种看法是符合于辩证法的。

从上面这三点可以看出，黑格尔和谢林之间有着深刻的原则分歧，这

---

① 《精神现象学》上卷，第8页。
② 同上书，第17页。
③ 同上书，第2页。

种分歧实质上就是辩证法与形而上学、理性主义与非理性主义的根本对立所引起的。黑格尔通过对谢林的批判，清算了谢林在前一时期对他的影响，从此走上了自己独立发展的道路，开始构造他自己的宏伟的哲学体系，而《精神现象学》就是他迈出的重要的第一步。

# 论黑格尔《精神现象学》的方法

## 一

　　《精神现象学》一书是黑格尔在耶拿时期写的一部巨著。在这部著作中，黑格尔开始建立他自己独创的哲学体系，对他的唯心辩证法作了深刻的阐明和广泛的运用。如果说，在这以前，青年黑格尔的世界观还处于正在形成的阶段，还有一些观点不够明确坚定，有时摇摆不定，那么，到了《精神现象学》的出版，黑格尔就已经成长为一个成熟的独立思想家。他的哲学思想的轮廓业已大致勾画出来，只有待于他作进一步的探讨和发挥了。因此，在黑格尔的著作中，《精神现象学》值得我们予以特别的重视。马克思在《1844 年经济学—哲学手稿》中指出："'精神现象学'是黑格尔哲学的真正诞生地和秘密。"① 这就充分说明了这部著作的重要性。

　　《精神现象学》完成于 1805 年冬至 1806 年 10 月（该书序言写于 1807年 1 月），出版于 1807 年。这部著作虽然写得比较仓促，特别是在当时战争已经临近、耶拿即将成为战场的动荡不安的情况下，黑格尔事实上也不可能从容地进行推敲。（黑格尔在 1807 年 5 月 1 日写给谢林的信中关于《精神现象学》一书说道："最后几部分写得很不成样子，当你了解到，我是在耶拿战役前的午夜里才结束编写工作的，就可以谅解了。"）因此，该书的某些部分语焉不详，十分晦涩难懂。在西方哲学史上，《精神现象学》一向被认为是最艰深的哲学著作之一。但是，黑格尔写这部著作是经过长

---

　　① 马克思：《黑格尔辩证法和哲学一般的批判》，第 10 页。

期思想准备、酝酿已久的。黑格尔的早期著作大多偏重于社会政治、历史和宗教伦理问题，但他绝不是对比较抽象的哲学问题漠不关心。相反，黑格尔一直密切地注视着当时哲学的动态，并且早就开始思考如何建立他自己独创的哲学体系的问题。在法兰克福时，他曾写信给谢林说："我在科学上的成长是从人的一些次要的需求开始的，现已达到了科学，而我的青年时期的理想也不能不转化为反思的形式，转化为某一种体系；现在我一直在研究这个问题时向自己提出了这样的问题：我可能找到深入到人的本质中去的什么样的途径？"（1800 年 11 月 2 日黑格尔写给谢林的信）大概在黑格尔去耶拿以后，他就把自己的主要精力集中于构思他的哲学体系。他早就打算写一部系统的哲学著作，但迟迟没有动笔，可见他对写作这样一部著作是抱十分认真和郑重的态度的。他在 1805 年写给海德堡大学教授福斯的一封信里，强调了哲学的重要意义。他认为，哲学是一切科学的灵魂，它提高科学的地位，并推动它们进一步发展，如果没有这种运动，科学就将消亡，科学是在概念中获得自己的生命力，而概念则归根结底来自哲学。科学在自己的领域内应用哲学，正如哲学本身在科学中获得自己的营养、自己的原料和自己的财富。哲学由于自己的本性，或是由于它和其他科学的相互作用，实际上可称得上"科学的女王"。黑格尔告诉福斯说，他将在当年秋天开始阐述他自己的哲学体系，希望得到福斯的支持。他还说，路德把圣经翻译成德语，您把荷马的著作翻译成德语，我则打算迫使哲学说德语（1805 年 5 月黑格尔写给福斯的信）。黑格尔的努力确实没有白费，以《精神现象学》开始的他的一系列哲学著作为德语赢得了这样的声誉，即成为世界上最富有哲学味的语言之一。

　　按照黑格尔原来的计划，《精神现象学》应该是他的整个体系的第一部，有时他也把它称之为他的体系的"导言"。实际上，《精神现象学》本身也是自成体系的，而且黑格尔以后所完成的整个哲学体系的许多部分早已包含在《精神现象学》中，仿佛只是这部著作的各个环节的进一步展开和发挥。关于这一点，青年黑格尔派的头面人物，即那个以《耶稣传》一书名噪一时的施特劳斯，曾经以赞许的口吻说道："人们可以恰当地把《现象学》叫做黑格尔著作的开始和终结。在这儿黑格尔乘上自己的船第一次离港航行，经历了一次奥德赛式的环绕世界的航程；而他以后的远征，虽然进行得较好，却只是局限于内海而已。黑格尔后来的所有著作和讲演录，如他的《逻辑学》、《法哲学》、宗教哲学、美学、哲学史和历史哲学，都只不过是取自《现象学》的各个段落罢了，甚至在《哲学全书》中也只是不完整地、无论如何有些枯燥地保存了《现象学》的财富。在《现象学》中，黑格尔的天才达到了最高峰。"① 另一位当时有名的学者海谋，虽然对该书采取激烈批评的态度，但他也认为《精神现象学》包含着黑格尔体系的一切部分。② 因此，研究《精神现象学》，可以说是我们理解黑格尔的整个体系和方法的一把钥匙。

现在我们就着手探索一下黑格尔哲学的这个"真正诞生地和秘密"，看看他的这部著作究竟用的是什么样的方法。

## 二

《精神现象学》是整个黑格尔哲学体系的"第一部"或"导言"，因此它具有特殊的重要意义。只有通过《精神现象学》这个门户，我们才能登堂入室，进入到藏着无数辩证法珍宝的黑格尔哲学大厦里去。

那么，什么是《精神现象学》所研究的对象呢？根据恩格斯的经典式的定义，它"也可以叫做同精神胚胎学和精神古生物学类似的学问，是对个人意识各个发展阶段的阐述，这些阶段可以看做人的意识在历史上所经过的各个阶段的缩影"③。《精神现象学》的主题，就是叙述意识从最低级的阶段经过自我意识、理性和精神等阶段一直发展到所谓绝对知识的过程，换句话说，它就是一部描述知识怎样在通往绝对知识的途程中产生的历史。关于这一点，海谋也曾经指出："精神现象学企图提供由自然的意识，即类似胚胎的意识提高到高度有教养的，高度成熟的意识的发展史。"④

大家知道，所谓绝对理念乃是整个黑格尔哲学体系的基础，他把整个

---

① 施特斯：《克里斯兴·梅尔克林》。引自格洛克纳《黑格尔》第 2 卷，德文版，第 539 页。
② 海谋：《黑格尔和他的时代》，德文版，第 253 页。
③ 《路德维希·费尔巴哈和德国古典哲学的终结》，《马克思恩格斯选集》第 4 卷，第 216 页。
④ 海谋：《黑格尔和他的时代》，第 236 页。

世界（自然界、人和社会都包括在内）的发展都看作绝对理念本身的体现和发展。黑格尔哲学体系实际上就是对绝对理念的自己发展的全过程的一个描述。在他看来，哲学的任务就在于去认识绝对理念，而关于绝对理念的知识就是他所说的哲学知识或绝对知识。但是，哲学知识却不是一下子就能达到的，从最初的、最低级的知识提高到哲学知识，必须经历一段艰苦而漫长的道路，需要有一把供人攀登的"梯子"。《精神现象学》就是这样的"梯子"，它引导人们从最初知识而逐步达到哲学知识，得以进入科学之门。在这个意义上，黑格尔把《精神现象学》称作他的哲学的"导言"。但是，《精神现象学》不仅是指引人们进入科学之门的向导，而且它本身也是一门科学，因为用黑格尔的话来说，"这条达到科学的道路本身已经就是科学了，而且就其内容来说，乃是关于意识的经验的科学"①。实际上，作为黑格尔哲学"导言"的《精神现象学》和他的哲学体系本身也是很难截然分开的，特别是同哲学体系第三部分，即"精神哲学"的内容在许多地方互相交叉在一起。不过，一般地说，"精神现象学"探讨的是绝对知识本身的形成，而并不是研究绝对知识的内容，正如黑格尔自己所指出的那样："这部《精神现象学》所描述的，就是一般的科学或知识的这个形成过程。"②

　　后来，黑格尔曾不止一次地谈到他怎样写《精神现象学》的问题。在《逻辑学》一书第一版序言中，他说："精神否定了单纯的东西，于是便建立了知性所确定的区别；而它却又消解了这种区别，所以它是辩证的。但是精神并不停留于无这种结果之中，它在那里又同样是肯定的，从而将前一个单纯的东西重新建立起来，但这却是作为一般的东西，它本身是具体的；并不是某一特殊的东西被概括在这个一般的东西之下，而是在进行规定及规定的消融中，那个特殊的东西就已同时规定了自身。这种精神的运动，从单纯性中给予自己以规定性，又从这个规定性给自己以自身同一性，因此，精神的运动就是概念时内在发展：它乃是认识的绝对方法，同时也是内容本身的内在灵魂。——我认为，只有沿着这条自己构成自己的

---

① 黑格尔：《精神现象学》上卷，商务印书馆 1962 年版，第 62 页。
② 同上书，第 17 页。

道路，哲学才能够成为客观、论证的科学。——我在《精神现象学》里，曾试图用这种方式来表述意识。意识就是作为具体的而又被拘束于外在的精神；但是，这种对象的前进运动，正如全部自然生活和精神生活的发展一样，完全是以构成逻辑内容的纯粹本质的本性为基础的。"①

我们之所以在这里作长篇的引证，是因为在黑格尔的这些话里可以再清楚不过地看出《精神现象学》的长处和短处，也就是它的辩证的方法和唯心主义的实质。在这里，黑格尔的看法显然有其积极的、合理的一面，他把人的认识的发展看作一个辩证的不断深化的过程，通过不断的肯定和否定从个别提高到特殊和一般的过程，这对于反对思想僵化，防止认识的片面化、绝对化，无疑是有益处的。黑格尔把人的主观能动性提到了新的高度，强调精神自己的运动，把精神的发展看作对立统一的前进过程。精神是否定的，它否定单纯的东西，内在地产生区别，又自己否定了这种区别。精神又是肯定的，因为它并不是简单的否定，而是通过辩证的否定，从个别上升到一般而重新建立了自己。而且这不是抽象的一般，而是具有丰富内容的具体的东西。黑格尔把精神的这种否定和肯定的辩证过程，叫作"自己构成自己的道路"。从他的观点可以得出，人的认识不是像一面镜子那样的对外界的消极被动的简单反映，也不可能一次完成，而是一个自己运动的辩证发展过程，这一观点曾经得到列宁的高度评价。列宁在《哲学笔记》中指出："'自己构成自己的道路'＝真实的认识、不断认识、〔从不知到知〕的运动的道路（据我看来，这就是关键所在）。"② 列宁在这里所说的"关键"就是指的认识论中的辩证法，而这正是资产阶级学者们以及包括普列汉诺夫在内的第二国际的英雄好汉们所没有理解的。

但是，黑格尔的这种认识论的辩证法是完全建立在唯心主义的基础之上的。在他那里，科学认识的运动并不是正常意义上的人对外部客观世界的认识运动，而是脱离了自然和具体的人的、被抽象化了的精神的自己的运动。在他看来，意识的前进运动，与全部自然生活和精神生活的发展一样，是以构成逻辑内容的纯粹本质的本性为基础的。这里讲的什么纯粹本

---

① 黑格尔：《逻辑学》上卷，商务印书馆 1966 年版，第 4—5 页。
② 《黑格尔"逻辑学"艺术摘要》，《列宁全集》第 38 卷，第 84 页。

质就是所谓纯思维。因此，归根到底，一切运动和发展都是发源于纯思维的。所谓纯思维，无非是把一般人类思维加以抽象化而得出来的唯心主义的虚构，思维不仅完全摆脱了与外部客观世界的联系而独立，而且成为整个世界发展的内在基础。这样，思维与存在的真实关系就完全被他弄颠倒了。所以列宁在批判黑格尔的唯心主义错误时说："倒过来：逻辑和认识论应当从'全部自然生活和精神生活的发展'中引申出来。"① 这就从根本上批判地改造了黑格尔的认识论，而把其中包含的辩证法的合理内核拯救出来了。

在《哲学全书》第一部即《小逻辑》里，黑格尔也曾谈到《精神现象学》一书的方法。他在那里写道："在我的《精神现象学》一书里，我是采取这样的进程，我从最初，最简单的精神现象，直接意识开首，进而从直接意识的矛盾进展逐步发展以达到哲学的观点，完全从意识矛盾进展的历程以指示哲学观点的必然性……哲学的探讨，不能仅滞留在抽象意识的阶段里。因为哲学的观点本身即是最丰富最具体的观点，乃是经过许多历程而达到的结果。所以哲学知识须以意识的许多具体的形态，如道德、伦理、艺术、宗教等为前提。意识发展的历程，初看似乎仅限于形式，但同时即包含有内容发展的历程于其中，这些内容构成哲学各特殊部门的对象。"② 黑格尔指出了他的《精神现象学》的另一个重要的方面，即历史主义的发展的原则。这也是他的认识论的辩证法的一大特色。

黑格尔把认识看作一个过程，从历史的角度去研究认识的发展，这在认识论史上是一个创举。在黑格尔以前，人们一般总是把意识看作某种既成的、固定的东西，似乎只需要在其中考察认识的手段和认识的可能性就足够了。而黑格尔则认为，意识本身就有一个矛盾发展的过程，它也要经历不同的阶段和一系列具体的形态。他把现实世界的一切现象都看作某个发展着的整体的各个环节，因此对每一个现象都要放到整体中、放到与其他现象的辩证联系中去加以理解。在过去，譬如说在康德那里，认识论问题是同伦理学和美学问题严格地分开来加以考察的，而黑格尔则把这些被

---

① 《黑格尔〈逻辑学〉一书摘要》，《列宁全集》第 38 卷，第 84 页。
② 黑格尔：《小逻辑》，生活·读书·新知三联书店 1954 年版，第 103—104 页。

割裂了的领域重新统一起来，把它们当做统一整体的辩证发展过程中的不同环节来看待。当然，黑格尔的这种看法有着合理的辩证法因素，但同时又是唯心主义的，因为他把发展着的整体理解为精神，从而对人的认识过程作了歪曲的解释，并使之极度抽象化了。

# 三

要了解黑格尔《精神现象学》的方法，主要还是应该依据该书著名的序言。这篇题为"论科学认识"的序言，实际上谈的不只是《精神现象学》的方法，而是整个黑格尔哲学的方法，它本身是对黑格尔唯心辩证法的一个绝妙的叙述，因此很值得我们加以专门的探讨。

《精神现象学》序言涉及黑格尔哲学的许多方面，这里只能就几个主要问题看他对辩证方法的具体运用。

## （一）关于真理

《精神现象学》序言谈得最多的是关于真理的问题。黑格尔用辩证法的观点从不同的方面去考察这个问题，反复地论述真理的性质以及达到真理的方法和途径，对形而上学的真理观进行了批判。

黑格尔一开始就指出，真理是一个科学的体系，真理存在的真实形态，只能是真理的科学体系。形而上学的观点把真理简单化、片面化、绝对化，往往执着于真理的个别的方面或环节，抓住个别的命题，认为真理就包括在片言只语之中。这种观点把真理与错误的对立看作固定不变，不是肯定一切，就是否定一切。黑格尔不赞成这种形而上学的看法，他说："真实与虚妄通常被认为是两种一定不移的各具有自己的本质的思想，两者各据一方，各自孤立，互不沟通。与这种看法相反，我们必须断言真理不是一种铸成了的硬币，可以现成地拿过来就用。"[1] 黑格尔在这里引用的是莱辛的剧本《智者那坦》里的话，这句话形象地刻画出那些把真理当做现成的钱币来使用的人的嘴脸。他说，这样把真理简单化、庸俗化的人用

---

[1]　黑格尔：《精神现象学》上卷，第25页。

的是"教条主义的思想方法",他们"以为真理存在于表示某种确定结果的或可以直接予以认识的一个命题里"。用这种思想方法最多只能解决像"凯撒生于何时?""一个运动场要有多少尺长?"之类的问题,但这样的所谓真理,其性质是和哲学真理不同的。

在黑格尔看来,真理与错误、真与假之间并没有一条不可逾越的鸿沟,因此不能把它们形而上学地绝对对立起来,而必须承认它们之间的相互转化。真理是从错误中发展出来的,错误往往成为真理的先导。从历史上来看,人的认识就是一个不断地克服错误的前进发展过程,不断地否定又不断地肯定的过程。因此,真理是全体,是整个的过程,而绝不能把它的个别环节孤立起来加以绝对化。"花朵开放的时候花蕾消逝,人们会说花蕾是被花朵否定了的;同样地,当结果的时候花朵又被解释为植物的一种虚假的存在形式,而果实是作为植物的真实形式出现而代替花朵的。这些形式不但彼此不同,并且互相排斥互不相容。但是,它们的流动性却使它们同时成为有机统一体的环节,它们在有机统一体中不但不互相抵触,而且彼此都同样是必要的;而正是这种同样的必要性才构成整体的生命。"① 这样看来,无论是花蕾、花朵或是果实,单独地都不能代表植物的真理,真理只存在于植物生长的全过程中。各个不同的环节,一方面是互相矛盾、互相否定的,另一方面又是互相依赖、相辅相成的。它们是对立的统一,整体的生命就是建立在这种对立和统一之上。

黑格尔认为,真理是不断发展的、运动的,而不是静止不动的、僵死的。他说:"哲学的要素是那种产生其自己的环节并经历这些环节的运动过程;而这全部运动就构成了肯定的东西及其真理。因此,肯定的东西的真理本身也同样包含着否定的东西,即也包含着那种就其为可舍弃的东西而言应该被称之为虚假的东西。正在消失的东西本身毋宁应该被视为本质的东西,而不应该视之为从真实的东西上割除下来而弃置于另外我们根本不知其为何处的一种固定不变的东西;同样,也不应该把真实的东西或真理视为是在另外一边静止不动的、僵死的肯定的东西。"② 真理既包含着肯

① 黑格尔:《精神现象学》上卷,第2页。
② 同上书,第30页。

定，也包含着否定，不断地生成和毁灭，而正是这种生成和毁灭的运动构成了真理的生命运动。黑格尔提出了一个有名的比喻，就是把真理比作"所有的参加者都为之酩酊大醉的一席豪饮"，每个参加者一离开酒席就立即陷于瓦解。因此，在真理的运动过程中，每一个环节都是必然的、必不可少的。所以，在他看来，"像提出一个命题，替它找出理由根据，并以理由来驳斥反对命题这样的做法，并不是表达真理的方式。真理是它在其自身中的运动"①。真理必然是一个科学的体系，其原因也就在于此。把真理割裂成为支离破碎的东西而加以绝对化、固定化和僵化，这只能是对真理的破坏。

　　黑格尔的这种辩证的真理观贯彻在《精神现象学》全书之中，但是唯心主义的糟粕却使他的辩证法思想减色不少。问题在于，黑格尔的真理观未能摆脱目的论的强烈影响。他虽然指出，事情并不穷尽于它的目的，而穷尽于它的实现，目的本身只是"僵死的共相"，但是他还是认为真理的发展有其内在的目的。他说："亚里士多德曾规定自然为有目的的行动，同样我们认为，目的是直接的、静止的、不动的东西，不动的东西自身却能引起运动，所以它是主体……结果之所以就是开端，只因为开端就是目的。"②说穿了，黑格尔把自我意识的实现看作存在的目的，因此物质世界和精神世界所发生的一切，归根到底都只是自我意识借以实现的各个环节或手段。真理发展的整个过程及其结果，实际上早已包含在作为开端的目的之中了。黑格尔的这种目的论思想，比那种认为猫被创造出来是为了吃老鼠的粗俗的神学目的论，固然要高明一些，但无论是他或亚里士多德，循着目的论的道路归根到底还是难免要走向神学的结论。

　　作为一个唯心主义者，黑格尔当然不理解、也不可能理解人们的社会物质实践对于认识的决定性作用，不理解、也不可能理解只有实践才是检验真理的唯一标准。不过，应该承认，他在《精神现象学》中，也已经多少看到了人的实践和认识的联系。例如，他在谈论"主人和奴隶"时，就指出过正是由于陶冶事物的劳动，才使奴隶由一种物变成真正的人。特别

---

① 黑格尔：《精神现象学》上卷，第31页。重点是引者加的。

② 同上书，第13页。

是在后来的《逻辑学》中，他更明确地把实践看作认识真理的过程中的一个环节。所以列宁指出："卓越的地方是：黑格尔通过人的实践的、合目的性的活动，接近于作为概念和客体一致的'观念'，接近于作为真理的观念。极其接近于下述这点：人以自己的实践证明自己的观念、概念、知识、科学的客观正确性。"① 列宁还特别强调说，黑格尔的这种观点是和马克思主义相接近的。

### （二）关于变革

关于变革的思想，是《精神现象学》的主题思想之一。这个问题在"序言"中虽然谈得不多，却是黑格尔辩证法的精华。他有一段极其精彩的议论，是很有代表性的。他说："我们这个时代是一个新时期的降生和过渡的时代。人的精神已经跟他旧日的生活与观念世界决裂，正使旧日的一切葬入于过去而着手进行他的自我改造。事实上，精神从来没有停止不动，它永远是在前进运动着。但是，犹如在母亲长期怀胎之后，第一次呼吸才把过去仅仅是逐渐增长的那种渐变性打断——一个质的飞跃——从而生出一个小孩来那样，成长着的精神也是慢慢地静悄悄地向着它新的形态发展，一块一块地拆除了它旧有的世界结构。只有通过个别的征象才预示着旧世界行将倒塌。现存世界里充满了的那种粗率和无聊，以及对某种未知的东西的那种模模糊糊若有所感，都预示着有什么别的东西正在到来。可是这种逐渐的、并未改变整个面貌的颓毁败坏，突然为日出所中断，升起的太阳就如闪电般一下子建立起了新世界的形象。"②

黑格尔在这里显然谈的是法国资产阶级革命，他上面的这段话可以说是当时对法国革命的最好的哲学概括。这也说明黑格尔辩证法乃是法国革命在当时德国先进人物头脑里的一种反映。他在这里第一次生动地表述了从量变到质变的辩证法规律，肯定了在发展过程中渐变性的中断和质的飞跃的必然性，从而也就论证了社会革命的合理性。旧世界的死亡和新世界的诞生都是不可避免的，起初这是一个渐变的过程，慢慢地、静悄悄地、

---

① 《黑格尔〈逻辑学〉一书摘要》，《列宁全集》第 38 卷，第 203—204 页。
② 黑格尔：《精神现象学》上卷，第 6—7 页。

一块一块地拆除着旧世界结构，这种量变积累到某种程度，就突然发生质变、质的飞跃，它的特点就在于闪电般一下子就完成了破坏旧世界和建立新世界的工作。在他看来，从量变发展到质变，这完全是合乎规律性的现象。

在《精神现象学》一书的"理性"篇中谈到启蒙运动时，黑格尔也发挥了上述的观点。他认为，启蒙和宗教迷信的斗争构成了资产阶级革命前法国社会思想斗争的主要内容。启蒙思想的传播是无法防范的，它必然要战胜宗教信仰。启蒙思想作为一种不显形迹和不受注意的精神，悄悄地到处进行渗透，然后"在一个晴朗的早晨它用肘臂把它的同伴轻轻一推，于是稀里！哗啦！神像垮在地上了"①。因此，在他看来，思想的发展也有一个从量变到质变的过程。启蒙思想不管开始出现时显得如何带有温和的色彩，但它的发展却终于导致了激烈的思想解放，把宗教偶像打个粉碎。他指出，法国大革命就是启蒙运动的必然产物；因为从启蒙的基本原则必然要导致"绝对自由与恐怖"。虽然黑格尔本人并不赞成法国雅各宾派的革命专政和恐怖手段，但是他也清醒地看到这是历史的必然，不得不承认这种"绝对自由"的精神昂首登上世界的宝座；所向无敌，简直没有一种力量可以同它抗拒。不管人们是否喜欢，像革命恐怖那样的社会激变也还是必然会发生的。

黑格尔的这种关于变革的思想，虽然未能贯彻到底，却仍然是《精神现象学》中最有价值的东西。一般地说，他在写作《精神现象学》时，保守思想还是比较少的。耶拿之战前夕，正当该书即将完稿，黑格尔在讲课时说："我们正面临着一个意义重大的时代，一个动乱的时代，在这时代里精神正向前跃进，超越它过去的形态，而获得一个新的形态。全部以往的观念、概念和世界联系都已瓦解，并且像梦境那样崩溃了。精神的新的出现正在眼前，哲学首先必须欢迎它的表现并承认它，而其他的东西则墨守成规，无力地反对它……"② 当时他对即将到来的社会大变动是表示热

---

① 黑格尔：《精神现象学》下卷，第 84 页。这里黑格尔引用的是狄德罗《拉摩的侄儿》中的话。

② 《有关黑格尔思想发展的文献》，德文版，第 352 页。

情地欢迎的。后来，关于从量变到质变的飞跃的思想，黑格尔在《逻辑学》中又加以进一步发挥，但在那里他举的是自然界和道德方面的例子，而不再谈论社会变革了。他自己大概也感觉到把这个辩证法规律应用于社会发展将会得出怎样危险的革命结论，因而可能有意地回避了。可是，在写作《精神现象学》的时候，黑格尔还是把法国革命当作"升起的太阳"那样地崇拜的。

### （三）关于绝对即主体

在序言中黑格尔提出了绝对即主体的思想。他说："一切问题的关键在于：不仅把真实的东西或真理理解和表述为实体，而且同样理解和表述为主体。"[1] 在他的这个看法里以唯心主义的形式包含着对人的主观能动性的深刻的猜测。

黑格尔的这些话是针对斯宾诺莎哲学的。他批评斯宾诺莎的实体只有客观性，缺乏能动性，因此他用唯心主义观点改造斯宾诺莎的实体，把实体作为主体来看待。黑格尔的实体是积极能动的，用他的话来说，活的实体只有当它是建立自身的运动时，它才真正是个现实的存在，才真正是主体。作为主体的实体，自身分裂为二，从自身中树立起对立面，异化为客体，然后又克服这种异化。所以黑格尔提出要"严肃地对待他物和异化，以及这种异化的克服问题"。他反对逃避矛盾、害怕矛盾，而主张勇敢地迎着矛盾前进。他说："精神的生活不是害怕死亡而幸免于蹂躏的生活，而是敢于承担死亡并在死亡中得以自由的生活。"精神之所以有力量，就是因为它敢于面对面地正视否定的东西并停留在那里，所谓主体也就是能把否定的东西转化为存在的一种"魔力"[2]。应该承认，黑格尔的看法有其合理的一面，是对忽视主观能动性的消极被动的形而上学观点的批判。尤其是他把主体的能动性同克服异化、解决矛盾联系在一起，这一点是很有见地的。

但是，黑格尔关于实体即主体的思想是完全建立在唯心主义基础上

---

① 黑格尔：《精神现象学》上卷，第10页。
② 同上书，第21页。

的。他自己也明白地承认，实体即主体的说法实际上就是绝对即精神这句话所要表达的观念。在他看来，只有精神的东西才是现实的，因此归根到底，一切都只是精神而已。他根据实体本身就是主体，而推论说："一切内容都是它自己对自己的反思"，并进一步获得了极其荒谬的结论，说什么"具体存在从本质上说就是思想"，"存在即是思维"①。唯心主义者黑格尔把思维的能动性夸大到了不适当的地步，直至把存在都统一于思维，这当然是完全错误的。马克思曾一针见血地指出了黑格尔的这个根本错误，他说："在黑格尔看来，思维过程，即他称为观念而甚至把它变成独立主体的思维过程，是现实事物的创造主，而现实事物只是思维过程的外部表现。"② 可以说，黑格尔以后建立的庞大的唯心主义体系都是和实体即主体这个思想有关联的，把思维过程变成独立主体而加以神化、绝对化，由它来创造宇宙万物，黑格尔唯心主义的秘密就在这里。

### （四）关于认识的发展和深化

前面已经说过，黑格尔认为人的认识是一个漫长曲折的过程，并不是一蹴而就地一次完成的。在他看来，认识是一个由低级到高级的发展和深化的过程，其之所以如此，是因为认识的对象和内容，亦即真理本身就是一个不断的矛盾发展的过程。他在分析人的意识发展过程时，猜测到了关于逻辑的东西和历史的东西统一的原则，提出了一个很卓越的创见，即个体为了达到科学的知识，就需要学习整个人类的历史，必须了解几千年来人类精神所经历的一切基本阶段。他指出，要把一个个体从未受教养的状态引导到获取知识，就不能把他当作一个离开社会的孤立的个体，而必须把他放到整个人类的历史发展中去。黑格尔说："每个个体，凡是在实质上成了比较高级的精神的，都是走过这样一段历史道路的，而他穿过这段过去，就像一个人要学习一种较高深的科学而回忆他早已学过了的那些准备知识的内容时那样，他唤起对那些旧知识的回忆而并不引起他的兴趣使他停留在旧知识里。各个个体，如就内容而言，也都必须走过普遍精神所

---

① 参阅黑格尔《精神现象学》上卷，第36—37页。
② 《资本论》第二版跋，《马克思恩格斯全集》第23卷，第24页。

走过的那些发展阶段，但这些阶段是作为精神所已蜕掉的外壳，是作为一条已经开辟和铺平了的道路上的段落而被个体走过的。"① 过去人类所努力追求的知识，现在已降为儿童的常识，甚至成了儿童的游戏。过去的陈迹已成为人类社会的现成财产，而个体的形成就在于获得这些财产，把它据为己有。因此，个体意识的发展在某种意义上说也就是普遍精神即社会意识在历史上的发展的重演。

在谈到认识的发展和深化时，黑格尔把数学的认识和哲学的认识区别开，并认为后者比前者要高明得多。他是反对哲学从数学那里借取方法的，因为在他看来，数学虽然以其知识的"自明性"自豪，但它所研究的只是数量，"而数量恰恰是非本质的、无概念的关系。因此，数学知识的运动是在表面上进行的，不触及事情自身，不触及本质或概念，因而不是一种概念性的把握"。他说，数学事物是非现实的、无生命的，它只有非现实的真理，亦即一些固定的、僵死的命题，"所以数学知识也就是沿着同一性的路线进行的，因为死的东西，自身不动的东西，到达不了本质的差别，到达不了在本质上对立或不同一的东西，因而到达不了对立面向对立面的过渡，到达不了质的、内在的运动，到达不了自身运动。因为数学所考察的只是数量，或非本质的差别"。② 相反的，哲学则并不考察非本质的规定，而只考察本质的规定，它的内容不是抽象的、非现实的东西，而是现实的东西，在自身中生活着的东西。因此，哲学不像数学那样是外在于材料的一种认识，而是深入于事物的内在本质，去观察和陈述对象的内在必然性。用他的话来说，"科学的认识则是深入于物质内容，随着物质的运动而前进，从而返回其自身的"。③

这里我们感兴趣的并不是数学和哲学孰高孰低的问题，而是黑格尔通过对哲学认识的描述，指出了认识论中的辩证法的某些重要的方面。他强调的是要认识事物内在的本质差别和对立，认识对立面的转化，认识事物的自身运动，并认为认识是随着事物的矛盾运动而发展和深化的。所有这

① 黑格尔：《精神现象学》上卷，第18页。
② 同上书，第28—29页。
③ 同上书，第36页。

些看法无疑是有积极意义的。只是黑格尔把认识的辩证法建立在唯心主义的基础上，把认识的过程说成是精神的自己运动，甚至把认识的对象也看作认识活动的产物，这就把人的认识和客观世界的关系完全弄颠倒了。

## （五）关于对形式主义、形式推理的批判

黑格尔在《精神现象学》序言里，还尖锐地批判了认识论中的形式主义，他所说的形式主义主要是指康德的认识论观点。他指责说，这种单调的形式主义就像调色板上只有两种颜色，却要用这两种颜色去画宇宙万物一样。这种形式主义的方法给所有天上和地上的东西、所有自然的和精神的形态都贴上普遍图式的一些规定，并对它们加以安排整理，这样产生出来的至多不过是一张图表而已，"而这张图表等于一具遍贴着小标签的骨架，或等于一家摆着大批贴有标签的密封罐子的香料店，图表就像骨架和香料店一样把事情表示得明明白白，同时，它也像骨架之没有血肉和香料店的罐子所盛的东西之没有生命那样，也把事情的活生生的本质抛弃掉或掩藏了起来"。① 在他看来，这种形式主义所依据的是"僵死的知性或理智"，它提供的只是"内容目录式的知识"，因为它给予我们的只是内容的目录，而不是内容本身。与此相反，科学的认识则通过概念的自己运动深入于内容，科学方法是和内容不可分的，并且由它自己来规定自己的节奏。所以也就没有必要从外面把形式主义加到具体的内容上去，因为形式就是具体内容自身所本有的形成过程。这里，黑格尔反对的是把形式和内容割裂开的形而上学观点，而主张形式和内容的辩证的统一。

从这种观点出发，黑格尔提出了形式思维（或形式推理）同概念思维的对立。他说，形式思维"以脱离内容为自由，并以超出内容而骄傲"，而概念思维则努力放弃这种自由，"让内容按照它自己的本性，即按照它自己的自身而自行运动，并从而考察这种运动"。他指出，在两个方面，形式推理与概念思维是互相对立的。第一，形式推理否定地对待所认识的内容，它不能超越其自身而达到一种新的内容，而必须从别的不管什么地方取来另外某种东西以为其内容。因此这种形式推理"乃是返回于空虚的

---

① 黑格尔：《精神现象学》上卷，第34页。

自我的反思，乃是表示自我知识的虚浮"。反之，在概念思维里，否定本身就是内容的一部分，否定乃是从内容的内在运动里产生出来的东西，所以同样也是一种肯定的内容。第二，形式推理把内容作为偶性和宾词与一个想象出来的主体联系着，这个主体只是充当基础，以供内容和它相结合。因此，主体和内容的关系完全是一种外在的关系。"在概念的思维里，情况就不是这样。由于概念是对象所本有的自身，而这个自身又呈现为对象的形成运动，所以对象的自身不是一个静止的、不动的、负荷着偶性的主体，而是自己运动着的并且将它自己的规定收回于其自身的那种概念。"① 黑格尔的语言有点晦涩，他实际上是要通过形式思维和概念思维的对立去说明形而上学观点和辩证法观点的对立。他推崇概念思维，主张形式和内容的辩证统一，强调概念的自身运动，这正是他的唯心辩证法的一些重要观点。黑格尔总是明白地宣布他的辩证法是唯心的辩证法，例如他说："辩证的运动本身，则以纯粹的概念为它自己的元素；它因此具有一种在其自身就已经彻头彻尾地是主体的内容。"② 他所理解的辩证法只是概念的辩证法，这里的所谓"彻头彻尾地是主体的内容"云云，正好说明了他的辩证法的彻头彻尾的唯心主义性质。

应该指出，《精神现象学》全书都贯彻着形式和内容相统一的思想。黑格尔的这种看法，后来在他的《逻辑学》中还得到了进一步发展，并且更明确地表现为对形式逻辑的深刻批判。他指出，形式逻辑的根本缺陷就在于只涉及思维形式而缺乏内容，因此不能适用于认识较高的真理，"把真理放在一旁的这种考察思维的方式，是不完备的；要补充它，唯有在考察思维时，不仅要考察那通常算做外在形式的东西，而且也要考察内容"③。所以黑格尔的逻辑学是形式和内容的统一，二者紧密相结合，"内容不如说是在自身那里就有着形式，甚至可以说唯有通过形式，它才有生气和实质；而且，那仅仅转化为一个内容的显现的，就是形式本身"④。他把形式和内容的统一作为他的辩证逻辑区别于以往形式逻辑的本质特征提

---

① 以上参阅黑格尔《精神现象学》上卷，第40—41页。
② 同上书，第45页。
③ 黑格尔：《逻辑学》上卷，第16页。
④ 同上书，第17页。

出来，是对逻辑学的一个重大革新。列宁对此是表示肯定的。[①] 我们应该把这看作黑格尔的历史功绩之一。

# 四

上面我们对《精神现象学》的序言作了简略的考察，为了弄清楚黑格尔在该书中使用的方法，还必须探讨一下该书的最后一章"绝对知识"。在某种意义上可以说，这是《精神现象学》全书的结论，它不仅集中地表现了黑格尔的唯心辩证法的实质，而且最清楚地说明了使用这种方法必然会导致的结果。

在《精神现象学》中，黑格尔用辩证的方法去考察人的意识精神发展的历史过程，从最低级的意识即感性确定性一直到作为精神发展最高阶段的绝对知识。在整个过程中都始终贯穿着客体和认识的主体、对象和意识之间的矛盾，这个矛盾只有到了绝对知识的阶段才得到解决。在这以前，客体对于主体来说始终是某种外在的东西，而到了绝对知识的阶段主客体就合而为一了。黑格尔在"绝对知识"这一章里，描述了这种主客体的统一最后是怎样达到的。马克思很重视黑格尔的有关表述，曾在《经济学—哲学手稿》里作了长篇摘引。

黑格尔从唯心主义的思维和存在的同一性出发，把外部世界的一切事物、对象都通通看作自我意识的异化或外在化，因此对象对于自我意识来说是派生出来的、第二性的东西，也是消逝着的东西。用他的话来说，事物并不是自在的东西，它本质上只是为他的存在；事物只有通过自我以及它与自我的关系才有意义，换言之，事物就是自我。而一旦自我意识认识到对象的这种虚无性，认识到对象是它自己在外在化过程中建立起来的，认识到对象并不是自我意识以外的某种独立的东西，而就是外在化了的自我意识本身，认识到在自我意识的异在中也就是在它自己本身中，那么自我意识就把对象克服和扬弃了。黑格尔认为，只有到了精神自己认识了自己的绝对知识的阶段，才能做到这一点。在他看来，绝对知识的内容就是

---

① 参阅《黑格尔〈逻辑学〉一书摘要》，《列宁全集》第 38 卷，第 89 页。

自我自己的活动，就是关于这个主体即是实体的知识。绝对知识是最后的精神形态，它是在精神形态中认识着它自己的精神，是概念式的知识。所谓科学就是对自我自身的概念式的理解，而且也只有通过概念式的把握，才能真正地认识"绝对"。因此，虽然宗教的内容在时间上比科学更早地表达了精神是什么东西，但是，唯有科学才是精神关于它自身的真知识。毫无疑问，这是一种彻头彻尾的唯心主义观点，其荒谬性在于，它把自我意识当做唯一的实在，用自我意识去吞并外部世界的一切对象。正如马克思所指出的那样，在黑格尔那里，"对于异化的对象之一切重新同化都表现为一种合并在自我意识之内；那能够支配他自己的存在的人也就只是那能够支配对象化的存在的自我意识，因此对象之回复到自我也就是对象之重新同化"①。但是，在谈论绝对知识的形成过程时，黑格尔也从辩证法观点提出了一些有价值的看法，例如关于认识的圆圈式发展的思想。他说："精神自在地就是运动，就是认识的运动，就是由自在转变为自为，由实体转变为主体，由意识的对象转变为自我意识的对象，这就是说，转变为同时又被扬弃了的对象，或者转变为概念的运动。这个运动是向自己回复的圆圈，这圆圈以它的开端为前提并且只有在终点才达到开端。"② 我们在《精神现象学》的著名的序言中，也可以看到类似的提法。所谓圆圈式的发展，实际上是对否定之否定这一辩证法规律的一种形象化的表述。在他看来，认识运动的开端往往是空虚的，经过自身矛盾的发展，通过自己的对立面又回复到自身，仿佛又重新回到了开端，好像是一个循环的圆圈，但这不是简单的回复到开端，而是辩证地发展到更高的一级，是带有整个矛盾发展过程的全部丰富性的一种回复。其实，一部《精神现象学》也就是这样的一个大圆圈。列宁对黑格尔的这一思想的合理因素是作了充分肯定的，他在《谈谈辩证法问题》中指出，黑格尔把认识看作一串圆圈，并且强调说，"人的认识不是直线（也就是说，不是沿着直线进行的），而是无限地近似于一串圆圈，近似于螺旋的曲线"③。在关于黑格尔《哲学

① 马克思：《黑格尔辩证法和哲学一般的批判》，第 16—17 页。
② 黑格尔：《精神现象学》下卷，第 268 页。
③ 《列宁全集》第 38 卷，第 411 页。

史讲演录》一书的摘要中，列宁也指出，黑格尔把哲学比作圆圈是"一个非常深刻而确切的比喻！"并认为"每一种思想＝整个人类思想发展的大圆圈（螺旋）上的一个圆圈"①。在某种程度上，《精神现象学》所描述的人类历史上的各种意识形态就构成了一连串的圆圈，黑格尔认为，人类的认识就是这样螺旋式地向前推进的。他把精神的生成过程、历史看作"在时间里外在化了的精神"，它呈现一种迟缓的运动和诸多精神前后相继的系列。他说："这是一个图画的画廊，其中每一幅画像都拥有精神的全部的财富，而运动所以如此缓慢，就是因为自我必须渗透和消化它的实体的这全部财富。"②《精神现象学》就是黑格尔为我们准备的"画像陈列室"。

马克思主义创始人对黑格尔的方法始终采取一分为二的态度，在《神圣家族》中有一段极其精辟的评论，它不仅是对"绝对知识"这一章，而且是对《精神现象学》全书的一个高度概括的总结。马克思、恩格斯写道："在黑格尔的'现象学'中，人类自我意识的各种异化形式所具有的物质的、感觉的、实物的基础被置之不理，而全部破坏性工作的结果就是最保守的哲学，因为这样的观点以为：既然它已经把实物的、感性现实的世界变成'思维的东西'，变成自我意识的纯粹规定性，而且它现在又能够把那变成了以太般的东西的敌人溶解于'纯思维的以太'中，所以它就把这个世界征服了。因此，'现象学'最后完全合乎逻辑地用'绝对知识'来代替全部人类现实，——之所以用知识来代替，是因为知识是自我意识的唯一存在方式，而自我意识则被看做人的唯一存在方式；之所以用绝对知识来代替，是因为自我意识只知道它自己，并且不再受任何实物世界的拘束。"③ 马克思、恩格斯从坚定的辩证唯物主义的立场出发，尖锐地批判了黑格尔的唯心主义错误。他们指出，黑格尔不是把自我意识变成人的自我意识，而把人变成"自我意识的人"，这样就把世界头足倒置起来了。唯心主义者黑格尔只是在头脑中消灭了自我意识和客观现实世界之间的一切界限，但对于现实的人来说，这些界限却仍然继续存在。黑格尔的

---

① 《列宁全集》第38卷，第271页。
② 黑格尔：《精神现象学》下卷，第274页。
③ 《马克思恩格斯全集》第2卷，第244—245页。

根本错误就在于企图用主观去吞并整个客观世界，"全部'现象学'的目的就是要证明自我意识是唯一的、无所不包的实在"①。在《精神现象学》里，我们已经可以看到作为黑格尔哲学基本特征的方法和体系之间的巨大矛盾。这部著作到处闪现着辩证法的光芒，但最后达到的结论却是这样平庸和可怜，全部破坏性的工作并没有得到应有的收获，却建立了一个保守的哲学体系。这是黑格尔的悲剧。这件事又一次雄辩地说明，任何一个时代的先进人物，即使是像黑格尔那样富有天才的思想家，也无法超越他的时代和他的阶级所给予他的限制。

马克思主义经典作家一方面严厉地批判了黑格尔的唯心主义错误，另一方面也充分肯定了他的功绩。他们指出："黑格尔的'现象学'尽管有其思辨的原罪，但还是在许多方面提供了真实地评述人类关系的因素。"②黑格尔在《精神现象学》中，猜测到了辩证法、逻辑和认识论的一致的原则以及逻辑和历史的统一的原则，并且相当成功地贯彻了这些原则，这在哲学史上还是以他为最早。恩格斯说："黑格尔的思维方式不同于所有其他哲学家的地方，就是他的思维方式有巨大的历史感作基础。形式尽管是那么抽象和唯心，他的思想发展却总是与世界历史的发展紧紧地平行着，而后者按他的本意只是前者的验证。真正的关系因此颠倒了，头脚倒置了，可是实在的内容却到处渗透到哲学中。"③在《精神现象学》里，我们就可以看到各种社会意识形态依着历史的顺序相继地出现和消失，从古代奴隶社会的斯多葛主义、怀疑主义、中世纪的苦恼意识，直到近代的启蒙运动和法国革命的"绝对自由"观念，都有合乎逻辑的内在的发展线索可寻。黑格尔是第一个想证明历史中有一种发展、有一种内在联系的人，恩格斯高度评价了他的这种历史观，并且指出在《精神现象学》和其他一些著作中，"到处贯穿着这种宏伟的历史观，到处是历史地、在同历史的一定的（虽然是抽象地歪曲了的）联系中来处理材料的"④。但是，只有经过马克思主义的批判，《精神现象学》才能显示出它的合理的意义。

---

① 《马克思恩格斯全集》第2卷，第245页。
② 同上书，第246页。
③ 《卡尔·马克思〈政治经济学批判〉》，《马克思恩格斯选集》第2卷，第121页。
④ 同上书，第121页。

# 五

总体来说，黑格尔《精神现象学》一书的精神是提倡辩证的思维方法，反对形而上学。在他以前，近代哲学史上已经有过一些辩证法的杰作，如恩格斯所指出的狄德罗的《拉摩的侄子》和卢梭的《论人类不平等的起源》。但是，真正自觉地把辩证法作为一种思维方法来系统地加以论述，还是以黑格尔的《精神现象学》为最早。他在该书中叙述的方法，后来在他的整个哲学体系里得到了贯彻。因此，在某种意义上可以说，这部著作是一个纲领性的作品，它的重要性也就在于此。

现代西方学者根本不能理解黑格尔的辩证法，他们甚至竭力否认《精神现象学》中使用的是辩证的方法。在一部名为《黑格尔哲学新研究》的文集中，有一个黑格尔哲学研究者多弗就公然叫嚣说："'黑格尔主义'的任何一个方面都没有比所谓辩证方法更引人注意和造成更多的混乱了……这是特别应该指出的，不仅因为它使人误解黑格尔，而且因为黑格尔的《精神现象学》恐怕是第一部哲学著作，其方法是极端地、彻底地非辩证的。"他认为，黑格尔《精神现象学》的方法不是辩证法，而是"描述法"[①]。其实，这种荒谬的观点倒并不是多弗"新研究"出来的。早在20世纪，黑格尔哲学的反对者特伦德伦堡就否认黑格尔有辩证的方法，只是近二三十年来这种观点在西方学者中间越来越占上风而已。例如，伊利因教授声称，"黑格尔在哲学方法上不是辩证论者"[②]，而芬德莱则根本怀疑辩证法是否是一种方法，并攻击马克思主义者运用辩证法并无助于弄清问题，说什么马克思主义者企图用一种"不合适的燃料"去开动黑格尔的机器。[③] 这些胡言乱语充分说明现代资产阶级的黑格尔研究已经降低到何等地步。他们歪曲黑格尔的辩证法还嫌不够，不如干脆否认来得简便彻底。

一个阶级当它处于上升时期的情况下，往往是可以接受一点辩证法

---

[①] 多弗：《黑格尔的现象学方法》，斯坦克劳斯编《黑格尔哲学新研究》，1971年英文版，第34—35页。

[②] 伊利因：《黑格尔哲学是静观的上帝学说》，1946年德文版，第126页。

[③] 芬德莱：《黑格尔：一个重新检查》，1958年英文版，第58页。

的。现代资产阶级仇视和抛弃黑格尔的辩证法，这正好说明它已经日薄西山，走向腐朽没落了。

可是，在黑格尔当时，他的哲学之所以能够吸引青年学生，却正是由于他的辩证法。罗森克朗茨在黑格尔的传记中曾经描述了这样一个有趣的场面：

黑格尔在耶拿大学讲课，当时他正在写作《精神现象学》。一天晚上，他讲授哲学史。在讲课中，一个思辨形式接着一个产生而又消失，最后，连谢林的哲学体系也同样如此，而这是听众们从未预料到的。在讲课结束黑格尔已经走后，一个来自梅克伦堡的年纪不小的人恐怖地跳起来叫道："但这就是死亡，这样的话一切都必定要灭亡！"于是在学生中间激起了一场活跃的讨论，最后有个人的意见占了上风，他热情地解释道：的确，这就是死亡而且应当死亡，但在这个死亡中却孕育着生命，生命由于死亡而纯化，将更光荣地展开。[①]

"一切都必定要灭亡！"这就是辩证法的真谛。辩证法按其本质来说是批判的和革命的，它不崇拜任何偶像，不承认有什么神圣不可侵犯的永恒不变的东西，它在对现存事物的肯定的理解中同时包含着对它们的否定的理解，即对一切现存事物的必然灭亡的理解。辩证法虽然在黑格尔那里被神秘化了，但在神秘的外壳中却包含着合理的内核，包含着对现存秩序的否定。进步的德国青年知识分子（而且也不止在德国）醉心于黑格尔哲学，正是因为他们多多少少感到了其中的"革命的代数学"的威力，而当时的反动分子以至现代资产阶级学者所最不能容忍的也正是黑格尔辩证法中的这种革命含义。假如一切都必定要灭亡，那么他们赖以取得一切生活舒适的那个剥削者的天堂该怎么办呢？现实的阶级利益迫使这些先生们不得不反对革命的辩证法，因为辩证法只能为他们带来烦恼和恐怖，这是不以他们的主观爱好为转移的。

（原载《外国哲学史论文集》，山东人民出版社 1979 年版）

---

① 罗森克朗茨：《黑格尔传》，德文版，第 217 页。

# 关于黑格尔《逻辑学》的若干问题[①]

## 一　关于黑格尔《逻辑学》在他的整个哲学体系中的位置以及写作时的思想背景

《逻辑学》是黑格尔的最重要的哲学著作之一，在整个西方哲学史上具有重大的意义。正是在这部著作中，黑格尔的唯心主义辩证法得到了全面的系统的表述。

在黑格尔的哲学体系中，《逻辑学》占有特别重要的位置，实际上它是黑格尔哲学的主体。照他自己的说法，《精神现象学》是他的整个哲学体系的"第一部"或"导言"，是引导人们进入科学之门、达到哲学知识的一架供人攀登的"梯子"，而《逻辑学》则是哲学知识或科学本身。至于黑格尔体系的其他组成部分如《自然哲学》和《精神哲学》（包括《法哲学》、《历史哲学》、《宗教哲学》、《美学》等），在他看来只是"应用逻辑学"而已。因此把整个黑格尔哲学体系分为精神现象学、逻辑学和应用逻辑学三部分是比较恰当的，这样，逻辑学在整个体系中的重要意义也就更加突出了。

从黑格尔本人思想发展来说，《逻辑学》是他思想成熟时期的著作。在黑格尔的青年时代（即所谓杜宾根时期、伯尔尼时期、法兰克福时期），他主要关心的是社会、政治和宗教问题，而不是较抽象的哲学问题。这是

---

[①]　本文原为作者在中央党校三部哲学专业的讲稿，后发表于《康德黑格尔研究》第一辑，上海人民出版社 1985 年版。

黑格尔思想开始形成的时期。到了耶拿时期（1801—1806年），他才开始着手准备建立自己的体系，全力从事哲学的研究。《精神现象学》于1807年出版，标志着他已经成为一个成熟的独立思想家。在这部著作中，黑格尔的辩证法思想已经基本形成了，辩证法的三个主要规律（对立统一规律、从量变到质变的规律、否定之否定的规律）都已有所表述。但是，黑格尔在《精神现象学》中虽然用辩证法的观点描述了个人意识、社会意识的矛盾发展，对辩证法本身却并没有作系统的探讨和研究，这个任务是他在《逻辑学》中完成的。《逻辑学》的完成说明黑格尔的辩证法思想已经完全成熟，后来黑格尔把唯心辩证法运用于各个不同的具体领域，并且在《哲学史讲演录》中专门着重讲辩证法思想在历史上的形成和发展，对他的辩证法作了进一步的阐明，但是他对辩证法的系统阐述主要还是集中在《逻辑学》中，所以我们研究黑格尔辩证法，必须把《逻辑学》作为重点。

黑格尔的《逻辑学》主要是讲辩证法的，那么他的辩证法是在什么社会背景下产生的呢？一般来说，对他的辩证法思想的形成影响最大的，第一是法国资产阶级大革命，第二是从英国开始的产业革命，第三是18世纪下半叶至19世纪初自然科学的新发现。总之，在黑格尔的时代，整个欧洲无论在政治上、经济上或科学思想上都正在发生激变，这样的历史巨变通过德国的具体历史条件在黑格尔的思想中得到了反映。这就是产生黑格尔辩证法的客观基础。

除了这一般性的背景之外，还需要进一步了解黑格尔写作《逻辑学》时的具体思想状况。在写作《精神现象学》以前，青年黑格尔的思想是相当激进的。从他的许多早期著作（特别是《民众宗教和基督教》、《基督教的实证性》、《耶稣传》、《论德国宪法》、《论符腾堡内政近况》等）和通信中可以看到，他尖锐地批判封建专制制度及其思想支柱——基督教，颂扬法国大革命，鼓吹资产阶级民主自由，主张实行社会改革，甚至一度赞同建立共和国，还提出过要"超越国家"、"国家应停止存在"的激烈主张。后来，黑格尔的思想逐渐趋向于温和的资产阶级自由主义，但在政治上仍然采取比较进步的立场，这是同他的辩证法思想的发展相适应的。从《精神现象学》到《逻辑学》，黑格尔的辩证法越来越完善和成熟了。在这个时期内，欧洲的社会政治形势却发生了重大转折，即拿破仑的统治由极盛的顶峰而终于走向了覆灭，发生了封建势力的复辟。到了黑格尔晚年，保守和妥协的倾向才开始在黑格尔思想中占了上风，不过到那个时候，他的辩证法思想早已完成了。

在写作《逻辑学》以前，黑格尔曾当过一家亲法报纸《班堡日报》的编辑。他不仅关心政治，而且希望积极参加实际政治活动。他在给友人的信中说，"我带着好奇心注视着世界上发生的事件"，"我总是迷恋于政治"。他热心地办报，对报刊工作抱很大希望，认为出版自由、政府与人民的对话"乃是法国人民和英国人民的力量的最强大的因素之一"。他还打算办杂志，想使这份杂志对于"正待实行改革的巴伐利亚，成为一座从旧到新的桥梁"，说"这是一项时代要求于我们的严肃的工作"。但是，专横的新闻检查制度终于使他的希望破灭，经过多次与检查机构发生纠纷，他不得不摆脱这个办报的"苦差事"。但一年半办报的经历，使他更了解当时德国的现实社会生活，这对他的哲学思想的发展是有益的。然而他却得出了这样的结论："我每天越来越相信，理论工作在世界上的建树要比实际工作要大得多。一旦观念的王国发生了革命，现实也就支持不下去了。实际的效果很快就会表现出来。"因此，他把主要力量转到观念王国的革命上去。

黑格尔离开《班堡日报》后，于1808年到纽伦堡担任中学校长，重新开始进行学术研究工作。他的整个哲学体系基本上是在纽伦堡的8年期间形成的，《逻辑学》一书也完成于这一时期。这个时期的黑格尔虽然已经放弃了早期的某些激进观点，但仍然是站在支持社会改革的温和的进步立场上。关于他的政治态度，可指出以下几点：

第一，直到拿破仑的覆亡为止，黑格尔始终是亲法派。拿破仑在欧洲到处摧毁封建秩序，建立资产阶级新制度。恩格斯说，拿破仑是德国资产阶级的创造者，"他在德国是革命的代表，是革命原理的传布者，是旧的封建社会的摧毁人"[1]。黑格尔正是站在德国资产阶级立场上拥护拿破仑的一系列进步措施和政策。拿破仑在耶拿的胜利迫使德意志各邦实行改革，

---

[1]　《马克思恩格斯全集》第2卷，第636页。

黑格尔对这些资产阶级性改革表示支持，他把拿破仑叫做"巴黎的伟大的宪法律师"，希望拿破仑教会德意志王公们理解"自由君主的概念"。他对巴伐利亚采用拿破仑法典表示高兴，希望采纳法国宪法的其他部分，并预言"一个新的世界可能在巴伐利亚出现；人们已经长期以来向往着这一点"。他主张学习法国，特别要学"最宝贵的"东西：人民的自由、人民参加选举和参与决策。对拿破仑的失败，他是十分惋惜的，把这说成是"世上发生过的最悲剧性的事件"，甚至说如果他认为拿破仑还有胜利的希望，他就要"肩上扛起枪"去参加拿破仑的部队。他对当时德国的反法的民族主义运动表示不赞成的态度。拿破仑的失败使他受到极大震动，在这以后他的思想就越来越倾向于保守了。

第二，青年黑格尔曾提出"让理性和自由作为我们的口号"，后来他在当中学校长的时候，也仍站在资产阶级民主的立场上，鼓吹自由，特别是意志自由。他说，"意志自由是一般自由，而其他一切自由只是它的各种形态……还存在着公民自由、出版自由、政治自由和宗教自由。这些自由的形态代表着自由的普遍概念"。在他看来，所谓政治自由就在于人民创立自己的国家并有权参与决策。他在讲授关于法的学说时也突出地强调自由这个观念，他说，"人是自由的生物。这是人的本性的基本定义"，法所关心的主要是人的自由，"人只是作为自由的生物才成为法的对象"，"个人的自由是法的基础，法就在于使我把别人当做自由的生物"，"在本质上每个人都是自由的人"①。

第三，在当时新旧两种社会力量的斗争中，黑格尔坚信新事物终于要战胜和代替旧事物。拿破仑失败后，欧洲各国反动势力企图取消过去实行的资产阶级改革，黑格尔明确地反对他们的这种反攻倒算活动。他指责不肯接受历史教训的封建顽固派说，"人们关于回国的法国流亡者说过，他们什么也没有忘记，什么也没有学到"。他认为，这句话也适用于德国封建贵族，他们似乎在过去的 25 年内一直在睡大觉，而这 25 年却可能是世界史上曾有过的内容最丰富的 25 年，对我们来说是最有教益的 25 年，因为我们的世界和我们的思想都是属于这 25 年的。从这里可以看出黑格尔

① 黑格尔：《哲学初阶》。

是主张前进反对倒退的。他在一次讲话中还说道："我们必须反对往往徒劳地因失去过去而感到寂寞并怀念过去的那种心情。古老的东西之所以不能认为是好的，正因为它是古老的，从它在不同环境下曾经有用处和有意义这一事实，绝不能得出结论说，在条件已经变化的情况下保存它也是值得赞美的。恰恰相反……一个伟大的时代已经在世界上诞生了。"① 应该说，黑格尔对法国大革命以后欧洲发生的决定性变化是有比较深刻的认识的。

黑格尔写作《逻辑学》时的政治态度和政治观点大致上就是这样。所以说他能够有高度发展的辩证法思想绝不是偶然的。《逻辑学》在某些地方虽然写得抽象晦涩，但在抽象的形式下却包含着十分现实的内容，反映了当时德国资产阶级的利益和要求。

## 二　黑格尔逻辑学的几个特点

黑格尔的逻辑学与他以前传统意义上的逻辑学有着本质的不同。他认为，自亚里士多德以来，逻辑学没有发生什么重大的变化，既未后退一步，也未前进一步，现在已经到了需要对逻辑学进行一番全盘改造的时候了。

那么，黑格尔怎样改造逻辑学呢？他的逻辑学不同于以往逻辑学的主要特点是什么呢？

第一，黑格尔的逻辑学是本体论、逻辑和认识论的统一。大家知道，在黑格尔以前的西方哲学中，本体论、逻辑和认识论是被看作不同的独立的领域的。一般所说的逻辑学只研究思维的规律和形式，与研究存在本身的本体论和研究人的认识的认识论是分开的，甚至是互不相干的。例如，在黑格尔的哲学先驱康德那里，这一点就表现得特别明显。黑格尔第一个试图把这些独立的领域统一起来，我们在《精神现象学》里已经可以看到他在这方面的努力，而《逻辑学》则更清楚地贯彻着这个意图并取得了成功。在他看来，思维和存在是同一的，而这就是本体论、逻辑和认识论的

---

① 黑格尔：《1815 年校长讲话》。

统一的基础。他正是以此作为出发点来改造全部逻辑学。

在《逻辑学》第一版序言中，黑格尔一开始就指出，在前一时期内那种被叫做形而上学的东西（这里所说的形而上学指的是研究感性经验以外的事物的那种学问），已经被连根拔掉，从科学的行列里消失了，这是很奇怪的，因为照他的说法，"一个有文化的民族竟没有形而上学——就像一座庙，其他各方面都装饰得富丽堂皇，却没有至圣的神那样"①。因此他以恢复和重建形而上学为己任，因为一个民族没有从事于探讨自己的纯粹本质的精神是不行的。他认为，要建立真正的形而上学，就需要有新的逻辑科学，而通常所说的那种逻辑学却完全没有顾及形而上学的意义，所以必须重新创造。

按照黑格尔对思维与存在的同一的唯心主义的理解，思想不仅构成外界事物的实质，而且又构成精神现象的普遍实质，或者说思维不仅是人的主观的思维，而且也是客观事物的本质，因此研究人的思维活动的逻辑学和研究事物存在本身的本体论，自然就是统一的了。黑格尔说："思想，按照这样的规定，可以叫做客观的思想，甚至那些在普通形式逻辑里惯于只当作被意识了的思维形式，也可以算作客观的形式。因此逻辑学便与形而上学合流了。形而上学是研究思想所把握住的事物的科学，而思想是能够表达事物的本质的。"② 由于黑格尔主张本体论和逻辑学的统一，因此他就给逻辑学增加了许多过去所没有的新内容。黑格尔逻辑学的前两部分"有论"和"本质论"，即他称之为"客观逻辑"的部分，除了其中讨论形式逻辑的几条思想定律的章节以外，基本上都是以前形式逻辑所置之不论的。即使是"概念论"即所谓"主观逻辑"的部分，其中也只有关于概念、判断和推论的章节是以前逻辑学所讨论的内容，而关于客观性和理念的章节则完全是新加的。因此，黑格尔的逻辑学的内容要比过去的逻辑学丰富得多，当然也不能用过去对逻辑学的习惯的传统看法去对待黑格尔的逻辑学，因为它完全是一种截然不同的新的逻辑学。某些西方学者墨守成规，甚至否认黑格尔的逻辑学是严格意义上的逻辑学，这是完全错

---

① 黑格尔：《逻辑学》上卷，商务印书馆1966年版，第2页。
② 黑格尔：《小逻辑》，商务印书馆1980年版，第79页。

误的。

黑格尔关于本体论、逻辑和认识论统一的思想，虽然是唯心的，却包含着合理的辩证法因素。列宁说："黑格尔确实证明了逻辑形式和逻辑规律不是空洞的外壳，而是客观世界的反映。更正确些说，不是证明了，而是天才地猜测到了。"① 黑格尔结合整个世界的发展和人的认识由浅入深、由抽象到具体的发展过程，去考察思维本身的规律和各种思维形式，使逻辑学不再是脱离客观内容和认识发展的空洞死板的东西，这是应该充分肯定的。

第二，黑格尔的逻辑学强调形式和内容的统一。早在《精神现象学》中，黑格尔就批判过认识论中的形式主义，反对脱离内容的"形式思维"。不过在那里他并不是专门针对形式逻辑讲的。在《逻辑学》里，他就把矛头直接指向形式逻辑了。他批评以往的形式逻辑把思维形式和内容相割裂，似乎逻辑只涉及形式而缺乏内容。他说："直到现在的逻辑概念，还是建立在通常意识所始终假定的知识内容与知识形式的分离或真理与确定性的分离之上的。首先，这就假定了知识的素材作为一个现成的世界，在思维以外自在自为地存在着，而思维本身却是空的，作为从外面加于质料的形式，从而充实自己，只有这样，思维才获得内容，并从而变成实在的知识。"② 这样，逻辑仿佛只构成知识的单纯形式，而被抽去了一切内容，它只能提供真正知识的形式条件，而不能包含实在的真理本身。因此，思维规定就被当作只是供人使用的手段，只是附着于内容的形式，而非内容本身。黑格尔指出，亚里士多德以来的形式逻辑就是如此，它无疑有一定的用处，可以借此使人头脑清楚、练习思考，也可以用来作为研究经验科学的工具，因而有人把它叫做工具逻辑。但是，形式逻辑虽有其适用的领域，却不适用于较高的真理，因为它同样可以作为错误和诡辩的工具，不涉及真理本身。

黑格尔认为，逻辑学的对象应该是真理，因此过去的形式逻辑显然要进行根本的改造。形式逻辑把真理放在一旁的这种考察思维的方式是不完

① 《列宁全集》第38卷，第192页。
② 黑格尔：《逻辑学》上卷，第24页。

备的；要补充它，唯有在考察思维时，不仅要考察那通常算作外在形式的东西，而且也要考察内容。在黑格尔的逻辑学中，内容和形式是紧密相结合的，内容自身就有着形式，而且只有通过形式，它才有生气；另一方面，那转化为一个内容的显现的，就是形式本身。列宁对黑格尔的这一思想是肯定的，他指出："黑格尔则要求这样的逻辑：其中形式是具有内容的形式，是活生生的实在的内容的形式，是和内容不可分离地联系着的形式。"① 黑格尔对形式逻辑的这个批评是否正确或正确到何等程度，人们历来有不同的看法，这里暂且不论。问题在于，他把形式和内容的统一作为自己逻辑学的原则提出来，这就指明了辩证逻辑区别于形式逻辑的本质特性。我们可以不同意他对形式逻辑的批评，但必须承认他创立了一种新的逻辑。

应当指出，黑格尔讲的内容和马克思主义讲的内容有原则的区别。照他的说法，逻辑学所研究的是纯思维、纯概念，这些东西本身就是一切对象和主观思维的核心与命脉。所以逻辑学不需要为思维形式从外面去寻找内容；相反，逻辑的思维本身就是那具有实体性的内容，而思维形式倒是从思维本身中推演出来的。他甚至用彻底唯心主义的观点把这种所谓纯思维神化为绝对，说什么"这个内容就是上帝的展示，展示出永恒本质中的上帝在创造自然和一个有限的精神以前是怎样的"②。这就走向了神学的结论。列宁批判地改造了黑格尔关于逻辑中内容与形式统一的思想，作了辩证唯物的解释："逻辑不是关于思维的外在形式的学说，而是关于'一切物质的、自然的和精神的事物'的发展规律的学说，即关于世界的全部具体内容及对它的认识的发展规律的学说。换句话说：逻辑是对世界的认识的历史的总计、总和、结论。"③ 逻辑不是没有内容的空洞形式，但黑格尔把逻辑的内容神秘化了，只有列宁才真正纠正了他的错误。

第三，黑格尔在哲学史上首先提出了逻辑和历史的一致的原则，他把概念、范畴的逻辑发展同哲学史联系起来考察，这也是他的逻辑学的一大

---

① 《列宁全集》第38卷，第89页。
② 黑格尔：《逻辑学》上卷，第31页。
③ 《列宁全集》第38卷，第89—90页。

特色。他说，在哲学历史上所表现的思想进展的历程与在哲学系统里所发挥的思想进展的历程，原是相同的，不过在哲学系统里，解脱了历史的外在性或偶然性，而纯从思想的本质去发挥思想进展的逻辑历程罢了。在他看来，历史上的那些哲学体系依次出现的次序，与理念里的概念规定的逻辑推演的次序是大体上相一致的，因此只要撇开历史上各种哲学体系的外在形态和特殊应用，就可以得到理念自身发展的各个不同阶段的逻辑概念。例如古希腊哲学早期的三个学派就代表着依次出现的三个逻辑范畴：巴门尼德代表"有"，赫拉克利特代表"变"，留基伯和德谟克里特代表"自为之有"。逻辑范畴的发展和哲学史上各个学派的发展一样，都是从低级到高级、从抽象到具体、从贫乏到丰富而逐步向前推演的。正如恩格斯所说的那样，黑格尔的思维方式以巨大的历史感作基础，因此他能够用历史发展的观点去讲逻辑，为人们研究和探索思维发展的内在规律提供了一种新的辩证方法。列宁很重视黑格尔对逻辑学的这一贡献，他说："显然黑格尔是把他的概念、范畴的自己发展和全部哲学史联系起来了。这给整个逻辑学提供了又一个新的方面。"①

　　但是，也应看到，黑格尔关于逻辑与历史一致的思想是建立在唯心的基础之上的。在他看来，无论是逻辑或是哲学史，都无非是绝对精神的表现形式，两者在本质上是同一的，只不过逻辑是绝对精神在概念中的发展，而哲学史则是绝对精神在历史上的发展而已。况且，他不是从历史出发去引出他的一系列逻辑范畴，而是相反的要求历史去符合他的逻辑推演系统，因此他有时就为凑合自己的逻辑体系而歪曲历史，或者牵强附会，陷于独断主义。在这一点上也可看出马克思主义者和黑格尔的不同。马克思主义认为，首先必须以科学态度充分尊重客观历史事实，然后才能正确地解释逻辑与历史的一致，而绝不能把二者的关系弄颠倒，把历史看作逻辑的附属品。恩格斯在评论马克思《政治经济学批判》一书的方法时指出："整个说来，经济的范畴出现的顺序同它们在逻辑发展中的顺序也是一样的……逻辑的研究方式是惟一适用的方式。但是，实际上这种方式无非是历史的研究方式，不过摆脱了历史的形式以及起扰乱作用的偶然性而

---

① 《列宁全集》第 38 卷，第 117 页。

已。历史从哪里开始，思想进程也应当从哪里开始，而思想进程的进一步发展不过是历史过程在抽象的、理论上前后一贯的形式上的反映；这种反映是经过修正的，然而是按照现实的历史过程本身的规律修正的。"① 这就是马克思主义的逻辑与历史的统一观。

第四，黑格尔明确地提出要用辩证法去改造逻辑学，实际上他的逻辑学的本质也就是辩证法。在过去，唯一比较接近于黑格尔逻辑学的是亚里士多德的逻辑学，亚里士多德的著作里提出的也正是关于辩证法的问题，到处都显露出辩证法的活的萌芽和探索。不过亚里士多德的辩证法思想毕竟还是素朴的、不系统的、不够自觉的，而且他弄不清一般和个别、概念和感觉、本质和现象等的辩证法，而陷入了"稚气的混乱状态"。后来在中世纪，他的逻辑学完全被搞成僵死的经院哲学，辩证法的萌芽完全被扼杀了。黑格尔的历史功绩在于，他在亚里士多德之后两千多年重新在逻辑学中提出了辩证法问题，并作了系统的探讨。尽管在黑格尔逻辑学中，辩证法是倒立着的，而且被神秘化了，然而赋予辩证法以目前大家所熟知的那种形式，终究还是他的功劳。

黑格尔指出，为了使逻辑的枯骨通过精神重新活起来成为内容，需要用一种新的方法，这种方法不是别的，就是辩证法。用他的话来说，"这个方法就是关于逻辑内容的内在自身运动的形式的意识"，或者说，"这正是内容本身，正是内容在自身所具有的、推动内容前进的辩证法"②。在过去的旧逻辑学中，没有概念的发展和转化，没有各个部分之间的内在的必然联系。它的各个抽象概念、范畴是孤立的、静止不动的，彼此之间有着非此即彼的绝对界限。黑格尔的辩证方法则把逻辑看作是概念发展的整个过程，各个概念、范畴之间有着矛盾、区别和相互转化，而构成一个有机的整体。而且在他看来，概念运动的发展动力不在概念之外，而在概念本身之内。"引导概念自己向前的，就是前述的否定的东西，它是概念自身所具有的；这个否定的东西构成了真正辩证的东西。"但是，辩证的否定同样也是肯定，概念的系统就是这样地通过不断的否定和肯定而构成的。

---

① 《马克思恩格斯选集》第 2 卷，第 122 页。
② 黑格尔：《逻辑学》上卷，第 36、37 页。

辩证的方法就在于"从对立面的统一中把握对立面，或者说，在否定的东西中把握肯定的东西"①。

从辩证法的观点出发，黑格尔强调逻辑的东西是个别的东西中的普遍的东西，是共相，但"不仅仅是抽象的共相，而是在自身中包含了丰富的特殊事物的共相"。因此逻辑不是抽象的、僵死的，而是具体的、生动的。黑格尔的逻辑学研究具体概念，这也和过去形式逻辑研究抽象概念有很大的不同。

在黑格尔的逻辑学中，辩证法得到了高度的重视和自觉地运用。他把辩证法称之为"构成科学进步之推动的命脉"，并且说，"正确地认识并掌握辩证法的性质是至关重要的。辩证法是现实世界中一切运动、一切生命、一切事业的推动原则。同样，辩证法又是知识范围内一切真正科学知识的灵魂"②。黑格尔是把辩证法作为整个世界（包括自然界和精神在内）的最普遍的规律来看的，这正是他的逻辑学的一个重要的特点。

## 三　黑格尔在逻辑学中对以往哲学的批判

黑格尔不仅对以往的逻辑学进行了批判，而且他的批判远远超出了一般逻辑科学的范围，它涉及哲学基本问题的两个方面，涉及两种世界观、两种方法的根本对立的问题。在《小逻辑》中，黑格尔曾专门对他的某些哲学前驱作过一番评述，把这些人的学说概括为思想对客观性的三种态度而加以批判，实际上也就是抓住思维与存在的关系这个哲学基本问题来对他以前的几个主要哲学派别进行批判。在对这三种态度的评论中，对康德的批判最为重要。黑格尔虽然已经在早期著作和《精神现象学》中批判过康德的某些错误，但只是在关于逻辑学的著作中才系统地批判了康德，给予康德哲学以决定性的打击，从而把德国古典哲学中的辩证法思想推进了一大步。

思想对客观性的第一种态度指的是康德以前的旧形而上学，特别是莱

---

① 黑格尔：《逻辑学》上卷，第38、39页。
② 黑格尔：《小逻辑》，第177页。

布尼茨、伏尔夫学派亦即唯心主义理性派哲学。黑格尔认为，旧形而上学对客观性是一种素朴的态度，它还没有认识到思想自身中的矛盾以及思想自身与信仰的对立，而深信只要借助于反思就可以认识真理，并使对象的真实性质呈现于意识之前。初期的哲学、一切科学，甚至日常生活和意识活动，差不多都采取这种态度。因此虽在哲学史上已成过去，实际上却还普遍存在着。这种旧形而上学认为思想的规律和形式就是事物的基本规律和形式，因此凭思想可以认识事物本身，而事物的真实性质就是思想所认识的那样。仅就它主张世界是可知的这一点来说，它并不错。但黑格尔指出，这种旧形而上学有一些根本的缺陷，它看不到真理本身是一个矛盾发展的过程，以为有限的、抽象的、孤立的思想概念即本身自足，可以用来表达真理而有效准。他说：“旧形而上学的思维是有限的思维，因为它老是活动于有限思维规定的某种界限之内，并把这种界限看成固定的东西，而不对它再加以否定。”① 正因为它把有限的思维加以绝对化，所以会转化成为独断论。独断论坚持着严格的“非此即彼”的方式，在两个相反的论断中，必须肯定其一必真，而另一必错。在它看来，像偶然与必然，本质与现象，自由与必然，幸福与痛苦，善与恶等一对对范畴，都是绝对对立的。黑格尔则认为，思辨的真理、辩证的认识却不是这样，它没有这种偏执，也不是片面的范畴所能穷尽。“玄思的真理包含有这些片面的规定自身联合起来的全体，而独断论则坚持各分离的范畴，当作固定的真理。”②

黑格尔通过对第一种态度的批判，深刻地揭露了形而上学思想方法的实质。恩格斯说过，“在形而上学者看来，事物及其在思想上的反映，即概念，是孤立的、应当逐个地和分别地加以考察的、固定的、僵硬的、一成不变的研究对象。他们在绝对不相容的对立中思维；他们的说法是：‘是就是，不是就不是；除此以外，都是鬼话’”③。黑格尔的看法和恩格斯是相接近的。他反对把对象看作孤立的、现成的、僵死的东西，力求避免思想和认识的片面性和僵化，把各个思维规定看作具有内在联系的统一

---

① 黑格尔：《小逻辑》，第97页。
② 同上书，第101页。
③ 《马克思恩格斯选集》第3卷，第61页。

整体。他强调对立的范畴之间的相互依赖和相互转化，把它们理解为对立的统一。这些看法都具有积极的意义。

黑格尔所说的思想对客观性的第二种态度，包括以培根和洛克为代表的经验主义和康德的批判哲学。先谈他对经验主义的批判。

黑格尔认为，为了克服形而上学的缺陷，出现了经验主义。经验主义是为了满足两种需要：一是要求有具体内容，避免抽象空洞，因为知性无法从它的抽象的一般概念进展到特殊的确定的事实；二是要寻求一个坚实的据点，避免在抽象的知性范围内任意独断。因此，经验主义的兴起有其必然性。"经验主义力求从经验中，从外在和内心的当前经验中去把握真理，以代替纯从思想本身去寻求真理。"①

经验主义的基本原则，是强调凡是真实的东西必定在现实世界中，并一定能被感官所觉察。在方法上，经验主义也有一条很重要的原则，即认为一切可靠的知识，都必须是亲眼看到和亲身经历到的。黑格尔对经验主义的这种反对空谈、注重现实的态度基本上是肯定的。但是，他又指出，经验主义并不能真正补救旧形而上学的根本缺陷。问题在于，经验主义的内容只限于有限事物，经验主义者企图把属于感觉、知觉和直观的内容提升为一般的观念、命题和规律，但在个别的直接经验中却并没有这种普遍性的东西。因此，他们只得把形成抽象概念的能力归之于思维，而且不自觉地、毫无批判地运用了旧形而上学的那些范畴而重蹈覆辙。他们不能正确理解个别与一般，感觉经验与理性认识之间的辩证关系，所以前提虽与旧形而上学不同，其使用的方法却可以说是一样的。

黑格尔看到了经验主义的形而上学局限性，但他出于唯心主义的偏见而借机攻击唯物主义。他说，经验主义的基本原则彻底发挥下去，就会成为唯物主义。"唯物论认为物质的本身是真实的客观的东西。但物质本身已经是一个抽象的东西，物质之为物质是无法知觉的。所以我们可以说，没有物质这个东西，因为就存在着的物质来说，它永远是一种特定的具体的事物。"② 这里，黑格尔钻了旧唯物主义的空子，因为旧唯物主义没有解

---

① 黑格尔：《小逻辑》，第110页。
② 同上书，第115页。

决如何正确解释作为科学抽象的物质概念的问题。

在思想对客观性的第二种态度这一部分中，主要的还是有关康德批判哲学的评述。黑格尔在这里对康德展开了全面的批判。当然，在《逻辑学》的其他许多地方都涉及对康德的批判，但不像这里那样集中。列宁非常称赞黑格尔对康德的批判，把这看作哲学批判的一个成功的例子。他曾批评普列汉诺夫和当时其他马克思主义者多半是从庸俗唯物主义的观点去批判康德主义，只是不痛不痒地驳斥康德的议论，"而没有纠正（像黑格尔纠正康德那样）这些议论，没有加深、概括、扩大它们，没有指出一切的和任何的概念的联系和转化"①。

黑格尔对康德的批判主要有以下几点：

第一，黑格尔批判康德的先验论。他说，康德以前的旧形而上学往往接受和应用一些现成的范畴，未经考察就不加怀疑地把它们作为自然的前提，而不去追问它们究竟在什么限度内具有价值和效准。康德把自己的哲学称为"批判哲学"，就是因为他主张要在认识之前先对认识能力作一批判考察。黑格尔指出，这种要求虽然貌似有道理，实则像劝人在没有学会游泳以前勿先下水一样可笑。在他看来，考察认识能力本身就是一种认识，离开认识过程去考察认识能力是根本错误的，康德虽然比以前的旧形而上学前进了一步，但他把认识能力和认识发展过程割裂开，把认识能力看作一成不变的先天的东西，这本身也是一种形而上学的观点。黑格尔则把认识能力看作自身发展的过程，反对像康德那样把思想形式、范畴等当作现成的框架。他强调的是思想活动本身的辩证法，辩证法不是从外面强加于思想，而是内在于思想之中的。所以我们除了循着思想发展过程本身去探索思想的辩证法以外，别无其他途径去考察人的认识能力。实际上黑格尔已接近于作出这样的结论："为了学会游泳，必须钻入水中。"

第二，黑格尔批判康德的主观唯心论。他认为，康德虽然把思想中有普遍性和必然性的东西称为客观的，但实际上他所谓的思想的客观性仍然是主观的，"因为，按照康德的说法，思想虽说有普遍性和必然性的范畴，但只是我们的思想，而与物自体间却有一个无法逾越的鸿沟隔开着。与此

① 《列宁全集》第38卷，第191页。

相反，思想的真正客观性应该是：思想不仅是我们的思想，同时又是事物的自身，或对象性的东西的本质"①。黑格尔说，具有普遍性和必然性的思想范畴，如统一性、因果关系等，虽然不是感觉到的东西而是思想本身的功能，但绝不能因此就断定它们只是属于我们的主观的东西，而不是对象的性质。他反对康德把思想和物自身割裂开，主张主客观的统一，认为思想的真正的客观性应该是，既是思想又是思想所把握的事物本身。

黑格尔反对主观与客观的割裂，把认识发展过程理解为主客观统一的过程，这种看法包含辩证的合理因素。列宁说："黑格尔要求的是和实质相符合的抽象：'事物的客观概念构成事物实质本身'，——按照唯物主义的说法，就是和我们对世界的认识的实际深化相符合的抽象。"② 但是，也应指出，黑格尔对康德主观唯心主义的批判，是建立在客观唯心主义的思维与存在的同一性的基础之上的。他所谓的"客观"实际上指的是共相，共相既是思想本身，又是对象的本质，所以绝对精神的自我认识过程表现为主客观的统一。这种看法当然是彻底的唯心主义观点，正是在主客观的统一中把客观物质世界都"消融"掉了。

第三，黑格尔坚决驳斥了康德的不可知论，深刻地批判了康德的所谓"自在之物"。在康德那里，本体和现象之间横着一条永远不可逾越的鸿沟，我们所能认识的只是现象世界，而"自在之物"则处于我们无法认识的彼岸。黑格尔则指出，所谓"自在之物"只不过是摆脱了一切规定的抽象，是"极端抽象、完全空虚的东西"，只要从一个对象抽出了关于它的一切意识成分，一切情感态度以及一切确切的思想，便可得到"自在之物"，而这个虚假的概念却仍然不过是思想的产物而已。所以再也没有比"自在之物"更容易知道的东西了。康德认为，思维不能帮助我们去认识事物，反倒是使我们与事物分离开。这种看法也遭到黑格尔的批判，他认为世界是可知的，正是通过认识的深化运动使人和世界日益接近和紧密地结合起来。

黑格尔还敏锐地看到，康德的不可知论必然会导致信仰主义。他说，

---

① 黑格尔：《小逻辑》，第 120 页。
② 《列宁全集》第 38 卷，第 88 页。

康德哲学的结果就是："理性不能认识到真的内蕴，至于绝对的真理，就须付之于信仰。"当然，黑格尔虽然反对用信仰来代替理性，但他自己也还是没有真正抛弃信仰主义，他只是用把理性神化的办法、用理性崇拜来取代偶像崇拜罢了。列宁说得好："康德贬损知识，是为了给信仰开辟地盘；黑格尔推崇知识，硬说知识是关于神的知识。唯物主义者推崇关于物质、自然界的知识，把神和拥护神的哲学混蛋打发到阴沟里去。"[①]

第四，黑格尔批评康德对于矛盾的不彻底态度。他指出，康德关于理性矛盾的必然性的发现，是近代哲学的一个最重要的进步，这比否认矛盾的形而上学观点前进了一步。但是，康德认为，矛盾之所以产生，只是由于理性企图去认识世界的本质（即所谓四种"二律背反"），因此矛盾只存在于理性之中，只是主观的东西，而并不属于客观世界本身。黑格尔指责说，这是出于对世界事物的一种"过度的温情主义"。在他看来，矛盾不仅存在于人们主观的反思中，而且存在于一切对象和事物之中，因此它同样也是客观的。并不是当人们应用思想范畴去把握世界时才陷于矛盾，而毋宁说整个世界本身就充满着矛盾。而且矛盾也绝不止康德所列举的四种，实际上在一切种类的对象里，在一切表象、概念和理念里都可以发现矛盾，"知道这点并且认识一切对象之矛盾性乃是哲学思考的本质"。

就承认矛盾的普遍性这一点而论，黑格尔的辩证法思想显然要比康德高明得多。尤其是，在康德那里，理性矛盾的辩证法只是起着消极的作用，似乎只是证明理性认识世界的无能，而黑格尔则是从积极的意义上肯定了思维的辩证法，因为他认为理性的威力正在于认识和把握住矛盾，又能在矛盾中把握住自身。

黑格尔对康德的批判，还远不止上面列举的几点。但从以上几点也就可以看出这一批判对辩证法思想的发展具有多么重大的意义了。

在讨论思想对客观性的第三种态度时，黑格尔批判了雅柯比（1743—1819年）的直接知识论。黑格尔的批判不仅是针对雅柯比个人，而且也是针对当时提倡非理性主义和神秘主义认识论的整个浪漫派思潮的。

黑格尔认为，雅柯比的出发点虽和康德不同，但达到的结果却都是认

---

① 《列宁全集》第38卷，第181—182页。

为思想不能把握真理。在雅柯比看来，由思想得到的间接知识只是对于有限事物的知识，其内容只是个别的、有限的，因此要追求真理和无限，就只有借助于直接知识、信仰，或人们所谓的灵感、内心的启示之类的东西。黑格尔批评这种以信仰为基础的直接知识是非常武断和贫乏的，他反对把直接性和间接性绝对对立起来，而主张二者的统一："知识的直接性不唯不排斥间接性，而且二者是这样结合着的：即直接知识实际上乃是间接知识的产物和结果。"黑格尔反对单纯的直接知识，而强调间接性的作用，这和他在《精神现象学》中反复说明的观点是一致的，那就是认为对真理的认识不是一蹴而就，不是一次完成，而需要经过中介和自身矛盾展开的过程，需要有一个发展、教育和学养的历程，这样才能把握住真理的全部丰富的内容。

黑格尔还毫不留情地揭露了直接知识论所必然导致的恶果，那就是完全把真理当作主观的东西，判断真理全凭主观的信仰。这样的话，"把一切的迷信和偶像崇拜均可宣称为真理，并且对任何毫无道理并违反道德内容的意志要求，均可进行辩护"。黑格尔对这种不根据理论和推理而单凭信仰的直接知识论是评价很低的。

# 四　"有论"中的几个问题

黑格尔的逻辑学是关于概念的自己运动的科学。因此，根据概念发展的不同阶段，他把逻辑学分为三部分："有论"、"本质论"和"概念论"。在"有论"中谈的是思想的直接性，亦即概念之自在或潜在性；在"本质论"中则研究思想的反映或间接性，亦即概念之自为和映现；到了"概念论"，思想回复到自身并在自身中发展，亦即概念之自在和自为。他把前两部分称为客观逻辑，把后一部分称为主观逻辑。

（一）关于逻辑学的开端

黑格尔的逻辑学是从"有论"开始的，他的全部逻辑体系的出发点是"有"，或更确切地说，是"纯有"。黑格尔专门写了一节"必须用什么作科学的开端？"来解释这一点。

在《精神现象学》里，黑格尔也曾面临科学的认识从哪里开始的问题。在那里他从意识自身的经验出发，把"感性确定性"作为认识的开端，这在他看来多少是不证自明的。但在逻辑学中情况就不同了，逻辑学不能依据意识的经验，因为它不像《精神现象学》那样是意识的科学，而是关于纯思维（即脱离了人的思维抽象）的科学，或者叫做"纯科学"。因此，他认为，逻辑的开端不能到经验中去寻找，而只能从自己本身来得到论证。

黑格尔承认，要找出哲学的开端是困难的，因为这个开端必定或者是间接的东西，或者是直接的东西，而无论是这一个或那一个，又都会遇到反驳。他的解决方法是：这个开端既是间接的，同时又是直接的。"无论在天上、在自然中、在精神中或任何地方，都没有什么东西不同时包含直接性和间接性，所以这两种规定不曾分离过，也不可分离，而它们的对立便什么也不是。"① 具体地说，逻辑是"全面发展的纯粹的知"，而"纯知"则是《精神现象学》中意识所达到的最后结果，因此逻辑学的开端是间接的，它要以整个精神现象学为中介。但是，作为逻辑学开端的那个"纯知"又是单纯的直接性，它完全不以任何东西为中介，它本身究竟是什么还一无所知，有待于进一步加以规定和发展。黑格尔说，这种单纯直接性的真正名称是"纯有"，它并没有任何进一步的规定，只是"有"，此外什么也不是。

在讨论逻辑的开端时，黑格尔提出了关于认识、概念的圆圈式发展的思想。他说，科学的整体本身是一个圆圈，其中开端和终结是相互合一的。最初的开端是极其简单、贫乏、抽象和空洞的，随着逻辑的前进运动，它逐渐得到发展，变得丰富而具体，这个结果是从开端中演绎出来的东西，是开端的概念的充分展开和发展，只有到那时才能对开端真正有所认识。"开端的规定性，是一般直接的和抽象的东西，它的这种片面性，由于前进而失去了；开端将成为有中介的东西，于是科学向前运动的路线，便因此而成了一个圆圈……那个造成开端的东西，因为它在那里还是未发展的、无内容的东西，在开端中将不会被真正认识到，只有在完全发展了的科学中，才有对它的完成了的、有内容的认识，并且那才是真正有

---

① 黑格尔：《逻辑学》上卷，第52页。

了根据的认识。"①

黑格尔关于逻辑学的开端的看法，引起了各式各样的批评。最值得注意的是费尔巴哈的批评。作为一个坚定的唯物主义者，费尔巴哈认为，黑格尔关于开端的概念本身就成问题，他责问说："为什么一般地要有这样一个开端呢？难道开端的概念不再是一个批判的对象，难道它是直接真实并且普遍有效的吗？为什么我就不能在开始的时候抛弃开端的概念，为什么我就不能直接以现实的东西为依据呢？"② 他说，黑格尔从"有"的概念或抽象的"有"开始，为什么就不能从"有"本身、从现实的"有"开始呢？他认为，黑格尔的根本错误在于，"并不是从思想的对方开始，而是从关于思想的对方的思想开始"。他还批判了黑格尔关于开端和终结同一的思想，指出黑格尔的思辨的秘密就是：只要你承认了开端，也就必然要得到这样的终结，因为终结是早已潜在于开端之中的。一旦承认了作为逻辑的开端的"有"，也就承认了作为逻辑终结的绝对理念，因为"有"本身就是具有直接性的理念，从"有"到绝对理念的整个过程是早已安排好了的。因此，在黑格尔那里，绝对理念就是"潜在的逻辑"。

费尔巴哈对黑格尔的批判是击中要害的，但他的缺点在于只看到黑格尔观点的唯心主义错误性质，而忽略了它在方法论上的重要意义。例如，他不理解，黑格尔把逻辑的进程看作从抽象到具体的发展，作为一种研究方法来说具有一定的合理性，因为它符合于认识发展的辩证法。他只看到黑格尔把抽象的东西作为开端的错误，而把合理的东西也一起抛弃掉了。马克思就不是这样。马克思一方面深刻地批判了黑格尔的唯心主义错误，另一方面又肯定从抽象到具体是"科学上正确的方法"。他说，在科学研究中从实在和具体开始，从现实的前提开始，似乎是正确的，但更仔细考察一下就能发现这是错误的。"具体之所以具体，因为它是许多规定的综合，因而是多样性的统一。因此它在思维中表现为综合的过程，表现为结果，而不是表现为起点，虽然它是现实中的起点，因而也是直观和表象的起点。"所以正确的科学研究方法应该是从一些最简单的、抽象的概念出

① 黑格尔：《逻辑学》上卷，第56—57页。
② 《费尔巴哈哲学著作选集》上卷，生活·读书·新知三联书店1959年版，第51页。

发，逐步走向越来越丰富复杂、越来越具体的概念，或者叫做"抽象的规定在思维行程中导致具体的再现"。马克思指出，黑格尔的错误在于把人们对具体事物的认识过程和具体事物的产生过程混为一谈了。"因而黑格尔陷入幻觉，把实在理解为自我综合、自我深化和自我运动的思维的结果，其实，从抽象上升到具体的方法，只是思维用来掌握具体并把它当做一个精神上的具体再现出来的方式。但绝不是具体本身的产生过程。"① 再例如，费尔巴哈对黑格尔关于认识的圆圈式发展的思想，也缺乏一分为二的正确估价。黑格尔的唯心主义的潜在说是错误的，但他以唯心的歪曲形式深刻地反映了认识的矛盾进展的辩证法。费尔巴哈的批判是过于简单化的，因为在黑格尔那里，开端与终结的同一绝不是意味着二者完全相等，毫无区别。实际上，从开端到终结是一个矛盾发展的过程，在开端中矛盾潜藏着，到终结时则矛盾得到了充分的展开。从形式上看，这种概念运动似乎是回复到自身的发展，但这不是简单地回到开端，不是循环论，而是否定的否定，因为开端时简单而又抽象的概念，到终结时已变得无比丰富而具体了。所以列宁对黑格尔关于认识的圆圈式发展的思想是作充分肯定的，认为"圆圈"的说法是一个非常深刻而确切的比喻，并指出"人的认识不是直线（也就是说，不是沿着直线进行的），而是无限地近似于一串圆圈、近似于螺旋的曲线"②。

（二）"有"——"无"——"变"

照黑格尔的说法，作为开端的"有"，是无规定的直接的东西，这种无规定性也就构成它的质。由于这样的"有"是纯粹无规定的空洞的东西，所以比"无"恰恰不多也不少，实际上就是"无"，于是从"有"就产生了第二个概念——"无"。"无与纯有是同一的规定，或不如说是同一的无规定，因而一般说来，无与纯有是同一的东西。"③

在黑格尔看来，"有"与"无"是统一的，每一现实事物或思想中，都同时含有以上二者。但这种看法却被某些人作为怪论而拒不接受。"片

---

① 《马克思恩格斯选集》第 2 卷，第 103 页。
② 《列宁全集》第 38 卷，第 411 页。
③ 黑格尔：《逻辑学》上卷，第 70 页。

面的抽象思维经常把自己称为健全的人的知性，它否认有与无的结合。或者是有，或者是无。第三者是没有的。"① 黑格尔在这里所说的"健全的人的知性"，指的就是与辩证思维对立的形而上学思想方法。形而上学者把"有"与"无"看作绝对对立的东西，二者互相排斥，没有任何共同之处，也不能相互转化。他们在绝对不相容的对立中思维，使"有"与"无"这两个概念变成了固定的、僵死的东西。"在他们看来，一个事物要么存在，要么就不存在；同样，一个事物不能同时是自己又是别的东西。"②

　　与形而上学观点相反，黑格尔论证了"有"与"无"之间并没有一条不可逾越的鸿沟，它们是可以相互转化的，这就得出了一个新的概念——"变"。他指出，"有"与"无"固然是统一的，但这里的真理并不是二者的无区别，而是二者并不同一，二者有区别，并且每一方都直接消失在对方之中。所以"有"与"无"的真理就是"一方消失于另一方之中的运动，即变"。因此，"有"与"无"的统一本身包含着区别并建立了区别，只有凭借区别，才能理解这种统一。"变"不仅是"有"与"无"的统一，而且是"内在的不安息"。"有"与"无"在有区别时，才发生"变"。所谓"变"，也就是过渡，"有过渡到无，无过渡到有，为变的原则"。这里可以看到"变"的两个环节：从"有"过渡到"无"，就是消灭；从"无"过渡到"有"，就是发生。"两者都同样是变，它们虽然方向不同，却仍然相互渗透、相互制约。""有"与"无"在其统一（"变"）中，只是作为消逝的东西、被扬弃的东西，但它们不是相互扬弃，不是一个在外面将另一个扬弃，"而是每一个在自身中扬弃自己，每一个在自身中就是自己的对立物"③。因此，不仅"有"与"无"是对立的，而且这两个概念本身也包含对立，区别是内在地发生的，并导致自己扬弃自己。概念发展的源泉完全不在外部，而在于概念自身的矛盾。

　　黑格尔不满足于"有"与"无"的一般的对立统一，而力图去寻找

① 黑格尔：《哲学初阶》。
② 《马克思恩格斯选集》第3卷，第61页。
③ 黑格尔：《逻辑学》上卷，第97页。

更高的第三者。这正是他的辩证法思想的高明之处。在他看来，"有"与"无"毕竟只是空虚的抽象，只有第三者——"变"才是第一个具体的思想。他说："无论在什么地方，用什么方式谈到有与无，都必定有这第三者；因为有、无并不自为地持续存在，而只是在变中，在这第三者中。"①所以，"有"与"无"自身辩证的、内在的本性，就是把"变"表现为它们的真理。如果说，"有"是肯定，"无"是否定，那么"变"就是否定的否定。"变"不仅是黑格尔逻辑学中第一个重要的范畴，而且始终贯穿于他的整个辩证法体系，成为他的世界观的中心思想之一。一切都处于不断的变化和发展中，一切都在不断地产生和消灭，"一切有的东西，在出生中，本身就有它消逝的种子，反过来，死亡也是进入新生的门户"②。黑格尔的这种变的思想，可以说是由法国大革命所造成的西欧社会大变革和自然科学新发现所引起的科学变革，在他思想上的直接反映。

在黑格尔那里，"变"不是消极的，而会导致积极的结果。"变"是作为一种完全不安息状态呈现在我们面前，但它又不能在这种抽象的不安息中保证其自身。不仅"有"与"无"会在"变"中消失，而且"变"也必然会消失，但结果不是空虚的无，而是与否定相同一的"有"，即"实有"。"实有"是具有某种规定性或性格的"有"，它的这种规定性或性格就是"质"。黑格尔就是这样地以唯心的、歪曲的形式，通过"变"而提出了关于质的规定性的问题。

（三）量变和质变

"有论"中另一个重要问题是关于质和量的相互关系问题。黑格尔在"尺度"这一部分中阐明了从量变到质变的辩证法规律。

尺度是质和量的统一，是二者的真理。尺度是有质的量，也可说是完成的"有"。"有"最初还是完全抽象而无性格的东西，在尺度中则达到了完成的性格，成为有质有量的确定的东西。对于质和量来说，尺度是第三者。黑格尔认为，康德的缺陷就在于找不到这第三者，因而不能说明质和量的对立统一关系。他认为，不能把质和量形而上学地割裂开，它们是

---

① 黑格尔：《逻辑学》上卷，第83页。
② 同上书，第71页。

可以相互过渡的。质过渡为量，量又回复到质，"关于这种双重过渡的必然性的考察，对整个科学方法来说，是很重要的"。这双重过渡乃是关于量变和质变的辩证法规律的前提。

作为尺度的两个环节，质和量在某种程度上保持着自己的性质，各要求其独立的效准。因此，在一定时间内量的变化可以不影响质，但有一定的限度，一旦超出限度，量变就会引起质变。因此，一切实有的东西都有一个尺度，都有一定的大小，这种大小属于某物自身的本性，这种大小的改变会导致改变某物的质，使之不再是某物。因此，尺度实际上是事物的规定，使量变不超出它的质的范围。一旦超出了质的范围，就是所谓无尺度。当然，无尺度也是一种尺度，但它是一个新的尺度，是新的质和量的统一体。黑格尔的这一思想的合理性在于，对任何事物都必须在一定的质量统一的范围内加以考察，离开这个范围而进行抽象的议论，就会走向谬误。这是符合于对具体事物作具体分析的辩证法基本要求的。

黑格尔在研究量变和质变的相互关系时，把渐变（渐进性）和飞跃这两个范畴作为发展过程的不同环节而加以论证。

黑格尔认为，事物的变化一般地先要经过量变，这往往是一个渐进的过程，即渐变。在实有中，量的规定性是双重的，一方面是它与质相连，另一方面是它可以增减而不影响到质，但超过了一定的尺度，就会导致一种质或某物的消失。渐变只涉及事物的量的大小，只涉及变化的外在方面，而不涉及变化的质的方面。因此，单纯用渐进性既不能真正解释从一种质向另一种质的过渡，也不能真正解释旧质的消灭和新质的产生。事物发展中的质变是通过不同于渐进性的另一种形式，即飞跃来实现的。当然，这种质变、飞跃并不是与渐进的量变无关，而是在量变积累的基础上进行的。量变一方面与质变相对立，另一方面又为质变准备了前提。从量变转化到质变的交错点，叫做"尺度关系交错线"。这条线是量变的极限，一旦达到了这条线，渐进性的发展过程立即中断，而让位于飞跃，于是旧质就被新质所代替。黑格尔说："一切生和死，不都是连续的渐进，倒是渐进的中断，是从量变到质变的飞跃。"①

---

①　黑格尔:《逻辑学》上卷，第404页。

形而上学的观点把发展仅仅看作量的渐变而否认质的飞跃，例如莱布尼茨就公开主张"自然是不飞跃的"。黑格尔坚决批驳了这种观点，为发展中的飞跃形式作了有力的论证。关于量变可能导致质变的问题，早在古希腊哲学中已经有所认识，但在黑格尔以前，谁也没有对量变和质变的区别、联系和相互转化达到这样全面而深刻的理解，谁也没有像他那样把量变转化为质变提到规律的高度来看待。

应该指出，黑格尔在这里也还是有缺陷的。与《精神现象学》相比，他在逻辑学中对量变转化为质变的规律的理论论证是前进了一步，但对这个规律的社会革命含义的阐明却比以前后退了。过去他把法国大革命作为飞跃的突出例证，在逻辑学中则对此避而不谈。尤其是他给这个规律披上唯心主义的外衣，把量、质、尺度说成是绝对理念发展中的不同逻辑阶段，似乎量变只是为了达到质变的目的的所谓"概念的机巧"。因此从量变到质变的规律就不是客观物质世界所固有的，而只属于概念自身。这样，这个规律就在他那里被神秘化了。

# 五 "本质论"中的几个问题

黑格尔从"有"进到本质。本质论构成他的逻辑学的第二部分，恩格斯认为它是"主要部分"或"最重要的部分"，因为在这部分中探讨了辩证法的最基本的规律，即对立统一规律，并应用这一规律对一系列重要哲学范畴作了辩证的解释。如果说在"有论"中，对立统一规律主要被用于解释事物的外在的变化过程、从某物到他物的过渡；那么到了本质论，就进入对事物的内在关系的分析，多方面地揭示出对立面的相互依存和斗争构成事物的内在本质，从而使对立统一规律得到了更深刻的全面的展示。

（一）同一——区别——矛盾

在本质论中，最重要的是讲反思规定的那一章。在那里，黑格尔探讨了同一性、区别、矛盾这些依次相继的反思规定，提出了一个完整的矛盾学说。这在哲学史上是前所未有的，对辩证法思想的发展起了极大的推动作用。

黑格尔的矛盾学说从讲同一开始，它是本质范围内的矛盾运动的出发点。在以前，人们对同一性的理解表现为形式逻辑的同一律和矛盾律，就是说，一切事物都是与它自身等同的，即 A＝A，或者从反面说，A 不能同时既是 A 又不是 A。黑格尔认为，这是抽象的或形式的同一，亦即排除任何区别的同一，它不过是毫无意义的同语反复的空话，因为它丝毫也不能提供任何新知识。专门倡导这种抽象的形式逻辑定律的经院哲学，早已在人类的健康常识和理性哲学面前威信扫地了。

黑格尔指出，对于同一的真正意义加以正确理解极其重要，而首先必须注意，绝不能把同一理解为排斥一切区别的抽象的同一。这是真正配称为哲学的那种哲学有别于一切坏哲学的关键所在，换言之，也就是辩证法区别于形而上学的关键所在。与抽象的同一相对立，黑格尔提出了具体的同一这个概念，具体的同一不仅不排斥差异，而且自身就包含着差异。在他看来，同一本身是一个有差异的东西，所以同一的概念如果没有差异的概念，就会是无法想象的、不可思议的，反之亦然。他批评那些把同一和差异完全对立起来的人说："由于他们死抓住以差异为其对立面的这个不动的同一，所以他们看不到他们这样做时，就是把同一造成了片面的规定性，而这样的规定并不具有真理"，而"真理只有在同一与差异的统一中，才是完全的"①。

黑格尔对形式逻辑定律的批评正确到何等程度，这是有争论的。应该承认，形式逻辑的同一律和矛盾律反映了在一定条件下进行思维的基本原则，在一定范围内是有效准的，现代数理逻辑的发展也还是要承认这些定律的作用，而黑格尔则显然对这些定律估计不足。他甚至认为它们根本不是思维规律，而是思维规律的反面。但是，他这样的看法是有历史原因的，因为当时占统治地位的形而上学思维方法确实是以形式逻辑定律为基础的。正如恩格斯所说，"旧形而上学意义下的同一律是旧世界观的基本原则：A＝A。每一个事物和它自身同一。一切都是永久不变的，太阳系、星体、有机体都是如此"。② 形而上学思维方法片面地夸大形式逻辑定律的作用，把它们绝对化了，使之成为观察一切事物的固定不变的原则，这就

---

① 黑格尔：《逻辑学》下卷，第 33 页。
② 《马克思恩格斯选集》第 3 卷，第 538 页。

造成了严重的思想僵化。黑格尔的功绩在于深刻地揭示了形式逻辑定律的局限性和内在矛盾，从而摧毁了形而上学世界观的思想基础。恩格斯充分评价了黑格尔的这个功绩，肯定了他对形而上学的抽象同一性的批判的重大意义，并具体说明无论在无机界或有机界，抽象的同一性都是不适用的。

黑格尔所说的具体的同一性，实际上就是对立面的同一。当然，这种同一是建立在唯心主义基础上的，例如他所说的思维与存在的统一就把客观世界统一于思维，但这里的同一也是指对立面的矛盾统一，而绝不能理解为形而上学的等同。这一点在一定程度上连费尔巴哈也是承认的，他在《黑格尔哲学批判》中说，谢林的"同一哲学"只看到统一而忽略差异；相反的，黑格尔的特征要素"乃是差异的要素"。黑格尔对同一性的这种辩证的理解，在哲学史上是一个创举。

照黑格尔的说法，事物本身在同一中有矛盾，在自身等同中就有不等同，所以就从同一过渡到区别。他首先对区别这个范畴进行分析，把区别看作同一本身的本质的环节，并强调这种区别是自在、自为的区别，不是由于一个外在物而来的区别，而是由它自身而来的区别。当然，区别本身有一个发展过程，它起初表现为差异，"所谓差异即不同的事物，按照它们的原样，各自独立，与他物发生关系后互不受影响，因而这关系对于双方都是外在的"①。由于不同事物的差异的关系是外在的，所以区别不在它们之内，而在第三者，即把它们进行比较的主体。例如，一支笔和一头骆驼是有差异的，但它们并无内在联系，只是由于人们把它们加以比较才有区别，所以这是低级的区别。更高级的区别是对立，它是本质的区别，事物自身的区别。"在对立中，有差别之物并不是一般的他物，而是与它正相反对的他物，这就是说，每一方只有在它与另一方的联系才能获得到它自己的规定，此一方只有反映另一方，才能反映自己。另一方也是如此。所以，每一方都是它自己的对方的对方。"② 对立是从差异发展而来的，在对立中，处于对立地位的相异的东西不是彼此不相干的东西，而是相互间

---

① 黑格尔：《小逻辑》，第 251 页。
② 同上书，第 254—255 页。

有着内在的必然联系。差异固然也包含着矛盾，但矛盾还只是潜在的，而发展到对立，矛盾就进一步展开了。因此，从区别到矛盾的过渡是通过对立而实现的。

黑格尔认为，"区别一般已经是自在的矛盾"，矛盾是由同一、区别发展而来，而且代表着更高的阶段。他说："同一、差异和对立之过渡为矛盾，正像它们之过渡为它们的真理一样，假如同一、差异和对立这几个最初的反思规定都用了一个命题来提出，那么，矛盾这一规定就更加应该用'一切事物本身都自在地是矛盾的'这一命题来包括和表达"，又说，这个命题比其他命题更加能表述事物的真理和本质。①

黑格尔关于矛盾的论述，是本质论中最精彩的篇章之一。他的看法可以概括如下：第一，矛盾是无所不在的、普遍的，"天地间绝没有任何事物，我们不能或不必在它里面指出矛盾或相反的特性"。没有矛盾，就没有整个世界。第二，矛盾不仅存在于人的理性中，而且是事物本身所固有的，是客观地存在的。第三，矛盾有一个发展过程，首先孕育于同一之中，然后采取差异和对立这样一些逐步上升的形式，在事物的整个发展过程中存在着自始至终的矛盾运动。第四，矛盾不是偶然的不正常现象或暂时的病态发作，而是一种完全正常的、必然的现象，它是"一切自己运动的根本，而自己运动不过就是矛盾的表现"。第五，矛盾是发展的真正的源泉和动力，矛盾是比同一更深刻、更本质的东西，"因为同一与矛盾相比，不过是单纯直接物、僵死之有的规定，而矛盾则是一切运动和生命力的根源；事物只因为自身具有矛盾，它才会运动，才具有动力和活动"②。

有形而上学思想的人总是害怕矛盾，害怕否定。用黑格尔的话来说，"非思辨的思维"对于矛盾，就像自然对于空虚那样怀着恐怖。他们最多只承认不同事物之间可能存在矛盾，而根本否认同一个事物本身中包含矛盾。甚至对辩证法的发展作过贡献的大哲学家如亚里士多德，也断言不能同时既肯定又否定同一个东西，因此在同一个东西中也就不可能同时存在相互对立的规定。还有一些哲学家虽然并不否认矛盾，却怀疑矛盾的真实

①  黑格尔：《逻辑学》下卷，第65页。
②  同上书，第66页。

性。例如被黑格尔称为"辩证法的创始者"的古希腊哲学家芝诺，他首先指出了运动的矛盾性，但他认为正由于运动的观念中包含矛盾，所以运动是不真的，他还提出有名的反驳运动的四个证明，借以说明运动没有真理性。在哲学史上，黑格尔第一个对矛盾作出肯定的、高度的评价。在他看来，矛盾不仅包含否定，也包含肯定，"矛盾的结果并不仅仅是零"。他常常爱说这样一句话："矛盾引导前进。"他正是勇于正视矛盾，揭露矛盾，把认识一切对象的矛盾性当作哲学思考的本质。他把整个自然界、历史和精神的发展都看作一个矛盾的过程，从而结束了把世界看作一成不变的无矛盾的自身同一的那种形而上学观点的统治。这确实是一个重大的历史功绩。

在《哲学笔记》中，列宁对黑格尔的矛盾学说作了很高的评价，同时又指出必须揭发、理解、拯救、解脱、清洗黑格尔主义的实质。这就需要揭露和批判这一学说中由于唯心主义体系而造成的一些根本缺陷。首先，黑格尔的唯心主义哲学的错误前提妨碍他去正确地认识矛盾的真实性质，他主要到概念和逻辑范畴中去发现矛盾，而不是把矛盾的概念看作客观世界中的矛盾的反映。这样，他就把概念运动中的矛盾看作第一性的东西，把客观世界中的矛盾反而当作第二性的东西，犯了本末倒置的错误。马克思指出，真正哲学的批判要揭露实际存在的矛盾，要理解这些矛盾的根源和必然性，"但是，这种理解不在于像黑格尔所想象的那样到处去寻找逻辑概念的规定，而在于把握特殊对象的特殊逻辑"。其次，黑格尔由于保守体系的影响，往往对矛盾采取调和态度，他认为矛盾在根据中得到了调和，强调调和矛盾的所谓中介作用。马克思曾深刻地批判过他的这一错误："真正的极端之所以不能被中介所调和，就因为它们是真正的极端。同时它们也不需要任何中介，因为它们在本质上是互相对立的。"① 最后，黑格尔的矛盾发展观点仍是不彻底的。按辩证法的观点，除了矛盾发展的无限过程以外，世界上没有任何绝对的、最终的东西，而黑格尔则屈服于体系的要求，把绝对理念的自我认识宣布为世界发展的终点，从而最后取消了矛盾。

---

① 马克思:《黑格尔法哲学批判》。

（二）用对立统一的观点去加以解释的某些哲学范畴

本质论另一个重要贡献在于，黑格尔用对立统一规律去解释一些历来被人形而上学地割裂开的哲学范畴，从而大大地丰富了辩证法的具体内容。这里只能谈几对最主要的范畴。

第一，形式与内容。在过去，以康德为代表的一些哲学家，把形式与内容分割开和对立起来，认为直接的感觉材料本身是混沌一团，并无形式，形式只是人的主观理智赋予它们的。黑格尔反对这种看法，而认为形式与内容应是辩证的统一。他说："关于形式与内容的对立，主要地必须坚持一点：即内容并不是没有形式的，反之，内容既具有形式于自身内，同时形式又是一种外在于内容的东西。"他认为，形式与内容的绝对的相互关系，就是二者的相互转化，"所以内容非他，即形式之转化为内容，形式非他，即内容之转化为形式。这种互相转化是思想最重要的规定之一"①。

一般来说，黑格尔在形式与内容的统一中赋予内容以决定性的地位，但他反对某些人忽视形式，把形式看作不重要的无独立性的一面，而主张二者同样都是重要的。他以艺术作品为例，说明完美的形式和卓越的内容都不可缺少，只有二者彻底统一，才能产生真正的艺术品。如果说某一艺术品具有卓越内容，可惜的是没有找到适当的形式，那么这种说法就只是很坏的自我解嘲，因为如缺乏适当的形式，这作品就不能算真正的艺术品。他说，"《伊里亚特》之所以成为有名的史诗，是由于它的诗的形式，而它的内容是遵照这形式塑造或陶铸出来的。同样，又如莎士比亚《罗密欧与朱丽叶》悲剧的内容，是由于两个家族的仇恨而导致一对爱人的毁灭，但单是这个故事的内容，还不足以造成莎士比亚不朽的悲剧"②。在他看来，无论是在艺术或其他领域，内容的真理和价值主要建立在内容自身与形式的统一之上。

黑格尔主张形式与内容不可分割，形式是内容所固有的，因此他在承认内容的客观性的同时，也就承认形式是客观的。他的缺点是只强调形式

① 黑格尔：《小逻辑》，第278页。
② 同上书，第279—280页。

与内容的统一，而忽视二者之间的矛盾和斗争。列宁在概括辩证法的要素时指出的第十五点就是："内容和形式以及形式和内容的斗争。抛弃形式、改造内容。"① 马克思主义认为，形式与内容的统一是建立在二者的矛盾的基础上的，随着事物的发展，形式往往落后于内容，于是旧形式与新内容便发生矛盾冲突，直至消灭旧形式，建立与新内容相适应的新形式，从而达到形式与内容的新的统一。这种革命的理解在黑格尔那里是看不到的。

第二，本质与现象。在过去哲学史上，这两个范畴也没有被人用辩证的观点去对待。不可知论者康德把本质和现象截然割裂成两个互相隔绝的世界，似乎人的认识对象只限于现象世界，至于现象背后的本质即"物自体"，则是认识永远达不到的。以休谟为代表的主观唯心主义经验论者，则只承认感官所感触到的现象世界是唯一真实的实在，根本否认感觉之外还有什么事物及其本质的问题。黑格尔批判了这些错误的看法，对本质和现象的关系作出了新解释。

在黑格尔看来，现象与本质表现着事物的外在方面与内在方面的统一，人的认识就是从现象逐渐深入到本质的过程，现象与本质之间并无不可逾越的鸿沟。他说："有是直接的东西。由于知要认识真的东西，即自在和自为之有那样的东西，所以知并不停留在直接的东西及其规定上，而是透过直接的东西里面，认定在这个有的后面，还有某种不同于有本身的他物，认定这种背景构成了有之真理。"② 认识不能停留在直接性上，因为事物的直接存在只不过像一个空壳或帷幕，在这里面或后面还蕴藏着本质，而认识的深化运动就是深入到事物的本质中去。

那么，本质与现象之间是什么关系呢？黑格尔说，直接的有固然是非本质的、是映象（所谓映象也就是康德所说的现象），但映象和本质并非漠不相关，而是对立的统一。因为映象不是一个他物的映象，而是本质自身的映象，本质只是与非本质相对立而存在，本质需要非本质的东西来反映自己，所以映象在某种程度上也是本质的表现。列宁曾举例说明："河

---

① 《列宁全集》第 38 卷，第 239 页。
② 黑格尔：《逻辑学》下卷，第 3 页。

水的流动就是泡沫在上面，深流在下面。然而就连泡沫也是本质的表现！"① 因此，黑格尔反对把映象和本质完全对立起来，而把映象看作本质的一个规定、一个环节。他说："映象就是本质自身，但这是在一种规定性中的本质，这样，这种规定性就只是本质的一个环节，而本质则是其在自身中的映现。"②

黑格尔所说的现象和映象有微妙的区别，我们可暂且不论，只需知道现象是比映象更高的范畴，因为现象是本质的显现，是本质的存在。在他看来，本质应该表现出来，本质只有表现成为现象，才能证实它是真正的本质。因此，本质并不是在现象之外的某种东西，而只是表现为现象的那种东西；同样地，现象也不是与本质无关的东西，而就是本质的表现。如果我们真正彻底认识了现象，也就认识了本质。这样，黑格尔就在唯心主义所允许的范围内，从坚持本质和现象的辩证统一的观点出发，驳斥了康德的不可知论。

黑格尔在谈论现象和本质时，还探讨了"现象的规律"这个重要范畴。在他看来，规律不是从外面强加于现象界的，而即存在于现象中，是现象本身所固有的。规律是现象的基础，所以它是本质的现象，是反映本质的，但这种反映只是"静止的反映"，它反映的是现象中稳定不变的东西。但这也就使规律具有一定的狭隘性，因为现象之中固然有某种稳定的静止的内容，这种东西构成规律，可是现象本身却表现为不静止的更迭交替和不断变化。因此，规律固然反映本质，却不能包括现象的全部多样性，现象总是比规律更丰富。"现象与规律对比起来，就是总体，因为它包含规律，但还多一些，即自身运动的形式这一环节。"③ 所以黑格尔一方面重视规律，把它和认识从现象到本质的深化过程联系起来，另一方面又指出规律的局限性，反对把它绝对化、偶像化。列宁非常赞赏黑格尔关于规律是现象的静止的反映这一提法，认为"这是极其唯物主义的、极其确切的（从'静止的'这个词来看）规定。规律把握住静止的东西——因

① 《列宁全集》第38卷，第134页。
② 黑格尔：《逻辑学》下卷，第13页。
③ 同上书，第145—146页。

此，规律、任何规律都是狭隘的、不完全的、近似的"①。

第三，可能性与现实。在这里，黑格尔着重研究了可能性如何转化为现实的问题，值得注意的是关于两种可能性的理论。他说，现实最初只是一种可能性，"什么是现实的，就是可能的"。这样的可能性还只是属于主观思维的一种抽象，还只是形式的可能性，"就这种形式的可能性意义上说，一切不自相矛盾的东西，都是可能的；可能性的王国因此是无边无际、花样繁多的"②。黑格尔指出，抽象的理智往往喜欢谈论这种形式的可能性，实际上却很无聊，因为任何内容都可以用抽象的形式去设想，只要把一个内容从它所有的许多关系中分离出来，那么无论多么荒谬的内容，就都可被看作是可能的了。他挖苦说，用这种形式的可能性去设想，就可以说月亮今晚可能落到地球上来，而土耳其皇帝也可能成为罗马教皇。这是用抽象形式去玩弄充足理由律，所以只要找到一个什么理由，就可以说任何事物都是可能的。这种抽象的形式可能性毫无价值，一个人对于客观事物的确定关系愈是缺乏认识，他在观察事物时就愈会驰骛于各种空疏的可能性里。有理性并有实践精神的人，绝不能受这种可能性的欺骗，而必须坚持要把握现实。

形式的可能性不是现实，它在实际上等于不可能性。要达到现实，需要有实在的可能性。所谓实在的可能，首先是"富于内容的可能"，它是与形式的可能性相对立的。黑格尔说："假如人们深入一件事情的规定、环境、条件，以便从而认识其可能，那么，人们便不会停留在形式的可能上，而要考察其实在的可能了。"形式的可能根本不顾某一事物成为现实所需的条件和环境，相反的，"实在的可能性构成条件的整体"，"一件事情的实在可能，就是与这事情相关的环境的实有的多样性"③。如果一件事情的一切条件都完全具备，那它就进入了现实，所以在这里具有决定意义的是事情的内容，而不是抽象而空洞的形式。因此，黑格尔认为，"一个事物是可能的还是不可能的，取决于内容，这就是说，取决于现实性的各

---

① 《列宁全集》第 38 卷，第 159 页。

② 黑格尔：《逻辑学》下卷，第 195 页。

③ 同上书，第 200 页。

个环节的全部总和，而现实性在它的开展中表明它自己是必然性"①。因此，实在的可能性是和必然性联系在一起的。由于实在的可能性在自身中具有现实的环节，它本身就已经是必然，具有实在可能性的事物只能以这种方式出现，因为在这样的条件和环境之下，该事物不可能有其他的结果。

第四，偶然与必然，自由与必然。黑格尔关于偶然与必然的论述，是和可能性与现实交叉在一起的。按他的说法，现实是从可能性开始的，现实与可能的统一就是偶然。他又把可能性与偶然性看作现实的两个环节，可能性是现实的内在的一面，而偶然性则是其外在的一面。一般来说，所谓偶然性就是指一个事物存在的根据不在自身而在他物之中，所以它既没有根据，又有根据。说它没有根据，是因为它是偶然的东西，没有内在的根据；说它有根据，同样也因为它是偶然的，不能没有任何根据而产生，所以就有一个根据。

黑格尔认为，偶然性虽只是现实的一个方面，不能与现实相混淆，但它在许多领域（自然界以及语言、法律、艺术等）中仍起重要作用，科学、特别是哲学的职责就在于从偶然性的假象里去认识潜藏着的必然性。因此，他并不否认偶然性的地位和作用。但更重要的是他辩证地解决了偶然与必然的相互关系。在他看来，二者之间并没有绝对的界限，而是相互联系和转化的：偶然性的背后有必然性，而必然性则通过偶然性而表现出来，在一定情况下，偶然的东西就是必然的，而必然性自己规定自己为偶然性。他说："实在的必然，事实上又自在地是偶然。——这一点是这样表现的：实在的必然物，就形式看，诚然是一个必然物，但就内容看，却是一个被限制的东西，并由于内容而有其偶然性。不过偶然也包含在实在必然的形式之中。"②

在哲学史上，机械论者（从德谟克里特、斯宾诺莎到霍尔巴赫）把偶然性和必然性抽象地、绝对地对立起来，认为它们是两个永远互相排斥的规定。他们一般否认偶然性的存在，或是把偶然性都说成必然性。黑格尔

---

① 黑格尔：《小逻辑》，第 300 页。
② 黑格尔：《逻辑学》下卷，第 204 页。

第一次彻底打破了这种形而上学观点，现在偶然性不再与必然性互相排斥，而是包含在必然性之中。恩格斯在《自然辩证法》中对黑格尔的这一功绩是评价很高的，并指出达尔文学说是黑格尔观点在实践上的证明。

在《反杜林论》中恩格斯还肯定黑格尔第一个用辩证的观点解决了必然与自由的关系问题。黑格尔认为，"必然性的真理即是自由"，因此以往把自由与必然对立起来是十分错误的。一种不包含必然性的自由，或是一种没有自由的纯粹必然性，都只是一些抽象而不真实的范畴罢了。他说，自由本质上是具体的，永远自己决定自己，因此同时又是必然的。通常所说的从外面去决定的那种必然性，只是外在的必然性，而内在的必然性就是自由。从另一方面来看，自由是以必然为前提的，它包含必然在内作为扬弃了的成分。正因为自由与必然的这种辩证统一和相互转化，所以只要人们真正认识和掌握了必然性，便获得了自由，而这种自由不是消极的、抽象的自由，而是积极的、具体的自由。例如一个有道德的人如果充分意识到自己行为内容的必然性和义务性，他就不会感到妨害了他的自由，而相反的，正由于他意识到了这种必然性和义务性，他才得到真正的内容充实的自由。必然只有在它没有被认识的时候才是盲目的，而只有在思想中、概念中才能认识必然性，获得自由，所以黑格尔认为，由必然到自由的过渡，也就自然而然地从本质论进入概念论。

# 六　概念论中的几个问题

按照黑格尔的看法，"有"的特性是过渡到他物，本质的特性是映现他物，只有概念的运动才是发展。对于"有"和本质来说，概念是它们的基础和真理，是"第三者"，它们都包含在概念之内，而概念则是它们的出发点和归宿点。

在概念中，自由王国打开了。概念是自由的原则，只有概念的观点才积极地实现了必然性的力量和真实的自由。因此，黑格尔把概念的位置摆得很高，把概念论作为整个逻辑学的结尾。

（一）概念、判断、推论

概念、判断、推论是过去形式逻辑所主要谈论的内容，所以黑格尔说，他在写逻辑学的概念论的第一部分"主观性"时，面对着完全现成的、牢固的、甚至可以说是僵化的材料，而他的任务就是要使这些材料流动起来，把这些陈死材料中的生动概念燃烧起来。他把这一工作比作要对一座建筑牢固的古城进行新的规划，材料固然很多，但障碍却更多。他力图对形式逻辑历来所探讨的这部分内容加以新解释，而纳入他自己的逻辑体系。

黑格尔首先强调指出，必须纠正过去形式逻辑（或他所谓的知性逻辑）对概念的看法。形式逻辑仅仅把概念看作思想的形式，或者把它看作只是抽象的概括的观念，是空无内容的东西。这样就往往引起人们对概念的轻视，当人们把用手摸得到的感性实有当作某种比概念更优越的东西而与概念对立时，人们就常常说，这不过是概念而已。"于是抽象物就被认为比具体物低微，因为据说从抽象物中丢掉了这样多的这类材料。在这种意见看来，抽象所具有的意义，就是：只是为了主观的需要才从具体物取出这种或那种特征。"①黑格尔认为，这样去看待概念是完全错误的，如果说概念不能容纳具体事物的丰富性而不得不满足于贫乏的抽象，那只是"知性的无能"。进行抽象的思维并不是把感性材料简单地抛在一边，而是把这些感性材料加以扬弃，并把它们归结为只在概念中显现的本质的东西。因此，在他看来，概念并不是本身没有内容的形式，而是具有丰富内容的，它和感觉到的具体事物相比较仍可以说是抽象的，因为概念是感官所不能把握的，但同时概念又是真正具体的、彻底具体的，因为它是"有"和"本质"的统一，而且包含了这两个范畴中全部丰富的内容在内。

列宁肯定了黑格尔思想中的合理因素，他说："实质上，黑格尔反对康德是完全正确的。当思维从具体的东西上升到抽象的东西时，它不是离开——如果它是正确的（注意）（而康德和所有的哲学家都在谈论正确的思维）——真理，而是接近真理。物质的抽象，自然规律的抽象，价值的抽象及其他等，一句话，那一切科学的（正确的、郑重的，不是荒唐的）

---

① 黑格尔：《逻辑学》下卷，第252页。

抽象，都更深刻、更正确、更完全地反映着自然。"① 但同时，列宁也批判了黑格尔把思维抽象神秘化的错误。

问题在于，作为一个唯心主义者，黑格尔把概念当作第一性的东西，把它夸大成为绝对，甚至把它说成是世界的创造主。他硬说概念并没有什么起源之物，并不是先有客观对象存在，然后产生我们的主观活动而形成概念，而是相反的，"宁可说概念才是真正的在先的。事物之所以是事物，全凭内在于事物并显示它自身于事物内的概念的活动。这个思想出现在宗教意识里，我们是这样表达的：上帝从无之中创造了世界……由此必须承认，思想，准确点说，概念，乃是无限的形式，或者说，自由的、创造的活动，它无须通过外在的现存的质料来实现其自身"②。他还把概念说成是"一切生命的原则"，说什么"概念的形式是现实世界的有生命的精神"，而现实事物之所以真，就是凭借这些形式的力量，通过这些形式而证明其为真。这样，黑格尔就本末倒置，把具体事物和概念之间的真实关系完全弄颠倒了。说穿了，他的这套唯心主义理论无非就是基督教所宣扬的"上帝创世说"的哲学化。

马克思主义创始人在《神圣家族》一书里，专门着重揭露和批判黑格尔把概念神化为绝对的错误。马克思深刻地指出，黑格尔的"思辨的结构"即在于，从无数实在的现象形成的一般概念，脱离了思维着的主体、人和人类，而被宣称为独立的实体，成为一切事物的始原和基础。马克思说，黑格尔"完成了一个奇迹：他从'一般果实'这个非现实的、理智的本质造出了现实的自然的实物——苹果、梨等等"，并形象化地把这种唯心主义观点称之为"儿子生出母亲"。

黑格尔关于概念的看法，还有一点值得注意，就是他认为概念包括三个环节：普遍性、特殊性和个体性。在他看来，以上这三个环节在概念中是辩证统一的，因此他反对知性把概念了解为排除了特殊性和个别性的那种抽象的普遍性。他认为概念的普遍性"并非单纯是一个与独立自存的特殊事物相对立的共同的东西，而毋宁是不断地在自己特殊化自己，在它的

① 《列宁全集》第38卷，第181页。
② 黑格尔：《小逻辑》，第334页。

对方里仍明晰不混地保持它自己本身的东西"，至于一般人所说的概念如人、房子、动物等，只是单纯的规定和抽象的观念，"它们从概念中只采取普遍性一成分，而将特殊性，个体性丢掉，因而并不是从特殊性、个体性发展而来，而是从概念里抽象出来的"①。

关于判断和推论，黑格尔利用了形式逻辑的成果，探讨了判断和推论的各种形式。但是，他的解释却完全不同。他不满足于把判断、推论的各种形式加以简单地列举，而要求按认识本身的发展来对它们进行分类。例如，形式逻辑把判断和概念看作平行的外在关系，根本不能证明由概念到判断的必然的进展，而黑格尔则把判断看作具体概念的陈述和发挥，认为对概念加以内在的区别和规定就是判断，所以概念和判断是有内在联系的，从概念到判断是一个必然的发展过程。黑格尔还认为，判断的分类也不应是经验的杂凑，而应反映出思想的必然性。他指责形式逻辑的判断分类，"可以说是一方面出于捕风捉影，一方面仍然没有确切的区别"。在他看来，"不同的判断须看成是一个跟随一个必然进展而来，并看成是对概念自身的一种连续规定"，"各种不同的判断不能看作罗列在同一水平，具有同等价值，毋宁须把它们认作是构成一种阶段性的次序"②。从这种观点出发，他排了这样一个判断分类的序列：①实有判断；②反思判断；③必然判断；④概念判断。这四种判断形式是依据认识从低级到高级的发展顺序前进的，其中实有判断相等于"有"的阶段，反思判断和必然判断相等于"本质"的阶段，而概念判断则相等于"概念"的阶段。形式逻辑只从形式上去考虑判断分类，而黑格尔则强调要重视判断的内容，这就是他的逻辑和形式逻辑的一个重大的区别所在。对于黑格尔的判断分类，恩格斯在《自然辩证法》中是作了肯定的："不管这种判断分类法有时初看起来是怎样任意作出的，但是，对于仔细研究过黑格尔《大逻辑》中的天才阐述……的人来说，这样分类法的内在真理性和内在必然性是明明白白的。"恩格斯指出，这种分类法不仅以思维规律为根据，而且还以自然规

---

① 黑格尔：《小逻辑》，第332、335页。
② 同上书，第343、344页。

律为根据。①

就推论而言，情况也同样。黑格尔也根据认识的发展过程把推论分为三类：实有推论、反思推论和必然推论。实有推论中的各项是完全偶然的，利用这种推论可以证明许多极不相同的结论，因此它对于求真理来说是空疏无用的。反思推论比实有推论前进了一步，但只有到必然推论才真正能够揭示出事物的本质和必然性。推论的形式也是随着认识的深化运动而向前进展的。

由推论向前发展，就过渡到客体（客观性），这充分表现出黑格尔主张概念创造世界的唯心主义观点。

（二）理念

黑格尔的逻辑学是以理念宣告结束的，在逻辑学的开始，理念是潜藏着的，经过漫长的矛盾发展过程，理念终于得到了充分的发挥而回复到自身，这样，整个逻辑学的阶段也就告终了。黑格尔的理念当然纯粹是唯心主义的虚构，但值得我们注意的是，在他关于理念的论述中也包含着丰富的辩证法。列宁曾经指出，黑格尔《逻辑学》中关于理念的那一篇的导言和《小逻辑》中相应的几节，"差不多是关于辩证法的最好的阐述。就在这里，可说是特别天才地指明了逻辑和认识论的一致"②。这里只限于指出以下几点。

首先，黑格尔开始把实践引入认识论，这在哲学史上是十分重要的创见。按黑格尔的说法，理念是概念和客观性的统一。由于人们有目的的活动，目的得到了实现，概念向客观性转移，才从目的性进展到理念。列宁指出："卓越的地方是：黑格尔通过人的实践的、合目的性的活动，接近于作为概念和客体的一致的'理念'，接近于作为真理的理念。极其接近于下述这点：人以自己的实践证明自己的观念、概念、知识、科学的客观正确性。"③

黑格尔在讲认识的理念时，还着重谈了实践活动在认识过程中的作

---

① 《马克思恩格斯选集》第 3 卷，第 546 页。
② 《列宁全集》第 38 卷，第 205 页。
③ 同上书，第 203—204 页。

用。他认为，认识过程分化为理性的本能的两方面不同的运动，一方面是把存在的世界接受在主观的观念和思想内，而扬弃了理念的片面的主观性，并把那真实有效的客观性当作充实它自身的抽象的确定性之内容；另一方面，它又扬弃了客观世界的片面性，把客观世界当作假象，当作一堆偶然的事实，并凭借主观的内在本性去加以整理。前者就是认识真理的本能，即理念的理论活动；后者则是实现善的价值的本能，亦即意志或理念的实践活动。理论的理念在于认识世界，解决"世界是如何"的问题；实践的理念在于改变世界，解决"世界应如何"的问题。黑格尔认为，理论的理念与实践的理念的统一才是真正的善。当然，黑格尔所说的理论与实践的统一，是建立在唯心主义的理念论的基础上的，与马克思主义对理论与实践的统一的理解有原则的区别。黑格尔的所谓实践，也还是精神性的活动，而不是社会物质实践。但是，他在认识论中提出实践的问题毕竟是一个重大贡献，所以列宁对此作了很高的评价，他说："毫无疑问，在黑格尔那里，在分析认识过程中，实践是一个环节，并且也就是向客观的（在黑格尔看来是'绝对的'）真理的过渡。因此，当马克思把实践的标准列入认识论时，他的观点是直接和黑格尔接近的。"①

其次，黑格尔把理念看作一个过程，而且是一个矛盾发展的过程。他认为，正因为理念是一个过程，所以它是全面的。如果把理念看作主体与客体、理想与现实、有限与无限、灵魂与肉体的统一等，当然都有一定的道理，但多少就不免流于形式，因为它们只是表示特定的概念的某一阶段，不足以表达理念。理念本身又是矛盾发展的过程，在这个过程中，理念永远在那里区别同一和差异、主体和客体、灵魂和肉体、有限和无限，而且只有在这种由区别中求同一的矛盾发展中，理念才是永恒的创造、永恒的生命和永恒的精神。列宁很赞赏这个提法，说："永恒的生命" = 辩证法。

黑格尔认为，理念的辩证发展过程经历三个阶段：生命（直接性形式下的理念）；认识（间接性形式下的理念，包括理论的理念和实践的理念）；绝对理念（逻辑发展过程的最高阶段）。列宁指出，黑格尔关于理

---

① 《列宁全集》第38卷，第228页。

念发展的三个阶段的论述，以歪曲的形式反映着人认识客观真理的过程，即"人从主观的理念，经过'实践'（和技术），走向客观真理"。列宁对黑格尔的论述作了这样的唯物主义解释："生命产生脑。自然界反映在人脑中。人在自己的实践中、在技术中检验这些反映的正确性并运用它们，从而也就接近客观真理。"①

当然，黑格尔的理念论也表明了他的辩证法有不彻底的一面。照他的说法，绝对理念是理念自身矛盾发展的必然结果和最后阶段，到了绝对理念，把一切矛盾都统一起来了，一切矛盾都和解了，因此它也就是"绝对的和全部的真理"。在这里，黑格尔的辩证法终于不得不屈服于他的体系的要求。唯心主义辩证法的命运就是如此。

再次，黑格尔阐明了他自己的方法。他继续发挥《精神现象学》中关于真理是一个体系的思想，指出理念的真正内容不是别的，只是前此所逐步研究其发展的整个系统。在他看来，这方法不是无关紧要的，它并不是外在的形式，而是"内容的灵魂"。黑格尔讲的方法就是辩证法。这种方法既是分析的，又是综合的，是分析法和综合法的有机的结合。辩证法并不是对这两种方法的平行使用或交替使用，而是扬弃了而又包含了这两种方法，因此在辩证法的每一运动里显得既是分析的又是综合的。黑格尔还从历史上人们对辩证法的误解谈起，对辩证法作了一番概述，指出辩证法并非只是一个否定的结果，而是具有积极意义的一种科学的方法。列宁非常重视黑格尔的这些论述，在《哲学笔记》中作了大量的摘录，并用马克思主义观点从中概括出有名的"辩证法的要素"和关于辩证法的一系列精辟的看法。列宁用这样的话来作总结绝不是偶然的："黑格尔逻辑的总结和概要、最高成就和实质，就是辩证的方法，——这是绝妙的。还有一点：在黑格尔这部最唯心的著作中，唯心主义最少，唯物主义最多。'矛盾'，然而是事实！"② 列宁的这个结论也就是对黑格尔逻辑学的一个最公正的、科学的评价。

---

① 《列宁全集》第 38 卷，第 215 页。
② 同上书，第 253 页。

# 黑格尔的思维和存在的同一性的辩证意义

关于如何评价黑格尔的思维和存在的同一性理论的问题，目前正在展开讨论。黑格尔是一个唯心主义者，而且是一个彻底的唯心主义者，从体系上说，他的思维和存在的同一性理论是彻头彻尾的唯心主义理论，这乃是众所周知的常识。那么，分歧究竟何在呢？在我们看来，是否承认黑格尔的思维和存在的同一性理论既是唯心的又是辩证的，是否承认黑格尔在批判二元论、不可知论和形而上学观点方面有一定的历史贡献。一句话说，是否承认黑格尔的这一理论中有"合理的内核"，这就是分歧的实质所在。

大家知道，黑格尔之所以提出他的思维和存在的同一性理论，首先是针对康德哲学的。康德是一个二元论者，他把思维和存在形而上学地割裂开和对立起来，在它们之间划下了一条不可逾越的鸿沟。康德承认不依赖于意识而存在的客观实在，他把它叫做"物自体"，但是在他看来，"物自体"是人的思维在原则上所不可能达到的"彼岸"，人的认识只能停留在"此岸"，也就是说，人们所可能认识的只是"现象"，而现象世界则只是人的意识的创造物，与本体世界并无相同之处。很明显，思维和存在、现象和本体的这种形而上学的对立，不可避免地把康德引向了不可知论的泥沼。

黑格尔对康德的这种观点作了尖锐的批判。黑格尔认为，康德哲学的根本缺陷之一，就是把思维和存在抽象地绝对对立起来，因此他力求从唯心主义一元论的立场出发，来填平思维和存在之间的鸿沟。在他看来，康德所说的人的思维所不可能认识的本体世界根本是不存在的，因为归根到底，存在、客观世界都只是思维、精神的"异化"。正是在这个意义上，黑格尔认为存在的一切都是思维，思维是一切事物的本质。毫无疑问，黑格尔这样地驳斥康德"完全是而且纯粹是从更彻底的唯心主义观点"① 出发的。黑格尔坚持精神第一性的唯心主义原则，他把整个世界的发展都归结为绝对理念的自己发展，把存在统一于思维，这就使他的存在和思维的同一性理论不能不带上浓厚的神秘主义色彩。然而，如果根据这一点，便作出完全否定黑格尔对康德的批判的重大历史意义的结论，却是错误的。因为黑格尔对康德的批判，不仅是更彻底的唯心主义对不够彻底的唯心主义的批判，而且更重要的还是辩证法对形而上学的批判。

　　这里我们只能简单地指出黑格尔在思维和存在的关系问题上对康德的批判的积极意义。首先，黑格尔驳斥了康德把思维和存在抽象地对立起来的形而上学观点。根据列宁的说法，"在康德那里，认识把自然界和人分隔（隔离）开来"，而在黑格尔看来，则"事实上认识是把二者结合起来的"②。这也就是说，黑格尔认为思维对事物的日益深入的认识使人日益把握世界的本质，而不是相反。列宁肯定了黑格尔的这种辩证的可知论，他说："黑格尔反对康德是完全正确的。当思维从具体的东西上升到抽象的东西时，它不是离开……真理，而是接近真理。"③ 黑格尔的错误，则在于使他的可知论披上神秘的外衣，硬说知识是关于神的知识。其次，黑格尔批判了康德把现象和本体对立起来的形而上学观点。黑格尔指责康德的物自体是"摆脱了一切规定的抽象"，是"空洞抽象的、想象出来的东西"，在他看来，本质并不处于现象之外，而就在现象之中，"本质……只有表现成为现象，才可借以证实其为真正的本质"④。因此，黑格尔反对现象和本质的割裂，而强调二者之间的辩证联系和相互转化。再次，黑格尔批判了康德的主观主义，提出了主客观统一的辩证思想，他说，"康德所谓思想的客观性，在某种意义下，仍然是主观的。因为，依康德讲来，思想虽说是有普遍性和必然性，但只是我们的思想，而与事物自身间却有一个无法渡越的鸿沟隔开着。须知，思想的真正客观性应该是：思想不仅是我们

---

① 《黑格尔〈逻辑学〉一书摘要》，《列宁全集》第 38 卷，人民出版社 1959 年版，第 150 页。
② 同上书，第 88 页。
③ 《黑格尔〈逻辑学〉一书摘要》，《列宁全集》第 38 卷，第 181 页。
④ 黑格尔：《小逻辑》，生活·读书·新知三联书店 1954 年版，第 254 页。

的思想，同时也是事物的本身，或对象的本质"。① 虽然黑格尔的这种观点明显地建立在唯心主义基础上，但是列宁却肯定了其中的合理的辩证因素，指出"康德的自在之物是空洞的抽象，而黑格尔要求的是和实质相符合的抽象"②。

我们认为，在思维和存在的关系问题上，黑格尔对康德的批判不是只有唯心主义的糟粕，而是也有许多有价值的合理因素。在这个问题上黑格尔不是比康德落后，而是比康德前进了一步，原因就在于黑格尔是一个辩证论者。

马克思主义经典作家们一向给予黑格尔对康德的批判以很高的评价，如果不是由于他们把这一批判看作辩证法对形而上学的伟大胜利，那么这样高的评价就使我们无从理解了。在这里不妨举两个例子。

恩格斯说，在驳斥不可知论的观点上"具有决定性的东西，已由黑格尔说过了，凡从唯心主义观点上所能做的，他都做到了。费尔巴哈所附加的唯物主义的反驳，与其说是深刻，不如说是机智"③。为什么恩格斯在这里对唯心主义者黑格尔的评价甚至还高于对唯物主义者费尔巴哈的评价呢？理由很明显，那就是因为黑格尔对康德的批判应用了辩证法，而费尔巴哈却不懂得应用辩证法。

列宁在谈到批判现代康德主义、马赫主义时，提出了两则耐人寻味的"警言"：（1）普列汉诺夫批判康德主义（以及一般不可知论）多半是从庸俗唯物主义的观点出发，而很少从辩证唯物主义的观点出发，因为他只是不痛不痒地驳斥它们的议论，而没有纠正（像黑格尔纠正康德那样）这些议论……（2）马克思主义者们（在 20 世纪初）批判康德主义者和休谟主义者多半是根据费尔巴哈的观点（和根据毕希纳的观点），而很少根据黑格尔的观点④为什么列宁要我们"像黑格尔纠正康德那样"，要我们"根据黑格尔的观点"去批判康德主义呢？理由也是非常明显的，那就是黑格尔在批判康德时是一个卓越的辩证论者，而旧唯物主义者，甚至 20

① 黑格尔：《小逻辑》，生活·读书·新知三联书店 1954 年版，第 131 页。
② 《黑格尔〈逻辑学〉一书摘要》，《列宁全集》第 38 卷，第 88 页。
③ 《路德维希·费尔巴哈与德国古典哲学的终结》，人民出版社 1957 年版，第 15 页。
④ 《黑格尔〈逻辑学〉一书摘要》，《列宁全集》第 38 卷，第 190—191 页。

世纪初的某些马克思主义者,包括像普列汉诺夫那样的人物在内,却都不善于掌握辩证法。

那么,在认识论中有没有唯物主义同唯心主义的对立呢?当然有的。但是,除此之外还存在着辩证法和形而上学的对立。只看到前一种对立而看不到后一种对立,这是对哲学史的一种简单化的观点。

在思维和存在的关系问题上,唯物和唯心的区别自然是最重要的区别,但是仅仅用这种区别还不足以概括一切,因为也还有可知论与不可知论的区别、辩证法和形而上学的区别。如果把黑格尔的思维和存在的同一性理论和贝克莱、谢林的学说视作一丘之貉,这在划分唯物主义和唯心主义两大阵营的意义上来说是可以的,因为他们都主张精神第一性,都把存在统一于思维,一句话,都是唯心主义者。但是,如果只指出黑格尔和贝克莱、谢林之间的共同点,而不承认他们之间的深刻区别,那也同样是一种简单化的观点。特别是在讨论哲学基本问题的第二个方面(即思维与存在的同一性问题),只强调黑格尔体系的唯心主义和神秘主义,不去进一步分析对立统一规律究竟适不适用于黑格尔的思维与存在的同一论,甚至不顾黑格尔关于这一问题的许多辩证思想,硬说黑格尔在思维与存在的关系上是"等同论者",这很明显是不对的。

黑格尔对贝克莱和谢林关于思维和存在的关系的看法是有所批判的。黑格尔指责贝克莱的主观唯心主义是一种"最坏的形式的唯心主义",批判贝克莱取消了一切外部的实在而把问题归结为"一切事物仅仅是观念"这个抽象的形式。① 黑格尔也曾经批判过谢林主张"在绝对中一切同一"、否认差别的所谓同一哲学,把谢林的观点讽刺为"夜间观牛,其色皆黑",黑格尔认为这乃是"知识空虚的幼稚表现"②。

黑格尔指出,思维与存在的对立和统一的问题是近代哲学史的中心问题③,而且在他的著作中对于这个问题的探讨占着主要的地位。在思维和存在的关系问题上,黑格尔既是一个唯心主义者,又是一个辩证论者,他

---

① 参见黑格尔《哲学史讲演录》,德文版,第3卷。
② 《精神现象学》,商务印书馆1962年版,第10页。
③ 参见黑格尔《哲学史讲演录》,德文版,第3卷。

的思维和存在的同一性理论中就贯穿着唯心主义的辩证法。当然，由于黑格尔的保守体系的要求，他的辩证法往往受到限制并且最后终于被窒息，可是他的同一性理论处处表现出他对于思维和存在这两个对立面的辩证的理解，却是无可否认的事实。

在哲学史上，历来对"同一"的概念有两种不同的理解，即形而上学的理解和辩证的理解。作为一个辩证论者，黑格尔第一个尖锐地批判了对"同一"的形而上学的理解。形而上学论者把同一看作排除任何差别的简单的等同，认为同一之中绝不可能包含任何矛盾和对立。黑格尔把这种呆板的、僵死的同一称作"抽象的或形式的同一"，他认为形式逻辑的同一律同一（A＝A）就是这样的东西。在他看来，这种排斥差别的抽象的同一只是无聊的同义语的反复，毫不提供任何新知识，他这样批判形而上学论者把同一和差别抽象地对立起来的错误："由于他们死抓住这个以差别为自己对立面的呆板的同一，所以他们看不到自己这样做时就是把同一变成了片面的规定性，而片面的规定性是没有真理可言的。"①

黑格尔在自己的著作中曾不止一次地指出："我们首先必须特别注意，勿把同一认作抽象的同一，认作排斥一切'异'的'同'。这是使得一切坏的哲学有别于那唯一值得称为哲学的哲学之关键。"② 因此，他提出了具体的同一来与抽象的同一相对立，这具体的同一就是对立面的辩证的同一，它不仅不排斥差别，并且在自身中就必然包含着差别。黑格尔写道："总念，进而理念，诚然是与它们自身是同一的，但是，它们之所以同一，只由于它们同时包含有殊异于其自身。"③ 反之，差别之所以是差别，正因为它是处在它的对立面即同一之中。可见，黑格尔所主张的同一和形而上学的同一有着原则的区别，如果不分青红皂白硬把黑格尔所说的辩证法的同一解释成形而上学的等同，那是对黑格尔的一个严重的曲解，也是根本不承认辩证法和形而上学对同一的理解是相对立的。

实质上，黑格尔和谢林的重要区别之一，即在于他们对同一的不同理

① 转引自《列宁全集》第 38 卷，第 140 页。
② 《小逻辑》，生活·读书·新知三联书店 1954 年版，第 258 页。
③ 同上。

解。黑格尔批判了谢林的同一哲学，同时又明确承认自己的哲学也是同一哲学，并且指出正是他的同一哲学"揭穿了忽视相异的抽象的形式的知性的同一之虚妄不实的学说"①。

有的同志把黑格尔说成一个"等同论者"，其主要理由是，黑格尔归根到底把一切统一于思维，因此思维与存在的区别、精神与自然的区别实质上只存在于思维、精神之中，只是思维、精神的内在的自我区别。我们在前面已经指出，黑格尔的这种唯心主义世界观是十分荒谬的，它把事物的真实关系完全头足倒置了。但是，根据这一点还不能得出黑格尔是一个"等同论者"的结论。列宁在《哲学笔记》里有一段他认为"非常重要"的话：

"黑格尔提出两个基本的要求：（1）'联系的必然性'和（2）'差别的内在的发生'②。"

可以说，以上这两点是黑格尔辩证法的精华，这种辩证法也在黑格尔的思维和存在的同一性理论中得到了应用。在他看来，思维和存在的联系是有必然性的，二者的差别是内在地发生的。当然，黑格尔的解释彻头彻尾贯穿着唯心主义的精神，因此他错误地到精神、理念的本性中去寻找思维和存在的联系的必然性，并且荒谬地把思维和存在的差别看作在思维内部发生的区别。但是，不管黑格尔的解释多么错误，我们总还是应该看到他的辩证法思想，而不能把他说成是形而上学的"等同论者"。

如果我们较全面地考察黑格尔的思维和存在的同一性理论，那么大致可以指出它的以下几个主要特征。

第一，黑格尔的理论完全是建立在唯心主义基础上的，因此，在他那里，思维和存在的同一始终是"思辨的神秘同一"。正如费尔巴哈所说，在黑格尔眼里，思维是主体，存在是宾词。黑格尔认为思维在逻辑上先于存在，存在是由思维自身的发展演化出来的，而且存在的本质即是思维。他这样写道："理性是在世界中，我们所了解的意思是说，理性是世界的灵魂，理性居住在世界中，理性构成世界之内在的固有的深邃的本质，理

① 《小逻辑》，生活·读书·新知三联书店1954年版，第263页。
② 《列宁全集》第38卷，第95页。

性是世界的共相。……思想不惟构成外界事物的实质，而且又构成精神现象的普遍实质。"① 黑格尔所说的理性、思想等，实质上都是指他心目中的绝对理念。他把绝对理念看作世界的创造主和世界的真实本质的观点，毫无例外地贯彻在他的全部学说中，例如他在《美学》中说："一切存在的东西只有作为理念的一种存在时，才有真实性。因为只有理念才是真正实在的东西。这就是说，现象之所以真实，并不由于它有内在的或外在的客观存在，并不是由于它一般是实在的东西，而是由于这种实在是符合概念的。只有在实在符合概念时，客观存在才有现实性和真实性。"②

显然可以看出，黑格尔的这种谬论实质上只是庸俗的宗教创世说的哲学化（即思辨创世说），费尔巴哈完全有理由把黑格尔的绝对理念看作神学的形而上学的虚构。列宁对黑格尔的这种唯心主义错误作过尖锐的批判，他说："唯心主义的实质在于：把心理的东西作为最初的出发点；从心理的东西引出自然界，然后再从自然界引出普通人的意识。因此，这种最初的'心理的东西'始终是把冲淡了的神学掩盖起来的僵死的抽象概念。例如，任何人都知道什么是人的观念，但是脱离了人的和在人出现以前的观念、抽象的观念、绝对观念，却是唯心主义者黑格尔的神学的虚构。"③ 正因为黑格尔不是从现实世界出发，而是从捏造出来的、神化了的脱离人的思维出发，所以他的整个体系就不能不蒙上神秘主义的黑纱。马克思斥责黑格尔说，在他的哲学中是"儿子生出母亲、精神产生自然界……结果产生起源"④，也正是揭穿黑格尔的这种思辨结构的秘密。

第二，黑格尔把思维和存在看作对立面的统一，但是这种统一的基础是思维、绝对理念。黑格尔虽然把存在的本质归结为思维，但是仍然承认两者之间的差别。他说："我们说，绝对是主观与客观的统一。这话诚然不错，但仍然不免于片面，因为这里只说到绝对之统一性，也只着重绝对之统一性，而忽略了，其实在绝对里，主观与客观不仅是同一的，而且又

① 《小逻辑》，第 91 页。
② 黑格尔：《美学》第 1 卷，人民文学出版社 1958 年版，第 137 页。
③ 《唯物主义和经验批判主义》，《列宁全集》第 14 卷，人民出版社 1957 年版，第 237 页。
④ 《神圣家族》，《马克思恩格斯全集》第 2 卷，人民出版社 1957 年版，第 214 页。

是有区别的。"① 黑格尔不仅承认思维和存在的区别，还认为二者之间存在着辩证的统一关系，他指出，把主观性和客观性当作固定的、抽象的对立，这是错误的，"两者纯全是矛盾统一的。那最初仅是主观的，无须借助于外在的物质或材料，遵循它自身的活动，即可向前进展以客观化其自身。同样那客观的对象也并不是死板的没有变动过程的。它的过程即在于证实它自身同时是主观的，并形成到理念的进展"②。从这里可以看得很明显，黑格尔把思维和存在看作处于矛盾同一中的两个对立面，二者是互相渗透的，是可以互相转化的。绝对理念就是两者的统一，它把二者统摄在自身之内，把它们作为自己的两个构成环节。黑格尔在《美学》里对这一点说得很清楚，他说，单就它本身来说，概念还不是理念，"只有出现于实在里而且与这实在结成统一体的概念才是理念"，因此，理念不是别的，就是概念和实在的统一，但是这种统一不应了解为"单纯的中和"，而应把它了解为"概念向实在的转化、概念在实在中实现自身"③。

黑格尔的这些看法毫无疑问是唯心主义的，因为他认为在思维和存在的矛盾统一中，思维始终是统治的因素。但是，黑格尔也承认客体在主客观关系中的相对独立性，譬如说，他指出"对真理的认识就是按照客体存在的样子，即把客体作为不掺杂主观反思的东西来认识"④，又说，放在认识面前的客观性，是"真正存在着的东西——不以主观想象为转移而存在着的现实"⑤。正是在黑格尔承认客体的相对独立性的意义上，列宁认为黑格尔的客观唯心主义是和客观世界的存在相容的。因此，我们不能简单地把黑格尔看作是思维和存在的"等同论者"，而应该承认他关于思维和存在的关系的思想中包含着辩证因素：思维和存在的对立同一，相互依赖、相互渗透和相互转化等。

第三，黑格尔所说的思维和存在的同一，不是静止的、一成不变的同一，而是一个发展的过程。黑格尔写道："因为理念（a）是一过程，所以

① 《小逻辑》，第 194 页。
② 同上书，第 381 页。
③ 黑格尔：《美学》第 1 卷，人民文学出版社 1958 年版，第 130 页。
④ 转引自《列宁全集》第 38 卷，第 197 页。
⑤ 同上书，第 232 页。

常用的一些说法，谓绝对为有限与无限的统一，为思与有的统一等乃是错误的。因统一仅表示一种静态的抽象的呆滞的同一。"① 黑格尔是一个发展论者，在他看来，思维和存在之间的矛盾对立的克服和扬弃不是一次完成的，而有其自身的发展过程。在《精神现象学》序言里，黑格尔强调指出"原始的或直接的统一性"并不是绝对真理，因为它"并没严肃地对待他物和异化，以及这种异化的克服问题"②，中心思想也就是他经常喜欢说的那句话："真理是一个过程。"

我们应该注意到，黑格尔在这里也是彻底的唯心主义者，在他看来，整个发展都无非是精神的自己发展，精神"异化"为自己的对立面，然后又返回到自身，达到了自己认识自己的目的。因此思维和存在同一的全部过程，归根结底变成了"仅是在抽象思维自身内进行着的运动"③。但是，在这里黑格尔的思想也还是有合理的辩证因素的，他在唯心主义的歪曲形式下猜到了逻辑和历史一致的原理。恩格斯在谈到黑格尔哲学时说道："不管这种哲学的结果——思维和存在的统一——是采取了唯心论的颠倒的形式，我们却不能否认：这个哲学在许多场合下和在各种极不相同的领域中证明了思维过程与自然过程和历史过程是类似的，反之亦然，即同一规律支配着这一切过程。"④ 当列宁说，黑格尔在概念的辩证法中天才地猜测到了事物的辩证法时，指的也正是同样的意思。

第四，黑格尔的思维和存在的同一论，从唯心主义的立场突出地强调了人的主观能动作用。在他看来，整个思维和存在的矛盾发展过程，都是与思维的主体发挥积极能动作用紧密相连的。如果没有思维的能动作用，那么思维就不可能转化为存在，更谈不上克服思维和存在的对立，达到两者的统一。在《精神现象学》里，黑格尔提出了著名的实体即主体的思想，他把斯宾诺莎的实体加以唯心主义的改造，把它看作主体。作为主体的实体具有主动性和创造性，它自身发生分裂，异化为客体，然后又征服客体。将它"据为己有"，完成了主客的同一。

---

① 《小逻辑》，第 403 页。
② 《精神现象学》，第 11 页。
③ 马克思：《黑格尔辩证法和哲学一般的批判》，人民出版社 1955 年版，第 14 页。
④ 《自然辩证法》，人民出版社 1955 年版，第 224 页。

当然，黑格尔所说的主观能动性完全是建立在唯心主义基础上的，用马克思的话来说，它只是"抽象地发展了"的能动性。但是，黑格尔的思想中有着合理的辩证因素，那就是认为思维可以作用存在，并且可以向存在转化。所以列宁说："观念的东西转化为实在的东西，这个思想是深刻的……那里有许多真理。反对庸俗唯物主义。"① 在这里，列宁显然肯定了黑格尔的辩证法在反对形而上学观点的斗争中的作用。

黑格尔在探讨主客体的关系时企图把认识和实践结合起来，他的看法也有一定的辩证因素。根据他的看法，在理论认识中，人们从客观世界接受知识，扬弃了理念的"片面的主观性"，而在实践活动中，则又扬弃了"客观世界的片面性"，根据自己的观念来改造世界。黑格尔认为理论活动和实践活动的统一就是绝对理念。黑格尔的这些看法当然也是符合于他的唯心主义体系的，他所说的实践，指的也不是人们改造世界的物质生产实践和社会实践，而是精神活动。但是，黑格尔提出实践作为解决主客观的矛盾、思维和存在的矛盾的一个重要环节，比形而上学论者毕竟是前进了一步，列宁说得好："在黑格尔那里，在分析认识过程中，实践是一个环节，并且也就是向客观的（在黑格尔看来是'绝对的'）真理的过渡。因此，当马克思把实践的标准列入认识论时，他的观点是直接和黑格尔接近的。"②

综上所述，我们还要再重复一遍：黑格尔的思维和存在的同一性理论既是唯心的，又是辩证的。因为它是唯心的，所以我们要对它进行批判，因为它是辩证的，所以我们要批判地继承它的"合理的内核"，取其精华，弃其糟粕，对它进行唯物主义的改造，使之成为对我们有用的东西。我们认为，这是对待像黑格尔哲学那样的优秀文化遗产的正确态度。

不妨请大家注意一个哲学史上的事实：卓越的俄国唯物主义者赫尔岑在《自然科学研究通信》一书中，对黑格尔的唯心主义观点作了尖锐的批判，可是他对黑格尔的思维和存在的同一性理论中的辩证思想却采取肯定的态度，把它看作黑格尔的一个功绩，这也是因为他在黑格尔的这一理论

① 《列宁全集》第 38 卷，第 117 页。
② 同上书，第 228 页。

中看到了"革命的代数学"。

恩格斯在给施密特的一封信里曾经教导我们怎样去研究黑格尔的著作，他说："在他的著作中发现那些作为他的思想体系的杠杆的谬误推论和捏造，这是小学生的事情。更重要的是要在错误的形式下、在牵强附会的联系中发现正确的和天才的东西。"[1] 恩格斯在《路德维希·费尔巴哈与德国古典哲学的终结》里，还劝告人们不要停留在黑格尔的大厦跟前"狂暴地喊叫"，而要深入到大厦里面去，去探寻无数的宝藏。我们觉得，恩格斯的这些教导是值得我们深思的。

总之，我们认为，在哲学史的研究中，当然要对唯心主义进行坚决批判，但是在批判时不能把小孩和脏水一起泼掉，对于某些唯心主义者的辩证法思想不应采取完全抹杀的态度。另一方面，我们当然必须保卫唯物主义，但是也不应当无原则地去保卫某些旧唯物主义者的错误的形而上学观点。

（原载 1962 年 8 月 3 日《光明日报》）

---

[1]　《马克思恩格斯通信选集》，1953 年俄文版，第 442 页。

# 黑格尔的悲剧论

"我们承认有过错，因为我们受痛苦。"

——黑格尔：《精神现象学》①

## 一

有一个西方著名学者曾经说过，自从亚里士多德论述悲剧以来，以同样的独创性和探索精神来研究悲剧问题的唯一哲学家，就是黑格尔。② 把黑格尔和古希腊的天才哲学家亚里士多德相比拟，这个评价不为过高。的确，在西方美学史和戏剧理论史上，研究悲剧问题的虽大有人在，但真正能和亚里士多德并列而无愧色的竟只有黑格尔一人。在悲剧理论上，如同在整个美学领域内一样，黑格尔学说也代表着他那个时代理论思维所不能逾越的顶峰。即使在我们今天，批判地研究黑格尔的悲剧理论也仍然是有益处的。

黑格尔在许多著作中涉及悲剧问题，除了在《美学》中有专门的章节探讨悲剧外，在早期著作《论自然法》和耶拿时期的巨著《精神现象学》中都谈过悲剧，其他如在《哲学史讲演录》和《历史哲学》中关于苏格拉底之死的段落，《宗教哲学》中有关希腊宗教的部分以及《法哲学》等著作中，也都散布着一些对悲剧的看法。

大家知道，黑格尔美学是一个包罗万象的庞大体系。在这个体系中，

① 《黑格尔全集》第 2 卷，1951 年德文版，第 361 页。这句话是黑格尔对索福克勒斯的悲剧《安提戈涅》中的一句话（第 926 行）的改作。

② 参阅 A. C. 布雷德莱《牛津诗学讲》，1955 年伦敦版，第 69 页。A. C. 布雷德莱（1851—1935 年），英国牛津大学教授，文学批评家和莎士比亚戏剧研究者，以《牛津诗学讲义》和《莎士比亚的悲剧》两书闻名。

悲剧理论所占的比重虽不算大，却十分重要，甚至有人认为，"如果谈论黑格尔的艺术哲学而不去考察他关于悲剧的本质的概念，那就几乎等于演《哈姆雷特》这出戏缺了丹麦王子的角色"①。

为什么悲剧理论在黑格尔美学中这样重要呢？要回答这个问题，就必须弄清楚悲剧这种艺术形式在黑格尔的美学体系中占着怎样的地位。

在黑格尔看来，艺术作为绝对精神发展中的一个环节，它本身也有自己的发展史。象征艺术、古典艺术和浪漫艺术便是艺术发展中依次相继的三个主要阶段或类型，而与之相适应的艺术形式或种类则是建筑（象征艺术）、雕刻（古典艺术）、绘画、音乐（浪漫艺术）和诗。诗适合于一切艺术类型，它是最高的艺术，但在诗之中又以剧诗（主要是悲剧）为最高形式。黑格尔写道："因为戏剧在自己的内容方面，像在自己的形式方面一样，构成最完满的整体，所以它必须被看作诗以及一般艺术的最高阶段。事实上，和其他的感性材料——石、木、颜料、声音——相比，只有语言才是配得上表现精神的要素，而在语言艺术的各特殊种类中，正是剧诗把史诗的客观性和抒情诗的主观原则结合于一身。"②诗以语言作为表现的手段，它在最大限度内摆脱了物质性的材料，成为观念性最强的艺术，而根据黑格尔在《精神现象学》一书里的说法，悲剧则是"较高级的语言"③。因此，黑格尔把悲剧置于一切艺术之上，把它看作艺术的桂冠和全部艺术发展的总结。

应该指出，把悲剧看作艺术的最高形式，这并不是黑格尔的创见，而是亚里士多德以后西方美学的传统看法。然而在黑格尔那里，这种看法是以他的唯心主义体系作为基础的。黑格尔是个发展论者，他把各种艺术形式安排在一个统一的发展序列之中。在他看来，艺术是理念在感性直观形式下的表现，因此艺术总是脱离不了感性材料。但是，某一种艺术保留的感性物质材料越多，那它在艺术发展序列中所占的地位也就越低；相反，某一种艺术越能摆脱物质材料而富于精神性，那它也就越高级。黑格尔把诗置于首位，主要就是从这一点着眼的。同时，黑格尔又是力主主客观同

---

① 诺克斯：《康德、黑格尔和叔本华的美学理论》，1958 年伦敦版，第 103 页。
② 《美学》，1955 年德文版，第 1038 页。
③ 《黑格尔全集》第 2 卷，1951 年德文版，第 558 页。

一说的。他认为，在诗之中，史诗偏于客观性，抒情诗偏于主观性，唯有剧诗才把主客观统一起来，所以剧诗理应被看作诗以及一般艺术的最高峰。从这里我们可以看得很清楚，黑格尔的论证方法是完全符合于他的唯心主义哲学精神的。

黑格尔在他的艺术发展公式中，以唯心主义的歪曲形式猜测到了各种艺术形式的发展的历史性（即某一种艺术在一定历史时期内特别繁荣）。但从根本上说他的公式是完全错误的，真实的艺术发展史被他牵强附会地曲解为理念企图寻求感性直观形式来显现自己而最后终于超越这种形式的过程。由此他得出了荒谬的结论，认为艺术发展到最高阶段以后，绝对精神就不再满足于艺术，而要向新的阶段——宗教过渡，因此"艺术到了最高的阶段是与宗教直接相联系的"①。显然，在这里黑格尔的观点完全受他的保守的体系所支配，这不能不对他的悲剧论发生有害的影响。

但是，黑格尔之所以推崇悲剧，并不完全是由于他的唯心主义体系的影响。作为一个辩证论者，他无疑把悲剧看作一切艺术形式中最适合于表现辩证法规律的艺术。实际上，他的悲剧理论的全部精华也正在于此。而我们之所以特别重视黑格尔的悲剧论，主要也是因为在他的美学学说的这一部分中，辩证法得到了充分的体现。

我们在研究黑格尔的悲剧论时，必须注意到黑格尔哲学的基本矛盾——保守的唯心主义体系和本质上是革命的辩证方法之间的矛盾同样贯穿在他的悲剧理论之中。把握住黑格尔哲学的这个基本矛盾，也是理解他的悲剧理论的关键所在。

## 二

要理解黑格尔的悲剧理论，首先必须了解他的矛盾学说。矛盾是悲剧的基础，悲剧冲突就是矛盾在悲剧中的具体表现。

在马克思主义以前的哲学史上，黑格尔对最重要的辩证法规律——对立面的统一和斗争，达到了最深刻的认识。黑格尔坚决主张，矛盾是普遍

---

① 《美学》第 1 卷，人民文学出版社 1958 年版，第 101 页。

存在的，任何事物都包含着矛盾，"天地间绝没有任何事物，我们不能或不必在它里面指出矛盾或相反的特性"①。因此，没有矛盾就没有万物，就没有世界。不仅如此，在他看来，矛盾还是发展的动力，它是"一切运动和生命力的根源；事物只因为在本身之中包含着矛盾，所以它才能运动，才具有趋向和活动"②。用他的话来说，也就是"矛盾引导前进"。

黑格尔对矛盾的这种理解，也贯穿在他的《美学》中，他这样写道："谁如果要求一切事物都不带有对立面的统一那种矛盾，谁就是要求一切有生命的东西都不应存在。因为生命的力量，尤其是心灵的威力，就在于它本身设立矛盾，忍受矛盾，克服矛盾。"③ 正因为发展是通过矛盾和斗争而进行的，所以这不是平坦笔直的道路，而是崎岖曲折的道路。在这条道路上，既有前进、胜利和欢乐，也有暂时的后退、失败和痛苦。因此，悲剧性的因素是内在于世界发展进程的，精神发展本身就具有悲剧性的矛盾："内在的精神性的东西也只有作为积极的运动和发展才能存在，而发展却离不开片面性和分裂对立。完整的精神在分化为它的个别性之中，就须离开它的静穆，违反它自己而进入紊乱世界的矛盾对立，而且在这分裂过程中也不免遭受有限事物的不幸和灾祸。"④ 不仅一般人类生活是"一种冲突、斗争和烦恼的生活"，而且连人们所崇拜的神也不是生活在永恒的静穆和平的境界里。奥林匹斯山上的众神也带着互相冲突的情欲，结党互相斗争；耶稣基督被钉上十字架的时候，也难免受到无法形容的肉体上和灵魂上的痛苦，等等。

但是，在黑格尔看来，由于矛盾和冲突所造成的破坏并不仅仅具有否定的意义，它对精神来说是一个最大的考验和锻炼。悲剧性的矛盾本身当然包含着否定，但这不是单纯的否定，而是作为发展的一个环节的否定，也就是通过否定而达到肯定。黑格尔说："凡是始终都只是肯定的东西，就会始终都没有生命。生命是向否定以及否定的痛苦前进的，只有通过消除对立和矛盾，生命才变成对它本身是肯定的。如果它停留在单纯的矛盾

---

① 《小逻辑》，生活·读书·新知三联书店1957年版，第210页。
② 《逻辑学》，引自《列宁全集》第38卷，人民出版社1958年版，第145页。
③ 《美学》第1卷，人民文学出版社1958年版，第151页。
④ 参阅《美学》第1卷，人民文学出版社1958年版，第221页。

上面，不解决那矛盾，它就会在这矛盾上遭到毁灭。"①

黑格尔认为，通过否定而达到肯定，也就是矛盾的"和解"。冲突是以一种破坏作为基础的，但这种破坏不能始终是破坏，它本身也要被否定掉。理想的美在于它的统一性、静穆和自身完满，可是冲突破坏了这种和谐，使理想产生了不协调和矛盾，而艺术的任务就在于通过冲突而达到和谐，以显现出美的完满的本质。在这里，黑格尔企图调和矛盾的妥协倾向。他虽然承认对立面斗争的普遍性，但是为了迎合他的保守的体系的要求，往往把矛盾人为地调和起来，因为根据他的体系，精神发展的目的即在于扬弃矛盾、恢复自身的同一而达到"绝对"。

可以说，黑格尔的悲剧论就是他关于对立面的统一和斗争、肯定和否定的辩证法思想在美学中的具体应用。在他看来，戏剧的特性就是描写矛盾冲突，其他艺术形式都不能像戏剧那样充分表现出"可以显示伟大精神力量的分裂与和解的那种动作"。例如绘画，尽管它的范围很广阔，但也只能表现出这种动作过程中的某一时刻，而戏剧则能表现出矛盾展开的整个过程。"因为冲突一般都需要解决，作为两对立面斗争的结果，所以充满冲突的情境特别适宜于用作剧艺的对象，剧艺本是可以把美的最完满最深刻的发展表现出来的。"②

黑格尔在《美学》中曾经详细地探讨了冲突的概念。他把冲突看作最高的情境，因为只有这种情境才是真正动作的出发点，只有通过矛盾对立，行为和动作才能见出严肃性。在他看来，冲突基本上可以分为三种，这三种冲突都可能导致悲剧的产生。

第一种是由物理的或自然的情况所产生的冲突。例如，由于自然原因而带来的疾病、罪孽和灾害，它们破坏了原来生活的和谐，而造成矛盾对立。索福克勒斯的悲剧《斐罗克特提斯》③ 就是以这种冲突作为基础的。黑格尔认为，这种冲突只能作为单纯的原因而发生作用，它本身没有什么

---

① 《美学》第1卷，人民文学出版社1958年版，第120页。
② 同上书，第253页。
③ 这部悲剧叙述斐罗克特提斯随希腊军远征特洛埃城途中，因脚被毒蛇咬伤而被弃于荒岛，忍受九年痛苦，因此他拒绝把赫克理斯的箭交出，而根据预言，只有这支箭落在攻城军手里，特洛埃城才能攻克。到第十年，他才被说服用箭射杀特洛埃王子巴里斯，攻下该城。

意义，艺术之所以采取它作为题材，只是因为自然灾害可以发展出精神性的分裂。艺术对于自然灾祸，不是把它只作为偶然事件来表现，而是把它作为一种具有必然性的阻碍和不幸事件来表现。显然，黑格尔把这种冲突看得较低。

第二种是由自然条件产生的精神冲突。凡是以自然的家庭出身为基础的冲突以及由天生性情造成的主观情欲所引起的冲突，都属于这一类。黑格尔对这一类冲突作了细致的分析，他又把它们分成三种：（1）和自然密切联系的权利，如亲属关系、继承权之类所引起的冲突，这方面最主要的例子是争夺王位继承权的斗争。索福克勒斯的《七将攻打忒拜》①和莎士比亚的《麦克白斯》②都描写这一种冲突。（2）出身的差别由于习俗和法律的影响变成了不可克服的界线，似乎已成为一种习惯成自然的不公平的事，因而引起冲突。例如奴隶地位、农奴地位、等级区别等矛盾都属于这一种。"这种冲突在于按照人的概念，人有人应有的权利，关系，欲望，目的和要求，而由于上述的出身差别中某一种关系，它们仿佛受到一种自然力量的阻碍和危害。"③（对这种冲突黑格尔没有举例，我们想大概席勒的《阴谋与爱情》就包含着这种冲突）（3）由天生性情所造成的主观情欲如妒忌、野心、贪婪、爱情等而引起的冲突，最显著的例子便是莎士比亚的《奥赛罗》。这些情欲之所以会造成真正的冲突，只是由于它们使人违反真正的道德以及人类生活中本身合理的原则，因而陷入一种更深的冲突。

在黑格尔看来，外在的自然力量在精神的矛盾中究竟不是本质的东西，它们只是一种基础或背景，使真正的冲突导致破坏和分裂。因此前两种冲突的作用只在于形成进一步冲突的枢纽，只是一种助因，使自在的和自为的精神的生命力量在它们的差异中互相对立和斗争。这样，他就开始

---

① 《七将攻打忒拜》叙述忒拜王俄狄浦斯生前没有指定继承人，死后，他的两个儿子厄忒俄克勒斯和波吕涅刻斯约定轮流为王，后厄忒俄克勒斯毁约，波吕涅刻斯借岳父的兵马进攻忒拜，兄弟两人自相残杀，同日战死。

② 麦克白斯是一个能征惯战的勇将，和他的妻子密谋，杀害了国王邓肯，篡夺了王位，不久邓肯的儿子举兵复仇，麦克白斯因众叛亲离，陷于绝境而战死。

③ 黑格尔：《美学》第1卷，人民文学出版社1958年版，第258页。

讨论第三种冲突，也就是他所谓的更深的真正的冲突。

第三种冲突是"由精神的差异而产生的分裂"，据黑格尔说，这才是真正重要的矛盾，因为它的根源在于"精神的力量以及它们之中的差异对立"。黑格尔认为，精神性的东西只有通过精神才能实现，所以精神方面的差异必须从人的行动中得到实现。因此这种冲突的根源不在外部自然，而在人的行动之中。这一类冲突也可分为三种：（1）冲突起于行动发生时的意识与意图同后来对这行动本身的性质的认识之间的矛盾，例如索福克勒斯笔下的俄狄浦斯在无意之中犯下了杀父娶母的罪，后来发现真相，才认识到他的意图和结果相矛盾，破坏了本应受到尊重的道德力量，因而陷入内心冲突。① 显然，这种冲突还没有和由自然力量产生的冲突断绝联系，因为导致这种冲突的是人的无意识的行动。（2）有些精神冲突源于有意识的行动，虽然它的出发点可能是情欲、暴力等。例如阿伽门农的王后克吕泰墨斯特拉因她的丈夫曾把她亲爱的女儿当牺牲来祭猎神，就串通情夫有意识地谋杀了阿伽门农，而他们的儿子俄瑞斯忒斯蓄意为父复仇，又杀了他的母亲。② （3）行动本身并不引起冲突，但由于它所由发生的那些跟它对立矛盾的而且是意识到的关系和情境，它就变成一种引起冲突的行动。罗密欧和朱丽叶的恋爱本身并不破坏什么，但他们意识到双方的家庭由于世仇不会允许他们结婚，因而就陷入冲突。

应该承认，黑格尔关于悲剧冲突的思想是深刻的。在西方美学史上，谁也没有像他那样强调矛盾冲突在悲剧中的作用，谁也没有像他对悲剧冲突作过这样细致的具体分析。即使在今天看来，黑格尔的思想对反对"无冲突论"仍然具有很大的意义。他的某些具体见解也颇有可取之处，例如他把由于自然的原因所造成的冲突看得较低，只把它看作引起进一步冲突的基础，这种看法是很有道理的。自然的灾祸，虽然常常造成大规模的破

---

① 俄狄浦斯是忒拜城国王拉伊俄斯和王后伊俄卡斯忒的儿子，根据预言，他长大后会杀死父亲，因此在他出生后即被抛弃，后被科任托斯王抚养成人。有一次阿波罗神告诉他说，他将杀父娶母，为了免犯此罪，他就离开科任托斯。在偶然的冲突中杀了拉伊俄斯，又因为他为忒拜除害，被拥立为王，娶了前王的寡妻。最后真相大白，俄狄浦斯刺瞎双目出外流浪以赎罪。

② 这是埃斯库罗斯的悲剧三部曲《俄瑞斯忒亚》（即《阿伽门农》、《奠酒人》、《复仇神》）的故事。

坏，火山的爆发使整个庞贝城遭到毁灭，席卷全欧的鼠疫曾经葬送了千百万条生命，但在人们看来，这些都只是人力所难以抗拒的可怕的偶然事件，纯粹是由盲目的外力所造成的灾难。这种人和自然的冲突，虽然也可以作为艺术的描绘对象，却很难成为一部悲剧的主题。在悲剧里，自然灾祸往往只是引起人和人之间的矛盾冲突的契机，它本身并不能形成深刻的悲剧冲突。只有承认这一点之后，我们才能真正理解为什么悲剧的真正对象不是人和自然的冲突，而是人和人之间的冲突、社会冲突。

黑格尔把精神冲突看作悲剧所描绘的真正重要的矛盾，这种观点含有一定的合理因素。可是在黑格尔那里，精神冲突的领域被过分扩大了，甚至包括由阶级区别所造成的矛盾冲突，因为他并不把后者理解为阶级斗争、不同的阶级力量之间的冲突，而仅仅把它理解为个别的人为了摆脱自己的阶级出身而作的斗争。而作为普鲁士政府的官方哲学家，他晚年的观点是保守的。据他说，阶级的分别、统治者和被统治者的分别是"重要的而且合理的"，因为"这些分别根源在于全部国家生活所必有的分工组织"①。他承认，如果一个人按照他的精神方面的能力和活动本有资格属于某一阶级，但他的出身却使他不能属于那个阶级，那这在本质上就是一种"冤曲"。但是，他又强调，如果出身地位的分别通过正规法律变成一种"固定的冤曲"，成为一种"不可克服的必然状态"，那么，"有理性的人在这种必然状态面前既然没有办法克服它，就只得向它屈服，他就不应该反抗，就应该安安静静地忍受这种不可避免的局面；他就应该放弃这种界限所不容许的旨趣和要求，用无抵抗的忍耐的勇气去忍受这种无可奈何的情境。在斗争不发生效用的地方，合理的办法就在于放弃斗争，这样至少还可以恢复主体自由的形式的独立自足性"②。

在这里，德国资产阶级的懦弱性和妥协性真是暴露无遗。一般来说，黑格尔辩证法的革命性主要表现在抽象的思辨的领域内，当问题一涉及社会矛盾和阶级冲突，他就成为庸俗的矛盾调和论者，鼓吹什么"无抵抗的忍耐的勇气"，什么"内心的自由"，以及诸如此类的妥协思想。正由于

---

① 《美学》第 1 卷，人民文学出版社 1958 年版，第 258 页。
② 同上书，第 261 页。

黑格尔受到这种阶级立场的限制，所以他不可能深刻地揭示出悲剧冲突的社会的内容。他关于悲剧冲突的见解的根本缺陷即在于此。

三

前面已经说过，黑格尔认为只有由于精神方面的差异而产生的矛盾对立才是真正的冲突。所以在他看来，并不是任何一种矛盾冲突都能构成悲剧的真正本质，理想的悲剧只能建立在一种特定的矛盾冲突的基础上。

黑格尔在《美学》中说到，悲剧动作的真实内容是由"人类意志中的实体性的、自身合理的力量"所提供的。属于这种力量的如：夫妇、父母、儿女、兄弟姊妹之间的家庭爱情，政治生活，公民的爱国主义，统治者的意志，以及教会的生活等。在他看来，这种"实体性的力量"也就是"神圣的"、伦理的力量。他这样写道："一般地我们可以说，最初的悲剧的真正主题是神圣的东西（das Göttliche）；但是，这不是指构成宗教意识本身的那种神圣的东西，而是指进入世界、进入个人活动的那种神圣的东西，然而在这种现实中它既不丧失自己的实体性，也不转化为自己的对立面。在这种形式下，意志和实行的精神实体就是伦理（das Sittliche）。"①

根据黑格尔的唯心主义观点，如果我们以直接的纯粹的形式去了解伦理，而不仅仅从主观反思的观点把它看作形式的道德（das formell Moralische）的话，那么伦理也就是在世界中实现的神圣的东西，即实体性的东西。任何进入现实世界的事物都得遵循特殊化的原则，因此伦理力量之间，就它们的内容和它们的个别表现而言，是有区别的。在剧诗里，这些特殊化的力量体现为人类激情的特定目的并转化为行动，它们互相排斥，各自处于片面的孤立状态，于是和谐就消失了，产生了不可避免的矛盾冲突。由此黑格尔得出了一个重要的结论："原始的悲剧正在于：在这样一种冲突里，对立的双方就它们自身而言都是合理的，然而从另一方面来说，双方只能把自己的目的和性格的肯定的内容，作为对另一个同样合理的力量的一种否定和损害而实现出来，因此，就它们的伦理意义而言和通

---

① 《美学》，1955 年德文版，第 1070 页。

过这种伦理意义来看，它们又是有罪过的。"①

在这里，黑格尔的语言相当晦涩，但他的基本思想还是很明显的。在他看来，悲剧幕后的原动力是各种伦理力量，这些力量是具有普遍性的，因而也是神圣的。它们在宗教里作为神而出现，但在悲剧行动的世界里，它们就离开了奥林匹斯山上的那种静穆状态，进入了人类的意志，化为各种特殊化的孤立的力量。它们各自提出自己片面性的、极端的要求，悲剧人物就是这些特殊化要求的体现者，所谓悲剧性格的本质即在于它完完全全服务于一种伦理目的，彻底执行它的命令。例如，悲剧中的一个主人公忠实履行他的爱国主义的公民义务，就往往忽视他理应担负的家庭责任，于是爱国主义和家庭责任这两种伦理力量就发生矛盾，它们各自指令自己的代表履行它们的片面性的要求，结果就形成悲剧性的冲突。就它们本身来说，它们都是合理的，但因为它们在实现自己的要求时，丝毫不顾及对方的要求，所以就侵害了对方的同样合理的权利。为此，它们就有过错，就应当受到惩罚，于是代表它们的片面性的悲剧人物就遭到毁灭。

上述思想在黑格尔的《精神现象学》里已经有所发挥，在那里他详细地分析了伦理的自我分裂和由此产生的内部矛盾和斗争。他指出，"伦理的本质自身分裂为两种法律，而意识对法律采取不可分割的完整的态度，却只被指定遵守一种法律"②。黑格尔在这句话里所说的两种法律，指的是人的法律和神的法律。个别的人既然只遵守其中的一种法律，那么他就不可避免地以自己的行动破坏了另一种法律，正由于这一行动，他就造成了罪过。罪过并不是外在的、漠不相关的、可有可无的东西，相反的，在伦理行为本身之中就含有犯罪的因素。伦理的意识如果在事前就清楚地知道它所反对的那种法律，而自觉地犯下破坏那种法律的罪，那么这种伦理的意识就越是完美，它所犯的罪也就越是纯洁。③ 显然，黑格尔在这里也是把伦理实体的自我分裂看作悲剧的主要原因，所以他在谈到伦理行动时屡次以古希腊的悲剧作为自己的例证。

①　《美学》第 1 卷，人民文学出版社 1958 年版，第 1071 页。
②　《黑格尔全集》第 2 卷，1951 年德文版，第 358 页。
③　同上书，第 358—360 页。

在《宗教哲学讲演录》一书中，我们也可以看到类似的思想。在那里黑格尔也强调，对精神来说，"较高级的、真正令人感兴趣的分裂"乃是伦理力量本身的分裂并进入冲突状态。而"这种冲突的解决即在于：这些伦理力量由于它们在冲突中自身所具有的片面性，就放弃了它们独立发生效力时的片面性，而这种片面性的放弃就表现为目的在于实现一种单独的伦理力量的个人遭到了毁灭"①。

因此，在黑格尔看来，悲剧人物的悲惨结局是必然的。悲剧人物代表着特定的伦理力量的片面性，他的伦理行为同时也就是破坏其他伦理力量的合法权利的片面行动，所以他就必然要受到报复。从这个意义上说，他的不幸完全是咎由自取，不能归罪于人。从而黑格尔提出了这样的论点：一切苦难和不幸原来都是由主人公本身的罪过演变出来的结果，都是对主人公的片面性的一种合理的惩罚。

但是，黑格尔的悲剧理论并不停留在这一点上，而且他的最重要的结论也不在于此。与其说黑格尔把悲剧的结局看作对主人公的罪过的惩罚，倒不如说他把它看作"永恒正义"的胜利。黑格尔的中心思想就在于他认为矛盾冲突通过悲剧人物的毁灭最后得到了"和解"（Versöhnung）。在他看来，悲剧的意义主要在于证明片面性的伦理要求并不是真理，只有克服这种片面性才能达到真正的伦理理念。

众所周知，亚里士多德认为悲剧的作用在于唤起人们的悲悯与畏惧之情，使这类情感得到"净化"②。黑格尔对亚里士多德的格言作了新的解释③，并且提出了一个重要的补充："在单纯的畏惧和悲剧的同情之上还有和解的感情，这种感情是悲剧通过永恒正义的景象而提供的，永恒正义有绝对的权力来处理各种片面的目的和情欲的相对合理性，因为它不能容忍按自己的概念来说本来是和谐的伦理力量在真实的现实中胜利地继续不断发生矛盾冲突，并把这种情况保持下去。"④

黑格尔认为，悲剧的结局并不是单纯的否定，而是通过否定最后达到

---

① 《黑格尔全集》第 16 卷，1959 年德文版，第 133 页。
② 参阅《诗学》，VI，1449b。《文艺理论译丛》1958 年第 2 期，第 7 页。
③ 参阅《美学》，1955 年德文版，第 1072—1073 页。
④ 同上书，第 1073 页。

肯定。实际上，随着悲剧主人公受惩罚而遭到否定的，并不是他们所代表的伦理原则本身，而只是它们的片面性。通过对这些片面性的否定，真正的伦理实体就建立起来了，于是冲突就在矛盾的"和解"中消失，达到新的和谐。黑格尔这样写道："悲剧纠纷最后正是导向这样的结局：互相进行斗争的双方的权利固然得到保留，然而他们的主张的片面性却被取消了，于是无阻碍的内部的和谐又重新恢复了……真正的发展只在于作为对立面来看的对立面的扬弃，只在于各种活动力量的和解，而这些活动力量在它们的冲突中是互相力求否定对方的。只有在这种情况下，最后的结局才不是不幸和痛苦，而是精神的满足，因为只有在这样的结局下，个人的遭遇的必然性才能作为绝对理性表现出来，而情感也就得到真正伦理的安慰。"[①]

悲剧性的冲突可以通过两种方式得到和解。一种方式是和平解决，在这种情况下悲剧的主人公就不必遭到毁灭的命运。这是由于互相进行斗争的双方或其中的一方在冲突过程中认识到自己的片面性，从而撤回了自己的要求，和对方取得和解。例如在埃斯库罗斯的《复仇神》里，俄瑞斯忒斯为父亲阿伽门农报仇，杀了母亲克吕泰墨斯特拉，复仇女神代表母权判定俄瑞斯忒斯有罪，阿波罗代表父权判他无罪，最后雅典娜决定赦免俄瑞斯忒斯，使斗争的双方和解。又如索福克勒斯的《俄狄浦斯王》，悲剧主人公最后发现自己犯下了杀父娶母的弥天大罪，就自己刺瞎双目以赎罪，于是他就通过这种自我的谴责而洗刷了自己的罪愆，达到了"主观的内部的和解"。但是，除了上述这种情况外，更经常的是悲剧中的斗争的双方互不相让，各走极端，于是往往只有以悲剧人物的死亡作为代价才能克服他们的片面性，从而达到和解。大多数悲剧的结局都是这样，在那些悲剧里，和谐是通过破坏才重新建立起来的。在这方面，索福克勒斯的《安提戈涅》是一个最鲜明的例证，关于这个悲剧，我们在下面还要谈到它。

人们通常认为，黑格尔的悲剧理论带有乐观主义的色彩，这种看法是有一定根据的。和悲观主义者相反，黑格尔在悲剧中所看到的不是真的、善的、美的东西的毁灭，而是理性、"永恒正义"的胜利。在《法哲学原

---

① 《美学》，1955 年德文版，第 1087 页。

理》一书第 140 节的一条注解中，我们可以读到以下这段话："最高的伦理性人物的悲惨下场之所以能使我们发生兴趣……使我们提高，并使我们与所发生的事调和，只是因为这些人物作为具有同等权利的各种不同伦理力量在彼此对立中出现，它们由于某种不幸而发生冲突；又因为其结果是这些人物由于跟伦理性的东西相对立而获有罪责。于是在这种情况下产生了双方的法与不法，从而真正伦理理念，经过纯化并克服了这种片面性之后，就在我们心目中得到调和。所以说毁灭的不是在我们内部最高的东西。我们并不是在最好的东西的毁灭中，而是相反地在真的东西的胜利中得到提高的。正是这一点构成古代悲剧真实的、纯伦理的旨趣。"①

　　为了进一步说明黑格尔的悲剧概念，有必要来看一下他的悲剧理论的具体应用。我们打算在这里引证他经常谈到的两个著名的悲剧范例，一个是历史现实生活中的悲剧——苏格拉底之死，另一个是艺术中的悲剧——索福克勒斯的《安提戈涅》。

　　黑格尔认为，苏格拉底的命运是十分悲剧性的，"这正是那一般的伦理的悲剧性命运：有两种公正互相对立地出现，——并不是好像只有一个是公正的，另一个是不公正的；而是两个都是公正的，它们互相抵触，一个消灭在另一个上面；两个都归于失败，而两个也彼此为对方说明存在的理由"②。据黑格尔说，雅典已经发展到这样一个文化时期，当时个人的意识作为独立的意识，开始和普遍的精神分离开来了。苏格拉底是一个"英雄"，因为他首先有意识地认识了这个新出现的"精神的更高的原则"。但是苏格拉底在提出新原则的同时，也就破坏了当时仍然居于统治地位的旧秩序，伤害了当时雅典人的精神和伦理生活，所以雅典人为了保卫自己的习俗，就控告他犯了崇敬新神和不敬父母之罪，于是苏格拉底就由于这种破坏性的行为被处死了。可是在刑罚中消灭的只是苏格拉底个人，而不是他所代表的原则，最后雅典人终于认识到苏格拉底的原则已经深深扎根于他们自己的精神，他们处罚苏格拉底实际上只是谴责了自己，于是他们对过去的判决感到后悔，承认苏格拉底个人的"伟大"。

　　①　《法哲学原理》，商务印书馆 1961 年版，第 157 页。
　　②　《哲学史讲演录》第 2 卷，生活·读书·新知三联书店 1957 年版，第 106 页。

　　黑格尔认为，在这个事件中，雅典人民和苏格拉底双方都是无罪的，同时又都是有罪的，并且因为自己的罪过而受到惩罚。苏格拉底的例子说明，甚至一个伟大的人也会是有罪的，因为"他担负起伟大的冲突"。这整个悲剧的实质在于："希腊世界的原则还不能忍受主观反思的原则；因此主观反思的原则是以敌意的、破坏的姿态出现的。因此雅典人民不但有权利而且有义务根据法律向它进行反击；他们把这个原则看作犯罪。这是整个世界史上英雄们的职责；通过这些英雄才涌现出新的世界。这个新的原则是与以往的原则矛盾的，是以破坏的姿态出现的；因此英雄们是以暴力强制的姿态出现，是损坏法律的。作为个人，他们都各自没落了；但是这个原则却贯彻了，虽然是以另一种方式贯彻的，它颠覆了现存的东西。"①

　　从这个观点来看，苏格拉底的悲剧命运是必然的。新的精神原则一定要胜利，而当它最初出现的时候却必然不能被人所理解，必然会被人看作破坏旧原则的犯罪行为，因此它的代表者必然要付出血的代价，遭到毁灭。但新的原则却正是在个人的毁灭中树立起来的，归根结底仍然是永恒正义取得了胜利，精神还是通过个人的牺牲和苦难而向前发展了。

　　现在我们再来谈黑格尔对《安提戈涅》所作的解释。在他看来，《安提戈涅》在所有的悲剧（不论古希腊的或近代的）中间，是"最卓越的、最令人满意的作品"②，而安提戈涅这个悲剧人物，则是"在地上出现过的最壮丽的形象"③。

　　作为一个悲剧，《安提戈涅》确实表现了尖锐的矛盾冲突。俄狄浦斯的两个儿子厄忒俄克勒斯和波吕涅刻斯争夺王位，两人自相残杀，同日战死，由他们的舅父克瑞翁继任了王位。因为波吕涅刻斯勾结外敌，进攻祖国，所以克瑞翁宣布他为叛国贼，下令禁止收葬他的尸体，违者处死。波吕涅刻斯的妹妹、克瑞翁的儿子的未婚妻安提戈涅不顾禁令，埋葬了她的哥哥。她这样做一方面是为了尽兄妹的情谊和义务，另一方面是遵守传统

---

① 《哲学史讲演录》第 2 卷，生活·读书·新知三联书店 1957 年版，第 107 页。
② 《美学》，1955 年德文版，第 1089 页。
③ 《哲学史讲演录》第 2 卷，生活·读书·新知三联书店 1957 年版，第 102 页。

的"天条"①。于是克瑞翁把她判处死刑，以致她在囚室中自尽。但克瑞翁也受到了沉重的惩罚，落得家破人亡，他的儿子海蒙为了未婚妻的惨死而自杀，他的妻子也为了爱子的死而自己结束了生命。整个悲剧就是这样以"尸首上堆尸首"的大流血告终。

　　根据黑格尔的看法，克瑞翁作为国家的元首，下令严禁安葬叛国分子的尸体，这个禁令在本质上是有道理的，因为它的出发点是要照顾全国的幸福和安宁。在克瑞翁看来，波吕涅刻斯"是个流亡者，回国来，想要放火把他祖先的都城和本族的神殿烧个精光，想要喝他族人的血，使剩下的人成为奴隶"②。因此，黑格尔认为，克瑞翁的命令并不是个人专横的决定，而是有伦理根据的。"克瑞翁不是一个暴君，而实在是一种伦理的力量；克瑞翁并非不公正：他坚决主张国家的法律和政府的权威应该受到尊重，对违法的行为一定要处罚。"③

　　但是，安提戈涅也同样受到一种伦理力量的鼓舞，在她心目中骨肉至亲的爱是神圣的，当时希腊人所信奉的"天条"更是超越国法之上，绝对不可侵犯的。因此她不顾妹妹的劝告（"不量力是不聪明的"），毅然抗拒了克瑞翁的禁令。当她被捕后，她和克瑞翁进行了这样一段对话：

　　"克：你真敢违背法令吗？

　　安：我敢；因为向我宣布这法令的不是宙斯，那和下界神祇同住的正义之神也没有为凡人制定这样的法令；我不认为一个凡人下一道命令就能废除天神制定的永恒不变的不成文律条……我不会因为害怕别人皱眉头而违背天条，以致在神面前受到惩罚。"④

　　这样看来，安提戈涅和克瑞翁双方本来都是正义的，但他们由于只顾坚持自己的伦理要求，而忽视同样是正义的对方的要求，所以他们又都具有片面性。"安提戈涅在克瑞翁的政权下生活；她本人是一个国王的女儿和海蒙的未婚妻，所以她应当服从国君的命令。可是克瑞翁作为一个父亲

---

　　① 古希腊人相信，法律之上还有天条，必须埋葬死者便是天条之一，人死后不葬，他的阴魂便不能进入冥土，露尸不葬，还会冒犯神明，祸及城邦。

　　② 索福克勒斯：《悲剧二种》，人民文学出版社1961年版，第12页。

　　③ 《宗教哲学讲录》，《黑格尔全集》第16卷，1959年德文版，第133页。

　　④ 索福克勒斯：《悲剧二种》，人民文学出版社1961年版，第19页。

和丈夫，也应当尊重神圣的血亲关系，而不下违反骨肉情谊的命令。"① 因此，两方面都同有罪责，都受到了惩罚。

黑格尔指出，《安提戈涅》这个悲剧的实质在于"两种最高的伦理力量的冲突"，即神圣的骨肉之爱（亦可称之为"神的法律"）和国家法律之间的冲突。这个悲剧中对立的双方，"各自仅仅体现一种伦理力量，并以这种伦理力量作为自己的内容，这就是片面性；而永恒正义的意义则表现在：正因为双方都是片面的，所以它们都是不正义的，虽然它们又同是正义的；双方在纯粹的伦理活动中都被认为是有价值的；在这里，双方都有自己的价值，但它们的价值又互相抵消了。正义所反对的仅仅是它们的片面性"②。两种伦理力量互相冲突，两败俱伤，结果又是"永恒正义"取得了胜利，扬弃了二者的片面性。然而在这场冲突里，无论亲属之爱或国家法律，本身都并未遭到否定，而是在消灭了片面性之后重新达到了"和谐"。因此，在黑格尔看来，即使像这样悲惨的结局也仍然是一种"和解"。

黑格尔的悲剧理论的基本思想和实际应用，简单说来就是如此。但是，除此以外，我们还要着重指出以下几点。

首先，黑格尔认为，构成悲剧冲突的对立的力量在伦理意义上说是处于同等地位的，因此真正的悲剧不是善和恶之间的冲突，而是善和善之间的冲突。斗争的双方"是同样正义的，然而在行动所造成的它们的对立中却同样是不正义的"③。只有在对立的两种力量及其代表人物的毁灭中，双方才统一起来，达到真理。这种观点构成了黑格尔悲剧理论的基调，也可以说是他的一个独特的见解。一般来说，黑格尔认为作为反面力量的纯粹的恶是不适宜于理想的艺术表现的，因为纯粹反面的东西总是呆板枯燥的，使我们觉得空洞无味或是厌恶，所以不应当把它作为引起反动作的基本根源。在他看来，"罪恶本身是乏味的，无意义的，因为它只能产生反面的东西，如破坏和灾祸之类，而真正的艺术却应该给我们一种本身和谐

---

① 黑格尔：《美学》，1955 年德文版，第 1089 页。
② 《宗教哲学讲演录》，《黑格尔全集》第 16 卷，1959 年德文版，第 134 页。
③ 《精神现象学》，《黑格尔全集》第 2 卷，1951 年德文版，第 564 页。

的印象"①。因此，"如果在悲剧中出现了暴君和无罪的人，那个戏就写得淡而无味了；——那是贫乏的，毫无道理的，因为这里面有的只是空洞的偶然性"②。

　　黑格尔否认悲剧是善和恶的冲突，这和他对恶的看法是有联系的。他反对把善和恶抽象地、绝对地对立起来，而认为二者是相互依存、相互转化的。他说："唯有人是善的，只因为他也可能是恶的。善与恶是不可分割的……恶也同善一样，都是导源于意志的，而意志在它的概念中既是善的又是恶的。"③ 在悲剧里，绝对的善和绝对的恶都是不存在的，斗争的结果不是一方战胜另一方，而是双方都由于自己的片面性而受到惩罚。在他看来，正确和错误的绝对对立也是不存在的，问题在于斗争的双方都是正确的，但在自己的正确中又都包含着错误。

　　其次，黑格尔虽然肯定悲剧中的必然性，但这种必然性和古希腊的"天命"观念毫无共同之处。作为一个理性主义者，黑格尔不承认宇宙间有超理性的、盲目的神秘力量在支配一切。在他看来，整个世界的发展都是理性的表现，是完全可以理解的合乎规律的过程，和所谓"天命"没有丝毫关系。在《宗教哲学讲演录》里，黑格尔对"天命"观念作了这样的批评："天命（das Fa turn）是缺乏概念的东西，在那儿正义和非正义都在抽象中消失了；相反，在悲剧里，命运（das Schiksal）是处于伦理的正义性的一定范围内的。我们在索福克勒斯的悲剧里可以在最崇高的形式下看到这一点。在那里既涉及命运，也涉及必然性；个人的命运是作为某种不可理解的东西来描述的，但必然性并不是一种盲目的正义，而是被认作真实的正义。正因为如此，这些悲剧才成为伦理的理解和领悟的不朽的精神产品，成为伦理概念的永恒的典范。盲目的命运则是某种不能令人满意的东西。在这些悲剧里，正义是可以被人所理解的。"④ 这些话清楚地表明，黑格尔在悲剧里所看到的必然性实际上就是理性法庭的裁决，它不可能是盲目的，而应该为理性所接受。

---

① 《美学》第1卷，人民文学出版社1958年版，第274页。
② 《哲学史讲演录》第2卷，生活・读书・新知三联书店1957年版，第106页。
③ 《法哲学原理》，商务印书馆1961年版，第144—145页。
④ 《黑格尔全集》第16卷，1959年德文版，第133页。

再次，黑格尔的悲剧理论是和他的历史观点紧密相连的。黑格尔认为，理性为了达到自己的目的，往往利用非理性的东西和特殊的个人（有时甚至是杰出的英雄人物），作为完成伟大历史事件的工具。理性让人们遵照自己的意图、志向和情欲去追求自己的目的，但最后又把这些个人的特殊利益加以清算和扬弃，使普遍的原则得以实现。这就是他所谓的"理性的狡计"。在《历史哲学》里，黑格尔写道："特殊的东西同特殊的东西相互斗争，终于大家都有些损失。那个一般的理念并不卷入对峙和斗争，卷入是有危险的。它始终留在后方、在背后，不受骚扰，也不受侵犯。它驱使热情去为它工作，热情从这种推动里发展了它的存在，因而热情受了损失，遭到祸殃——这可以叫做理性的狡计。这样被理性所拨弄的东西乃是现象，它的一部分是毫无价值的，还有一部分是肯定的、真实的。特殊的事物比起一般的事物来，大多显得微乎其微，没有多大价值：个人是供牺牲的、被抛弃的。理念自己不受生灭无常的惩罚，而由个人的热情来受这种惩罚。"① 黑格尔的这种观点和他的悲剧理论是完全一致的，在悲剧里也同样可以看到这种"理性的狡计"，代表特殊利益、因而带有片面性的悲剧人物历经苦难，尝遍艰辛，但到头来却在为他人做嫁衣，只是为永恒正义的胜利、更高精神原则的胜利准备条件。换句话说，也只不过是理性为了达到自己的目的而利用的工具而已。

最后，有一点十分重要。黑格尔的悲剧理论主要是以古希腊的悲剧为根据的，他认为他的悲剧观点只有对古代悲剧来说才完全适用，而对近代浪漫派的悲剧来说就不完全适用，必须加以某种修正。究竟黑格尔认为近代悲剧在何等程度上体现他的悲剧概念，这是值得研究的问题。但有一点是可以肯定的，那就是他把古代悲剧看作悲剧的典型形式，而近代悲剧则仅仅是对古代悲剧的修正或变形。

为什么黑格尔会有这种看法呢？这是因为：在他看来，近代悲剧的特征是主观性日益增加。近代悲剧里的主人公，除了少数例外（如浮士德、卡尔·摩尔、华伦斯坦），与其说是代表普遍的伦理力量，倒不如说是受他们个人的目的、志向和情欲所驱使。因此，各种伦理力量的冲突在近代

---

① 《历史哲学》，生活·读书·新知三联书店1956年版，第72页。

悲剧里就变得不十分鲜明了。黑格尔指出："近代悲剧一开始就在自己本身的范围内接受了主观性的原则。因此它把性格的主观本性作为自己的真正对象和内容，而这种性格则不是伦理力量的单纯的古典式的个别体现。"① 正因为如此，所以接着他又指出："一般说来，在近代悲剧里，个人不是为自己的目的的实体性内容而行动的，这种实体性内容也不是他们的热情的动力，而是他们的心灵和情感的主观性和他们性格的特殊性力求得到满足。"② 因此，近代悲剧里的人物性格也和古代悲剧不同。古代悲剧的主人公代表某一种伦理力量，他的性格完完全全体现这种力量，而和另一种伦理力量相对立，在那里，矛盾冲突是在人和人之间、不同的性格之间展开的。在近代悲剧里则不然，性格本身发生分裂，两种对立的意图和情欲在同一个性格之中进行斗争，因此矛盾冲突同时是在性格内部展开的。所有这一切区别也影响到"和解"的概念，在黑格尔看来，虽然近代悲剧的结局仍然是"和解"，但这种"和解"在内容上已经起了变化，只能算是"不幸之幸"（unglückse lige Seligkeit）了。

黑格尔曾经特别以莎士比亚的《哈姆雷特》为例指出古代悲剧和近代悲剧的区别。《哈姆雷特》里的冲突与埃斯库罗斯的《奠酒人》和索福克勒斯的《厄勒克特拉》里的冲突基本上是相似的，都是父王被谋杀，母后和凶犯成婚。但是，在古希腊诗人那里，谋杀阿伽门农是有伦理根据的，而在莎士比亚那里，谋杀国王却完全是万恶的犯罪行为。哈姆雷特的母亲并没有罪，哈姆雷特在为父复仇时只需反对篡位的叔父，而他的敌人是丝毫没有值得尊敬之处的。"因此，真正的冲突并不在于儿子在进行自己的伦理性复仇时必须损害伦理本身，而在于哈姆雷特的主观性格之中，哈姆雷特的高贵的灵魂并不是为了干这种刚毅的行动而创造的，他对世界和生活充满厌恶，在下决心、进行试验和准备实施之间辗转不安，终于由于自己的优柔寡断和外部环境的结合而遭到了毁灭。"③

黑格尔对近代悲剧的这种看法和他对浪漫艺术的总的看法是完全一致

---

① 《美学》，1955 年德文版，第 1093 页。
② 同上书，第 1095 页。
③ 同上书，第 1096 页。

的。在他看来，浪漫艺术的对象是"自由的具体的精神生活"，艺术要符
合这种对象，就必须诉诸"内心世界"、"主观的内心生活"。"就是这种
内心世界组成了浪漫艺术的内容，所以必须作为这种内心生活，而且通过
这种内心生活的显现，才能得到表现。"① 据黑格尔说，正是由于浪漫艺术
日益沉溺于主体的内心生活，才终于使艺术本身发生解体。因此，他尽管
承认近代悲剧的艺术成就，特别是对莎士比亚评价很高，然而在他心目中
典型的悲剧还是产生于古代，他的悲剧理论也主要以埃斯库罗斯和索福克
勒斯的作品为依据。黑格尔是古希腊艺术的崇拜者，这一点在悲剧方面也
并不例外。

# 四

　　像整个黑格尔美学一样，黑格尔的悲剧理论中既有精华，也有糟粕，
既包含着深刻的真理，也掺杂着唯心主义的谬论。黑格尔学说的优点和弱
点在他的悲剧理论中得到了充分的表现。黑格尔用矛盾冲突的观点去解释
悲剧，这是他的一个巨大的历史功绩，我们对这个功绩应当给予足够的估
价。应该承认，在历史上是他首先运用对立面的统一和斗争这一辩证法规
律去揭示悲剧的本质，因此在这个问题上他比前人大大地前进了一步。但
同时也应该指出，他的辩证法是唯心主义的辩证法，并且处处受到保守的
哲学体系的限制和压抑，而最后终于被扼杀了。这就不可避免地使他的悲
剧理论带有保守的唯心主义的烙印。

　　黑格尔把悲剧的本质看作不同伦理力量之间的冲突，这个思想有着合
理的一面。黑格尔不满足于仅仅把悲剧当作个人之间的矛盾冲突和个人的
悲惨遭遇，而力图寻找这些个人背后的更深刻的带普遍性的力量。在黑格
尔的体系中，伦理（Sittlich keit）和道德（Moralität）是两个不同的概念，
道德是主观的，而伦理则是客观的抽象的法和主观的道德的统一。② 家庭、

---

　　① 《美学》第 1 卷，人民文学出版社 1958 年版，第 97 页。
　　② 关于道德和伦理的区别，黑格尔在《法哲学原理》中曾有所说明，参阅该书商务印书馆 1961
年版，第 42 页。

市民社会和国家——这就是伦理发展的三个阶段。因此，黑格尔所说的伦理力量实际上指的是社会道德观念，它们在本质上是一种社会性的存在，用他的话来说，它们都是具有"实体性"的。这样看来，所谓伦理力量之间的冲突其实也就是悲剧中的人物所代表的社会道德观念之间的冲突。悲剧冲突在本质上是一种社会性的冲突——黑格尔思想的合理意义即在于此。

可是，在唯心主义者黑格尔那里，一切都是头脚倒置的。我们所看到的是一个颠倒的世界：不是社会存在决定社会意识，而是社会意识决定社会存在。伦理观念不被他看作决定于经济基础的社会上层建筑中的意识形态的一部分，而被当作精神的自己发展中的一个阶段。由于黑格尔认为精神占绝对第一性的地位，因此在他眼里伦理观念不仅不是特定的社会关系的产物，而相反地倒是社会关系的创造者。正因为这样，所以黑格尔不是用社会现实中的矛盾冲突去解释伦理力量之间的冲突，却反而用伦理冲突去解释社会冲突。但在实际上，伦理冲突以至于一般的精神冲突，都无非是客观社会生活中各种现实的物质力量之间的矛盾冲突在人们的意识中的反映。特别是在阶级社会里，它们往往是各个阶级的利益冲突的一种特殊表现。要科学地阐明伦理冲突的现象，就必须正确地揭示出它们的社会的、历史的和阶级的基础。黑格尔的根本错误就在于他坚持精神第一性的唯心主义原则，看不到社会现实中的矛盾冲突是产生伦理冲突的真正源泉，因而他就只能到伦理实体本身中去寻找造成冲突的原因。构成悲剧冲突的最深刻原因的社会冲突和阶级冲突，则常常处于他的视野之外，没有得到应有的重视。

在黑格尔那里，悲剧冲突虽然是社会性的冲突，但它始终是在观念的领域内进行的。前面已经说过，黑格尔认为只有精神性的冲突才是悲剧中的真正重要的矛盾。这种看法本来也有合理的因素，因为在悲剧里重要的社会矛盾一般是要通过精神性的冲突表现出来的。但是，如果把精神性的冲突仅仅看作精神本身的冲突，完全取消它的社会阶级内容和物质基础，那就必然会使人走向荒谬。

黑格尔认为，伦理实体具有自我分裂的趋向，由于这种自我分裂，就导致对立和冲突。这种思想也是以他的辩证法为基础的。伦理实体不是抽象的同一，而是自身包含着差别、对立和矛盾的具体的同一，对于这一点，我们是并不反对的。但是我们进一步要问：究竟是什么原因引起伦理的这种"自我分裂"？这种分裂的实质又是什么？对这些问题，黑格尔却根本提不出任何令人满意的答案。

黑格尔无法说明引起伦理的自我分裂的真正原因，而不得不陷于抽象的唯心主义的思辨，仿佛伦理实体就其内容来说本来是统一的，只因为它进入世界化为各种特殊的个别表现，所以才发生分裂和冲突。这当然是什么也说明不了的唯心主义谬论，因为这种先于自己的个别表现而存在的一般的伦理实体，完全是黑格尔所捏造出来的虚构。

其实，在阶级社会里，统一的"伦理实体"是根本不可能存在的。各个不同的阶级有着自己不同的伦理观念，适用于一切阶级的永恒不变的伦理观念是没有的，虽然在一定的历史时期内某个社会中的统治的伦理观念，总是在该社会中占统治地位的那个阶级的观念。因此，我们在任何社会里的确都能看到伦理的"分裂"，但这种"分裂"的原因正在于伦理本身的历史性和阶级性。恩格斯在《反杜林论》里写道："一切已往的道德论归根到底都是当时的社会经济状况的产物。而社会直到现在还是在阶级对立中运动的，所以道德始终是阶级的道德；它或者是为统治阶级的统治和利益辩护，或者当被压迫阶级变得足够强大时，代表被压迫者对这个统治的反抗和他们的未来利益。"[1] 正因为黑格尔不理解也不可能理解这一点，所以他不能对伦理的"分裂"作出正确的解释。

在我们看来，观念的进程是由物的进程所决定的，因此在阶级社会里伦理观念的发展归根结底是由社会经济状况和阶级斗争的发展所决定的。在历史上，我们可以看到不同的社会阶级的统治的交替，新的阶级出现在历史舞台上，它们为取得统治地位而进行斗争，从而和旧的统治阶级发生冲突。与此相应，代表新兴阶级的利益的新的伦理观念也和代表旧的统治阶级利益的传统的伦理观念发生冲突，于是就在我们面前展开了一幅新旧力量、新旧观念之间的斗争的图景。所谓伦理的分裂，在很大程度上也就是这种新和旧的矛盾冲突。黑格尔在个别场合下虽然多

---

[1] 《反杜林论》，人民出版社1970年版，第91—92页。

少感觉到了这一点，可是他并没有予以足够的重视。在他那里伦理的分裂所形成的悲剧冲突，主要是不同的伦理力量（例如家庭和国家）之间的冲突。他没有注意到，除此以外还有一种更深刻的冲突，那就是各种伦理力量本身的分裂所造成的冲突，例如新的家庭观念和旧的家庭观念的冲突、新的国家观念和旧的国家观念的冲突。可是在历史上，后一种冲突却往往占有更重要的地位，社会矛盾和阶级斗争也正是在这一种冲突中表现得更为明显。

由于黑格尔看不到伦理冲突背后的社会冲突和阶级斗争，所以他对某些悲剧的具体解释常常不能使我们满意。就拿苏格拉底之死来说吧。黑格尔不把苏格拉底的悲剧看作他个人的可怕遭遇，而把它看作必然的历史事件，这种看法是很深刻的。但是他对这一事件的解释却是错误的。在他看来，苏格拉底的悲剧是两种精神原则发生冲突的结果，而且苏格拉底还代表着"精神的更高的原则"，也正是他的原则终于使希腊生活趋于没落。而实际上，苏格拉底的悲剧却是当时雅典社会的内部斗争，即奴隶主民主派和奴隶主贵族派的斗争的结果。苏格拉底并不代表"更高的原则"，他是某种政治力量的思想代表者。当时雅典的奴隶主民主制虽然已经陷入危机，却还有足够的力量去惩治反对派。作为一个历史人物，苏格拉底虽然具有卓越的哲学智慧和富有魅力的个性，但他站在反对派的立场反对民主制，这就必然要遭到悲剧性的毁灭。的确，雅典国家后来也终于瓦解了，但这并不是由于苏格拉底的原则的影响，而是由于社会内部斗争的加剧和对外战争的破坏。这样看来，正确地理解苏格拉底的悲剧的锁钥，应该到当时雅典的社会经济状况和政治斗争中去寻找，而不应该到什么"精神原则"中去寻找。

我们再来谈黑格尔对《安提戈涅》的解释。应该说，黑格尔指出这个悲剧的本质在于两种普遍的伦理观念（家庭和国家）之间的冲突，这一见解确实是精辟的。然而黑格尔却到此停步了，没有进一步去探索这种伦理冲突背后的更深刻的矛盾，有时他的议论则带有神秘色彩，例如说什么伦理实体自身分裂为神的法律和人的法律等。实际上，这是两种法权的冲突，即宗族法权和国家法权的冲突。这两种法权的斗争在历史上，特别是在奴隶制国家形成时期内曾经起过重大的作用。如果黑格尔能够联系社会史去考察《安提戈涅》中的悲剧冲突，那么他的解释一定会深刻得多。然而作为一个唯心主义者，他是不可能做到这一点的。

我们认为，黑格尔忽视悲剧冲突的社会阶级基础，这是他的悲剧理论的根本缺陷。可以说，他的其他一些错误看法都是和这个缺陷分不开的。

在黑格尔看来，悲剧冲突的双方都是正义的，但由于它们各自具有片面性，因此又都是不正义的，而对于这种片面性和不正义的合理惩罚，就是个人的悲剧性的毁灭。由此黑格尔认为，在所有的悲剧冲突中，我们特别应该抛弃掉关于有罪或无罪的虚伪观念。悲剧人物既是有罪的，又是无罪的。① 我们觉得，黑格尔的这种看法本身就带有很大的片面性。

悲剧里的矛盾冲突的双方都自以为代表正义，这的确是很常见的情况。比如说，在许多宣扬爱情自由、反抗封建婚姻制度的悲剧里，作为封建势力的牺牲品的青年男女，固然认为正义是在自己这一方，但维护封建礼教的那些"卫道者"也未尝不以为自己是正义的化身。在某些人看来，婚姻自由是人的不可剥夺的权利，而在另一些人看来，则简直是"大逆不道"，是破坏道德规范的行为。贾母包办宝玉的婚事，祝英台的父亲强加干涉女儿的爱情，老开普莱特强迫朱丽叶嫁给帕利斯，他们在葬送自己儿女的幸福时一本正经地以为这是"天经地义"，甚至还认为他们是在为儿女的利益着想。如果黑格尔的意思仅仅指的是阶级社会里伦理道德观念的相对性，那么他是有一定道理的。但是，他却由此得出了相对主义的结论，根本抹杀悲剧里的正义和非正义、有罪和无罪、善和恶的界线，这就是一个绝大的错误。

问题在于，自以为代表正义和实际上确实代表正义，这二者之间是有很大区别的。在阶级社会里，各个阶级都以自己的伦理观念作为行为根据，但这绝不是说，伦理道德没有客观的标准。我们认为，在一定的历史时期、一定的社会里，凡是有利于社会进步发展的就是正义的，反之就是非正义的。正义的就是善，非正义的就是恶。事实上，在绝大多数悲剧里，正义和非正义、善和恶的区别都是很明确的，而观众的同情也总是倾向于正义的一方。只有在少数悲剧里，正义和非正义、善和恶的区别比较

---

① 《美学》，1955 年德文版，第 1086 页。

模糊，但这并不是因为正义和非正义、善和恶完全只是相对的概念，而往往只是因为在同一个主人公身上就体现着正义和非正义、善和恶这两种力量的斗争。

由于黑格尔不承认悲剧中正义和非正义的区别，他当然就会认为关于有罪或无罪的概念是"虚伪"的了。在他看来，归根结底一切都是理性法庭的公正的裁决，既然悲剧主人公遭到了毁灭的命运，那么这似乎就证明他是有罪的。黑格尔所依据的真是一种十分奇怪的逻辑："我们承认有过错，因为我们受痛苦。"我们必须指出，黑格尔的这种看法不仅违反许多悲剧的事实，而且也和绝大多数观众的感情背道而驰，因此是完全经不起批判的。当然，在悲剧里有些人的毁灭是和他们的罪过分不开的，对这些人来说，是他们亲手埋下了使自己灭亡的种子，正如埃斯库罗斯的《奠酒人》里的克吕泰墨斯特拉和俄瑞斯忒斯的对话所表明的那样：

"克：喔！你要杀你的母亲吗？我的儿子！

俄：不是我杀你，是你的罪恶毁了你。"①

但是，我们绝不能把上述个别情况当作悲剧的一般通例，即使我们把悲剧中的"罪过"的概念加以更广泛的解释，也仍然有不少悲剧人物无论如何都不能被认为是有罪的。比如说，姑且我们承认奥赛罗在某种意义上是有过错的，但是纯洁无瑕的苔丝德蒙娜究竟犯了什么罪过呢？同样地，就算《阴谋与爱情》里的斐迪南少校犯了和奥赛罗相类似的过失，那么女主人公又有什么值得非议的缺陷呢？巴里斯诱拐海伦，可以说罪有应得，可是为什么特洛埃城的全体妇女要为他一人的罪而受到这样残酷的报复呢？只要我们不是无中生有、异想天开地把罪过硬加在无辜者的头上，那么我们就可以看到，原来悲剧的祭坛上早就涂满了无罪者的血。生活的逻辑并不像黑格尔所想象的那样美好，在剥削阶级所统治的社会里，许多人之所以蒙受痛苦，并不是由于他们犯了什么罪过，而正是因为他们清白无辜。正如车尔尼雪夫斯基所说，认为每个死者都有罪过，这真是"残忍到使人愤恨的思想"。

---

① 《奠酒人》，牛津大学英文版，第191页。

　　不管黑格尔的主观意图如何，他的上述看法在客观上起了为丑恶的现实辩护的作用。在黑格尔看来，归根结底悲剧证明了一切都是合理的；而在我们看来，悲剧的重要意义之一却正在于它揭露了社会的不合理的一面。既然每个悲剧人物的灭亡都是自食其果，咎由自取，那么责任也当然由他们自己承担了。这样，黑格尔在无形之中就为真正负有罪责的社会制度洗刷了罪恶。黑格尔着重探究的是悲剧人物性格本身的"片面性"。在他看来，悲剧的可能性以至于必然性早就寓于这种性格的"片面性"之中了。因此，他主要是从主观方面去探索悲剧的原因，而仅仅从这方面来说，他的确是很成功的。但事情的更重要的方面，即悲剧的客观社会原因却往往被他忽视了。

　　应该承认，悲剧人物的性格对悲剧的形成是起重要作用的，但它毕竟不是悲剧的最深刻的原因。问题在于，性格本身是在客观环境的强大影响下形成的，因此性格以及它的片面的发展都无非是悲剧环境的产物。奥赛罗、麦克白斯、哈姆雷特这些人物及其性格都不可能离开一定的社会历史条件而存在，要真正理解这些人物及其性格，就必须弄清楚对它们的形成起着决定作用的社会环境。甚至在一些著名的所谓"性格悲剧"里，也很难用性格来解释一切。因为性格仅仅是构成悲剧的主观条件，它的活动范围是由悲剧的客观条件所提供的。黑格尔的缺陷就在于他过分夸大了主观条件的作用，而把客观条件放在次要的地位。

　　和黑格尔不同，马克思主义经典作家却总是把主要注意力集中于分析悲剧的客观条件。马克思关于拉萨尔的剧本《弗朗茨·封·西金根》写道："西金根（而且胡腾多少和他一样）的灭亡，并不是由于他的狡诈。他的灭亡，是因为他作为一个骑士、作为一个垂死阶级的代表起而反对现存（制度），或者更确切些说，反对现存（制度）的新形式。"① 而恩格斯指出，在拉萨尔的这个剧本里有着悲剧的矛盾：一方面是坚决反对解放农民的贵族，另一方面是农民，而西金根和胡腾就站在这二者之间，"这就

---

① 《马克思给拉萨尔的信》，《马克思恩格斯论艺术》第 1 卷，人民文学出版社 1960 年版，第 31 页。

构成了历史必然的要求与这个要求实际上不可能实现之间的悲剧冲突"①。在这里，马克思和恩格斯所着重探讨的显然不是西金根个人的性格如何，而是形成西金根的悲剧的社会历史条件。但是，唯心主义者黑格尔不可能做到这一点，因为如果要这样做，就必须坚定地站到唯物主义历史观的立场上来。

黑格尔悲剧理论中最不能令人满意的是他关于悲剧冲突的"和解"和"永恒正义"最后取得胜利的思想。我们认为，黑格尔学说的保守方面在这里得到了最明显的表现，辩证法的革命精神则为了迁就体系的要求而被完全取消了。

当然，黑格尔的悲剧论带有乐观主义和理性主义精神，因此比起形形色色的资产阶级悲观主义和神秘主义悲剧理论来，毕竟还高出一筹。但是，由于黑格尔的理论建立在虚妄的唯心主义的沙滩上，所以他的乐观主义和理性主义观点并没有牢靠的基础，所谓"永恒正义"的胜利云云只不过是类似海市蜃楼的幻影而已。

在黑格尔看来，悲剧的结局是矛盾冲突的双方达成"和解"。这种看法是符合他的整个矛盾学说的。大家知道，根据黑格尔的唯心主义的概念辩证法，事物的发展一般要经过正题—反题—合题的三段式。无论正题或反题都不是真理，真理在于两者的扬弃和融合即合题，而在合题中两者的矛盾得到了调和。马克思曾经批判过黑格尔的这种调和矛盾的错误。他说："真正的极端之所以不能被中介所调和，就因为它们是真正的极端。同时它们也不需要任何中介，因为它们在本质上是互相对立的。"② 在马克思主义者看来，对立面的统一是相对的，而对立面的斗争则是绝对的、不可调和的，斗争的结局不可能是矛盾双方的"和解"，而只能是矛盾的一方战胜另一方或矛盾双方的相互转化。

事实上，悲剧里的矛盾的双方（无论是两种观念或两种物质力量），只要它们是"真正的极端"，真正"在本质上是互相对立的"，那就绝不

---

① 《马克思给拉萨尔的信》，《马克思恩格斯论艺术》第1卷，人民文学出版社1960年版，第41页。

② 《黑格尔法哲学批判》，《马克思恩格斯全集》第1卷，人民出版社1956年版，第355页。

可能得到所谓的"和解"。就以黑格尔作为"和解"的典型例子提出来的《复仇神》来说吧。在埃斯库罗斯的这个悲剧里，互相冲突的双方是父权制和母权制。能否说在这里父权制和母权制最后取得"和解"了呢？显然绝不能这样说。二者怎么可能调和呢？要知道在历史上并不是这两种制度互相和解，而是父权制代替了母权制。同样地，正如恩格斯所指出的，在这个悲剧里也是"父权制战胜了母权制"①。一般来说，既然悲剧冲突具有正义和非正义、善和恶的斗争的性质，那就不可能达到任何的和解，有时即使斗争的双方都遭到毁灭（如《哈姆雷特》），也仍然不能给予我们以和解之感。有人说，《哈姆雷特》里的和解表现为芳丁布拉斯的胜利归来和秩序的恢复。可是这种所谓"和解"和黑格尔的原意没有丝毫共同之处。说真的，我们简直很难理解，芳丁布拉斯究竟和这个悲剧里的矛盾冲突有什么关系以及他怎样可能使这个冲突得到和解。

根据黑格尔的看法，"和解"的感觉是由于我们在最后看到了"永恒正义"的胜利而产生的。但是，我们在许多悲剧里所看到的却完全不是黑格尔所描绘的那种正义的辉煌胜利，我们的情感也经常得不到"伦理的安慰"。当我们看到无辜者受难而罪大恶极的坏蛋却逍遥法外的时候，我们能相信这是"永恒正义"的胜利吗？林黛玉死了，贾宝玉出家当了和尚，可是贾政之流却还是做他的官。爱米利·迦洛蒂在遭受凌辱后死了，可是那真正的凶手、专横的暴君却还是照样过着他的荒淫无耻的糜烂生活。安娜·卡列尼娜死了，可是那些上流社会的伪君子们，那些专门以散布流言蜚语为职业的女性寄生虫们，却仍然天天跳舞、喝酒、调情，而且还会对安娜进行他们所特别擅长的鞭尸戮墓的死后惩罚。试问，在这种悲剧世界里有什么公理、正义可言呢？我们完全有根据地说，正因为没有公理和正义，所以才会产生出这些悲剧，而要真正建立公理和正义的统治，就必须从根本上铲除产生悲剧的社会制度。因此，我们在目睹悲剧人物蒙受苦难之后，并不赞叹"永恒正义"的伟大，而是对受难者寄予深挚的同情，并且激起了我们为粉碎罪恶的现实而斗争的热情和决心。在我们看来，悲剧

① 《家庭、私有制和国家的起源》第4版序言，《马克思恩格斯选集》第4卷，人民出版社1972年版，第7页。

的巨大的社会作用，不在于给予人们以"伦理的安慰"，却相反地在于它使人更深刻地认识到产生悲剧的社会根源，提升人们的斗争精神。①

我们认为，黑格尔用"理性的狡计"来解释悲剧也是经不起批判的。首先，他的说法无法摆脱目的论的神秘色彩，仿佛一切都已经事先安排好，个人只是傀儡而已。拆穿了讲，这种所谓"理性"实际上只可能是上帝的别名。其次，我们完全有权要问，为什么理性偏偏要设计这样的而不是那样的"狡计"呢？黑格尔无法回答这一点。黑格尔是一个历史唯心主义者，他虽然承认历史的必然性和规律性不以个人的意志为转移，但是要对这种必然性和规律性作科学的解释，究竟是他力所不逮的。②

我们还应该指出，黑格尔以古希腊的悲剧作为典型，这是他的理论的一个严重缺陷。不管古希腊悲剧曾经取得多么辉煌的成就，它们和近代悲剧相比，无论在主题内容的广泛社会意义上，表观矛盾冲突的深度上，或是塑造典型人物性格的艺术技巧上，毕竟都要逊色得多。古希腊悲剧毕竟只是人类悲剧文学史上的幼年时代。如果不把主要注意力集中于近代戏剧发展所提供的极其丰富的材料，而企图到希腊悲剧中去寻找悲剧艺术的普遍规律，这种做法是违反历史发展要求的。

总体来说，黑格尔的悲剧论之所以具有这些根本缺陷和错误，是和他的资产阶级立场分不开的。当时德国资产阶级虽然日益成长，但力量还不够强大，政治上也还不够成熟。他们一方面向往着法国资产阶级革命的成果，希望德国社会也发生有利于他们的变革；另一方面却不敢像法国资产阶级那样用革命手段去摧毁封建制度，而倾向于同封建容克地主制度妥协，企图在维护现存秩序的情况下乞求统治者作出些微的让步。正是德国资产阶级的这种两面性和懦弱性，使黑格尔一方面察觉到社会现实生活中存在着矛盾斗争，这种矛盾斗争甚至还往往达到悲剧性冲突的地步；但另一方面却又竭力把矛盾斗争限制在精神的领域内，不敢承认矛盾斗争的结

---

① 我们并不认为，这是衡量悲剧的唯一标准，因为在文学史上有一些伟大的悲剧并未起这样的革命作用。但我们仍然要说，如果有一部悲剧起着这样的作用，并且具有卓越的艺术形式，那它就是一部理想的伟大悲剧作品。资产阶级美学家是根本否认这一点的，因为在他们看来，这是"功利的"而不是"审美的"态度。

② 关于这一点，普列汉诺夫曾在《黑格尔逝世六十周年》一文里作了透彻的分析。

果必然导致旧制度的死亡和新制度的产生，而力求同当时普鲁士的反动社会制度"和解"。黑格尔的悲剧论，在某种意义上可以说是他的"合理的就是现实的，现实的就是合理的"这一著名命题的具体例证。他的直接目的无非是想为现存制度辩护，证明它不管包含着多么深刻的悲剧性矛盾，在本质上却仍然是合理的。因此，作为德国资产阶级的思想代表，黑格尔更倾向于保守的方面。但是，正如恩格斯所指出的，黑格尔的上述命题如果加以批判的理解，就会转化为自己的反面，"变为另一个命题：凡是现存的，都是应当灭亡的"①。用同样的革命精神去批判黑格尔的悲剧论，也会使它转化为自己的反面：含有悲剧性矛盾的现实，随着时间的推移，终究会变成完全不合理的东西，因而是应当灭亡的！

# 五

最后，我们还要顺便谈一下布雷德莱对黑格尔悲剧理论的解释。布雷德莱在现代西方学者中间是以鼓吹黑格尔悲剧理论著称的。他把黑格尔的观点广泛地应用于研究莎士比亚的悲剧，而获得了名噪一时的成功。

无可否认，在西方学术界关于莎士比亚戏剧的无数研究著作中，布雷德莱的《莎士比亚的悲剧》一书要算是比较出色的著作。由于他以黑格尔思想作为指南，所以他对莎士比亚的解释在某些地方往往比一般浅薄的资产阶级学者高出一头。但是，我们在前面已经指出，黑格尔的理论并不完全适用于近代悲剧，因此布雷德莱企图对它作一番"重新解释"，使它更符合他自己的需要。在这里我们不可能全面地考察他所做的这种所谓"重新解释"，而只打算着重谈谈其中的一点。

在布雷德莱看来，黑格尔着重注意悲剧中的动作和冲突，这是正确的，但他的缺点是没有充分估计到苦难和不幸在悲剧中的作用，特别是忽视了显然不是由于人的行动所造成的一种特殊的不幸，即所谓命运。据他

---

① 《路德维希·费尔巴哈和德国古典哲学的终结》，《马克思恩格斯选集》第4卷，人民出版社1972年版，第212页。

说，无论在古希腊悲剧或莎士比亚的悲剧中，只能称之为命运的某些偶然的不幸事件都起着重要的作用。"如果奥赛罗的性格换个样子的话，那他就不会成为雅戈的牺牲品了；但是，我们仍然要说，使他在这个世界上同这样一个有足够的能力和勇气去陷害他的卑鄙小人一起共事，真是特别的命运。在《安提戈涅》里，在它的大灾难中，偶然事件也起着作用；我们很难说，克瑞翁答应挽救安提戈涅的生命可惜为时过晚这一点，是完全取决于他们的性格的。现在，我们可以正确地说，黑格尔对悲剧中的最高力量的解释，就是命运观念的理性化。可是他对命运的这个特殊方面的意见既不充分，也不能令人满意。"[1] 于是，布雷德莱就打算对黑格尔的理论进行"修正"和"补充"。

布雷德莱竭力想把"命运"观念和黑格尔的"永恒正义"观念调和起来。据他说，悲剧中的最高力量是"命运"和"正义"这二者的总和，单靠其中之一就难以说明悲剧的实质。一方面悲剧所给予我们的是某种悲惨可怜的、可怕的、神秘的感觉，另一方面它又不使我们感到被压服、起反抗的念头或感到绝望。如果仅仅把悲剧世界里的最高力量描述成"正义"或"道德秩序"，那么悲剧在我们看来就不会那么可怕和神秘。但如果仅仅把这种最高力量解释为"命运"，那么悲剧就会使我们感到绝望或起反抗的念头了。因此，虽然"命运"和"正义"都在悲剧中占统治地位，可是仅仅强调二者之一就会陷于片面性。过于强调"正义"，悲剧就会变成道德秩序对个人的罪过的惩罚；过于强调"命运"，个人就会成为某种盲目的外在力量的牺牲品。[2] 布雷德莱自己也承认，以上这两种观点是互相矛盾的，没有第三种观点可以把它们统一起来。但是，尽管如此，他还是千方百计地设法把它们结合在一起。

布雷德莱认为，"命运"可以有两种含义。一种是"空洞的必然性"，完全不顾人类幸福和善恶之间、正确错误之间的区别，这种命运出现在悲剧里必然会使人感到浅薄，应该予以否定。还有一种是"整个体系或秩序的神话式的表观，个人只组成这个体系或秩序的一个微不足道的软弱无力

① 《黑格尔的悲剧理论》，《牛津诗学讲义》，1955 年伦敦版，第 82 页。
② 参阅《莎士比亚的悲剧》，1952 年伦敦版，第 26 页。

的部分"。为什么人在悲剧世界里是软弱无力的呢？在《哈姆雷特》里扮演国王的伶人说，"我们的思想是属于我们的，它们的结果却出乎我们意料"。悲剧里的行动是转化成现实的思想，但是悲剧人物行动的结果却完全不符合他们原来的意图，不管这种意图是好是坏。"没有人能比布鲁特斯的意图更好了，可是他却为他的国家制造了苦难，为他自己制造了死亡。没有人能比雅戈的意图更坏了，然而他同样陷入了他为别人所织的罗网……在悲剧世界里的一切地方，人的思想变成行动之后，总是转化为自己的对立面。"① 此外，再加上一些偶然的不幸事件，如朱丽叶在坟墓里迟一刻苏醒，苔丝德蒙娜在关键性时刻失落了手帕，偶然的延误断送了考地利娅的生命等，都使我们感到在宇宙间存在着一种我们所不能完全理解也不能加以控制的巨大力量，它似乎具有确定不移的本性，不顾人们的主观愿望而造成必然的后果。这就自然而然地给予我们以命运的观念，但它使我们把它看作一种道德秩序，把它的必然性看作道德的必然性。在布雷德莱看来，这样"正义"的概念就和"命运"联系起来了。

从这一点来说，布雷德莱对黑格尔的悲剧理论的"重新解释"的目的，就是使它更加神秘化。我们知道，布雷德莱本人就毫不掩饰自己对悲剧的神秘主义观点。他曾经这样说道："在任何地方，从我们脚下的碎石到人的灵魂，我们到处都看到力量、智慧、生命和荣耀，它们使我们惊讶，似乎引起我们的崇敬。同时我们又到处看到它们灭亡，看到它们互相毁灭对方和消灭自己，往往蒙受可怕的痛苦，仿佛它们之所以存在就是为了这个目的的似的。悲剧就是这种神秘不可思议的事情的典型形式。"② 他甚至认为："如果悲剧不是一件痛苦的神秘不可思议的事，那它就不成其为悲剧了。"③ 在他看来，黑格尔完全诉诸理性、"永恒正义"，那当然就不够神秘。因此他就搬出了古老的"命运"观念作为武器，在黑格尔的唯心主义理论上再涂上一层神秘主义的色彩。

但是，布雷德莱除了一些老调重弹外提不出任何新的论据来论证"命

---

① 《莎士比亚的悲剧》，1952 年伦敦版，第 27—28 页。
② 同上书，第 23 页。
③ 同上书，第 38 页。

运"观念。实际上，他所说的主客观之间的矛盾、动机和效果之间的矛盾，即使在黑格尔那里也尽可以用"理性的狡计"来解释，大可不必把这归结为"命运"。布雷德莱自己也承认单凭这一点很难令人联想起命运，因为这终究还是使人感到他自己是使他毁灭的原因。因此，我们可以说，布雷德莱手里的唯一王牌，就是一连串似乎谁也不能解释、谁也不能控制的"偶然不幸事件"。

在神秘主义者看来，整个世界本来就是一个永远不可解的谜。通过他们的有色眼镜，似乎世界上一切事件都取决于人们根本无法理解的偶然因素。"奥赛罗为什么偏偏遇到了雅戈？""李尔王为什么偏偏有这样狠毒的女儿，考地利娅为什么偏偏有这样狠毒的姊姊？""克瑞翁为什么不早一点决定赦免安提戈涅？"——布雷德莱自以为提出了一些发人深思的问题。其实他却不知道，提出这样的问题就像问"为什么这些人的父母把他们生了下来？"一样空洞、无聊。一个人只要坐在安乐椅上充分运用他的想象力，那就可以毫不费力地想出可能使任何一个悲剧的进程发生根本变化的上百个偶然因素来。朱丽叶在坟墓里早几分钟醒来，不就可以免于酿成惨剧吗？的确如此。但是，要知道如果劳伦斯神甫的信按时送到罗密欧手里，如果罗密欧从卖药人那里买到的是假药，如果罗密欧没有偶然遇到泰鲍尔特和穆克修的决斗，如果罗密欧晚几十年出生，如果朱丽叶生在别处，等等，那也同样不会发生悲剧。只要你允许人们滥用"如果"这两个字，那么任何荒唐的念头都会毫不费力地涌现出来。可是黑格尔却早就斥责过这种驰骛于"抽象的可能性"里的浅薄之见，他认为这种可能性十分空疏无聊，因为只要用抽象的形式去设想，把一个内容从它所有的许多关系中分离出来，那么无论什么荒谬的内容都是可能的了。① 因此，布雷德莱利用这种抽象的、形式的可能性去论证悲剧中的"命运"观念，乃是违背黑格尔辩证法精神的一种最庸俗的唯心主义观点，而且实际上和他本人所指责的"空洞的必然性"毫无本质的区别。

布雷德莱虽然口头上叫人不要用"宗教的语言"去回答悲观中的最高

---

① 关于黑格尔对"抽象的可能性"的批判，可参阅《小逻辑》（生活·读书·新知三联书店1957年版，第306页）和《逻辑学》（《黑格尔全集》第4卷，1958年德文版，第687页）。

力量是什么的问题，但是按照逻辑的必然性，他的观点归根结底却只能把人引到上帝那里去。因为他所设想的那些偶然事件，除了把它们归之于上帝的安排外，根本不可能找到任何合理的解释。神秘定义和宗教是一对孪生儿，难道事情不是这样吗？

其实，黑格尔也并未完全忽视偶然事件在悲剧里的作用，但他并不赋予它们以首要的地位，更没有由此引申出"命运"的观念。在他看来，偶然性的背后有着必然性，必然性总是通过偶然性而表现出来，在一定的条件下，偶然的东西就是必然的，而必然性本身就表现为偶然性。但是，在悲剧中贯彻始终的永远是铁的必然性，一切偶然事件只不过是使这种必然性得以表现出来的助因罢了。例如黑格尔指出，哈姆雷特之死从表面上看似乎是由于他和勒尔替斯决斗并且交换了剑而偶然造成的，但实际上在他的灵魂深处早已隐伏着死亡，他周围的极其可怕的环境使他万分苦闷，厌恶一切生活条件，因此还在死亡从外面降临到他头上之前，内心的压抑就差不多已经把他折磨死了。罗密欧和朱丽叶的悲剧也同样是必然的，他们就像柔弱的玫瑰花种在不合适的土壤上，不可避免地在偶然世界的山谷里由于暴风雨的袭击而受到摧残。[1] 应该说，黑格尔对悲剧中的必然性和偶然性的相互关系的这种辩证的理解，显然要比布雷德莱深刻得多。

除此以外，我们还应当指出，布雷德莱的"重新解释"在许多地方歪曲了黑格尔的原意，往往把黑格尔的悲剧理论弄得面目全非。例如黑格尔认为悲剧的实质在于伦理力量的矛盾冲突，布雷德莱则完全抛弃了关于悲剧中的伦理力量和实体性目的的概念，把悲剧说成是"精神的自我分裂和自我消损"或"包含着冲突和消损的精神分裂"[2]。黑格尔认为，悲剧中互相斗争的双方都是公正的，又都是不公正的。经过布雷德莱的"重新解释"，则变成双方都具有一定的"精神价值"（spiritual value）。又如黑格尔所说的"和解"，本来是指通过矛盾双方的片面性的扬弃而达到的"永恒正义"的胜利。而在布雷德莱那里，"和解"却往往取得了完全和黑格尔不同的意义，变成由于看到悲剧主人公的伟大的灵魂和崇高的死亡而油

---

[1]　参阅《美学》，1955 年德文版，第 1100—1101 页。

[2]　《黑格尔的悲剧理论》，《牛津诗学讲义》，1955 年伦敦版，第 86 页。

然产生的敬慕之情，感到悲剧主人公离开最高的精神力量"从来没有像它索取他的生命的时刻那样近"①。

　　不消说，布雷德莱的"重新解释"根本没有对黑格尔的基本观点的唯心主义错误作丝毫的批评。他对黑格尔的批评完全属于唯心主义阵营的内部意见分歧，而且由于他自己缺乏严密的逻辑，他在批评时常带有折中主义的不彻底性，而陷入自相矛盾的混乱状态。这里随便举一个例子。布雷德莱一方面指责黑格尔忽视了"恶"在悲剧中所占的地位，认为无论在古代或近代的伟大悲剧里，恶都直接或间接地起着显著的作用；另一方面却又接受黑格尔的看法，主张悲剧在本质上是善和善之间的斗争。这种思想混乱也表现在他对某些悲剧作品的解释中。例如他有时否认《麦克白斯》中有两种普遍性目的或伦理力量的冲突，有时却又承认有这种冲突。他既认为麦克白斯身上仍然有着某些"善"的因素或"精神价值"，同时却又不得不承认，作为这个悲剧中矛盾的一方的并不是麦克白斯"善"的因素，而是他的谋叛的野心。这都说明布雷德莱的观点的含糊，往往不能自圆其说。

　　总而言之，在悲剧问题上，布雷德莱不仅没有在黑格尔理论的基础上继续前进，却反而比黑格尔倒退了一步。现代西方学者不可能也不愿意去认识黑格尔学说的真正的"合理内核"，他们总是力图利用这块金字招牌，歪曲它的真实内容，阉割它的辩证法和理性主义精神，把黑格尔装扮成一个神秘主义者，并加深他的唯心主义错误。在 19 世纪末 20 世纪初的英国曾经泛滥一时的鼓吹黑格尔主义的运动中，这位可敬的牛津大学教授对黑格尔悲剧理论的"重新解释"，不过是一个小小的插曲而已。

---

① 《黑格尔的悲剧理论》，《牛津诗学讲义》，1955 年伦敦版，第 84 页。

# 关于黑格尔学派的若干问题[①]

在近代哲学史上，黑格尔学派的形成、发展和解体是最重要的事件之一。这里所说的黑格尔学派当然不是指兴起于 19 世纪末期的所谓新黑格尔主义者，而是指那些曾经受教于黑格尔并直接继承了他的哲学事业的门生。一般来说，黑格尔本人并不热衷于建立自己的学派，他自以为他的哲学代表着普遍真理，应该被一切人所接受而成为公共的财富，因此建立学派并不符合他自己的意愿。用他自己的话来说，"在我们现在生活着的这一个时代里，精神的普遍性已经大大地加强，个别性已理所当然地变得无关紧要，而且普遍性还在坚持着并要求占有它的整个范围和既成财富，因而精神的全部事业中属于个人活动范围的那一部分，只能是微不足道的"[②]。但是，事与愿违，黑格尔的这种想法始终是未能实现的奢望，黑格尔主义并没有能超出一个学派的范围而成为普遍的哲学。可以说，黑格尔学派的产生主要不是由于这位辩证法大师的倡导，而是由于它适应时代的某种需要。[③] 作为一个学派来说，它存在的时间并不很长，而且从一开始就存在着内部的意见分歧，随后又引起激烈的思想斗争，终于发生分裂并走向瓦解。可是，它对德国思想发展的深远影响却是难以估量的。它处在人类思想发生伟大的根本性转折的前夜，一方面标志着德国古典哲学从康德到黑格尔的发展的终结，另一方面又为马克思主义的诞生直接提供了理论准备。现在，黑格尔学派的某些人物和他们的著作虽然已经几乎被人们所遗忘，然而这个学派的历史命运同马克思主义的出现紧密相连，仅仅

---

[①] 本文发表于《康德黑格尔研究》第二辑，上海人民出版社 1986 年版。

[②] 黑格尔：《精神现象学》上卷，商务印书馆 1981 年版，第 50 页。

[③] 关于这一点，托斯教授在《黑格尔主义》一书（剑桥大学出版社 1980 年版）中作了很好的说明，可参阅。

这个事实就足以保证它享有重要的历史地位。

在这篇文章里，我们不可能对黑格尔学派进行全面的考察，而只打算对几个有关的问题作初步的探讨。

一

黑格尔学派最早是什么时候出现的？它的形成的思想基础是什么？这是需要我们去探究的第一个问题。

根据黑格尔研究者目前掌握的材料，在黑格尔耶拿大学任教时期的最后两年（1805—1806 年）内，开始出现他的第一批信徒。他们人数不多，却构成黑格尔任课的班级中的核心，其中有名可查的有苏斯梅耶、蔡尔曼、加布勒、盖尔特、巴赫曼和朗格。① 在他们中间，神学系学生苏斯梅耶当时似乎起着带头的作用，但后来他和朗格二人都成为乡村牧师而默默无闻。最富有才华而又最受黑格尔喜爱的学生是蔡尔曼，可是他因患肺结核病而早逝。巴赫曼在黑格尔离开后留在耶拿大学哲学系任教，他曾经热情地鼓吹黑格尔主义，不过到了 19 世纪 20 年代却背离了他过去的哲学信仰，转而对黑格尔采取批评的态度。盖尔特是荷兰留学生，他曾受到黑格尔的特别关照，回国后担任了一系列重要职务，从事教育制度的改革，并对荷兰的黑格尔学派分支的建立作出了贡献。但他毕竟是外国人，在德国哲学界几乎没有什么影响。比较值得一提的是加布勒，他在以后的数十年间一直是黑格尔的忠实门徒，直到黑格尔逝世后正式继承了黑格尔在柏林大学的教席。他虽然被认为是黑格尔学派的一个人物，才能却十分平庸，除了他所写的一本宣传黑格尔哲学的通俗著作《作为科学导言的哲学入门读物》（1827 年），曾得到黑格尔的首肯之外，在理论上并没有什么特别的建树。② 最早的一批黑格尔主义者就是由以上这些人所组成的。

从上面的情况可以看出，黑格尔在耶拿时期已经开始发挥他的哲学影

---

① 基默勒：《黑格尔在耶拿任教时期（1801—1807 年）的有关文献》，《黑格尔研究》1967 年第 4 期，第 53—54 页。

② 正如梅林指出，加布勒是黑格尔"所有平庸的附和者当中最平庸的一个"（梅林：《马克思传》，第 18 页）。

响，然而这种影响暂时还局限于狭小的学生圈子里，很难说已经形成一个独立的哲学学派。他在那个时期写的巨著《精神现象学》一书的著名的序言中说："真理具有在时间到来或成熟以后自己涌现出来的本性，而且它只在时间到来之后才会出现，所以它的出现绝不会为时过早，也绝不会遇到尚未成熟的读者。"① 如果以黑格尔本人为例，那么他的这些话只说对了一半。像《精神现象学》这样一部深刻地反映了时代精神的要求、内容宏伟博大的著作，确实只有在时间成熟以后才会出现，当然没有为时过早的问题。可是要说绝不会遇到尚未成熟的读者，那就未免有点过于乐观了。事实上，耶拿时期的黑格尔除了受到少数追随者的拥护之外，还没有得到学术界和公众的广泛承认。在当时，比他年轻而又比他浅薄的谢林所享有的学术声誉和地位要比他高得多。应该说，广大的读者还没有成熟到能够充分理解黑格尔的程度，即使是他的一些追随者也不见得深刻地把握了黑格尔著作的真实含义。随着黑格尔离开耶拿大学去巴伐利亚办报纸和担任中学校长，他在学术研究方面取得了进一步的成就（完成了另一部巨著《逻辑学》），然而他在哲学界的影响却削弱了，他最初的一批拥护者也分散了。黑格尔真正建立起自己的哲学威望并重新获得一批坚定的追随者，还是在他于 1818 年去柏林大学担任教授之后。② 有一种意见认为，人们要等看到黑格尔的全部体系（也就是说看到他的《逻辑学》和《哲学百科全书》）后才能作出判断，因此黑格尔学派出现较晚。这种意见有一定的道理，但缺乏足够的说服力，因为直到 19 世纪 20 年代，黑格尔的大多数学生感兴趣的主要地仍然是早已出版的《精神现象学》，而不是他后来出版的其他著作。③ 可以毫不夸张地说，读者公众为了成熟到能够接受黑格尔主义，足足花费了十几年的时间。

　　但是，应该指出，当时黑格尔学派虽然还没有建立，黑格尔在耶拿时期的活动却为以后该学派的出现作了思想上、理论上的准备。黑格尔学说中吸引第一批信徒的东西，也正是后来形成黑格尔学派的思想基础。那

---

　　① 黑格尔：《精神现象学》上卷，第 49 页。
　　② 黑格尔在给塔顿的一封信中说，为了要在德国哲学界取得重要的地位，在一个主要的大学担任教职"几乎是必不可少的条件"（《黑格尔通信集》第 2 卷，德文版，第 139 页）。
　　③ 托斯：《黑格尔主义》，第 76 页。

么，当时人们对黑格尔哲学感兴趣的究竟是什么呢？

黑格尔生活在一个社会剧烈变动的历史时期，许多世纪以来一直统治着欧洲的封建旧制度已濒临全面崩溃。如果说，从英国开始的产业革命在暗中静悄悄地一块一块地拆除了旧世界的经济基础，那么法国大革命以及随后的拿破仑战争就公开地以暴风骤雨之势横扫一切过时的政治上层建筑。怎么理解这震撼欧洲的巨大变革呢？处于特定历史条件下的德国人面对这场变革又怎么办呢？这就是当时先进的德国知识分子所不得不思考的问题。黑格尔说得好："我们这个时代是一个新时期的降生和过渡的时代。人的精神已经跟他旧日的生活与观念世界决裂，正使旧日的一切葬入于过去而着手进行他的自我改造。事实上，精神从来没有停止不动，它永远是在前进运动着。"① 黑格尔哲学之所以在当时受到一部分德国青年的欢迎，是因为它不仅反映了历史性的社会巨变，而且作出了自己独特的解释。黑格尔用辩证法的观点去观察世界，认为一切事物都处于不断的运动、发展和变化之中，不承认有任何神圣不可侵犯的永恒不变的东西。这就是他对德国年轻的一代所提供的新的启示。

罗森克朗茨在黑格尔的传记中曾经记述了这样一件事：有一天晚上，黑格尔在耶拿大学讲哲学史，讲到一个思辨形式接着一个产生而又消失，最后连谢林的哲学体系也难避免同样的命运，而这是出乎大家意料之外的。课后有个学生恐怖地跳起来叫道："但这就是死亡，这样的话一切都必定要灭亡！"于是就引起了热烈的讨论，结果是苏斯梅耶的意见得到多数人的赞同，他热情地解释道：的确，这就是死亡而且应当死亡，但在这个死亡中却孕育着生命，生命由于死亡而纯化，将更光荣地展开。②

一切都必然要死亡，但在死亡中却孕育着新生命；同样地，古老的德意志也必然要死亡；而在旧制度的废墟上将建立一个新的理想的自由王国。这就是黑格尔用哲学的语言灌输给人们的信念。③ 其实，这也不仅是他个人，而且是整整一代德国最优秀的思想家们的共同政治倾向，不过谁

① 黑格尔：《精神现象学》上卷，第7页。
② 罗森克朗茨：《黑格尔传》，德文版，第217页。
③ 可参阅青年黑格尔在去耶拿之前写的一篇政治学著作《德国宪法》（后来去耶拿后又作了重新修改），其中特别清楚地表达了他的上述信念。

也没有像他那样明确而坚决地把这个信念转化为哲学的表现并赋予其严密的"科学的"形式。如果说，在康德那里，自由王国还只是可望而不可即的理想，席勒又把这个理想变成了美的追求，那么到了黑格尔，理想的自由王国就成为将会按历史的必然性而实现的现实。这是在德国思想的发展道路上迈出的重要的一步，当时黑格尔的某些年轻的拥护者也正是这样去理解他的哲学的现实意义的。前面提到过的那位巴赫曼，在1810年曾发表一篇关于《精神现象学》的热情洋溢的书评，他认为黑格尔优越于谢林的地方就在于把浪漫派哲学家的诗的洞察转化为一种严格的科学体系的"阳性的"形式。巴赫曼对黑格尔作了极高的评价，说他在哲学和人类文化发展中开辟了一个新时代，并希望这场由黑格尔开始的革命将不限于哲学的范围。巴赫曼明确地指出了黑格尔哲学的现实作用，并且自我表白说："我完全被这个体系的真理所折服，已经把用更实际的方式去参与真理的实现作为我生活的目标；因为我们从事于哲学思考是为了我们的同胞，为了祖国，为了国家。"他指出，从"精神科学"中必然会产生一种新的实践，"哲学必须对行动具有重大的影响"[1]。尤其应该指出，当时这样去理解黑格尔哲学并受到它的强烈感染的不限于黑格尔的追随者，而且也有持浪漫派观点的某些谢林的信徒。例如，温迪希曼也曾在1809年发表过一篇赞扬《精神现象学》的书评[2]，并且在他给黑格尔的一封信里热情地写道："研究了您的科学体系后使我深信，一旦当人们理解它的时候到来，这部著作就将被看做关于人的解放的基本读物，将被看做理解莱辛所预言的新福音的钥匙。"[3]

从表面上看，黑格尔哲学所使用的语言是抽象而晦涩的，很容易给人以学院派哲学的印象。但这只是一种假象，实际上它却具有十分现实的内容。正是这种现实的内容引起了人们的兴趣，使最初的一批追随者聚集在他周围。那些早期的黑格尔主义者并非崇拜"纯哲学"的学院派人士，而是有志于探索德国发展前途的活动家。罗森克朗茨指出，在拿破仑战败后

---

[1]　巴赫曼的这篇书评的标题是《黑格尔的科学体系》，刊载于1810年出版的《海德尔堡年鉴》。

[2]　温迪希曼的书评发表于《耶拿德国文献报》。

[3]　《黑格尔通信集》第1卷，德文版，第307页。

的年代里，黑格尔学说中受人们特别重视的是他的政治思想。① 当时最活跃的黑格尔信徒有：曾一度热烈鼓吹民族新生的舒尔茨，解放战争的参加者海宁和弗斯特，德国爱国学生会的领导人加罗维、莱奥和阿斯凡罗斯以及甘斯、摩塞尔和伏尔费尔等人。这些人都在不同程度上参加社会政治活动。因此，黑格尔学派在开始形成的时候，不仅是作为一个学术派别，而且也是作为一个社会政治思想派别而出现的。

黑格尔主义在拿破仑战争结束后越来越得到人们的支持，这是有其特殊原因的。恩格斯曾在《德国状况》中对当时的德国社会政治形势作了深刻的分析。他指出，当时欧洲各国的君主和贵族都把 1815 年拿破仑的垮台看作法国革命的覆灭和正统主义原则的胜利，但他们却完全错误地估计了形势。资产阶级的力量已经比以前任何时候都强大了，他们不能再忍气吞声地服从日趋没落的贵族阶级的统治，尤其是因为贵族阶级暂时重掌政权还是他们一手造成的，因此，"资产阶级和贵族之间的斗争已不可避免，这个斗争几乎在和约缔结后就开始了"。② 在德国，普鲁士国王弗里德里希—威廉三世刚刚摆脱了对拿破仑的恐惧，又遇到了革命的危险。要在德国恢复 1789 年以前的旧制度显然是不可能的，然而由于德国的特殊情况，即："贵族想执掌政权，但是太软弱无力；资产阶级既没有这个愿望，又没有足够的力量来执掌政权"，于是就在二者妥协的基础上产生了一种"不伦不类的君主政体"，在这种政体下一个特殊的官僚阶级掌握着大权，恩格斯把它称之为一种"野蛮的资产阶级统治形式"③。黑格尔主义正好适应于当时德国社会的政治需要，一方面它反对封建复辟，主张社会变革，反映了资产阶级的要求；另一方面，它又容忍容克贵族政权的继续存在，甚至加以美化，因此它又能得到官方的批准。德国的资本主义化是通过软弱并容易动摇的资产阶级和旧封建阶级的相互勾结和妥协而实现的，按列宁的说法，这是资本主义发展中的特殊的"普鲁士道路"。黑格尔主义、特别是黑格尔后期的思想，按其实质来说，无非是为这条资本主义发

---

① 罗森克朗茨：《黑格尔传》，第 338 页。
② 《马克思恩格斯全集》第 2 卷，第 647 页。
③ 同上书，第 649—650 页。

展的"普鲁士道路"作哲学论证。

正是在这样的情况下，黑格尔主义的影响得到了迅速的发展。在黑格尔去柏林任教后，一个比较统一的黑格尔学派就开始以柏林为中心逐渐形成。"科学评论学会"的成立对促进黑格尔学派的发展起了重要的作用，这个学会广泛地吸收学术界和非学术界人士参加，其中也包括一些非黑格尔主义者，但学会的领导和学会刊物是完全掌握在黑格尔派学者手里的。①黑格尔及其门徒们之所以成立这个学会，在某种程度上是为了与普鲁士皇家科学院相对抗，因为皇家科学院在当时所谓"历史学派"（许莱尔马赫、洪堡等人）的控制下对黑格尔采取排斥的态度。"科学评论学会"所办的年刊，也同"历史学派"不断地展开论战，以扩大黑格尔学派的影响。② 黑格尔学派的兴趣逐渐从政治转向各个领域，在哲学、宗教、文学艺术等方面都形成一股强大的力量。在这个过程中，官方的支持当然也起了不小的作用。1817 年，属于以哈登堡公爵为首的普鲁士封建官僚中的改革派的阿尔登施坦男爵，被任命为宗教和教育事务大臣，执掌了文化教育大权。他十分赏识黑格尔的才能，认为黑格尔能够担当起把青年人的不成熟的热情和主观幻想转变为有纪律的理性和为国家服务的思想这一任务。由于许莱尔马赫和洪堡都不能与哈登堡的改革很好地合作，因此阿尔登施坦就秉承哈登堡的旨意邀请黑格尔到柏林大学任教，并有意支持黑格尔在那里建立实力基地，以抵消许莱尔马赫等人的影响。③ 所以后来黑格尔被视为普鲁士的"官方哲学家"，也不是毫无来由的。由于得到政府当局的支持，黑格尔学派就更加迅速和顺利地发展起来。

根据目前我们掌握的材料来看，可以说到 19 世纪 20 年代后半期黑格尔学派已经最终形成了。它的成员大量增加，除了与早期黑格尔主义者同辈的一些年龄较大的人如葛歇尔、康拉迪和埃色伦等新参加这个学派之外，还吸收了一大批年轻一代的新鲜血液，其中有：米希勒、霍托、罗歇尔、维尔德尔、贝纳雷、爱尔德曼、施蒂纳、瓦特克、鲍威尔等。在柏林

---

①　许拉威：《柏林科学评论年刊：论黑格尔主义的历史》，载于《宗教和思想史杂志》1959 年第 11 期。

②　托斯：《黑格尔主义》，第 60 页。

③　《普鲁士的黑格尔主义》，载于《宗教和思想史杂志》1958 年第 10 期。

以外，黑格尔派也大大地扩展了阵地。哈雷是他们在普鲁士的另一个重要据点，除了原先在那里的兴利希，又增加了莱奥、莫斯曼、罗森克朗茨、埃赫特梅耶以及卢格、里希特、夏勒等新生力量。在埃尔朗根有卡普、罗斯特和费尔巴哈，在杜宾根则有施特劳斯和费歇尔等人（他们后来使杜宾根成为德国南部黑格尔主义的主要中心）。黑格尔于 1831 年去世，但黑格尔学派的势力并未削减而反有继续扩大之势，大约在十余年内它一直在德国思想界居于压倒一切的统治地位，直到它内部发生分化瓦解为止。

黑格尔学派得到如此迅速的发展并非偶然，因为它适应了当时德国社会的需要。同样地，黑格尔学派的分化瓦解也有其必然性，下面我们就来讨论一下这个问题。

## 二

黑格尔学派为什么会发生分裂？为什么说这种分裂是不可避免的？这个问题很值得我们去研究。

其实，在黑格尔学派于 19 世纪 20 年代末处于鼎盛时期时，早已埋下了日后分裂的种子。当时在这个学派中掌握领导权的是由黑格尔、舒尔茨、马尔海奈凯和海宁所组成的核心（按托斯的说法，这是黑格尔派中的"权势集团"）。晚年的黑格尔思想倾向于保守，而舒尔茨等人都竭力把黑格尔哲学同现存的宗教和政治秩序相调和，并力图使他们的这种解释成为正统观点。像加布勒和葛歇尔那样的平庸之辈，也由于得到黑格尔的赏识而俨然成为黑格尔学派的代言人。但是，这种保守的正统观点在黑格尔派内部从来就没有得到普遍的承认，只是在黑格尔去世前，矛盾尚未激化，还没有人出来公开反对而已。

到黑格尔逝世，他的门徒们暂时还维持着表面上的团结一致。黑格尔学派的某些短视的头面人物甚至还没有觉察到学派内部潜伏着的分裂的危机。在黑格尔的安葬仪式上，马尔海奈凯和弗斯特两人发表了墓前讲话，他们对黑格尔学说的发展前景都抱着十分乐观的态度。马尔海奈凯说，黑格尔仍然活着，"并将永远活在他的著作里和他的无数崇拜者和学生的心里"，黑格尔个人的去世，反而使他的信徒们能够以"比过去更纯粹的方式"去掌握他的永恒的精神，他现在也"不再容易被人加以错误的解释了"①。弗斯特也声称："让死人去埋葬死人吧，活着的东西则是属于我们的"，黑格尔抛弃了尘世的锁链后，将欢庆他改变后的容貌②（这是公然把黑格尔比作耶稣）。在他们看来，黑格尔的门徒们都会像他们一样无条件地把这位哲学导师当作救世主来加以崇拜，使黑格尔主义发扬光大。甘斯也认为，黑格尔已不需要一个继承者，因为哲学业已"完成了它的圆圈"，哲学的进一步发展只要依据黑格尔所建立的方法和原则去对材料进行思想加工就行了。③ 他们都没有预见到黑格尔学派内部会出问题，而问题就在于黑格尔的学生们并不全都把老师说的每一句话当做圣经那样去遵奉，而愿意按自己的新的理解去重新解释黑格尔，这些学生即使依据黑格尔所建立的方法和原则去思考，也往往得出与黑格尔本人以及"正统观点"大相径庭的结论。

较早地意识到黑格尔学派内部分歧的是罗森克朗茨。罗森克朗茨原先是黑格尔的得意门生之一。据诗人海涅的回忆，他曾和黑格尔讨论过"凡是现实的都是合理的"这句名言的真实含义，黑格尔对他说："只有一个人理解我，但甚至他也不了解我。"④ 这里所说的那个人，指的就是罗森克朗茨。所以说，在对黑格尔的理解方面，罗森克朗茨比起他的同辈来要略高一筹，正是他首先感觉到黑格尔学派内部出现的理解的分歧可能会造成整个学派的分化和解体。为此，他写了一个名为《思辨的中心》的讽刺喜剧，剧中描述了这样一个有趣的场面：密纳发女神对黑格尔死后所出现的哲学上的无政府状态感到颇为不安，因此她安排了一次在柏林近郊举行的射击比赛，打算通过比赛看谁能射中"思辨的中心"来决定黑格尔的继承权。可是这次比赛却搞得一团糟，各个小宗派之间争吵不休，射击比赛还没有开始，就有人（莱奥）召来了两名普鲁士警察去威吓一个无法无天的"狂热分子"（卢格）和参加这次集会的一群"黑格尔党徒"，警告他们要

① 马尔海奈凯：《葬仪上的讲话》，尼可林编《同时代人报道中的黑格尔》，1970 年汉堡版，第474 页。
② 弗斯特：《墓前讲话》，《同时代人报道中的黑格尔》，第 476 页。
③ 《黑格尔逝世讣告》，载于甘斯《杂文集》第 2 卷，第 251—252 页。
④ 海涅：《论德国宗教和哲学的历史》，商务印书馆 1974 年版。

对破坏秩序的后果负责。结果是"思辨的中心"始终未被射中，继承权问题仍然没有得到解决。① 这部喜剧虽然采取了夸张的手法，却明白地对所谓正统派是否有权继承黑格尔的遗产提出了疑问。

实际上，早在黑格尔在世时就在黑格尔学派内部出现了最初的不和谐音。1830 年，年轻的费尔巴哈在纽伦堡匿名发表了《论死与不死》，他虽然还站在黑格尔唯心主义的立场上，却大胆地向基督教的正统观点提出了挑战，这当然是和黑格尔晚年力求和基督教相妥协的思想背道而驰的。费尔巴哈彻底否定了基督教所宣扬的"天国"，反对把希望寄托于来世，指出"现在的主要问题是如何消除人类由来已久的关于彼岸和此岸的矛盾心理，以使人类能全心全意地把注意力集中于自己、现世和现在；因为只有这样专心致志于现实世界才能产生新生活、伟人，产生伟大的思想和事业"②。费尔巴哈的这一离经叛道的著作被当局查禁，并从此断送了他在大学里的学术前程。但这个事件在当时的影响并不很大，人们多少还把它看作个别人的孤立的行动。

1835 年，施特劳斯的《耶稣传》一书的出版使黑格尔学派内部的意见分歧完全公开化了。这一著作的出现打消了某些人维持黑格尔学派团结统一的幻想，标志着正式分裂的开始。人们终于看到，即使在哲学基本问题上遵循黑格尔的原则，也可能得出与以往正统观点截然不同的新的理解。施特劳斯后来在回顾他的这部书时指出，这不仅是他的最好的著作，而且是真正受灵感而写成的，"作者面对他那个时代的重大问题，把问题带进他的内心深处，赋予它以温暖和生命，使之成为一种新的学者生活的开花结果的种子"③。就其社会效果来说，《耶稣传》对当时德国思想界的影响也是很大的。《黑格尔及其时代》一书的著名作者海谋这样写道："施特劳斯的《耶稣传》使我和我的许多朋友们都接受了黑格尔的见解，使我们从神学的幻想中越来越醒悟过来。该书对一个人所发生的魅力是难以形容的。我从来没有这样愉快，这样从头到尾地读过任何一本书……那就好

---

① 罗森克朗茨：《思辨的中心：一部喜剧》，1840 年哥尼斯堡版，第 81—98 页。
② 《费尔巴哈哲学著作选集》上卷，生活·读书·新知三联书店 1962 年版，第 227—228 页。
③ 施特劳斯：《文学回忆录》，第 4 页。

像从我眼中去掉了几层翳障，一道亮光射在我前进的道路上。"①

从上面可以看出，黑格尔学派的分裂是从宗教问题（或更具体地说，从哲学与宗教的关系问题）开始的。正如恩格斯所说，在当时的德国，有实践意义的首先是宗教和政治，而由于政治是一个"荆棘丛生的领域"，所以主要的斗争就转为反宗教的斗争，这种斗争在实质上间接地也是政治斗争。②黑格尔学派以对宗教的不同的态度而分为左派、中派和右派，这最初也是施特劳斯借用当时法国议会里划分派别的办法提出来的。由于基督教是德国既存社会秩序的思想支柱，因此黑格尔哲学和基督教保持何种关系对任何一个黑格尔主义者来说都具有重要的意义。在这个问题上，正统派的观点是明确的，他们力图证明黑格尔哲学和基督教学说在本质上是完全一致的。葛歇尔是这种正统派观点的典型代表者，他在《关于无知无识和绝对知识的箴言》一书中认为，黑格尔主义是基督教本身的最高思辨表现，二者之间的关系乃是结论和前提的关系，因此做一个真正的基督徒也就是做一个黑格尔主义者。他把黑格尔主义说成是"基督教的最高成果"，因此在他看来，黑格尔主义并非新真理的源泉，而是过去旧真理的完成。③兴利希和夏勒也竭力维护这种正统派观点，主张宗教信仰和哲学知识的内容同一乃是黑格尔体系的核心。在黑格尔生前，他通过对葛歇尔的赞扬而支持了这种观点④，使之取得了"正统"的地位。这些持正统观点的人构成了黑格尔学派中的右派，或称老年黑格尔派（其实这个名称并不恰当，因为右派中也有像夏勒和爱尔德曼那样一些属于年轻一代的人物）。站在正统观点的对立面的是黑格尔左派或青年黑格尔派（这个名称还有点道理，因为这一派的主要人物都是进入 19 世纪后才诞生的），他们的观点同样很明确，那就是要把黑格尔哲学作为新的起点，用理性去征服世界，使世界合理化。费尔巴哈在 1828 年 11 月写给黑格尔的一封信中，清楚地表达了青年一代黑格尔主义者所普遍抱有的想法。他认为，研究黑格尔应该不仅是为了学术的目的，而且是为了人类，这种"新哲学"应该

---

① 麦克莱伦：《青年黑格尔派与马克思》，商务印书馆 1982 年版，第 4 页。
② 恩格斯：《路德维希·费尔巴哈和德国古典哲学的终结》。
③ 葛歇尔：《关于无知无识和绝对知识的箴言》，1829 年柏林版。
④ 《黑格尔全集》第 20 卷，德文版，第 309 页。

去"创造一个新世界、新时代，去建立一个王国"，现在已经有了"事物的新基础、新历史"，"理性将成为事物的普遍的显现"①。对哲学作这样的理解，就必然会同维护现状的基督教发生尖锐的矛盾和冲突，因此黑格尔左派一开始就和对基督教的批判结下了不解之缘。从费尔巴哈到施特劳斯、鲍威尔、施蒂纳等人，都曾把批判的矛头指向基督教。

　　处于右派和左派之间的是所谓黑格尔中间派，他们人数相当多，实力强大，拥有像罗森克朗茨、米希勒和甘斯那样的重要人物。他们试图调和右派和左派的矛盾，例如米希勒（按他当时出版的《从康德到黑格尔的最新哲学体系史》一书的说法，他自己是站在老年黑格尔派和青年黑格尔派的分界线上的）就提出一种折中的说法，认为哲学不仅仅是导向把形式和内容相结合的黑夜的"密纳发的猫头鹰"，而且也是为新的黎明报晓的"公鸡啼叫"。一方面，他坚持由于黑格尔哲学的出现理性的实现已经完成，因此不可能去创造新的原则了；另一方面，他又承认还有工作要做，那就是需要把现实在所有方面都提高到合理性的高度。② 另一个有影响的中间派人物甘斯，也同样采取折中的立场，他虽然肯定基督教和黑格尔哲学内容的同一，但又强调它们去掌握同一个真理的两种方式的重大区别。在甘斯看来，理性实现过程的最后阶段从法国革命和拿破仑改革时期已经开始，因此黑格尔能够充分理解这一过程，可是这一过程还没有完结，还要向前继续发展。③ 一般来说，黑格尔中间派对宗教采取比较缓和的妥协态度，不过他们主张改革，和维护现状的右派还是有明显的区别。说句公道话，他们之中有些人是更倾向于同情左派的。米希勒在 1838 年曾主张中派和左派结成联盟以构成黑格尔学派的多数，从而把右派排除出去。④黑格尔右派如莱奥之流在攻击"青年黑格尔党徒"时，也把中间派（如

---

　　① 斯泰配莱维奇：《最早的一批黑格尔主义者》，《哲学论坛》季刊第 8 卷，第 2—4 期，第 9页。

　　② 《从康德到黑格尔的最新哲学体系史》第 2 卷，1837—1838 年柏林版，第 623、610 页。

　　③ 甘斯：《关于普鲁士立法的再考察》，1830 年柏林版，第 7、470 页。

　　④ 《从康德到黑格尔的最新哲学体系史》第 2 卷，第 658—659 页。米希勒认为，中间派和左派的观点是合法的黑格尔多数派的观点，而加布勒、葛歇尔、爱尔德曼等人的保守观点，则只是误入歧途的小宗派的少数派意见。

米希勒、拜尔霍弗尔等人）当作左派分子而加以斥责。[1] 因此，过去通常把中派和右派联系在一起而与左派相对立，这种看法是缺乏足够根据的，也是不大公平的。

　　黑格尔学派的分裂从表面上看是源于对宗教的不同看法，甚至可以说是源于一些更具体的问题（如个人的灵魂不死）的争论，但是如果我们不停留于表面现象，而去探究造成分裂的更深一层的原因，那就可以发现，在哲学和宗教的外衣掩盖下的是两种相对立的社会政治倾向，正是这两种倾向之间的斗争决定了黑格尔学派的不可避免的分化瓦解。这两种倾向的出现，是 1830 年的欧洲革命对德国的影响的产物。欧洲在经历了封建复辟势力的短暂统治后又爆发了革命，说明法国大革命的余波并没有真正消失。在这一年，最先是法国爆发了七月革命，推翻了复辟后重新上台的波旁王朝，接着在比利时争取独立的革命又取得胜利，影响所及，德意志的萨克森、不来梅、汉诺威、巴伐利亚等地也都发生了反对封建专制制度的革命运动，波兰、意大利的民族解放运动随之高涨。这一革命浪潮甚至在资产阶级已经掌握政权的英国也引起强烈的反应，推动了英国议会改革运动的发展。有一位著名的西方学者在分析 19 世纪的思想革命时认为，1830 年的革命是具有决定意义的历史转折点，他指出："七月革命的预兆在于，它表明法国大革命的裂口只是在表面上愈合了；实际上世界是站在'革命时代'的起点上，在这一革命中，群众将从上层阶级那里赢得独立的政治权力。"[2] 这一分析是有道理的。尤其应该指出，这个正在兴起的新浪潮并不单纯是法国资产阶级革命的继续，而开始带有社会主义的因素。1831 年和 1834 年的法国里昂工人的英勇起义虽然遭到了残酷镇压，但这表明无产阶级已经作为一支新的独立政治力量登上了历史舞台。圣西门、傅立叶的空想社会主义学说开始流行，也为欧洲思想的发展注入了新血液。一句话，整个欧洲正处于酝酿着新的社会变动的前夜。黑格尔本人在逝世前目睹这种局势的形成，已经预感到新的社会风暴的临近。据他的儿子的回忆，法国和比利时发生的事件使他感到沮丧，认为这是"似乎会动

---

　　① 莱奥：《黑格尔党徒》，1838 年哈勒版。
　　② 洛维特：《从黑格尔到尼采》，1967 年纽约版，第 25—26 页。

摇理性国家的可靠基础的大灾难"①。黑格尔还写信给葛歇尔说，现在产生了危机，"在这一危机中，过去有确实根据的一切事物看来都成问题了"②。但是，黑格尔从他晚年的政治立场出发，还是相信逼近普鲁士边境的风暴将不会威胁到普鲁士国内的政治制度，因为在他看来，英、法和其他国家出现的危机并不标志着历史上新时代的出现，而是说明这些国家还没有达到像普鲁士那样的历史发展水平。③他甚至断言，普鲁士会"和平进化"，不会发生"不安定"或"叛乱"。他认为，反对现存秩序是没有合法基础的，因为现存秩序已经肯定了人的自由和人作为自觉的理性存在的普遍性。④然而对青年黑格尔派及其同盟者来说，情况却完全不是这样。新出现的社会动乱，似乎正好表明黑格尔所倡导的理性与实在的统一还没有真正实现，现存的社会秩序远不是合理的，因此不应该与现实和解或妥协，而应该予以变革和批判。当某些青年黑格尔派分子用晦涩的哲学语言来表达他们的这种看法时，甘斯却明白地指出，目前的普鲁士国家只是一种过渡的形式，它只能在有限的时间内存在，它可能暂时推迟彻底的解放，但从长远来说却不可能阻止解放的来临。⑤

因此，造成黑格尔学派分裂的根本原因是政治上的分歧。这种政治上的分歧早就潜伏着，而1830年后欧洲出现的新形势则促进和加剧了这种分歧，终于使之公开爆发，表现为左派和右派之间的斗争。一派对现状不满（无论是宗教或政治），想改变现实；另一派则竭力维护现状，反对变革。这就不可避免地会发生冲突。黑格尔右派的两位成员的言论可以清楚地说明这场斗争的性质。亨斯登堡认为，左派所同情的1830年的革命是"对神的法规的彻底破坏……上帝是不可能不予惩罚的"⑥。莱奥则指责左派说，他们要"使人民脱离已经存在了一千多年的道德和信仰的基础"⑦。他否认黑格尔辩证法中的否定性环节在历史上和哲学上的合法性，要求恢

---

① 卡尔·黑格尔：《生平和回忆》，1900年莱比锡版，第15页。
② 霍夫迈斯特编：《黑格尔通信集》第3卷，第323页。
③ 同上书，第333页。
④ 霍夫迈斯特编：《黑格尔柏林时期著作集》，1956年汉堡版，第51—55页。
⑤ 甘斯：《关于普鲁士立法的再考察》，第471页。
⑥ 托斯：《黑格尔主义》，第249页。
⑦ 莱奥：《黑格尔党徒》，第43—44页。

复传统的秩序。由此可见，斗争的双方对彼此要达到的政治目的都是明确的。

　　黑格尔学派的各个派别在相互斗争中都打着他们老师的旗号，不过这场斗争的意义却远远超出了争夺黑格尔遗产继承权的范围，实质上关系到德国发展前途的重大问题。至于哪个派别真正忠实于黑格尔哲学的精神，这相对来说倒是次要的问题。黑格尔哲学本身就包含着深刻的内在矛盾，他本人早期和后期的思想也有一个发展变化的过程。所以恩格斯说，黑格尔的整个学说给各种极不相同的实践的党派观点都留下了广阔的活动空间。确实如此，无论哪个派别都能够在自己的老师的著作里找到立论的根据，只是他们各自抓住黑格尔学说的一个方面、成分、因素而加以强调、发展和运用而已。黑格尔的方法，即辩证法，按其本质来说是批判的、革命的，信守辩证法（哪怕是唯心的辩证法）就不可能长期容忍当时德国的丑恶的现实，而必然要对既存的秩序采取批判态度。因此，黑格尔左派是有理由自认为他们是黑格尔的真传弟子的。不过，黑格尔的体系确实是保守的，它最后调和了矛盾，得出了粉饰现状的结论。黑格尔右派重视体系的作用，从而主张与现实和解，维护现存秩序，这也不能说是违反了黑格尔的本意，何况黑格尔本人在晚年就站在这样的立场上。可是，话又要说回来，因为青年时期的黑格尔并非如此，他早期的相当激进的社会政治观点和对基督教的批判态度，又是接近于后来的黑格尔左派的。所以我们认为，去探讨究竟谁是黑格尔学派的"正统"并没有多大的意义，这个问题最好由历史去评判，而且确实已经由历史作出了结论：在黑格尔死后继续推动德国思想向前发展的是左派，而不是右派和中派。现在有些西方学者也都承认，在思想史上黑格尔左派的地位要比右派重要得多。例如洛维特就指出，虽然老年黑格尔派（海宁、霍托、弗斯特、马尔海奈凯、兴利希等人）"逐字逐句保存了黑格尔哲学，并进行个别的历史研究"，然而"对十九世纪的历史运动来说，他们却毫无意义"[①]；相反，他对黑格尔左派的评价则高得多，这从他为自己编选的资料集《黑格尔左派》一书所写

---

　　① 洛维特：《从黑格尔到尼采》，第54页。

的序言《黑格尔左派哲学中的哲学理论和历史实践》中可以看得很清楚。[①] 当然，在我们看来，黑格尔左派的历史意义并不在于它本身，而在于它为人类哲学思想的真正革命做了直接准备。

# 三

最后，我们还要来考察一下使黑格尔学派解体的原因究竟是什么。

前面已经说过，在黑格尔之后真正进一步发展了他的思想的是黑格尔左派或青年黑格尔派。但说来也许有点奇怪，正是由于他们的理论活动，才导致了黑格尔学派的分崩瓦解，最终结束了它在德国思想界的统治。因此，为了弄清黑格尔学派解体的原因，需要对黑格尔左派的思想演化作一剖析。

年轻的恩格斯曾经参加过青年黑格尔派柏林小组的活动，当时他对这段历史是这样描述的。他说，"黑格尔的哲学只是在他逝世后才开始真正有生气"，"黑格尔的学说通过他那些学生的口传言谈变得更为人们所理解、更明确了"，青年人热切地扑向这类新思想，"于是，学派本身渐渐取得的进步就提供了动力，推动他们去认真探讨一切既同科学也同实践有关的迫切问题"。恩格斯指出，"黑格尔本人设置了界限，它们像堤坝一样拦蓄从他学说中得出的强有力的、有如急流般的结论"，他的政治观点明显地带有复辟王朝时期的烙印，使他无法理解七月革命的世界历史必然性。但是，他的原则总是带有独立和自由思考的印记，而结论却往往是谨小慎微的。"这时，他的一部分学生站出来了。他们是忠于原则的，如果结论找不到立论的根据，他们就把结论推翻。于是形成了左派。"来自右派阵营的批评不仅不能伤害左派，反而帮了它的大忙，激起了它的勇气：追随真理直至真理的最极端的结论，并公开而明确地把真理讲出来。左派不再掩饰自己，也不再把基督教看作自己的界限。"基督教的全部基本原则以至迄今为止凡是被称为宗教的东西，都在理性的无情批判下崩溃了；绝对

---

① 洛维特：《黑格尔左派》，1962 年德文版，第 7—38 页。

观念要求成为新纪元的缔造者。"①

恩格斯的这些话十分重要，作为青年黑格尔运动的见证人，他向我们具体地说明了这一运动开始怎样脱胎于黑格尔学说，而后来又怎样超越黑格尔的界限的发展过程。可是，按黑格尔辩证法的理解，超越某物的界限也就是意味着对它的否定，所以黑格尔左派的思想发展达到一定程度后会不可避免地走向对黑格尔学说的否定，这甚至可以说是不依他们的主观意愿为转移的。

从理论观点来说，黑格尔左派并不是一个严密的学派，他们没有共同的哲学纲领，相互之间不仅存在着各种分歧意见，而且不断地发生争吵。从费尔巴哈、施特劳斯到鲍威尔和施蒂纳，他们之间在哲学观点上的差异之大，有时实不亚于他们同黑格尔右派的分歧。从政治观点来说，他们的立场和看法也并不统一，更不用说有什么一致的政治主张或纲领了。美国学者布拉席尔认为，卢格和埃赫特梅耶主编的《哈雷年鉴》是作为"青年黑格尔党"的机关刊物而创办的，其目的在于宣示青年黑格尔派反基督教的人道主义的"启示录"。这一看法是没有充分根据的。《哈雷年鉴》和卢格本人确实在青年黑格尔运动中起过重要的作用，不过所谓"青年黑格尔党"事实上是不存在的，而且卢格本人也不赞成党派观念，并不打算把《哈雷年鉴》办成一个党派的机关刊物。② 但是，布拉席尔有一点还是说得有道理的，他指出："启示录式的语调，这种历史革命的意识，乃是青年黑格尔派形而上学的本质要素。"③ 确实如此，如果说黑格尔派在思想上有什么共同点的话，那么这就在于他们都怀有一种力图改造现实世界的崇高的使命感。在某种程度上，他们都是理想主义者，都想凭借在思想上对现存事物的批判去创造一个理想的新世界，但由于他们对现实社会的内在结构和社会关系的机制缺乏研究和理解，对未来社会的性质以及达到未来社会的途径和方法都没有明确的认识和说明，因此他们的言论不能不是启示录式的。这种启示录式的语调既是黑格尔左派的长处，又是他们的致

---

①  恩格斯：《谢林和启示》，《马克思恩格斯全集》第 41 卷，第 211—213 页。

②  见卢格于 1837 年 12 月 16 日给罗森克朗茨的信。托斯：《黑格尔主义》，第 233—234 页。

③  布拉席尔：《青年黑格尔派》，1970 年英文版，第 56 页。

命弱点。一方面，它使他们的著作具有很大的宣传鼓动力量，强烈地吸引了年轻的一代。老年黑格尔派分子兴利希曾指出，"右翼的叙述方式主要是箴言式的，左翼的叙述方式则是小册子式的"①。左派的著作中虽然不乏大部头，但它们所起的作用却类似于鼓动性的小册子，在文风上也一扫过去黑格尔主义抽象晦涩的毛病，使人耳目一新。另一方面，这种启示录式的著作却并不能真正给人以新的启示，它们往往过于空泛，缺乏坚实的内容。它们使人们寄予很高的期望，但到头来却经常令人失望。所以黑格尔左派虽然能够风靡一时，却缺乏持久发展的能力，在哲学史上只是昙花一现，很快就偃旗息鼓退下阵来，黑格尔主义也随之而失去了在德国思想界的统治地位。

黑格尔左派思想本身有一个发展的过程。他们的出发点无疑是黑格尔主义的，但他们不拘泥于老师的教导，不受清规戒律的约束，按自己的方向大胆地进行探索，他们往往把黑格尔的某些原则尽情地加以发挥，从而得出连黑格尔本人也不会预料到的极端的结论。这种探索精神和理论勇气，正是黑格尔左派比右派远为高明的地方。当然，在今天看来，他们的结论大多是不正确的，但即使如此还是起了一定的积极作用，因为它们更清楚地进一步暴露了黑格尔唯心主义哲学的根本缺陷和错误。

施特劳斯是一个很好的例子。他的《耶稣传》被许多人看作是反黑格尔宗教哲学的著作，但他自己总是坚持认为，该书的前提和所提出的问题都源自黑格尔。②他在《耶稣传》前言中也说得很明白，正是他所受的黑格尔主义的哲学训练，使他"从宗教的和教条主义的偏见下获得情感和思想方面的内心解放"③。事实上，施特劳斯立论的基础是把宗教当做一种认识活动或一种知识，这不仅是贯穿于《耶稣传》全书的基本思想，而且早在他写作该书之前于1831年的学位论文中就已经形成了。他在《耶稣传》修订本中指出，宗教是"对真理的认知，但这种认知不是像哲学的认知那样采取一种理念的形式，而是带有想象的性质"④。很明显，这一看法来自

---

① 《科学评论年刊》（1842年3月），第414页。
② 施特劳斯：《半数与整数：一部论战著作》，1865年柏林版，第42页。
③ 施特劳斯：《耶稣传》第1卷，1835年杜宾根版，第Ⅵ页。
④ 施特劳斯：《耶稣传》第1卷，1837年版，第87—88页。

黑格尔，黑格尔正是把艺术、宗教和哲学作为绝对精神的自我认识过程的三个不同阶段来看待的。但是，施特劳斯通过对《新约》的深入而详尽的研究和考证，证明那些有关耶稣的生平和活动的宗教故事只不过是犹太民族集体无意识地创造出来的神话。这样，他就把基督教的宗教意识和神话看作同义语，把二者都归入人类在原始的文化阶段上所产生的低级的大众化的形而上学的范畴。诚然，在宗教神话中包含着深刻的形而上学观念，但创造这些神话的群体却并不理解这些观念，于是这些观念被人格化了，转化为圣经故事，并成为存在于人的意识之外的客观现实。施特劳斯用这种神话观点去重新解释《新约》，批驳了要求人们盲目相信福音书中记载的一切超自然的"奇迹"的正统派神学家，也反对了力图对圣经故事加以合理化解释的那些理性主义者。他指出，作为历史人物的耶稣和基督教所信仰的耶稣根本不同，基督教所宣扬的真理只存在于人们的观念中，而不是存在于历史事实中。在当时，施特劳斯的这种离经叛道的理论引起了人们强烈的反响，沉重地打击了长期以来占统治地位的基督教传统观念。他在该书的总结中说，他所进行的研究的结果"消灭了基督徒关于耶稣所相信的一切……18 个世纪以来人类一直赖以取得滋养的无限珍贵的真理和生活的财富，看来已被无可挽救地荡尽了，最崇高的东西被降为尘埃，上帝被剥夺了他的恩典，人被剥夺了他的尊严，天地之间的联结破裂了"[1]。这样的结局当然远远超出了黑格尔所设置的界线，甚至可以说走向了黑格尔主义的反面。施特劳斯虽然没有公开得出无神论的结论，但实际上却摧毁了基督教信仰的理论基础。第一，在他看来，基督教的许多宗教故事和观念并不是上帝的启示，而是人们的社会集体意识自己的创造物，是无意中创作出来的神话。这就从根本上否定了基督教的绝对价值，否定了宗教观念本身所固有的形而上学的超验的性质。第二，他认为宗教意识只属于人类认识过程中的神话阶段，而同近代批判的、"科学的"意识形成尖锐的对比。[2] 这意味着宗教作为知识的一种形式在历史上已经过去了，因此黑格尔主张的宗教和哲学的同一和协调也就不能成立。且不说其他，仅仅

---

[1]　施特劳斯:《耶稣传》第 2 卷，第 686 页。
[2]　施特劳斯:《耶稣传》第 1 卷，1837 年版，第 86—87 页。

以上这两点就足以使施特劳斯和黑格尔主义发生决裂。所以由施特劳斯开始的对基督教的批判，最后导致了黑格尔体系的崩溃，也就不奇怪了。

黑格尔左派的另一个著名代表布鲁诺·鲍威尔也差不多经历了同样的思想发展历程。当《耶稣传》出版的时候，鲍威尔还持有黑格尔正统派的观点，并且在马尔海奈凯等人的支持下，发表了批评施特劳斯的文章。他起初是赞同黑格尔关于正统的基督教信仰和近代哲学意识相协调的观点的。但到 19 世纪 30 年代末，他转入左派的阵营，并成为最极端的宗教批判者之一。鲍威尔仍然以黑格尔的精神作为出发点，但他强调的是其中的自我意识这一环节。他批评施特劳斯的神话说带有神秘主义的因素，在他看来，创造福音史的不是基督教团体的神秘的无意识的创作活动，而是抱着一定宗教目的的个别人物的完全有意识的创作活动。施特劳斯还多少承认某些事情是耶稣生平的真实历史见证，并认为某些传说是所谓神话故事的萌芽；鲍威尔却走得更远，他竭力证明福音书中没有丝毫可靠性，那些福音故事纯粹是作者的自由创造的产物①，甚至完全否定耶稣的历史存在。鲍威尔把自我意识作为全部神圣历史的全能创造者，用这种观点去解释福音书，并且认为只有这样才真正把握了黑格尔哲学的真谛。他说，虽然黑格尔哲学被许多人理解为"正统思想的一面镜子"，但实际上它却是一种"无神论的体系"②。过去人们之所以发生误解，是因为他们只看到黑格尔公开宣扬的一套，而不理解他"秘传"的精神实质，不能打破黑格尔所使用的隐喻式的、神学的、形而上学的术语（如上帝、绝对精神之类）的外壳而理解其内在意义。鲍威尔指出，那些作为绝对的"实体"而出现的、似乎是超越人的自我意识的上帝、绝对精神，其实只是从自我意识本身中异化出来的普遍性。人的自我意识屈从于绝对的"实体"，不过是自我意识发展过程中的一个有限的阶段，即"宗教关系"阶段上的暂时现象，而现在基督教已成为自我意识进一步发展的障碍，因此必须进行批判，摆脱基督教的束缚，以达到真正的自我意识。鲍威尔写道："运动的最后结果不是实体，而是自我意识，自我意识实际上把自身设定为无限的东西，并

---

① 鲍威尔：《从信仰的观点来判断的黑格尔的宗教与艺术学说》，1842 年莱比锡版，第 61 页。

② 鲍威尔：《对无神论者和反基督者黑格尔的最后审判》，1841 年莱比锡版，第 163 页。

把实体的普遍性作为自己的本质来占有。"① 照他的看法，作为自我意识的活动的"自我"（das Ich）才是"真正的实体"，而作为上帝和人之间的关系的宗教关系实际上只是"自我意识对自身的内在的关系"②。他用这样的观点去解释黑格尔的历史观，认为"自我意识是世界上和历史上的唯一力量，历史除了自我意识的形成和发展外没有任何别的意义"③。而自我意识归根到底则被他理解为自我，所以他的结论是："对于哲学来说，上帝已经死了，只有作为自我意识的自我还存在……只有自我还活着、创造着、工作着，这就是一切。"④ 人们一般把"上帝死了"这句名言归功于尼采，其实早在尼采之前，鲍威尔就说出了同样的话，而他是遵循黑格尔的思想路线加以彻底发挥而达到这个结论的。但这个结论明显地和黑格尔的整个体系相矛盾，所以说黑格尔体系的破产首先是它本身的内在逻辑发展的结果。

施特劳斯和鲍威尔的争论有力地促进了黑格尔左派的思想发展。按照鲍威尔的意见，这场争论是关于实体和自我意识的争论，施特劳斯是站在实体的观点上，而鲍威尔自己则是自我意识的代表。普列汉诺夫指出，他们二人之间的意见分歧，是在黑格尔的思辨的基础上的意见分歧。他们每个人都片面地强调和发展了黑格尔学说的一个方面，因而他们同样与自己的老师发生分歧。⑤ 所以，这场争论的结果也加速了黑格尔学派的解体，因为由这场争论所暴露出来的黑格尔哲学的内在矛盾在黑格尔主义的范围内是无法解决的。

这种情况促使黑格尔左派的某些代表人物试图到黑格尔体系之外去寻找出路，其中最卓越的就是费尔巴哈。费尔巴哈已经不再满足于利用黑格尔的某些原则去批判宗教，而把批判的矛头同时指向黑格尔的唯心主义，指出"黑格尔哲学是神学最后的避难所和最后的理性支柱"⑥。费尔巴哈

---

① 鲍威尔：《对无神论者和反基督者黑格尔的最后审判》，1841 年莱比锡版，第 64—65 页。

② 同上书，第 48 页。

③ 同上书，第 70 页。

④ 同上书，第 77 页。

⑤ 普列汉诺夫：《从唯心主义到唯物主义》，《普列汉诺夫哲学著作选集》第 3 卷，生活·读书·新知三联书店，第 754—756 页。

⑥ 费尔巴哈：《关于哲学改造的临时纲要》。

经过艰苦的哲学探索，终于从黑格尔左派中分裂出来，彻底地同黑格尔哲学决裂而成为一个坚定的唯物主义者。这段历史是大家比较熟悉的，在这里不必赘述。朝着与费尔巴哈相反的方向走的则是施蒂纳，他在 1844 年出版了《唯一者及其所有物》一书，同费尔巴哈展开论战。① 实际上，施蒂纳是进一步把鲍威尔的观点推向极端，把一切都归结为"我"这个"唯一者"，从而达到了彻头彻尾个人主义和虚无主义的结论。有些研究者认为他是最后一个黑格尔主义者②，到他那里青年黑格尔运动最后陷入了死胡同。正如斯泰配莱维奇所说，"施蒂纳除了赤裸裸的自我确认的极端以外，没有留下任何东西。在施蒂纳那里，黑格尔主义作为一个体系已经达到了辩证的极限，并转化为自己的对立面"。③ 诚然，在施蒂纳之后，黑格尔左派还出了一个卡尔·施密特，他在 1846 年写了一本书，对整个青年黑格尔派的历史作了一番回顾，该学派的一切人物，连施蒂纳也包括在内，都受到了他的批评。他认为他们都是理想主义者，都未能彻底摆脱一种非批判的教条主义的影响。但那时青年黑格尔主义运动确实已经到了强弩之末，施密特自己除了得出"我只是我自己"的结论外，再也说不出什么新东西了。④

黑格尔学派的解体主要不是由于外部敌人（如谢林、特列登仑堡等人）的攻击，而是由于左派内部的进一步分化。费尔巴哈从唯物主义立场出发的批判和施蒂纳从主观唯心主义观点进行的批判，根本动摇了黑格尔哲学的基础。从理论上来说，黑格尔主义的发展到 18 世纪 40 年代末已经宣告终结。至于以后所谓"黑格尔的复兴"和新黑格尔主义，则完全是在另一种新的社会历史背景下兴起的新思潮了。

以上我们只是从理论上考察了使黑格尔学派解体的原因。但这是不够全面的。还应该指出另一个重要原因，那就是当时德国政治事态的发展和黑格尔左派的兴趣由哲学和宗教问题开始转向政治批判。在这方面，卢格

---

① 戈登：《费尔巴哈与施蒂纳之间的论战》，《哲学论坛》季刊第 8 卷，第 2—4 期。

② 阿尔冯：《论存在主义的来源：麦克斯·施蒂纳》，1954 年巴黎版，第 177 页；麦克莱伦：《青年黑格尔派与马克思》，第 124 页。

③ 斯泰配莱维奇：《最早的一批黑格尔主义者》。

④ 施密特：《理解和个人》，1846 年莱比锡版，第 308 页。

扮演了一个重要的角色。卢格在哲学思维能力上并不突出，他的主要作用在于使青年黑格尔运动具有更加坚决的政治性质。他后来在《回忆录》中说，老年黑格尔派站在政治和宗教的反动势力的一边，而青年黑格尔派则保卫自由发展的原则，"施特劳斯在宗教领域内以他的《耶稣传》开始了这种自由化，正如我在政治领域内以批判黑格尔法哲学开始这种自由化一样"[①]。作为政治上的激进的自由主义者，卢格直接把批判的锋芒指向普鲁士国家。他认为，普鲁士本来应该像黑格尔所说的那样成为一个理性的国家，捍卫自由的原则并以此作为自己的基础，现在普鲁士却背叛了自己的历史使命，因此有必要对它进行彻底的批判。他在 1841 年的《德意志年鉴》第一期前言中，公开号召黑格尔主义者参加政治斗争，在反对神学和哲学方面的奴役以后还要反对政治奴役。这在当时引起了很大的反响。当黑格尔左派主要从事于宗教批判的时候，统治当局虽然对此不满，但还能勉强容忍，可是当他们转向政治批判并变成普鲁士国家的反对派时，就同当局发生直接的冲突，而这种矛盾由于普鲁士政府推行日益反动的政策而变得越来越尖锐了。那时统治阶级的政策也发生了变化，弗里德里希—威廉四世即位后，公开对自由主义的一切表现进行镇压。他在当皇太子的时候就十分警惕地注意青年黑格尔派的活动，曾在《政治周刊》上亲笔写道："我们不得不期待一次革命，一次由青年黑格尔派带头的普鲁士革命。"因此他上台执政后，青年黑格尔派就成为他的高压政策的第一批牺牲者。他们被逐出大学讲坛，他们的出版物受到书报检查令的严格的限制直至被查禁。在统治阶级的迫害下，曾经盛极一时的青年黑格尔运动充分暴露了它的全部虚弱性，显得束手无策，一筹莫展，很快就退出了历史舞台。这又一次证明：批判的武器代替不了武器的批判。

马克思和恩格斯在《德意志意识形态》一书中对青年黑格尔派思想进行了彻底的清算，他们深刻地指出，青年黑格尔派认为宗教、观念、普遍的东西统治着现存世界，是人们的真正枷锁，所以只要同意识的这些幻想进行斗争就行了。他们企图通过思想"批判"去改变人们的意识，归根到底只是要求用另一种方式来解释和承认现存的东西。因此，尽管青年黑格

---

① 卢格：《回忆录》第 4 卷，1867 年柏林版，第 496—497 页。

尔派思想家们满口讲的都是"震撼世界"的词句，而实际上他们是最大的
保守分子。他们在哲学方面的建树也是很可怜的，"这种哲学批判所能达
到的唯一结果，就是从宗教史上对基督教作一些说明，但就连这些说明也
是片面的。至于他们的全部其他论断，只不过是进一步来粉饰他们的一种
奢望，以为他们用这样一些微不足道的说明作出了仿佛具有世界历史意义
的发现"①。这确实是对青年黑格尔运动所作的一个精辟的总结。

　　当然，这绝不意味着青年黑格尔运动在历史上毫无作用。但它的真正
的积极成果体现在马克思主义之中。马克思和恩格斯在青年时期都曾一度
参加黑格尔左派的活动，受到他们的影响，然而马克思主义的产生并不是
黑格尔左派思想发展的继续，而是马克思主义创始人与黑格尔左派彻底决
裂的结果。青年黑格尔运动只是为马克思主义的建立作了准备，马克思和
恩格斯说："从施特劳斯开始的黑格尔体系的解体过程变成了一种席卷一
切'过去的力量'的世界性骚动……在瞬息间一些原则为另一些原则所代
替，一些思想勇士为另一些思想勇士所歼灭。在1842年至1845年这3年
中间，在德国所进行的清洗比过去3个世纪都要彻底得多。"② 青年黑格尔
派所进行的这场彻底的思想清洗，一方面证明了黑格尔唯心主义的破产，
另一方面则为马克思主义的诞生扫清了道路，人类思想发展史上新的一页
从此开始了。

---

① 《马克思恩格斯全集》第3卷，第22—23页。
② 同上书，第19页。

# 青年黑格尔派的末流——施蒂纳

　　19 世纪 30—40 年代，当时在德国思想界居于统治地位的黑格尔学派发生了分裂和解体。这个学派的右翼即所谓老年黑格尔派，继承和发展了黑格尔哲学体系中保守的方面，倾向于对普鲁士容克地主封建制度及其思想支柱——宗教采取妥协的态度。与此相对立，青年黑格尔派则组成黑格尔学派的左翼，他们站在资产阶级激进主义的立场上，主张在德国实行资产阶级改革，对封建专制国家和基督教进行了尖锐的批判。被恩格斯称为"现代无政府主义的先知"的麦克斯·施蒂纳，则是继施特劳斯和鲍威尔兄弟之后出现于当时德国文坛的青年黑格尔派的重要人物。

## 一　施蒂纳的生平

　　"麦克斯·施蒂纳"（Max Stirner）的原名是约翰·卡斯巴尔·施米特（Johann Caspar Schmidt，1806—1856），由于他的前额特宽，在学童时期就获得了"施蒂纳"① 的绰号，后来被他用作笔名而为人所周知。我们现在所了解的关于施蒂纳的生平的材料，基本上来自马凯的《麦克斯·施蒂纳的生平和著作》一书。② 马凯虽然和施蒂纳并无直接的交往，但他在研究施蒂纳的工作中花费了将近三十年的功夫，并且曾广泛地向施蒂纳的一些故交征集第一手材料，所以他所写的这部传记性著作中叙述的情况一般来说是比较可靠的。

　　施蒂纳 1806 年 10 月 25 日生于德国倍留斯。他的父亲阿尔勃特·施米

---

① 施蒂纳源自德语 Stirn（额）。
② 马凯：《麦克斯·施蒂纳的生平和著作》，1898 年柏林版。

特是一个制笛的工匠，在施蒂纳诞生后仅六个月即猝然去世。不久，他的母亲又重新结婚。继父海因里希·巴勒施泰特经营一家药房，并携带施蒂纳迁往东普鲁士的库尔姆，他的童年就是在那里度过的。直到他十二岁的时候，他的父母才把他送回倍留斯受教育，由他的姑母照管。他进了当地有名的古典中学，在七年的学习期间成绩优良，一般在班上都处于前六名。中学毕业考试时，他排名第三，并获得了第一等毕业证书。

　　1826 年秋，施蒂纳进柏林大学哲学系学习，在两年内他学习十分勤奋，每周听课达二十二小时。他的兴趣广泛，逻辑学、神学、希腊文学、地理学等均有所涉猎。在哲学专业方面，他听过施莱尔马赫的伦理学课程，特别是受过当时名声达到最高点的黑格尔的直接教诲，听过黑格尔讲哲学史、宗教哲学和精神哲学，受到了深刻的影响。按当时的习惯，施蒂纳在柏林大学学习两年后又转往其他大学继续求学。1828 年，他前往爱尔朗根大学学习神学、逻辑学和形而上学的课程，接着又去哥尼斯堡大学，但在那里却没有听课。他名义上虽然是哥尼斯堡大学的学生，实际上却中断了学习。由于他的母亲精神开始失常，他不得不为家务事分心。直到 1832 年，他才回到柏林，决心完成他的学业并取得教师资格。但是，等待着他的却是挫折和失败。首先，他因病未能认真准备某几门必须考试的课程，接着他母亲精神完全错乱，到柏林住院治疗。虽然他于 1834 年 3 月就正式结束学习，但一直拖到同年 11 月他才交出参加考试所要求的一篇译作和一篇论文。他的论文题为《论校规》（Über Schulgesetze），它是现存最早的施蒂纳哲学著作①，是用非常抽象的黑格尔主义观点写成的。看来他的论文没有得到好评，在 1835 年 4 月的口试中也成绩不佳。主考人的评语指出，他除了圣经以外缺乏精确的知识，虽然具有"思辨的能力"，却没有足够的哲学史知识，严密的逻辑思想反而使他的思想受到窒息。因此，他只获得"有条件限制授课"的资格，向皇家布兰登堡学校委员会提出要求任命的申请遭到了拒绝。在这种情况下，他只得在柏林的一个初级中学里担任无酬的拉丁文教员。

　　1837 年，施蒂纳的继父去世，留给他微薄的遗产。同年 12 月，他和

---

①　这篇论文直到 1921 年才初次发表于思格特编《关于施蒂纳研究的新论著》，德累斯顿版。

女房东的女儿布茨结婚。布茨没有受过多少教育，是个十分平庸的年轻妇女。但施蒂纳的第一次婚姻时间很短促，因为第二年他的二十二岁的妻子就死于分娩。她似乎对他没有留下任何影响。

1839 年，施蒂纳已经三十三岁，那时他才第一次得到正式任命，在柏林的一个私立女子中学中担任教职，讲授历史和文学。从 1839 年到 1844 年，他在女子中学教书的这五年是他一生中比较平稳和有成就的时期。他的工资不算高，但有固定收入，生活有保障，每天下午和晚上都有充分的时间由他自由支配。他为人谦虚而有礼貌，颇受同事和朋友们的尊敬。根据马凯的描述，施蒂纳的身材中等偏矮，长得文弱匀称，很注意衣着，但又很朴实。金色的头发和温和的蓝眼睛，加上一副钢边眼镜，薄薄的嘴唇经常带有讽刺式的微笑，使他很富有教师的派头和风度。从他的相貌和举止来看，人们一般会认为他将一辈子当个普通的教师，绝想不到在这个文弱书生的头脑里竟蕴藏着如此偏激的思想。当然，施蒂纳的思想并不单纯是他个人的创造，同时也是他积极地参加青年黑格尔派活动的结果。

19 世纪 40 年代初，一些对现状不满的德国年轻知识分子经常在柏林的咖啡馆、酒吧间和俱乐部里集会，批评政府，谴责不合理的社会。他们中间最活跃的一个小集团自称为"自由人"（die Freien），聚会的地点在弗里德里希大街上的希配尔酒馆。这个集团的成员大多是二三十岁的青年新闻记者、编辑、大学生、教员和军官，其中有《文学报》编辑梅因、《莱比锡总汇报》编辑朱利斯、诗人哥特夏尔和乔尔登等。青年马克思在求学时期、恩格斯在柏林服军役期间都曾先后参加过该集团的讨论会。当时初露头角的青年黑格尔派著名人物布鲁诺·鲍威尔，则是该集团公认的思想领袖。大约从 1841 年年末开始，施蒂纳常常参加"自由人"的集会，不过他较少直接参与热烈的辩论，喜欢抽着雪茄烟坐在一旁静听，但根据恩格斯的描述，施蒂纳在"自由人"中间也是思想很激进的分子。正是在希配尔酒馆的集会上，他结识了一位药剂师的女儿玛丽·丹哈尔特。她是大胆泼辣的新女性，虽然在政治和哲学的辩论中并无突出表现，可是在玩弹子、喝啤酒、抽雪茄方面却很在行，并享有一笔不小的遗产。施蒂纳爱上了这位丹哈尔特女士，他们在 1843 年 10 月 21 日举行了婚礼。

关于这次婚礼，当时地方报纸倒有所记载。从这段作为奇闻来报道的记事中还可以看到那些所谓"自由人"的不拘俗礼、狂放不羁的性格。婚礼就在施蒂纳的宿舍里举行，当婚礼主持人、以自由派观点闻名的牧师马洛特到达时，发现新娘不在，而新郎则正在和卷起衬衣袖子的两位证婚人布鲁诺·鲍威尔和路德维希·布尔玩牌。后来新娘总算来到了，却穿着家常的便服。马洛特不得不要求证婚人穿上外套去参加结婚仪式，但临时要找一本《圣经》却怎么也找不到。当他要求新郎新娘交换誓约戴上结婚戒指时，却发现根本没有人想到要事先准备好戒指，只得当场从鲍威尔的钱袋上拆下两个铜环来代用。婚礼草草结束后，马洛特牧师被邀请留下吃饭，但他却溜走了。

在施蒂纳的一生中，他的第二次婚姻也许算是给生活稍为增添了一点光彩的愉快插曲，正是在这次婚姻前后的几年内，他的理论活动取得了较多的成果，并且富有独创性。从 1842 年起，施蒂纳为一些报纸杂志写了不少文章。他的第一篇重要的哲学论文《论我国教育的虚假原则，或人道主义和唯实主义》，于 1842 年 4 月发表于《莱茵报》，同年 6 月又发表了他的另一篇重要文章《论艺术和宗教》。此外，他还写了评论鲍威尔的著作和欧仁·苏的小说《巴黎的秘密》的文章，以及几十篇短文。马克思在负责编辑《莱茵报》后，也曾在该报发表了施蒂纳的两篇较好的文章。在那些文章里，施蒂纳基本上是站在黑格尔派左翼的立场上对现存的社会制度和观念采取批判态度的。他的早期著作明显地带有费尔巴哈和卢格的思想影响的烙印，但我们从中也已经可以觉察到他与青年黑格尔派的思想主流不一致的某些倾向。1844 年 11 月，施蒂纳的主要代表作《唯一者及其所有物》由出版商维干德出版（当时青年黑格尔派的不少著作都是由维干德出版的），这部著作标志着他已经在思想上独树一帜，与当时青年黑格尔派的头目布鲁诺·鲍威尔等人相抗衡了。实际上，这也是他唯一具有真正独创性的重要著作。施蒂纳写明把这部著作献给他的妻子丹哈尔特，可是这位新女性却完全欣赏不了它，以致后来有人引用一句西班牙的谚语说这是"上帝把杏核给了那些没有牙齿的人"。

《唯一者及其所有物》一书初版印了一千部，为了逃避书报检查，维干德在书印出后迅速把它们分发出去，但还是有二百五十部遭到扣押。可是过了几天以后，萨克森的内务部长却又撤销了禁令，理由是这一著作内容"过于荒谬"，因此没有危险性。如果说这位部长大人的哲学水平使他不能理解施蒂纳的著作的真实含义，因而认为可以对它置之不理，那么施蒂纳的那些青年黑格尔派的朋友们却不这么看。他们虽然事先知道施蒂纳正在埋头于创建自己的哲学，但他从未向他们吐露过自己真实的思想，所以当《唯一者及其所有物》问世时，就立刻掀起了一场风波。这部著作一下子成为当时思想界和理论界关注的中心，在许多报刊上发表了对这部著作的评论。但情况显然对施蒂纳十分不利，因为他的著作不仅没有博得人们广泛的同情和赞赏（除了卢格以外），却反而树立了一大批论敌。无论是社会主义者，或者是自由主义者和人道主义者，都对他提出了尖锐的批评。甚至在他经常参加活动的"自由人"集团内部，大家也对他表示愤慨和不信任，除了布鲁诺·鲍威尔之外几乎都和他断绝了友好往来。接着就展开了一场激烈的论战，施里加、赫斯、费尔巴哈、库诺·费舍尔等人纷纷写文章对施蒂纳进行反击和批判，施蒂纳不甘示弱，也作了答辩。当然，对施蒂纳哲学作了真正毁灭性批判的是马克思和恩格斯的《德意志意识形态》，但马克思主义创始人的这部伟大著作在当时并未发表，施蒂纳本人大概也不知道，因此在他的著作里看不到对此的反应。

施蒂纳似乎错误地估计了自己的这部"杰作"的价值，他以为它将会替他赢得莫大的声誉，奠定他在理论界的地位，因此在该书出版前不久，他就辞去了女子中学里的教职。可是他的名声只是昙花一现，人们很快就对《唯一者及其所有物》失去了兴趣。他也始终未能在理论界站住脚，而不得不转入萨伊和亚当·斯密的经济学著作的翻译工作。他在生活中也遇到了困难，辞去教职后他不再有固定的收入，为了维持生活，这位毫无商业才能的书生居然异想天开决定用他妻子的钱去开办一家牛奶公司，结果由于经营不善，找不到销路，大量牛奶变酸，在公司所在的伯恩布格大街上好几天都充满了酸牛奶的味道。公司不得不宣告倒闭，施蒂纳和妻子的感情也发生破裂。她指责他"过于自私"，既无能又爱虚荣，最后终于在1846年年底离开了他，独自前往伦敦，在1850年正式办了离婚手续。五十年后，马凯在伦敦想去采访这位丹哈尔特女士，她却不愿会见他，不想再谈这段她力图忘记的生活经历，只是写信表示她从来没有爱过和尊敬过施蒂纳。

　　施蒂纳的晚年过得十分凄凉，他失意潦倒，在 1853 年和 1854 年曾因债务两次入狱，共禁闭了八个星期。他的才思也似乎已经枯竭，他的最后一部著作《反动史》（*Die Geschichte der Reaction*）出版于 1852 年，其中没有什么创见，实际上只是柏克、孔德等人的著作的编纂，因此丝毫没有引起人们的注意。1856 年 5 月，施蒂纳的颈部被有毒的飞虫叮咬而发高烧，延续数星期后终因血液受到感染而在 6 月 25 日默默地去世。只有少数几个朋友参加了他的简陋的葬礼，其中有过去为他证婚的两个青年黑格尔派朋友布鲁诺·鲍威尔和路德维希·布尔。一两家报纸在事后简短地报道了《唯一者及其所有物》的作者的死讯，就这样潦潦草草地送他入墓。社会似乎已经完全遗忘了这位生活中的失败者，只是在几十年后，人们才惊异地重新发现，原来施蒂纳的思想并没有和他本人一起死去，而是以新的形式渗透在 19 世纪后期以来的欧洲某些重要的社会思潮中，起着在他生时所没有起过的作用。这也算得上是对历史的嘲弄吧。

## 二　施蒂纳的早期思想

　　施蒂纳正式的著述活动开始于 1842 年年初，从这时起到《唯一者及其所有物》一书的出版，他的思想经历了一个迅速发展和演变的过程。

　　施蒂纳最早发表的文章是有关宗教问题的。在当时的德国，思想斗争首先是在宗教领域内进行，施蒂纳对宗教的态度基本上和鲍威尔、费尔巴哈等青年黑格尔派的观点一致。1841 年 11 月，鲍威尔匿名发表了《对黑格尔、无神论者和反基督教者的末日的宣告》一书，他在该书中假装成正统派，揭露黑格尔是真正的宗教的死敌，谴责黑格尔企图在调和哲学理性和基督教信仰的外衣掩护下消灭宗教。该书出版不久，施蒂纳就在汉堡的《德意志电讯报》上发表了一篇书评，他完全同意鲍威尔的看法，认为黑格尔主义的真正实质是无神论，它必然导向不信神，因而黑格尔左派是黑格尔的真正的继承者。紧接着这篇书评，施蒂纳又写了一本小册子，题为：《一个柏林社团的成员对五十七位教士所写的小册子〈基督徒遵守星期日戒律〉的答复：对我们俗人的友好进言》。在这本小册子里，他主张宣传一种人道的宗教，反对社会奴役、道德贫乏和精神上的怯懦，认为应该教导人们去实施一种合乎理性的伦理，在自身中实现人性，并且自由地、无畏惧地生活。这些观点无疑带有费尔巴哈的色彩，但是在那时他的文章里就已经出现了虚无主义的个人利己主义的苗头，到后来就愈演愈烈，最后在《唯一者及其所有物》中达到了巅峰。

在前面提到过的《论我国教育的虚假原则，或人道主义和唯实主义》一文里，施蒂纳向以上那个方向迈进了一步。他在这篇谈教育的文章里，口头上虽然也承认教育在"使我们的社团、我们的社会生活完善"方面所起的作用，可是它起这种作用不是靠"生产出被创造者"，而是靠"造就出创造者"[①]。他仍然利用黑格尔的"精神"概念去解释学生的自我，却着重强调学生的"精神"的自律和自足性，正是这种自律和自足性使"精神"得以摆脱一切外在的异化，使周围的一切事物仅仅变为学生正在发展中的个性的营养品。他大谈特谈个人的"独立自主性格"的形成，照他来说，个人自身就是自己的原则，因为除此以外他们是没有任何固定原则的，所谓"自由人"本身就处于不断的毁灭和新生的过程中，他们的自由就在于不断的自我规定和自我表现。[②] 施蒂纳在这里所说的"自由人"虽然还不是他后来所竭力宣扬的极端的虚无主义者和利己主义者，或所谓"唯一者"，但在"自由人"身上显然已经可以看到"唯一者"的那种反复无常的个人主义的特性。

《论艺术和宗教》是施蒂纳在同时期内写的另一篇重要哲学论文，它充分表现了费尔巴哈对施蒂纳的思想影响。在这篇论文发表前不久，费尔巴哈的《基督教的本质》和鲍威尔的小册子《黑格尔的宗教和艺术学说》刚刚出版。施蒂纳站在费尔巴哈这一边，向宗教发动了进攻。他指出，艺术家把人的最深刻的渴望投射到一个具体的对象即艺术作品上面，借以宣传人的理想，而宗教则企图用使理想的对象变成一种内在的精神现实的办法去把握这对象，结果只能使它具有感性内容的形象枯竭。[③] 因此，宗教的真正结果总是异化，信仰宗教的人追求和上帝拥抱，实际上却只是追求

---

① 马凯编：《施蒂纳的短篇论著和他对于他的著作〈唯一者及其所有物〉的批评的回答》，柏林 1914 年第 2 版，第 237—238 页。

② 同上书，第 252—254 页。

③ 同上书，第 258—260 页。

和他自己的影子拥抱，因为上帝不是别的，只是尚未发现自身的人性的空虚的反映。①

如果说，《论艺术和宗教》一文基本上是用费尔巴哈的观点写的反宗教文章，那么写于1843年春的《关于爱之国家的一些初步意见》（发表于《柏林月刊》），则说明施蒂纳已经脱离了他原来拥护的费尔巴哈的立场，他感兴趣的领域也不再是单纯的宗教，而是政治、国家。这篇文章的出发点是讨论过去反拿破仑战争时期德国政治家冯·斯泰因提出的关于宪政改革的建议。德国的自由派人士一直为冯·斯泰因的建议未能实行而感到遗憾和不满，认为这是建立现代化的民主国家的一条可行的途径。施蒂纳则指出，冯·斯泰因所建议的那种"平等"和"自由"完全是虚假的，它们只不过是臣民们在国王的直接的中央权威（而不是在分散的封建统治者们的间接的权威）面前的"平等"，只不过是臣民们出于效忠而自觉地履行他们的公民义务的那种道德上的"自由"②。在他看来，冯·斯泰因的宪政国家实际上只是建立在基督教的爱的普遍义务之上的国家，它的基础是爱的原则，但正因为如此，真正的个人自由就被消灭了。他说：我们把爱拿来同自决或自由相比较。人在爱中决定自己，使自己具有某种确定的面貌，成为自身的创造者，然而人做这一切不是为了自己，而是为了别人……相反地，自由的人既不通过别人，也不为了别人而决定自己，他只是从自己出发来决定自己，他理解自己并且在这种自我理解中找到对自决的推动力；只有理解了自己，他才能合理而又自由地行动。他认为，爱的原则和自由的原则是正好对立的，爱的原则是，每一个人，不管他做什么，总是为别人而做；自由的原则是，他总是为自己而做；前者使我去关心别人，后者却使我关心自己。当然，爱可能比被动地服从本能的欲望的那种自私更高尚些，但是以爱为行动准则的人是为了上帝、为了兄弟们而行动，根本没有自己的意志，有理性的人则除去自己的意志之外不愿意执行

① 马凯编：《施蒂纳的短篇著作和他对于他的著作〈唯一者及其所有物〉的批评的回答》，第268页。

② 同上书，第270—272页。

任何人的意志，而只有意志才使人有理由把自己称为自由的人。①

　　从这里可以看得很明显，施蒂纳对"爱之国家"的批判不仅是针对主张宪政改革的德国自由派，而且也是针对把人类之爱当作社会生活的最高原则的费尔巴哈的。施蒂纳揭穿了当时颇为流行的那种关于爱的空谈的虚假性，这不能说他不对。但是，他的根本立足点却是错误的。他从主张意志绝对自由的唯心主义观点出发，把鼓吹"为自己"的资产阶级利己主义奉为最高准则，以此来反对宣扬"为别人"的资产阶级博爱主义。他这样用"自由的原则"去反对"爱的原则"，实际上只是暴露了他自己所遵循的是毫无掩饰的赤裸裸的个人主义。另外，施蒂纳批判了自由派所向往的那种君主立宪制下的"平等"和"自由"，这也应该承认是有积极意义的，不过他却由此而得出了否定一切国家的错误结论。在他看来，国家本身是政治异化的形式，一切国家形式都必然会导致对人的自由的压抑，甚至在革命的国家里，公民也由于必须服从国家而失去自由。施蒂纳的无政府主义思想在这篇文章里已经开始形成了。

　　施蒂纳在《唯一者及其所有物》出版前发表的最后一篇重要文章，是关于欧仁·苏的小说《巴黎的秘密》的书评。《巴黎的秘密》的文学价值虽然不高，但它对罪恶的黑社会的大胆暴露和它所表现的感伤的社会主义思想，却正好迎合当时相当一部分读者的口味，从而在法国以及在德国都获得了巨大的成功。不少德国评论家对这部小说是肯定的，其中包括青年黑格尔派分子施里加。施里加为这部小说写了长篇评论，吹捧说它揭露了"人类社会的秘密"、"我们时代的秘密"。为此，马克思和恩格斯在《神圣家族》一书中对他作了彻底的批判。与施里加不同，施蒂纳基本上倒是对《巴黎的秘密》采取否定态度的。他批评欧仁·苏企图用基督教的爱去解决社会问题，但用这种办法不仅不能消灭产生社会罪恶的根源即贫困，反而使人受到新的精神奴役。他指出，小说中的玛丽脱离了社会底层的苦海之后本来已经有所醒悟，会以烈火般的愤怒清除掉冷酷无情的社会的罪恶的重压，而摆脱自己的屈辱地位。可是，作者却让这个可怜的少女皈依

① 马凯编：《施蒂纳的短篇著作和他对于他的著作〈唯一者及其所有物〉的批评的回答》，第275—276页。

了基督教，于是，玛丽在脱出了"猫头鹰"的魔掌之后又落到教士的控制之下；教士用虔信上帝的教义来摧残她的柔弱的心灵，说她从今以后必须过一种不断忏悔的生活，才有望得到上帝的宽恕，这样，当玛丽一旦进入道德世界并且开始遵从它的规范，她就必然变成一个受压抑的奴隶。施蒂纳不仅谴责了基督教对被损害和被侮辱的人的精神毒害，而且嘲笑了欧仁·苏笔下的"救世主"鲁道夫的社会改革计划，认为这种博爱主义的社会改良完全是不切实际的幻想。应该承认，施蒂纳的这些看法确实要比施里加之流高出一筹。

但是，施蒂纳在评论《巴黎的秘密》时也暴露出他自己的错误思想。按照他的看法，这部小说里的人物可分为两类，一类是盲目地受动物本能驱使的平庸之辈，另一类是狂热地信仰某种原则、从事于某种事业（不论是为善或是作恶）的人。这两类人都同样可鄙。施蒂纳说，欧仁·苏的思想过于狭隘，所以他不可能想象在这两类人之外还会有这样的一种人，可以"超越于善恶之上，超越于道德和罪恶之上"①。这种"超越于善恶之上的人"，也就是施蒂纳心目中真正自由的人。他应该具有"钢铁般的性格"，像"一个独立自主的人"那样地生活，完全把本能和信仰置之度外，用自己的创造力量去建造自身。对于这样的人来说，善恶之间的全部人为的区别只不过是毫无价值的固执观念罢了，因为他根本就不承认有任何固定的道德原则。这样，施蒂纳就走向了虚无主义和非道德论，他攻击道德说："真正的道德和真正的虔诚敬神是永远不可能完全分开的，因为甚至无神论的道德家实际上也是把善、真理和德行作为他们的上帝来崇拜。"② 这些话清楚地表明，他已经同费尔巴哈最后决裂，从他原先的自由派人道主义观点向极端的虚无主义演变。在他的思想发展中，这一演变过程大约历时一年半，其结果就是使他闻名于世的《唯一者及其所有物》。在某种意义上可以说，他以前所写的文章都是为这部著作做准备。

---

① 马凯编：《施蒂纳的短篇著作和他对于他的著作〈唯一者及其所有物〉的批评的回答》，第288页。

② 同上书，第282页。

# 三　《唯一者及其所有物》

（一）一部个人主义的宣言书

《唯一者及其所有物》是施蒂纳系统地发挥他自己的哲学和社会思想的主要著作，因此研究施蒂纳的学说一般都以这部著作为依据。正是在这部著作里，他公开地批判了他的青年黑格尔派伙伴们的不彻底性，而树立了自己的虚无主义的个人主义的旗帜。

施蒂纳认为，无论是费尔巴哈也好，还是鲍威尔也好，都没有把无神论真正贯彻到底。他们虽然不承认上帝的存在，却仍然承认某种超验的事物如"人道"、"社会"或"道德"等的存在，而这些事物和上帝一样是虚构的，并且和上帝一样对具体的个人实行专制的统治。因此，施蒂纳不仅要求摆脱上帝的统治，而且要求把人从各种虚构的观念和原则下解放出来。我们在《唯一者及其所有物》第一部卷首就可以看到这样的一段题词："费尔巴哈说，人就是人的最高本质。布鲁诺·鲍威尔说，人刚刚被发现。那么，就让我们更仔细地考察一下这最高的本质和这个新发现吧。"①

在施蒂纳看来，费尔巴哈在批判宗教教条方面是有功绩的，但他并没有彻底摧毁宗教。费尔巴哈虽然正确地指出，宗教把最高本质叫做上帝，并把它看作一种客观的本质，而实际上它却只不过是人自己的本质，可是他依然把具体的个人和人的本质分离开，基督教所造成的那种二元化并未消除，只是以另一种形式表现出来而已。施蒂纳说，"最高本质确实就是人的本质，但正因为它是他的本质而不是他本身，所以它仍然是无形的，不管我们把它置于他之外，把它看作'上帝'，还是把它置于他之内，把它叫做'人的本质'或'人'。我既不是上帝，也不是'人'，既不是最高本质，也不是我的本质，因此不管我认为这本质是在我之内还是在我之外，它都是一回事"。② 所以施蒂纳认为，归根到底费尔巴哈哲学仍然是一

---

① 施蒂纳：《唯一者及其所有物》，英译本，第8页。
② 同上书，第34—35页。

种神学，它只是把人的本质造成上帝的代用品，用对于"人"的信仰代替
了对于上帝的信仰。

　　同样地，布鲁诺·鲍威尔在施蒂纳眼里也是不彻底的。鲍威尔主张对
基督教进行批判，把人类从宗教的精神束缚下解放出来，以达到真正的自
我意识。他把普遍的自我意识当作唯一的实在，把全部人类的历史归结为
普遍意识的发展。施蒂纳指出，鲍威尔尊崇普遍的自我意识同样是抹杀了
个人。鲍威尔认为批判的真理是最后的真理（实际上也是基督教本身寻求
的真理，基督教世界的历史最后发现的真理），这就是"人"、一般的
"人"；施蒂纳则反驳说，"大写的人只不过是一个理想，类只不过是想象
的东西。做一个人并不是去实现'人'的理想，而是去表现他自己、个
人。我的任务并不在于如何去实现那一般的人类的东西，而在于如何去满
足我自己"①。因此，施蒂纳认为鲍威尔所自诩的新发现同样是一个虚构。

　　施蒂纳既然对当时青年黑格尔派的两位最著名的代表人物都表示不
满，所以他决心要另辟蹊径，走一条新路。在《唯一者及其所有物》一书
中，他一开头就引用歌德的诗句："我把无当作自己事业的基础"②，作为
全书前言的标题。接着他激昂地又带有讽刺性地写道："还有什么不是我
的事业！首先第一位的是善的事业，其次是上帝的事业，人类的事业，真
理的事业，自由的事业，人道的事业，正义的事业；再次是我的人民、我
的君主、我的祖国的事业；最后，甚至还有精神的事业和成千种其他的事
业。只有我的事业就从来不该是我的事业。'只考虑自己的利己主义者真
可耻呀！'"③ 施蒂纳发现了一个秘密，原来上帝和人类都只关心自己的
事，都是"伟大的利己主义者"。他说，既然如此，那么为什么我还要继
续地无私地为那些伟大的利己主义者服务，而自己不成为利己主义者呢？
就让我自己去关心我自己吧，这个我就是我的一切，这个我就是"唯一
者"（Der Einzige）。他在结束这篇前言时大声疾呼并公开宣称："神性的
东西是上帝的事业；人类的东西是人的事业。我的事业既不是神性的，也

---

　　① 施蒂纳：《唯一者及其所有物》，第 188、190 页。

　　② "Ich hab' Mein' Sach' auf Nichts gestellt"，引自歌德的诗 "Vanitas! Vanitatum Vanitas!" 第一
行。

　　③ 施蒂纳：《唯一者及其所有物》，第 3 页。

不是人类的，同样也不是真、善、正义和自由等，而仅仅是我的事业，我的事业并不是一般的，而是唯一的，正如我是唯一的一样。对于我来说，我自己就是一切！"①

《唯一者及其所有物》一书的前言虽然简短，却可以看作是一个虚无主义的个人主义者的宣言书，它毫无掩饰地表述了这样一种个人无限膨胀的极端主观唯心主义的世界观。"对于我来说，我自己就是一切"，一语道破了施蒂纳的全部理论的实质。实际上，《唯一者及其所有物》全书不厌其烦地鼓吹的也就是这个思想。在施蒂纳看来，自我是唯一的实在，自我创造一切，在自我之外，一切都不存在。因此，我当然只关心我自己，利己主义是合乎这种个人主义逻辑的必然结果。施蒂纳自以为这是了不起的新创造，其实他只不过是把他的前辈费希特的主观唯心主义的命题"我就是我"进一步推向极端而已。这一点早已有人指出过，例如哈特曼就认为，"施蒂纳把'自我'加以绝对化，是费希特主观主义一元论的真正的实际的结果"②。当然，施蒂纳和费希特也有所区别，费希特还竭力想避免唯我论，因此他谈论"绝对的自我"，以有别于"经验的自我"，而施蒂纳则以公然宣扬赤裸裸的唯我论而自鸣得意，反对谈普遍的我，强调个别的我、以自己的"唯一性"而有别于其他自我的我。施蒂纳的优点就在于坦白，敢于说出其他某些主观唯心主义者所力图掩盖的东西。

施蒂纳的唯我论的特点是带有强烈的虚无主义色彩。在他那里，无限膨胀的"我"不仅意味着对客观世界的否定（用他的话来说就是：我和上帝一样是一切他物的无），而且就"我"本身来说也同样是"无"。不过，"我不是空洞无物的意义上的无，而是创造性的无，是作为创造者的我自己所赖以创造出一切的那个无"③。施蒂纳从这种虚无主义的哲学世界观出发，必然会走向道德的虚无主义："你认为至少我应该关心'善的事业'吗？什么是善，什么是恶？我只关心我自己，而我既不是善的，也不

① 施蒂纳：《唯一者及其所有物》，第5页。
② 哈特曼：《道德意识现象学》，1922年柏林版，第634页。
③ 施蒂纳：《唯一者及其所有物》，第5页。

是恶的。对我来说，无论善恶都毫无意义。"① 在哲学史上，我们可以看到，施蒂纳的这种虚无主义哲学对以后欧洲思想的发展产生了多么有害的影响。

（二）施蒂纳眼里的"人"的发展

由于施蒂纳追求的是以自己的"唯一性"为标志的个别的"我"，所以他的整个体系的目的就在于论证这个"唯一者"的诞生的过程。在他看来，全部人类的历史无非就是人为了肯定自己是个别的、唯一的我而进行的斗争史。由此他把历史分为两大时期：一是人还没有被承认具有独特的"唯一性"的时期，一是人肯定了自己是唯一的我而获得完全的自由的时期。与此相适应，《唯一者及其所有物》也分为两部分，即："人"和"我"。这可能是模仿费尔巴哈《基督教的本质》一书的编排，因为那部著作也是分为论宗教的人本学的本质和神学的本质两部分的。至于书的写法，施蒂纳在很大程度上参考了黑格尔的《精神现象学》，试图采用黑格尔的三段式以及逻辑与历史、个体与社会相统一的辩证的方法，去描述"唯一者"的产生和发展。但是，"画虎不成反类犬"，施蒂纳的薄弱的历史知识和主观主义的任意杜撰，使《唯一者及其所有物》变成了对辩证方法的一幅绝妙的讽刺画。在他那里，黑格尔辩证法被极度主观化了。

《唯一者及其所有物》的第一部分"人"是从"人的生活"这一节开始的。在这一节里，施蒂纳描述了人怎样由儿童成长为成人的过程。照他的说法，儿童一生下来就生活在对整个世界的斗争中，他试图在混乱杂多的经验中找到自己，最初他未能摆脱物质世界而处于自然的影响之下。随着时间的推移，儿童力求洞察事物的底蕴，想了解事物背后究竟是什么，通过将世界精神化而战胜事物世界，于是他就进入了青年时期。在青年时期，我们凌驾在世界之上，我们就是精神，或者说，精神是人的"第一次自我发现"。青年只希望生活在纯思维的抽象王国里，按照纯理性的指令去调节他的行为，结果他又再度丧失了自身，落到了精神的统治之下。思想世界里的那些形象如真理、自由、人道、"人"等，照耀着和鼓舞着青年的心灵，而追求精神的完善化则把他导向上帝，因为只有超验的上帝才

---

① 施蒂纳：《唯一者及其所有物》，第5页。

是完善的精神。过去儿童必须和他周围的物质世界进行斗争，而现在青年则必须和他自己的良心的指令进行斗争。最后，人终于由青年变为成人，成人按照世界的本来面目去把握世界，而不像青年那样按自由的理想去构造世界，成人在和世界打交道也是根据自己的利益，而不是根据自己的理想。在青年的阶段，思想成了有形体的东西，成了怪影，如上帝、皇帝、教皇、祖国等；到了成人的阶段，我摧毁了思想的形体性，把它们收为己有，于是，我把世界作为我心目中的世界来把握，作为我的世界，我的所有物来把握，我把一切都归于我。这可以称之为人的"第二次自我发现"。施蒂纳在最后总结人的生活的各个阶段时指出，儿童是唯实主义的，他未能从事物世界中解脱出来，青年是唯心主义的，因为他被思想世界缠住了，把精神看作事物背后的本质，而成人则是利己主义的，只有他才按自己的心意去处理事物和思想，把自己的个人利益置于一切东西之上。①

　　施蒂纳关于人的生活的各个阶段的哲学概括，是彻头彻尾的唯心主义的虚构。正如马克思和恩格斯所尖锐地指出的那样，施蒂纳的根本错误在于他把人生的各个阶段只是看作个人的"自我发现"，而这些"自我发现"总被归结为一定的意识关系。施蒂纳完全不顾产生意识变化的那些物质变化和社会变化，根本不去注意个人的物质生活和社会生活，只是就个人意识来谈个人意识，完全撇开了历史时代、民族、阶级等。而且他对意识的作用也夸大到荒谬的程度，例如，在他看来，只要成人认识到各种有关皇帝、祖国、国家等占统治地位的力量和关系仅仅是自己的观念，是自己的"热病时的胡想"，只要把这些错误想法从自己头脑中挤出去，就可以把这些力量真正摧毁。马克思和恩格斯说："事情恰恰相反：只要他不再用他的幻想的眼睛观察世界，他就得考虑这一世界的实际的相互关系，研究和顺应这些关系。只要他摧毁了他所赋予世界的幻想的形体性，他就会在自己的幻想之外发现世界的真实的形体性。"② 施蒂纳认为，只要"我把一切都归于我"，将世界作为我自己心目中的世界来把握，就可以把世界据为己有了。这也完全是主观唯心主义的梦呓，"实质上，他不是

──────────

① 参阅施蒂纳《唯一者及其所有物》，第14—15页。
② 《马克思恩格斯全集》第3卷，第126页。

'把握世界'，而只是把他关于世界的'热病时的胡想'当作自己的东西来把握并占为己有"。正确的唯物主义的提法应该是："把世界作为不以我为转移的世界来把握，按照世界自身来把握"。①

儿童（唯实主义）——青年（唯心主义）——成人（利己主义）的公式，在施蒂纳那里具有普遍的适用性。他不仅用这个公式去说明个人生活的各个阶段，而且把它套用于整个人类历史的发展。在他看来，全部历史也无非是一部利己主义者的诞生史。

施蒂纳把历史分成三个时期：古代是人类的儿童时期，在那个时期内，人还处于自然的统治下，所以古代人是唯实主义的；从基督教兴起以后开始的近代，则是人类的青年时期，近代人摆脱了自然的统治，却又陷入了精神的奴役之下，所以近代人是唯心主义的；只有从施蒂纳提出他的理论的时候起，人类才进入了一个历史新时期，在这个时期中，人将会从自然和精神的统治下得到彻底解放，只受自己意志的支配，所以他是利己主义的。

《唯一者及其所有物》一书的第一部分的主要篇幅是用来论述"古代人和近代人"的，其中特别是对"最新的近代人"或"自由人"作了详尽的评述。施蒂纳的所谓历史，实际上只是哲学史，而且是加以任意歪曲的哲学史，因为他单纯地从人的意识去看历史，把历史曲解为利己主义的"我"的自我创造。例如，古代世界的历史被他归结为古希腊罗马的哲学史，而同真实的社会历史完全割裂开，他对诡辩学派、苏格拉底、斯多葛主义、伊壁鸠鲁、怀疑论派等的解释，也充满了牵强附会和主观武断的说法，如果作为古代哲学史的研究来说是没有多大价值的。接下来，施蒂纳描述了由古代过渡到近代的过程。他认为，如果"对古代人来说，世界是真理"，那么"对近代人来说，精神是真理"，基督教就是从"精神世界"② 开始的。他把古代人对自然的关系的演变和近代人对精神的关系的演变作了类比，把基督教的历史作为后者的明显的例证。施蒂纳说，在中世纪，人们深深地陷于宗教教条的束缚，在宗教改革之前的文艺复兴运动

---

① 《马克思恩格斯全集》第 3 卷，第 127 页。
② 施蒂纳：《唯一者及其所有物》，第 25 页。

的"理智"把人从这种境况中解放出来,路德清洗了被宗教教条弄僵化了的欧洲人的心,但他在这样做的时候却把无情的"批判"的力量也解放出来了。结果是,对抽象的"人"的观念的纯理论的关心取代了对有血有肉的人的积极的爱,这本质上仍然是一个"神学的革命",但它终于使精神失去了它所有的一切生动的内容,而成为一种不断地进行自我考察的空洞的活动。施蒂纳对基督教的历史的这种解释,完全脱离了基督教赖以产生和发展的社会历史条件,基本上还没有跳出以鲍威尔为代表的青年黑格尔派宗教研究的窠臼。比较值得注意的是他关于所谓"教阶制"的论述。照他的说法,中世纪的教阶制还只是软弱的,在宗教改革之后,教阶制才发展到登峰造极的地步。什么是教阶制呢?施蒂纳说道:"教阶制就是思想的统治,精神的统治。"[1] 他把人分成两类:有教养的人和无教养的人。前者从事于思想、精神的活动,他们要求人们奴隶般地尊重他们所承认的思想,诸如国家、皇帝、教会、上帝、道德、秩序等,它们是仅仅为精神而存在的。后者没有文化教养,他们只注意自己生活的必需,对那些精神事物完全漠不关心,却屈服于精神的威力,受精神的统治。在施蒂纳看来,这就是所谓教阶制的意义,而直至如今,我们还在实行教阶制,受那些以思想为依据的人的压迫,把思想奉为"圣物"。精神的统治从来没有像现在那样无所不包和无所不能,特别是在黑格尔那里,现实、事物世界应该完全符合于思想,而任何概念都不应该没有现实性。这就使黑格尔体系成为最客观的体系,因为在这个体系中思想和事物结合在一起。但是,这也是思想的暴戾的最极端的例子,是思想的专制和独裁的顶点,它是精神的胜利,也是哲学的胜利。[2]

　　施蒂纳指出,黑格尔哲学代表着教阶制的顶峰,德国唯心主义哲学把精神当作世界的创造主,使它具有神化的性质。这样,像世界精神、普遍意识、人的本质、国家等观念就被赋予绝对的性质,变成为实体、固定观念。这些观念本来是人的精神的产物,却反过来统治和压迫每一个人。于是世界就成为幽灵和怪影的世界,而崇拜那些幽灵和怪影的人就好像是着

---

[1]　施蒂纳:《唯一者及其所有物》,第77页。
[2]　同上书,第78页。

了魔。因此，在施蒂纳看来，个人所受的压迫并不是来自现实的社会剥削制度，而是来自人们加以神化了的固定观念。从这种唯心主义的观点出发，他自然会得出完全错误的结论，认为个人只要批判了这些固定观念，就能在教阶制的压迫下得到解放。正如马克思和恩格斯所指出，施蒂纳"摆脱这种观念的方法很简单，就是对这种观念提出抗议并声明他没有这种观念。恰恰和我们曾在非自我一致的利己主义者身上看到的一样：人们只要改变自己的意识，世界上的一切就会安排得 all right［很好］"①。

（三）对所谓自由主义的三种形式的批判

应该强调的是，施蒂纳主张对固定观念展开批判，其矛头不仅是指向基督教和黑格尔哲学，而且更重要的是指向他所谓的自由主义。他说，自由主义者并不是独立于古代人和近代人之外的第三种人，而只是近代人中最近代的人，因为他们属于当今的时代。② 在《唯一者及其所有物》中有专门的一节"自由人"，对自由主义的三种形式，即政治自由主义、社会自由主义和人道自由主义进行了批判。

施蒂纳对政治自由主义的批判实质上是对近代资产阶级国家的批判。由于他把国家看作是意识所产生出来的一种固定观念，他当然不可能理解形成近代国家的客观历史条件和国家的阶级实质，也不可能正确地说明近代国家的真实的历史作用。照他说来，政治自由主义者本质上是资产阶级即所谓"第三等级"的宣传家，他们是"政治上的新教徒"。新教的"宗教自由"使人们更严重地服从于上帝的法律，同样地，自由主义的"公民自由"也使人们更严重地屈服于国家的法律。虽然拥有一切特权的旧君主已经消失，可是新君主（即国家）的权力却比旧君主要大一千倍。现在国家就是一切。国家宣布一切公民"平等"，其实只是声明它根本不关心人：个人在它的法律面前只等于零。国家宣传一切公民"自由"，其实只是意味着它将不能容忍私人对私人使用暴力：只能用法律的名义对个人使用暴力。施蒂纳说，公民自由"并不意味着我的自由，而是意味着统治我和压迫我的政权的自由"，所以这个政权的自由就是对我的奴役。在国家面前，

---

① 《马克思恩格斯全集》第 3 卷，第 317 页。
② 施蒂纳：《唯一者及其所有物》，第 103 页。

一切个人都消失了。个人的价值就在于做一个国家的公民，"每一个人都致力于'整体的利益'，都必须溶解在国家中，把国家当做他的目标和理想"，"一个人必须放弃他自己，仅仅为国家而活着。一个人必须'无私地'进行活动，不想为他自己谋利益，而只为国家谋利益。因此，国家就成为真正的人，在它面前，个人的个性消失了，不是我活着，而是国家在我身上活着"①。

施蒂纳对资产阶级国家的批判表面上看来似乎很激进，实质上却只是从小私有者的极端个人主义立场出发的一种反动的批判，其结果是为以后的无政府主义思潮提供了理论基础，因为照他的说法，不仅资产阶级的国家，而且任何国家都意味着对个人的压迫，政治革命也许可以解放人民（即给予作为公民的人们以自由），却不可能解放个人，使个人获得自由。所以施蒂纳同样把攻击的矛头指向未来的无产阶级革命中将要产生的新国家，这集中地表现在他对社会自由主义的批判中。

所谓社会自由主义，施蒂纳其实指的是社会主义和共产主义。他对社会自由主义的否定态度，充分地暴露出一个无政府主义的个人利己主义者对社会主义和共产主义的仇恨心理。在施蒂纳看来，社会主义和共产主义甚至比资产阶级国家更为可恶。他说，在政治自由主义的情况下，人的自由是摆脱"主人"的自由，即没有任何人能下命令，只有法律才能下命令。但是，尽管人们有着这样的平等，他们在拥有的财产方面却是不平等的。"因此，社会自由主义得出结论说，没有任何人能拥有财产，正如按照政治自由主义，没有任何人能下命令一样；也就是说，正如在后一种情况下只有国家才能下命令那样，现在只有社会才拥有财产。"② 社会自由主义者认为，光是摆脱"主人"的自由还是不够的，因为还存在贫富的差别，仍然不平等。因此，让我们取消个人财产，使任何人都不再拥有什么东西，使每个人都成为穷光蛋。让财产成为非个人的东西，使财产属于社会。这样，在那最高的所有者面前，我们大家都一律平等，因为大家都是一无所有的穷光蛋。施蒂纳恶毒地污蔑说，共产主义社会的集合体就是

---

① 施蒂纳：《唯一者及其所有物》，第 105 页。
② 同上书，第 123—124 页。

"一群穷光蛋",胡说什么做穷光蛋就是无产阶级的理想。他指责共产主义是"为了'人类'的利益而对'个人'进行的第二次掠夺。个人既没有下命令之权,又没有财产;国家夺走了前者,社会夺去了后者"①。他说,在共产主义社会里,人的尊严就在于他们"为彼此而生存",彼此服务,为彼此而劳动。每一个人都只通过别人而生存,别人关心我的需求,他的需求也由我来满足,例如他(裁缝)为我的衣服而劳动,我(喜剧作家)为他的娱乐需要而劳动,如此等等。因此,"构成我们的尊严和我们的平等的是劳动"②。在这样的社会制度下,一切为"公共利益"工作的劳动者,即共产主义劳动者,都是平等的,因而工资也是平等的。施蒂纳攻击共产主义者是"两副面孔",一方面宣布自由活动是人的本质,另一方面则又教人相信劳动是人的命运和天职,因此共产主义者只在星期日才把你当作人和兄弟,而在其他工作日则只把你当作劳动人手。③ 他叫嚣什么这就使个人变成了社会的奴隶,而社会则成为一个"新的主人","新的鬼","新的最高的存在"。

根据一位施蒂纳的研究者卡罗尔的看法,施蒂纳在这里所批判的共产主义主要指的是魏特林的学说。④ 魏特林的共产主义确实是粗糙的、幼稚的,并带有空想的性质。但是,施蒂纳攻击的主要不是魏特林关于平等的空想,而是共产主义的根本原则,即废除私有制。正是在这一点上,他彻底暴露了自己顽固地站在小资产者立场上维护私有财产的真面目。对于把自己鼻子底下的一点私有财产看作命根子的小资产者来说,代表大资本利益的资产阶级国家固然不好,但主张根本消除私有制的共产主义革命则无疑地更危险得多。施蒂纳反共产主义的胡言乱语正是小资产者的这种恐惧情绪的反映。

"自由人"这一节的最后一部分是对人道自由主义的批判,施蒂纳在这里批判了费尔巴哈和鲍威尔对"人"的神化。人道自由主义既反对资产阶级意识,也不赞成无产阶级意识,认为二者都过于狭隘,而要求解放普

---

① 施蒂纳:《唯一者及其所有物》,第125页。
② 同上书,第126页。
③ 同上书,第129页。
④ 参阅卡罗尔编选《施蒂纳:唯一者及其所有物》,1971年英文版,第100页注。

遍的人性。人道自由主义者用所谓"人的"劳动去同共产主义者的社会有用劳动相对立。在他们看来，共产主义者只为他自己劳动，他的劳动不是自由的，而是出于必要；"人的"劳动则是自觉的劳动，是"人的自我显示"，这种劳动者既不是为自己，也不是为别的个人而劳动，他是为人类和人类的进步而劳动的。[①] 施蒂纳认为，人道自由主义的这种观点完全是没有根据的空谈，一个人总是为了他自己、为满足他的需要而劳动，虽然他同时也对别人、对子孙后代有用，但这并不使他的劳动失去利己主义的性质。他说，人们一般以为艺术是表现普遍性的，你说你是在显示"人"，但你所显示的"人"就是你，你只是显示你自己。"并不是人造成你的伟大，而是你创造你的伟大，因为你是比人更高、比其他人更强有力的东西。人们以为一个人不可能是高于人的东西。毋宁说，一个人不可能是低于人的东西！"[②] 一句话，施蒂纳用个人去对抗抽象的、普遍的"人"。他认为人道自由主义者的错误就在于使"人"变成了个人的主人，而实际上个人却是至高无上的。用他的话来说，自我在每一时刻都在设定自己和创造自己，自我既是创造者又是被创造物。[③]

（四）施蒂纳的"我"

《唯一者及其所有物》的第二部分"我"是论述施蒂纳所推崇备至的"唯一者"的产生和发展的，在这里指出了自我获得真正解放的道路。就其内容来说，这一部分在很多方面是前一部分的复述，只是换了另一种方式而已。

施蒂纳形象地指出，在现时代的进口处站着"上帝—人"，仅仅上帝死了，"上帝—人"还是死不了的。在我们的时代，把启蒙运动的工作进行到胜利的结局使上帝消失了，却没有注意到"人"杀死了上帝只是为了他自己现在成为"独一无二的上帝"。上帝不得不让了位，但不是让位给我们，而是让位给"人"。因此，不仅上帝死了，而且"人"也要死了，"上帝—人"才会死去。[④]"上帝死了"的提法曾见于黑格尔的《精神现象

---

① 施蒂纳：《唯一者及其所有物》，第 139 页。
② 同上书，第 141 页。
③ 同上书，第 160 页。
④ 同上书，第 162 页。

学》，施蒂纳则赋予这一提法以新的意义，并且和"人死了"相结合，为他的极端虚无主义的利己主义者，即所谓"唯一者"鸣锣开道。后来尼采也奢谈"上帝死了"，这和施蒂纳是一脉相承的。

过去西方思想家们一般都标榜自由，特别是在德国古典哲学中自由始终是人们努力追求的目标和理想。相反，施蒂纳则提出所谓"自有"① 的概念来同自由的概念相对立。在他看来，自由是没有内容的空洞的东西，它是基督教的学说。尽管全世界都希望自由，所有人都渴慕自由王国的到来，自由仍然只是一个可爱的梦。所谓自由永远不过是摆脱某种东西的自由，可是一个人虽然能够摆脱许多东西，却永远不可能摆脱一切的东西而得到自由。换言之，自由的渴望是永远不可能满足的，甚至我们越是自由，就越是意识到自己受到新的束缚。所以说，只有在梦的王国里才有自由。但是，如果自由不能带给我们任何东西，那么自由对我们又有什么用呢？"自有"则正好相反，它是我的整个存在，它就是我自己。我是我的权力所能支配的或我所控制的东西的所有者，在任何时候和任何情况下，我都是我自己的所有物。施蒂纳说："我并不反对自由，但我希望你能得到比自由更多的东西：你不应该仅仅摆脱你不想要的东西；你不应该仅仅是一个'自由人'，你还应该是一个'所有者'。"② 几千年的文明使你看不清你自己究竟是什么，使你相信自己不是利己主义者，而是所谓的理想主义者（"好人"）。施蒂纳声嘶力竭地叫道，抛弃这种看法吧！不要去寻求什么自由，自由只是使你失去你自己，使你"自我否定"。还是去寻求你自己，成为利己主义者，使你们每一个人都成为"全能的自我"吧！

从这种个人主义的占有欲出发，施蒂纳必然会合乎逻辑地走向权力崇拜。照他的说法，只有当一个人有权力的时候，他的自由才是完全的。为什么人民的自由只是一句"空话"呢？就因为人民没有权力。"权力是一件好东西，可用来达到许多目的；因为'一个人掌握了少量的权力也比拥有满口袋的公理走得更远'。你渴望自由吗？你这个傻瓜！如果你有了权

---

① "自有"（Eigenheit）是施蒂纳独创的一个概念，在德语字典上，Eigenheit 并没有他所赋予的那种独特的含义。施蒂纳用的这个概念很难译成中文，姑译为"自有"。

② 施蒂纳：《唯一者及其所有物》，第 164 页。

力，自由自然就会来到的。"① 这种"强权即公理"的思想当然不是什么创新，而是自从马基雅维利（或更早从古希腊时代）以来就存在于西方政治哲学中的老调，不过施蒂纳使这种权力崇拜更富有强烈的个人主义色彩，请听他是怎样说的："我的权力就是我的财产。我的权力给予我财产。我自己就是我的权力，通过我的权力，我就是我的财产。"② 总之，对个人来说，权力就是一切，没有权力，也就一无所有。施蒂纳就是这样的一个个人权力迷。

由于施蒂纳把个人权力奉为至高无上的东西，所以他根本不承认什么权利、正义和道德。他认为生而俱来的、永恒的、不可让渡的权利是不存在的，一个人有什么样的权力或力量，才有什么样的权利。因此，"我的一切权利和一切权威都来自我自己；我有权利去做我有权力去做的一切。如果我能够，我就有权利去推翻宙斯、耶和华、上帝等等"③。施蒂纳心目中的个人完全不受法律的束缚，也不顾任何道德准则，他只遵循自己的意愿和利益行事，能用武力去获取就用武力获取，而不能用武力去获取也就没有权利去获取。世界上没有什么神圣不可侵犯的东西，"凡是神圣的东西都是束缚和桎梏"④，在施蒂纳看来都属于该打倒之列。甚至真理也没有绝对的价值，它只是一种思想，只存在于我的头脑里，因此一切真理的意义和价值完全看它对我的关系如何。只要你相信真理，你就不相信你自己，而你就是一个仆人，一个信宗教的人。只有你才是真理，或者毋宁说，你比真理更高，在你面前真理只等于零。真理的价值不在于它本身，而在于我，也就是说，真理本身是毫无价值的，它只是人的创造物。⑤ 所以施蒂纳嘲笑那些探求真理的人，在他看来，真理从来也没有赢得胜利，它永远只是我用来取得胜利的手段。真理本身是死的，是空洞的言辞，它只是我能够加以利用的材料而已。就这一点而论，施蒂纳的真理观散发出浓厚的实用主义的气味。

---

① 施蒂纳：《唯一者及其所有物》，第175页。
② 同上书，第193页。
③ 同上书，第197页。
④ 同上书，第225页。
⑤ 同上书，第372—374页。

施蒂纳心目中的个人既不讲道德，也不相信真理，只为了自己的利益而斗争，而绝不为那些和自己毫不相干的东西比如上帝、真理、法律、自由、人道等操心。他认为，只有这样的赤裸裸的利己主义者，才是真正从各种固定观念的束缚下解放出来的个人。一切他认为妨碍利己主义的个人发展的东西，如国家、人民、社会等，都通通遭到他无情的攻击。按他的说法，国家和个人自己的意志是绝对不相容的，国家不能容许任何人有自己的意志，而要求大家奴隶般地服从于国家的意志。因此，每个国家都是一种专制，不管专制君主是一个人或许多人。国家的最高权力是反对个人及其"自我意志"的，它使用暴力，名之曰"法律"，却不准个人使用暴力，说这是"犯罪"①。所以施蒂纳不遗余力地反对任何形式的国家权力。所谓人民也同样与个人相对立。他说，自由主义者主张人民的自由，可是"人民的自由并不是我的自由"。人民的自由往往是靠牺牲个人的自由而建立起来的，人民越是自由，个人就越是受束缚。雅典人民正是在最自由的时期创造了贝壳流放，驱逐了无神论者，并毒死了最诚实的思想家（指苏格拉底）。② 至于社会，它也是强加于个人的，施蒂纳直率地把它比作"监狱"。社会并不是由你和我所建立，而是由第三种因素预先为我们创造好的，因此社会有其独立的地位，与我们这些利己主义者处于不可调和的对立状态。施蒂纳指出，今日世界的战斗就是针对这种"已经建立起来的东西"③。

那么，怎样才能摆脱国家、社会这些"已经建立起来的东西"呢？施蒂纳认为，这不能通过社会革命，而只能通过个人的反叛。这种个人反叛始终是一种思想的批判和斗争，就是用根本否定国家、社会等的全部价值的办法把自己从错误观念的束缚下解放出来。只有当人们真正"从自己出发"成为"唯一者"的时候，他们才能按照自己的真实面貌彼此进行交往。那时取代国家和社会的将是利己主义者的自由联盟，这样的联盟是我自己的创造物，所以参加联盟完全可以由我自己决定。这样，在消除了对个人的一切束缚以后，"唯一者"就可以为所欲为地生活了。

---

① 施蒂纳：《唯一者及其所有物》，第204—205页。
② 同上书，第223页。
③ 同上书，第227、233页。

《唯一者及其所有物》一书尽管以否定一切的气势汹汹的姿态出现，最后达到了结论却是这样地可怜和渺小。因此，在它结尾时喋喋不休地重复的关于个人的"唯一性"的高调，也终究只是空话而已。施蒂纳是当时德国小资产阶级的思想代表，小资产者在反抗资本主义的压迫时有时可以表现得很狂热，但本质上却是非常虚弱的。他们耽于脱离实际的思想，而根本不理解革命的社会实践的意义。像施蒂纳那样企图用思想批判和个人反叛的办法去求得个人解放，当然完全是不可能实现的反动空想，而且这也伤不了资本主义制度的一根毫毛。所以马克思和恩格斯把施蒂纳叫做"最大的保守主义者"。他们一针见血地指出，在施蒂纳那里，"唯一性永远只不过是对现存关系的粉饰，对陷于贫困中的可怜的无能的灵魂的一点安慰"①。这是对《唯一者及其所有物》一书的公正的政治判决。

## 四　施蒂纳对后世的影响

在施蒂纳逝世时，他的著作差不多已经丧失了社会影响。直到1882年维干德出版《唯一者及其所有物》一书第二版，该书的销路仍然很差。只是到了19世纪90年代，施蒂纳才重新引起了人们的注意。

1892年，大名鼎鼎的柏林交响乐团指挥汉斯·冯·布洛在离任前的告别音乐会（演奏了贝多芬的"英雄"交响曲）上的演说中，高度赞扬了"不幸地在生前不为人所周知而死后又被后人遗忘了的一位德国哲学家"麦克斯·施蒂纳。这标志着德国知识界的精英再度开始对施蒂纳发生兴趣，而且这一次并不局限于德国，施蒂纳的思想影响还扩展到其他欧美国家。至20世纪初，《唯一者及其所有物》一书先后被译成法文、西班牙文、意大利文、丹麦文、俄文和英文出版，风行一时，无怪乎有人把这种现象称之为施蒂纳的"复活"。

为什么已经被历史无情地淘汰了的施蒂纳思想又能卷土重来呢？这必须从19世纪末资本主义向帝国主义阶段演变所形成的新的历史条件去求得解释。资本主义社会矛盾的加深，无产阶级和资本家阶级的斗争的尖锐

---

① 《马克思恩格斯全集》第3卷，第517页。

化，使资产阶级的思想代表不得不考虑用新的手段来应付。尼采哲学便应运而生，并日益成为资产阶级和小资产阶级心爱的时髦品。另外，随着工人运动的蓬勃发展，马克思主义逐渐取得了领导地位，但是混在工人运动内部的小资产阶级打着无政府主义的旗号反对马克思主义，妄图夺取革命的领导权。无政府主义思潮一度泛滥成灾，像瘟疫似地迅速蔓延。尼采哲学和无政府主义思潮的兴起，促使人们去寻找它们的思想源头，于是就自然地把施蒂纳重新挖掘了出来。

关于施蒂纳对尼采的思想影响，这是一个值得研究的题目。早在 20 世纪末，劳特巴赫就在《唯一者及其所有物》一书 1892 年版序言中把尼采称为施蒂纳的"伟大继承者"。实际上，这也是大多数施蒂纳研究者的看法，他们都认为施蒂纳是尼采的思想前驱。例如，卡鲁斯指出，施蒂纳的《唯一者及其所有物》和尼采哲学有着许多相似之处，"当施蒂纳被人遗忘时，被移植到《查拉图斯特拉如是说》的作者著作里的同样的思想，却先是在德国、随后不久又在全世界得到了共鸣"①。另一个著名的学者洛维特也说："施蒂纳常常被人拿来和尼采作比较，以至于断定施蒂纳是尼采获取他的武器的'思想武库'。"② 应该说，这种看法是有道理的。在这两个德国思想家之间确实有不少类似的共同点，如以个人为中心的主观唯心主义的世界观，反对一切现存价值观念的虚无主义，否定善恶标准的非道德论，主张"上帝死了"的反基督教思想，权力崇拜，非理性主义等。施蒂纳的"利己主义者"在某种程度上确实也可以说是尼采式的"超人"的雏形。有一个法国的研究者这样认为："如果说尼采是不妥协的个人主义的诗人和音乐家，那么蒂纳就是这种个人主义的哲学家。"③

但是，施蒂纳究竟对尼采哲学的形成起了什么直接的作用，却仍然是有争议的，因为尼采的研究者虽然费尽力气也找不到尼采阅读过《唯一者及其所有物》一书的直接证据。尼采在巴塞尔大学任教授时曾向他的得意门生鲍姆加特纳介绍施蒂纳的这部著作，但他自己却没有从大学图书馆借

---

① 卡鲁斯：《麦克斯·施蒂纳——尼采的前驱》。
② 洛维特：《从黑格尔到尼采》第一部分第 4 章。
③ 巴希：《无政府主义的个人主义》，1904 年巴黎版，第Ⅲ页。

过这本书。① 根据加斯特的查证，尼采无论在已出版的许多著作或未出版的笔记和手稿中，都从未提到过施蒂纳的名字。有人认为，尼采是故意不提施蒂纳，以保持他自己的思想的"独创性"。也有人估计尼采只是通过第二手材料（朗格的《唯物主义史》）去了解施蒂纳的思想。② 由于没有可靠的材料可供人们作出结论，这个问题还是留待专家们去继续探讨吧。

至于施蒂纳和无政府主义的关系，一般都承认他在理论上为无政府主义奠定了基础。普列汉诺夫说，施蒂纳有十分充分的权利取得无政府主义理论始祖的尊号，因为他第一个叙述了无政府主义理论。他还指出，施蒂纳敢于把个人主义理论发挥到极致，是最彻底的无政府主义者，同他相比，克鲁泡特金和蒲鲁东之流不过是"迂腐的庸夫俗子"而已。③ 现代的一位无政府主义的研究者阿尔冯也认为，施蒂纳是"无政府主义的最有独创性和最彻底的思想家"④。尤其应该注意到，施蒂纳不仅在理论上，而且也在实践上对无政府主义运动发生了影响。早在20世纪末期，著名的美国无政府主义者特克尔就在《自由周刊》上鼓吹施蒂纳思想，并推行一条强烈地带有施蒂纳色彩的政治路线。在第一次世界大战前，施蒂纳思想在当时"无政府主义的民族主义"的中心之一即萨拉热窝学派中也有很大影响。当然，由于无政府主义内部有各种不同的派别，因此施蒂纳的某些观点并不为所有的无政府主义者所接受。但重要的是，表现无政府主义思想本质的一些基本观点如否定一切外在的权威、反对任何国家和政府、主张个人至上等，恰恰都可以在施蒂纳那里找到来源。这就足以说明他在无政府主义思潮中的历史地位了。

施蒂纳对现代资产阶级思想的影响也不容忽视。这主要表现在施蒂纳和存在主义哲学的亲缘关系上。许多研究者认为，存在主义特别是无神的存在主义的思想渊源之一，就是施蒂纳学说。例如，约尔指出，施蒂纳的极端个人主义"是一种和晚近的存在主义的某些形式非常接近的学说"⑤，

---

① 列维：《施蒂纳和尼采》，1904年巴黎版。
② 派特逊：《虚无主义的利己主义者麦克斯·施蒂纳》，1971年英文版，第149页。
③ 普列汉诺夫：《无政府主义和社会主义》，生活·读书·新知三联书店1980年版，第28、38页。
④ 阿尔冯：《无政府主义》，1951年巴黎版，第39页。
⑤ 约尔：《无政府主义者》，1964年伦敦版，第172页。

而伍德柯克则进一步断定说，施蒂纳"否认一切自然律和共同人性"，使他接近于虚无主义和存在主义。还有一些人如布勃尔和洛维特，把施蒂纳和丹麦哲学家克尔凯郭尔作比较，认为他们两人都是存在主义哲学的前驱。事实上，存在主义哲学家们，无论海德格尔或萨特，都从施蒂纳那里吸收了思想营养，正如某一个研究者所说，萨特的存在主义者、海德格尔的"真正的个人"和施蒂纳的"唯一者"所居住的本质上是同一个世界，而《唯一者及其所有物》一书在方法论和结构方面都明显地和《存在与时间》、《存在与虚无》属于同一个哲学血统。① 另一个所谓无神的存在主义者加缪，则在名噪一时的《反叛的人》一书中用专门的一节去论述施蒂纳的"唯一者"。在他看来，施蒂纳和尼采是近代"形而上学的反叛者"中间的最高人物，施蒂纳像尼采一样，毫不畏缩地把他的无神论带进伦理学的领域，把道德当做"必须加以摧毁的上帝的最后的一面"，正是施蒂纳的"唯一者"把虚无主义引向了它的逻辑的结论，消灭了一切偶像和对永恒观念的信仰。② 总之，存在主义思想在许多方面是和施蒂纳息息相通的，拆穿了说，存在主义的最重要的命题："存在先于本质"，也只是施蒂纳的"自我先于本质"的思想的翻版罢了。

最后，应当指出，施蒂纳的影响不限于哲学界。他在西方文艺界也有不少追随者。在无政府主义思想一度盛行的法国，一些文化界的名人，如象征派诗人玛拉美和瓦雷里，印象派画家毕沙罗等，都曾经在不同程度上受过这种思想的感染。在施蒂纳的祖国德国，他的传记作者马凯本人就是一位有些名气的小说家和诗人，而马凯是以施蒂纳的崇拜者著称的。另一个突出的例子是德国达达派画家麦克斯·恩斯特，他从青年时代起就深受施蒂纳的影响。在美学和文艺理论方面，英国当代著名学者赫伯特也深受其影响。里德也很喜欢谈施蒂纳，他自己承认他年轻时读过而永远不忘的一本书就是《唯一者及其所有物》。

因此，我们今天批判地研究施蒂纳不仅有哲学史的意义，而且也有现实的意义。

---

① 派特逊：《虚无主义的利己主义者麦克斯·施蒂纳》，第185—186页。
② 加缪：《反叛的人》，1956年英译本，第62页。

# 克尔凯郭尔与黑格尔哲学

在哲学史上，克尔凯郭尔是以黑格尔的坚决批判者的面目出现的。对黑格尔哲学的批判，在克尔凯郭尔思想的形成和发展过程中具有决定性的意义，所以有的西方学者认为，"克尔凯郭尔的全部思想应被视作对黑格尔思想的一种反叛"①。也有人认为，黑格尔的泛逻辑主义是克尔凯郭尔的"精神上的对立面"②。更有人从克尔凯郭尔对黑格尔的批判中去寻找现代存在主义哲学的源泉，说"存在主义思想是在一百多年前从克尔凯郭尔对当时居于统治地位的近代哲学家黑格尔的尖刻攻击开始的"③。

当然，克尔凯郭尔对黑格尔哲学的态度前后有所不同，他在青年时期曾经受过黑格尔哲学的影响，后来则逐步和黑格尔分手以至彻底决裂，转而对其哲学体系采取激烈反对的态度。某些专门研究者认为，克尔凯郭尔从来不是一个黑格尔主义者，例如勃兰特和塞尔斯特罗普就持有这样的观点。④ 这种看法是有道理的。克尔凯郭尔在学生时代虽然一度服膺于黑格尔哲学，并采用黑格尔的某些观点去写自己的学位论文，但那时他自己的思想还未最终形成，对黑格尔哲学也缺乏较深刻而全面的理解，所以很难谈得上他是一个够格的黑格尔主义者，可是也有人如颇有点名气的洛维特由于克尔凯郭尔批判黑格尔而把他列为黑格尔"左派"⑤，甚至还有人因

---

① 吉尔编：《论克尔凯郭尔》文集，1969 年英文版，第 91 页。

② 费歇尔：《存在和内在性》，1969 年慕尼黑版，第 109 页。

③ 怀尔德：《克尔凯郭尔和现代存在主义哲学》，詹森和塞尔斯特罗普编《克尔凯郭尔评论》，1962 年纽约版，第 22 页。

④ 关于这一点，可参阅勃兰特《青年时期的克尔凯郭尔》和塞尔斯特罗普《克尔凯郭尔和黑格尔的关系》等著作。

⑤ 参看洛维特为自己所编的《黑格尔左派》一书所写的序言。

而把他和马克思相提并论①，这当然是没有根据的。我们认为，克尔凯郭尔虽然对黑格尔哲学采取尖锐的批判态度，但他同历史上的黑格尔"左派"毕竟有原则的区别。为了说明这一点，就必须弄清楚：克尔凯郭尔究竟是从什么立场去批判黑格尔，这种批判究竟属于什么性质。

## 一　黑格尔哲学在丹麦的传播及其与克尔凯郭尔的关系

我们在评述克尔凯郭尔对黑格尔哲学的批判之前，有必要先观察一下当时黑格尔主义在丹麦的传播和克尔凯郭尔在自己的思想发展过程中与黑格尔的关系。

19 世纪 30 年代，当克尔凯郭尔在哥本哈根大学求学期间，黑格尔主义在德国思想界的统治正达到登峰造极的地步，但同时黑格尔学派内部的争论和分裂也越来越明显了。作为深受德意志文化熏陶的欧洲小国，丹麦也同样经历了黑格尔主义的思想统治，并且受到了黑格尔学派的进一步演变的影响。克尔凯郭尔的哲学就是在这样的情况下产生的，他向之提出挑战的第一个强大的对手就是黑格尔。

黑格尔主义在丹麦的传播开始于 19 世纪 20 年代，它的第一个热烈的鼓吹者是哥本哈根著名的文学批判家、剧作家和教授海伯格（Heiberg，1791—1860）。海伯格在当时丹麦文化界具有巨大的影响，经过他的努力宣传，黑格尔哲学开始成为人们注意的中心。在海伯格的《自传片断》中曾经谈到他自己信奉黑格尔主义的经过：他最初接触到黑格尔哲学是在德国基尔大学，通过一位哲学教授伯杰的介绍，他阅读了黑格尔的《哲学全书》，觉得看到了"指路明星"。1824 年夏，他前去柏林，一路上在驿站马车里研究这部著作。他在柏林逗留两个月的期间内，不仅读了黑格尔的不少著作，而且同这位大哲学家及其门生（特别是甘斯）直接交往，建立了私人的友谊。黑格尔多次在家里接待他，友好地回答了他的问题，但直到他离开柏林时对他获得的新思想还是有些地方没有搞清楚。在他回家途中于汉堡停留时，有一天他在室内读黑格尔的书，头脑里想着黑格尔，同

---

① 柯林斯：《存在主义者》，1952 年英文版，第 4 页。

时听着圣彼得教堂里传来的美妙的赞美歌，突然顿悟，豁然贯通。用海伯格自己的话来说，这就像闪电一般突然照亮了一切，在他内心里唤醒了早先隐藏着的中心思想。这个"奇妙的时刻"是他一生中"最重要的事件"，从此以后他就成为黑格尔的忠实信徒。[①] 在他看来，黑格尔是"最伟大的天才之一，在黑格尔那里哲学的发展已经达到这样的高度，以至我不能想象它今后的进一步发展会采取什么新方向……因为在他的体系中已经一切齐全，什么都不缺少了"[②]。他在 1824 年写的《论人的自由》是丹麦第一篇用黑格尔哲学观点写成的著作，后来他又写了《关于哲学的哲学或思辨逻辑的导论》和《论哲学对现时代的意义》等哲学著作，不遗余力地宣扬黑格尔哲学，把它说成是当前不稳定的危机状态下的唯一解救之道。克尔凯郭尔很早就阅读了海伯格的著作，虽然他后来往往以讽刺的口吻谈到海伯格改宗黑格尔主义（例如在《〈哲学片断〉一书最后的非科学性附言》一书中），但他在青年时代却受到海伯格著作的影响，而且是他最初获得有关黑格尔哲学的知识的主要来源之一。

　　当时在丹麦宣扬黑格尔主义的另一位重要人物是神学家马顿森（Martensen，1808—1884），他试图利用黑格尔哲学观点去建立一种思辨的神学，以调和理性主义和正统派神学的矛盾，使神学能更好地适应于当代的需求。根据一位专门研究马顿森的学者的叙述，马顿森先是对许莱尔马赫的神学理论感兴趣，后来则认为他能够在黑格尔那里找到在许莱尔马赫那里找不到的东西，"黑格尔的看法显然深深打动了他，即认为思维是客观的、神圣的东西，是存在的基本动力，因而也是宗教的基本动力"[③]。"马顿森和黑格尔、思辨神学结成同盟。他在某种程度上采用了黑格尔思辨的辩证法，并大量地应用这种方法去解决问题。"[④] 由于意见分歧，当时丹麦神学界正进行一场争论。以斯泰芬斯和格隆特维希为代表的正统派神学遇到了克劳森的挑战。克劳森在《新教和天主教的组织、教义和仪式》一书（1825 年）中，站在理性主义的立场上，认为《圣经》是一切神学的原

---

[①] 参阅塞尔斯特罗普《克尔凯郭尔和黑格尔的关系》，1980 年英文版，第 15—16 页。

[②] 见海伯格于 1825 年 3 月 25 日写给奥斯泰德的信。

[③] 阿里尔德森：《马顿森》，1932 年版，第 54、69 页。

[④] 同上。

理，而宗教改革已为用理性去解释《圣经》开辟了道路。在他看来，理性是理解和把握基督教的真实的、最好的手段，使基督教得以摆脱迷信和蒙昧主义，而信仰、天启、个人体验则只在宗教生活中处于次要地位。格隆特维希立即著文指责克劳森，并要求他向教会正式道歉。克劳森则向法院申诉，控告格隆特维希犯有诽谤罪。[①] 在这场神学纠纷中，马顿森以调解者的面目出现，他认为正统派神学主张的超自然主义和克劳森的理性主义都是片面的、有局限性的，都是属于过去时代的陈旧观点。他指出，把信仰和知识、天启和理性、自然和超自然绝对割裂开，这种做法本身就是非基督教的，问题在于把它们统一起来，把上帝和人联结起来，否则基督教的全部基本教义就会垮台。马顿森求助于黑格尔哲学，到黑格尔的《精神现象学》中去寻找把正统派神学和理性主义统一起来的手段。黑格尔的一些基本思想如主体和客体的同一、思维和存在的同一、自我意识和天启的同一等，都被马顿森所接受并作为他自己的思辨神学的基本前提。按马顿森的说法，人们关于上帝的知识就是上帝关于自身的知识，当我们真正认识上帝时，也就是上帝在我们之中认识他自己。正统派神学和理性主义的错误在于把主体和客体当作不可调和的对立面。前者强调与理性对立的客体，把上帝看作天启的、为主体和理性所无法认识的；后者则正好相反，强调理性而取消了上帝、客体的本体论的实在性，把上帝当作纯粹地内在于理性的一种思维。马顿森认为，如果坚执一端，丹麦神学中的这一争论是无法解决的，唯一的出路在于对立的二者的辩证的统一。上帝作为推动一切的原则，既是凌驾于人的意识之上，又是内在于人的意识之中的。他赞同黑格尔的看法，主张在人的思想中上帝就是思维，上帝正是在人的思维中和通过人的思维而启示和发现自身的。有人说，马顿森给当时因僵持而陷于困境的丹麦神学论争注入了黑格尔辩证法的新生命，这是有几分道理的。但是，马顿森的神学理论也不是照搬黑格尔的宗教哲学，而有其自己的特点。由于马顿森在神学界享有盛誉，又在教会里担任高级职务，因此他在传播黑格尔主义这方面起了很大的作用。马顿森和克尔凯郭尔有师

---

① 参阅霍恩的博士论文《实证性和辩证法：马顿森的神学方法的研究》，1969 年纽约版，第21—22 页；爱尔罗德：《克尔凯郭尔和基督教国家》，第31—32 页。

生关系，不过马顿森在担任后者的导师时自己也还没有信奉黑格尔主义，而是辅导他的那位学生读了许莱尔马赫的《基督教信仰》一书。后来他应用黑格尔主义去阐释神学时，就成为克尔凯郭尔所批判的主要对象之一。可以说，克尔凯郭尔就是在同黑格尔主义在丹麦的这位代表的斗争中死去的。

经过海伯格和马顿森等人的大力宣扬，黑格尔主义在当时丹麦知识分子中间开始得到广泛的承认，黑格尔的美学和宗教哲学的影响尤为重大。当然，像在任何其他地方一样，在丹麦也有黑格尔的反对者，其中最著名的是哲学教授西伯恩（Sibbern，1785—1872），克尔凯郭尔在哥本哈根大学曾听过他有关心理学、逻辑学和基督教哲学的课程。无论是在心理或是在逻辑学方面，西伯恩都不同意黑格尔的观点，"在二十年代和三十年代里，西伯恩对黑格尔哲学的态度越来越严厉"①，而从1838年起则对黑格尔（首先是对黑格尔的逻辑学）展开了全面的批判。在对基督教哲学的阐释上，西伯恩坚决反对黑格尔推崇纯思维、把宗教哲学包括在自己的哲学体系中，而认为基督教哲学的出发点应该是把信仰作为精神生活的决定一切的中心原则，思维应该附属于信仰。②西伯恩的这些看法对于年轻的克尔凯郭尔的哲学观点的形成是有一定影响的。

黑格尔逝世以后，德国的黑格尔学派分裂为左翼和右翼并发生了激烈的争论，这一事态的发展也在丹麦得到了反映。施特劳斯的《耶稣传》和《基督教信仰》、费尔巴哈的《基督教的本质》很快被介绍到丹麦，他们的观点得到贝克和布留赫纳等人的拥护。另外，右翼黑格尔主义者对左翼的反驳，例如卡尔·道布对施特劳斯的批评，也在丹麦引起人们的注意。当时哥本哈根大学神学系曾经就黑格尔学派左翼和右翼争论的中心问题，即关于《新约圣经》的真伪和历史可靠性同基督教信仰的关系，公开征文进行讨论。克尔凯郭尔对争论双方的论据都进行过研究，甚至施特劳斯和道布辩论的问题成为他后来写某些著作（如《哲学片断》）的直接动因。③

---

①　延斯·希默尔斯特罗普：《西伯恩》，1934年版。

②　同上。

③　参阅塞尔斯特罗普为克尔凯郭尔《哲学片断》一书所写的序言和注释，见该书1969年普林斯顿版，第ⅠⅥ—ⅠⅧ，第244页。

　　克尔凯郭尔在大学求学期间，曾一度醉心于黑格尔哲学，不过他最初阅读的是黑格尔去世后出版的黑格尔派著作和反对黑格尔的著作，后来才开始钻研黑格尔原著。根据考证材料，克尔凯郭尔比较系统地了解黑格尔哲学思想大约开始于 1837 年，可是那时他主要是依据第二手材料，对黑格尔原著并没有多少研究。① 赫尔希指出，克尔凯郭尔直接阅读黑格尔著作是在 1837 年末或 1838 年初，但仅限于黑格尔的《美学讲演录》，该书有助于他去理解海伯格和安徒生的美学观点。在随后的三年内，他陆续地攻读了黑格尔的《哲学史讲演录》、《历史哲学》和《法哲学》。到他写《论反讽的概念》（1841）这篇学位论文时，可以说他对黑格尔的某些著作有了较深入的了解。然而他研究黑格尔的《逻辑学》和《哲学全书》则是在 1841 年以后，而且他钻研较深的主要是《哲学全书》的第一部，即《小逻辑》。他对黑格尔的宗教观的理解也主要依据《哲学全书》中的《精神哲学》的有关章节，并没有对《宗教哲学》一书作认真的探讨。总的来说，克尔凯郭尔对黑格尔哲学虽有一般的理解，却缺乏精深的研究。他后来把黑格尔作为对立面来进行批判，也是从社会哲学思潮的宏观角度着眼，着重批判黑格尔哲学的一般原则，并没有深入到黑格尔的理论大厦中去，对其丰富浩瀚的内容进行具体的分析。

　　克尔凯郭尔对黑格尔哲学的态度的前后变化，清楚地反映在他自己的著作里。他在 1838 年发表的文学处女作《一个尚在人世者的作品》是关于安徒生小说的评论，其中就可以看到他对黑格尔哲学的兴趣，在该书第一页上就赞许并指出黑格尔"从'无'开始的伟大尝试"，不过他对黑格尔的理解显然不大符合原意，这说明那时他关于黑格尔哲学的知识还比较肤浅。同时，在那部著作中还显露出他和黑格尔的分歧的最初迹象。他表示不赞成"思辨"和"体系"，这些东西都是和黑格尔哲学有关的。他认为体系把存在抽象地加以理论化，而完全没有接触到真实的个人及其主观的生活。为了理解什么是个人的存在，他建议人们去求助于哈曼和苏格拉底，而不要去求助于黑格尔。在 1841 年完成的学位论文《论反讽的概念》中，克尔凯郭尔随着对黑格尔哲学的理解的加深，似乎进一步受到了它的

---

① 参阅塞尔斯特罗普《克尔凯郭尔和黑格尔的关系》。

影响。在那里经常提到黑格尔的名字，却没有一处直接批评这位德国哲学家，因此有一位专门的研究者延斯·希默尔斯特罗普认为，这一学位论文的立场"基本上是黑格尔主义的"。克尔凯郭尔力图证明，苏格拉底的立场乃是被理解为无限的、绝对的否定性的反讽。这一看法显然是受了黑格尔的哲学史的影响。他说，苏格拉底以反讽的态度去生活，以反讽的态度去教别人，连他走向死亡时也抱着反讽的态度。正是在反讽中，苏格拉底否定了一切——国家、智者派甚至包括他心爱的学生，"超于实体性生活的一切规定之上而得到讽刺性的满足"[1]。如果我们把克尔凯郭尔的看法和黑格尔在《哲学史讲演录》中的有关论述相对照，那就可以发现：他们虽然都承认苏格拉底的反讽对于现成的、固定的观念或原则起着否定和瓦解的作用，但他们的观点又有很大的不同。例如，黑格尔指出："苏格拉底讽刺的伟大之处，就在于它能使抽象的观念具体化，使抽象观念得到发展。"[2] 他明确地反对有些人（如施雷格尔和阿斯特）关于苏格拉底式反讽所做的近代化解释，认为它"不能被了解为那种纯粹的否定"[3]。这些看法和克尔凯郭尔的观点恰好是背道而驰的，因为克尔凯郭尔把苏格拉底的反讽首先理解为个人对抽象的观念体系的反叛，使人从一般概念的统治下得到解放。照他说来，苏格拉底的反讽只是一种手段，而重要的是苏格拉底直接和上帝建立一种主观的关系，由于这种关系的建立，苏格拉底的行为就不能受一般规定的制约。[4] 由此可见，即使在克尔凯郭尔尚未摆脱黑格尔影响的时期，他同黑格尔的思想分歧也是明显的，所以很难说他曾经是一个黑格尔主义者。

克尔凯郭尔自己并不十分看重他的学位论文，他说这一著作只是为了应付神学学位考试而写的，在他的全部著作中不占重要位置。这想必是因为他感到那时他还处于黑格尔的影响之下，尚未建立他自己的哲学观点。他和黑格尔哲学的彻底决裂，是在他完成了这篇学位论文之后。他和雷金

---

① 克尔凯郭尔：《论反讽的概念》，1929 年慕尼黑德文版，第 225 页。

② 黑格尔：《哲学史讲演录》第 2 卷，王太庆等译，生活·读书·新知三联书店 1957 年版，第 55、57 页。

③ 同上。

④ 参阅柯林斯《克尔凯郭尔的思想》，1967 年芝加哥版，第 107 页。

娜解除婚约这一个人生活悲剧，可能也是促使他决心和黑格尔决裂的重要原因。他当时陷入了严重的精神危机和极度痛苦之中，而黑格尔哲学却显然解决不了他的个人问题。在他去柏林求学的时候，他曾把希望寄托于黑格尔的反对者谢林和特莱德仑堡，但从他们那里也同样得不到对他面临的问题的答案，因此决心走自己的路。不过他承认从特莱德仑堡对黑格尔哲学的批评中学到不少东西，这体现在他以后的某些著作中。1843 年出版的《非此即彼》，标志着克尔凯郭尔对黑格尔哲学的态度的明显转变。在这部著作里有几处谈到黑格尔，虽然没有对他进行直接的批判，可是就全书而言显然是走一条与黑格尔截然不同的道路。如果说《非此即彼》的主要目的还不在于反对黑格尔主义，那么接着出版的克尔凯郭尔的一系列著作，就把进攻的矛头直接指向黑格尔了。在这些著作中有时公开指名黑格尔进行批判，有时则以批判"近代哲学"、"思辨"、"体系"、"抽象思维"、"纯思维"为名，实际上向黑格尔哲学发动攻击。其中特别重要的是《〈哲学片断〉一书最后的非科学性附言》一书，对黑格尔主义的批判在该书中达到了最高潮。后来克尔凯郭尔还写了其他许多著作，其中也经常涉及对黑格尔的批判，然而就其批判的深度和广度来说都没有超过此书。他在哲学上对黑格尔主义的批判，可以说在他的这部"得意之作"中已经基本完成了。他自己也说过，在该书中他已说出了自己需要说的话，在哲学方面已不需要再写什么别的了。因此，我们在研究克尔凯郭尔对黑格尔哲学的批判时可以把该书作为重点。

## 二　克尔凯郭尔如何批判黑格尔

克尔凯郭尔在阐发自己的哲学和宗教观点时是把黑格尔作为主要对立面的。据他自己说，他之所以对黑格尔主义感到不满，其根本原因在于它不能给人以真正的实在，而只能提供关于生活的幻影。他引证李希顿伯格的话说，"这就好像是向一个饿汉朗读烹调书一样"。在他的《日记》里，还用形象化的比喻去讽刺那些黑格尔派的哲学家，说他们建造了巨大的宫殿，自己却满足于居住在附近的窝棚里。为什么会出现如此悖谬的情况呢？他认为这是由于黑格尔哲学乃至一般思辨的观念论哲学的一系列错误和缺陷所造成的，为了替他自己的哲学观点扫除障碍，就需要对当时居于统治地位的黑格尔主义作彻底的清算。

但是，应该指出，克尔凯郭尔虽然从多方面对黑格尔提出了尖锐的批评，可是并没有全盘否定黑格尔哲学的成就和在哲学史上的重要地位。相反，直到后来他始终对作为思想家的黑格尔表示高度的尊敬。他说："我对黑格尔怀有尊敬之情，他对我来说有时仍是难以捉摸的奥秘；我从他那里学到了不少东西，我知道再回到他那里的话还能学到更多的东西……对他的哲学知识，他的惊人的渊博学识，他的天才的敏锐目光以及对一位哲学家有利的其他任何优点，我像任何一个信徒一样准备予以承认——不，不是承认，这样说是太骄傲了；我宁愿说，我是愿意表示钦佩，愿意自己受教的。可是尽管如此，如果一个人在每况愈下的生活中经受了彻底的考验，并迫切需要思想的帮助的话，那就会发现黑格尔是令人可笑的——虽然他的那些伟大的品质也是确定无疑的。"[1] 在他看来，黑格尔之所以从伟大的思想家沦为可笑的角色，其最大的失误莫过于用逻辑去代替真正的存在。他指出，一个人可能是伟大的逻辑学家并由于自己的成就而成为不朽，可是如果他把逻辑的东西说成就是存在的东西，以为既然在逻辑的领域内可以消除矛盾，那么在存在的领域内也可以消除矛盾，那就大错而特错了。他在《日记》里这样写道："如果黑格尔在写了整部《逻辑学》之后，在前言中说明它不过是一种思想的实验（然而在那里许多地方他也规避了某些东西），那么他可能就是有史以来最伟大的思想家了。而现在他却是令人可笑的。"[2] 于是他就对黑格尔在哲学上的重大失误进行剖析并针锋相对地提出了他自己的哲学主张。

（一）克尔凯郭尔就哲学的基本问题，即思维与存在的关系问题向黑格尔提出质疑。大家知道，黑格尔认为近代西方哲学所面临的中心问题是解决思维与存在的对立和统一的问题[3]，而他自己是力主思维与存在同一论的。他批评以往的哲学家们都未能正确地认识思维与存在、主体与客体

---

① 克尔凯郭尔：《〈哲学片断〉一书最后的非科学性附言》注，1974 年英译本，第 558 页。
② 同上。
③ 黑格尔：《哲学史讲演录》第 3 卷，王太庆等译，生活·读书·新知三联书店 1957 年版。

之间的关系，这样那样地把二者割裂开、对立起来或者简单地等同起来，而他则从客观唯心主义一元论的观点出发，强调二者辩证的统一。黑格尔坚持精神第一性的原则，把整个世界的发展都归结为绝对理念的自己发展和自我认识的过程，存在、客观世界归根到底都只是思维、精神的"异在"。绝对理念首先表现为逻辑概念，然后"外化"为自然，最后又通过精神的发展而返回到自身，这样就把存在统一于思维，达到二者的同一。在他看来，思维在逻辑上先于存在，存在是由思维自身的发展中演化出来的，而且存在的本质就是思维。他说："理性是在世界中，我们所了解的意思是说，理性是世界的灵魂，理性居住在世界中，理性构成世界的内在的、固有的、深邃的本性，或者说，理性是世界的共性……思想不但构成外界事物的实体，而且构成精神性的东西的普遍实体。"① 这里所说的理性、思想等，实际上都是指他心目中的绝对理念，他把绝对理念看作世界的创造主和世界的真实本质。他这样写道："一切存在的东西只有在作为理念的一种存在时，才有真实性。因为只有理念才是真正实在的东西。这就是说，现象之所以真实，并不由于它有内在的或外在的客观存在，并不是由于它一般是实在的东西，而是由于这种实在是符合概念的。只有在实在符合概念时，客观存在才有现实性和真实性。"②

黑格尔的思维与存在的同一论在当时哲学和神学界曾盛极一时，发生过巨大的影响。在黑格尔逝世后，首先勇敢地站出来向这种理论提出挑战的是费尔巴哈。与黑格尔相反，费尔巴哈认为物质自然界、存在是第一性的，而意识、思维是第二性的。他强调，世界按其本性来说是物质的，是不依赖于意识而独立存在的。自然界是它自身的原因，它不是精神的产物，相反的，精神倒是自然界的产物。所以他说："思维与存在的真正关系只是这样的：存在是主体，思维是宾词。思维是从存在而来的，然而存在并不来自思维。"③ 他用这个观点有力地批驳了黑格尔《逻辑学》中关于哲学的开端的论述。黑格尔的整个逻辑体系是以纯粹的存在（所谓"纯

---

① 黑格尔：《小逻辑》，贺麟译，商务印书馆1980年版，第80页。
② 黑格尔：《美学》第1卷，朱光潜译，人民文学出版社1958年版，第137页。
③ 《费尔巴哈哲学著作选集》上卷，荣庭等译，生活·读书·新知三联书店1959年版，第115页。

有")作为开端的，而这种"纯有"没有任何规定性，因此就等于无。费尔巴哈指出，黑格尔从"纯有"开始，也就是从存在的概念或抽象的存在开始，但这种毫无规定性的存在只存在于我们的思想里，在现实中是根本不存在的。他责问黑格尔说，为什么不能直接以现实的东西为依据呢？为什么不能从存在本身、亦即从现实的存在开始呢？在他看来，黑格尔的"不确定的、纯粹的存在只是一个抽象的东西，与实在的存在完全不符合；只有具体的存在才是现实的"①。可是，只有具体的感性的存在才是第一性的，而存在的概念则是从存在本身中抽象出来的，黑格尔的错误就在于颠倒了二者的真正关系，把概念当作哲学的开端，而哲学真正的开端却应该是"有限的东西、确定的东西和实际的东西"。

费尔巴哈对黑格尔的批判在当时丹麦思想界也激起了一阵波涛。克尔凯郭尔密切注意黑格尔逝世后德国哲学动向，他在批评黑格尔哲学时虽然没有公开提及费尔巴哈的名字（相反的，他经常提到黑格尔的另一个反对者特莱德仑堡），但他对费尔巴哈的批评意见是很了解的②，甚至他们两人对黑格尔哲学的攻击点也有某种相似之处，尽管他们各自的基本立场和出发点是完全不同的。

克尔凯郭尔同样反对黑格尔的思维与存在同一论，但他的论据在于提出自己对"存在"的独特的理解。他所说的"存在"截然不同于过去人们一般理解的客观物质实在，而是指与个别存在的主体相关的一种存在状态，因此只有人、个别的人才谈得上"存在"。在他看来，这样一种"存在"是绝不可能归结为思维、与思维相统一的。他说，黑格尔体系中的理念"是主体与客体的同一、思维与有的统一。相反，存在则是它们之间的分离。这绝不是说存在是没有思维的；但它确已导致并且会导致主体与客体、思维与有之间的分离。在客观的意义上，思维被理解为纯思维；在同样抽象的客观意义上，这是与它的客体相一致的，因此客体也就是思维自身，而真理就成为思维与它自身的一致。这种客观的思维是与存在的主体

①　《费尔巴哈哲学著作选集》上卷，荣庭等译，生活·读书·新知三联书店1959年版，第62页。

②　关于这点可参阅卢卡奇《理性的毁灭》，王玖兴等译，山东人民出版社1988年版，第217页。

毫无关系的"。① 克尔凯郭尔指出，这样的话，我总是面临着存在的主体如何滑入这种客观性状态的难题，在这种客观性状态中主体性仅仅是纯抽象的主体性，它是一种客观的规定性而并非意味着任何一个存在的人，因此，存在的主体性就必然会越来越趋向于被蒸发掉了。假如一个人真的可能成为诸如此类的东西，那么这至多也只是说他通过想象意识到他纯抽象地、有意识地参与到这种思维与有之间的纯粹同一的关系中去了。克尔凯郭尔认为，这是无谓的同语反复，因为归于思维者的这种"有"并不意味着他存在，而只是意味着他在从事思考。相反的，一个存在的主体从事于存在，这也就是每一个人的实际情况。总之，对于存在的主体来说，最重要的是它存在着；要是把它变成客观的纯思维，像黑格尔所做的那样，那就必然会使存在的主体性丧失殆尽、"被蒸发掉"。这是克尔凯郭尔坚决不同意黑格尔的思维与存在同一论的主要理由。

很有意思的是，在费尔巴哈之后，克尔凯郭尔也对黑格尔关于哲学的开端的看法提出批评。他说，黑格尔的体系说是从直接性开始的，因此是没有任何先决条件的，也是绝对的，体系的开端也就被说成是绝对的开端。可是对此要提出一个同等重要的问题，即：体系是怎样从直接性开始的？也就是说，它是否是直接地从直接性开始的？对这个问题的回答则必定是绝对否定的。因为体系是在存在之后才出现的，它当然是事后产生的东西；因此体系并不是直接地从存在所开始的直接性开始的。从直接性开始的那个哲学的开端，本身是借助于反思的过程才达到的。克尔凯郭尔的意思其实很简单，黑格尔把所谓"纯有"说成是哲学的开端。然而没有任何规定性被视为直接性的"纯有"实际上却并不存在，它只是反思的产物。如果没有人（反思者）的存在在先，何来反思和反思的产物？因此他得出结论说："没有任何逻辑体系能自夸有一个绝对的开端，因为像纯有那样的开端只是纯粹的幻想。"②

总之，在思维与存在的关系问题上，克尔凯郭尔反对黑格尔的同一论，尤其是反对把存在统一于思维，认为存在是在先的，不过他所理解的

---

① 克尔凯郭尔：《〈哲学片断〉一书最后的非科学性附言》，第112页。
② 同上书，第101—102页。

存在指的是人的存在。他对黑格尔哲学的一系列批判，归根到底都是由此出发的。

（二）克尔凯郭尔着重地批判了黑格尔哲学的体系。在西方哲学史上，黑格尔是以建造体系著称的。从他的《精神现象学》起，到《逻辑学》、《自然哲学》、《精神哲学》以及《美学》、《宗教哲学》、《法哲学》、《历史哲学》和《哲学史讲演录》等，黑格尔可以说毕生都在致力于构建一个无所不包的庞大的哲学体系。在他看来，哲学应该是一个科学的体系，真理存在的真实形态，也只能是科学的体系，他一再强调，真理是全体，是整个的过程，在这过程中，每一个环节都是必然的、必不可少的。特别是，黑格尔认为，他的体系包括了绝对理念的自我发展和自我认识的全过程，随着他的体系的建立，绝对理念完成了自我认识，发展也就终结，达到了绝对真理。

克尔凯郭尔坚决反对黑格尔关于建立体系的这些说法，他把自己的著作取名为"非科学性附言"，就是有意要为黑格尔的"科学的体系"树立一个对立面，表明他自己的观点既非黑格尔所谓的"科学"，也不成"体系"。他最不能容忍的是黑格尔把自己的体系说成是绝对真理的体现和认识的终结，他不仅予以尖锐的批判，而且大加讽刺挖苦。他首先引用了德国启蒙运动者莱辛的一段话。莱辛说，上帝右手握着全部真理，左手握着追求真理的永恒的动力，让我任择其中之一，我恭顺地选择他左手握着的东西，并且说，请给我这个吧，让纯粹的真理只留给您一人拥有。① 克尔凯郭尔认为，莱辛是个老实人，并不自诩掌握了全部真理，而主张坚持不懈地为真理而奋斗；体系制造者（指黑格尔）则很不老实，把这种坚持不懈的奋斗叫做"体系"。在他看来，体系和终结是同一个东西，如果体系没有完成，那就不成其为体系，因为"一个没有完全完成的体系只是一种假设，而谈论什么半完成的体系则只是废话"②。那么，为什么体系制造者要自吹自擂，引导读者们以为体系中一切都完备呢？克尔凯郭尔讽刺说，体系制造者是这样想的："如果在书的扉页上和通告里，我把自己的产品

---

① 以上参见克尔凯郭尔《〈哲学片断〉一书最后的非科学性附言》，第97、98页。

② 同上。

叫做为真理坚持不懈的奋斗，那么谁会来购置我的产品或钦佩我呢？但如果我把它叫做体系、绝对的体系，那么每个人肯定都想要购置这个体系了。"①

　　然而，必须注意，克尔凯郭尔并不是笼统地，不加区别地反对体系，这从他提出的两个命题可以看得很清楚。这两个命题是："（A）一个逻辑的体系是可能的；（B）一个存在的体系是不可能的。"② 他承认逻辑在思维的领域内的作用，认为在自己的这个领域内有可能构建逻辑的体系，但是他坚持逻辑和形而上学的根本区别，反对黑格尔把二者相混淆，把逻辑的体系等同于存在的体系，因为逻辑绝对不应侵入存在的领域，这是它所不能承受之重。他赞同特莱德仑堡的意见，认为逻辑范畴可以提供某些知识，可是逻辑从来不敢自称能做出最终的解释，它对真实的存在和真实的运动是漠不关心的，这也说明了它自己的局限性。因此逻辑不能解决有关存在的问题。接着克尔凯郭尔指出，一个存在的体系是不可能制定的，但这并不意味着这样的体系根本不存在。"对上帝来说，实在本身是一个体系；然而对任何存在的心灵来说，它不可能是一个体系。体系和终结是一致的，然而存在却正与终结相反。"③ 体系和存在是不可能一起加以思考的，因为要去思考存在的话，体系思想就必然把存在作为废弃的东西，因而作为不存在的东西来加以思考。在黑格尔的体系中，存在只是理念自身辩证发展过程中必然要被扬弃的一个环节；而在克尔凯郭尔看来，存在却是一个人、一个存在的个人须臾不可忘记的，一旦他忘记了自己是一个存在的个人，他就会成为一个可笑的角色，因为存在具有一个独特的特点，就是它迫使一个存在的个人去存在，而不管他是否愿意。所以一个人应该集中自己的全部精力去面对他是一个存在的个人这一事实。④

　　克尔凯郭尔指责黑格尔的体系并不能向人们提供真正的实在，只是从逻辑上去推演出实在的概念，而从来没有真正把握实在本身。他说，他和黑格尔之间只有一发之差，那就是实在和实在的概念之间的差别。可是，

---

① 克尔凯郭尔：《〈哲学片断〉一书最后的非科学性附言》，第99、107页。

② 同上。

③ 同上。

④ 同上书，第109页。

这看来不大的差别却是根本原则的差别。问题在于，克尔凯郭尔所说的实在有其特殊的含义，它并不是指存在的客观世界，实际上是指现实的人的存在，这种存在不是物质的，而是主观伦理的，它只有作为主体的个人才能体会到，而不是从思维中推演出来的。黑格尔的错误在于把一切都说成是所谓"纯思维"发展的结果，而"纯思维"本身是完全与现实的人无关的虚构出来的思维抽象。"纯思维"是黑格尔哲学体系能迷惑人的地方，它诱使人们屈服于它所编造的逻辑必然性的幻想，以为从这种普遍的抽象观点去看世界的发展就能摆脱个别存在的偶然性。正题，反题，经过思维的综合而达到合题，由一个阶段过渡到一个更高的阶段，在这个连续的发展过程中一切都具有逻辑的必然性，一切都事先安排妥当，因此在黑格尔体系中实际上就只有普遍性的思维在起作用，在决定一切，而完全没有个人的存在。克尔凯郭尔批评黑格尔的体系中没有伦理，就是因为其中没有个人选择的余地。在克尔凯郭尔看来，发展变化并不是一个必然的连续的过程，实际上是非连续性的，它并不是以无所不包的普遍的形式，而是以个别存在的形式来实现的，从一个阶段到另一个阶段的过渡也不是靠什么"纯思维"的演进，而是通过选择，靠意志的行动来实现的。这就从根本上否定了黑格尔的所谓"科学的体系"。

（三）克尔凯郭尔猛烈地抨击黑格尔的世界历史观，认为它贬低个人，抹杀个人存在的价值，是当今社会的不道德的根源所在。众所周知，作为客观唯心论者，黑格尔从"理性统治世界"这一基本观点出发去解释人类社会历史发展，把世界历史看作是"理性"、"精神"的展开和实现。他在《历史哲学》中阐明了理性、精神如何一步一步地在世界历史舞台上展现自己，达到自我意识，并最后认识自己成为完全自觉的过程。正如马克思、恩格斯所说，"他不仅把整个物质世界变成了思想世界，而且把整个历史也变成了思想的历史"①。黑格尔认为，世界历史虽是无数个人共同活动的结果，他们各有自己的目的，按各自的意向和动机而行动，可是人们往往不仅不能预见到自己行为的后果，而且结果常与他们原来的动机和意

---

① 《德意志意识形态》，《马克思恩格斯全集》第 3 卷，中共中央编译局译，人民出版社 1957 年版，第 16 页。

愿相违反。因此世界历史发展并不取决于个人的动机和意图，在人们行动的背后还隐藏着某种起支配作用的精神力量，即黑格尔所说的理念、时代精神、世界理性，这才是推动历史发展的真正动力。在他看来，"世界历史作为精神自身从自在到自为的发展过程，有其内在的规律和必然性，而个人只是'世界精神'的实体性事业的活的工具"①。人类历史上的一切人，不管是普通人还是杰出人物，他们的行动和斗争都只是在执行理性、精神的命令，受理性、精神的支配和驱使。黑格尔说，理性利用人的情欲促使人们进行斗争，它自己却并不卷入斗争，"它始终留在后方、在背景里，不受骚扰，也不受侵犯。它驱使热情去为它自己工作，热情从这种推动里发展了它的存在，因此热情受了损失，遭到祸殃——这可以叫做'理性的狡计'"②。即使是伟大的历史人物，他们的所作所为和创造的丰功伟绩也都是出于世界精神的要求、适应于时代的需要而完成的，一旦完成了他们的历史使命，世界精神不再需要他们时，他们就会被抛弃而退出世界历史舞台。这也就是伟大历史人物往往以悲剧收场的原因。

　　显然，黑格尔的这种世界历史观是强调个人的存在的克尔凯郭尔所绝对不能接受的。黑格尔这样高扬世界理性、精神在历史发展中的决定性作用，实际上是只承认普遍性思维的地位，而把个别存在的人消解掉了。克尔凯郭尔指出，现在集体观念开始统治普通人的意识，个别存在的人在"类"中丧失自己，人们总是说"我们"、"我们的时代"、"19 世纪"等。"仅仅一个个人算得了什么？我们的时代知道得太清楚了，他是多么渺小，但当今时代特有的不道德也正在于此。每个时代都有它自己特有的腐化堕落。我们时代的腐化堕落恐怕不是享乐、放纵或荒淫，而毋宁说是对个人的一种放荡的泛神论式的蔑视。在我们为现时代和 19 世纪的成就而感到欢欣雀跃之中，可以听到一种糟糕的蔑视个人的音调；在当今一代人的妄自尊大中，显露出一种对做一个人的失望之感。每个事物都必须有所依附使自己成为某个运动的一部分；人们被注定要在事物的总体中、在世界历史中丧失自己，被一种具有魔力的巫术弄得神魂颠倒和受骗上当；没有人

---

① 黑格尔：《法哲学原理》，范扬、张企泰译，商务印书馆 1961 年版，第 354 页。
② 黑格尔：《历史哲学》，王造时译，生活·读书·新知三联书店 1956 年版，第 72 页。

想要去做一个个人。"① 为什么会发生这样的情况呢？因为人们害怕，如果成为一个特殊存在的人，自己就会消失得无影无踪。正如沙漠里的旅行者由于害怕强盗和野兽而要参加大的旅行团队一样，当今一代的个人对存在感到恐惧，因为这是被上帝所遗弃的；只有在大群人中间，他们才敢生活下去，而他们为了要感到自己有某种分量就互相集合成群。每个人都试着把自己的一点儿存在尽可能快地与时代确立关系，这样来安慰他自己。但这是毫无用处的，只不过是一种高的、更加闪闪发光的幻想而已。② 克尔凯郭尔指责黑格尔哲学应该为制造这样的幻想负责，但这不会有什么好的结果。他说，把做一个个人这件事取消之后，每个思辨哲学家都把他自己和整个人类混为一谈，借此他就成为无限伟大的东西，但同时也就成为什么都不是了。他讽刺地指出，当一个人发现每个街头流浪儿都可以自称"我们"时，就终究能领悟到做一个特殊的个人是更有意义的事。而当一个人发现每个住地下室的平民都能玩充当全人类的游戏时，他就终于认识到单纯地和简单地做一个人是比用这种方式玩社会游戏更有意义的事。当一个住地下室的平民玩这种游戏时，大家都会觉得可笑；然而世界上最伟大的人玩这种游戏也同样是可笑的。③ 克尔凯郭尔这里所说的那个"最伟大的人"是暗指黑格尔，他在谈到人们有充分的理由嘲笑黑格尔时也没有忘记指出，对黑格尔的才能和学问应该予以公正的和适当的尊敬。

在克尔凯郭尔看来，由黑格尔主义所造成的时代谬误之一就在于过分夸大了对世界历史的哲学沉思，使个人湮没在群众之中，沦为世界理性、普遍精神的玩偶和工具。在世界历史过程中，个人被降低为袖手旁观的消极的观察者，完全丧失了独立自主性，没有自觉和责任感，因此这种"不正常的历史意识"阻碍了伦理的存在。他说："黑格尔哲学由于不能规定自己和存在的个人的关系，由于忽视了伦理的东西，就破坏了存在。"④ 实际上，"个人的伦理的实在是唯一的实在……对我来说，感到奇怪的是，〔黑格尔〕体系、甚至其他多数的体系都是没有提出有关伦理的问题而宣

① 克尔凯郭尔：《〈哲学片断〉一书最后的非科学性附言》，第317、318页。
② 同上。
③ 同上书，第113、275页。
④ 同上。

告完成的"①。人们嘲笑修道院生活的非现实性，却完全没有注意到黑格尔的所谓"纯思维"的非现实性，其实僧侣比思辨哲学家还高出一筹，因为僧侣虽然脱离尘世，他毕竟没有从自身抽象出去，而思辨哲学家却在世界历史的骚乱中忘记了自己。克尔凯郭尔为了个人遭到的这种蔑视而感到十分气愤，个人在"类"中丧失了自身，化为群众的一分子，可是"群众就其概念本身来说是虚妄的，因为它使个人完全不知悔悟和不负责任，或者至少是削弱了他的责任感，把他降为零数"②。黑格尔哲学强调普遍而轻视个别，它认为人只有超出自己的个别性而成为普遍的东西的一个环节才能实现其真正的本质。克尔凯郭尔则坚决反对这种看法，他认为用"类"这一范畴去指明什么是人，是一种"误解"，人类之所以区别于动物，不仅是由于他们作为一个"类"比动物优越，而且是由于他们的"人的特征"，即这个"类"之中的每个个人（而不单是杰出的个人）都比"类"更高，"因为一个人把自己和上帝相关联，远远比把自己和'类'相关联并通过'类'和上帝相关联要高得多"③。因此，他把黑格尔对普遍性、整体性的强调直率地斥之为"异教"。

克尔凯郭尔把个人这个概念称作"自己的范畴"，用来与黑格尔哲学相对抗。他要打破绝对理念的统治，走出普遍性的阴影而重新肯定个人的存在，并阐明做一个人的真正意义。他大声疾呼要求提高个人的地位，为保卫个人而斗争。这些都对黑格尔哲学形成巨大的冲击。但克尔凯郭尔所理解的个人带有强烈的个人主义色彩和宗教气息，他明白地说：人是精神。但什么是精神？精神就是自我。但什么是自我？自我就是把它自身和它的自我相联系的一种关系。一般所说的关系，是两个事物之间的关系（如灵魂和肉体的关系），这关系是作为二者的消极的统一的第三项出现的；相反地，如果这关系是它自身及其自我的关系，那么这关系就成为积极的第三项，而这也就是克尔凯郭尔心目中的自我。④ 在他看来，要是把

---

① 克尔凯郭尔：《〈哲学片断〉一书最后的非科学性附言》，第 291 页。
② 克尔凯郭尔：《观点》，第 88—89、114 页。
③ 同上。
④ 参阅克尔凯郭尔《致命的痼疾》，《恐惧与战栗和致命的痼疾》合订英译本，1969 年版，第 146 页。

人看作无限与有限、现世与永恒、自由与必然的结合，那么这种结合仍是两个因素之间的关系，这样去理解的人还不是自我，只有单单和自身发生关系的自我，才是真正的自我。每一个存在的个人都是这样的自我，为什么个人具有不可替代的特殊性和唯一性，其根本原因就在于此。不过克尔凯郭尔认为，存在的个人还是要面向上帝，但个人最高的自我实现不是像黑格尔所说的那样通过普遍思维的发展达到绝对自我认识，而在于个人和上帝的直接关联之中。由此也可以看出，他是从什么立场出发去批判黑格尔的。

（四）克尔凯郭尔和黑格尔的另一重大分歧是在有关认识和真理的问题上。黑格尔曾就此问题对前人的观点做过一番梳理和批评，在《小逻辑》一书中把其他一些学派的观点概括为思想对客观性的三种态度，对以往的形而上学、经验主义、批判哲学以及当时耶柯比主张的带有非理性神秘主义色彩的直接知识论，逐一进行了评论，特别是对康德作了深刻的批判。黑格尔反对认识论中的主观主义，主张真理的客观性，他说："我们这时代有一种不健康的态度，足以引起怀疑与失望，认为我们的知识只是一种主观的知识，并且误认这种主观的知识是最后的东西。但是，真正讲来，真理应是客观的，并且应是规定一切个人信念的标准，只要个人的信念不符合这标准，这信念便是错误的。"[1] 他也反对康德把思想和物自身对立起来，反对把主观与客观割裂开，而主张主客观的统一。他指出："思想的真正客观性应该是：思想不仅是我们的思想，同时又是事物的自身，或对象性的东西的本质。"[2] 显然，黑格尔的这些看法是以他的思维与存在同一论作为基础的。

与黑格尔相对抗，克尔凯郭尔提出了"真理是主观性"的命题，并以批判所谓"客观思维"、"客观性"为名把矛头指向黑格尔哲学。主观性是克尔凯郭尔谈得最多又使用得十分普遍的一个范畴，他也总是强调自己是"主观的思想家"。然而他所说的"主观"或"主观性"具有不同于一般的含义。通常所说的"主观性"，往往是指由于个人的主观原

---

[1] 黑格尔：《小逻辑》，贺麟译，商务印书馆1980年版，第77、120页。
[2] 同上。

因在观察上发生误差而造成对现实事物的不正确认识，因此"主观主义"一般是作为贬义词来使用的。人们认为，在科学地认识真理的过程中，真理是不依赖于个人而客观地存在的，而主观性则应尽可能加以避免。克尔凯郭尔说的主观性不是这个意思，他所关心的问题不是对客观真理的科学探求，而是存在的个人对待真理的伦理宗教的关系。他要解决的并非"是什么"的问题，而是"如何"的问题。在这里，问题不在于"个人是否与某个客观地真实的东西发生关系"，而是"这种关系是否是真实的关系"。他说："客观地，我们只考虑讨论的事情，主观地，我们则要注意主体及其主观性；并看到这种主观性也正就是讨论的事情。以下这一点必须时刻记住，即：主观的问题并不是关于一个客观事情的某种东西，而就是主观性本身。因为讨论的问题要求作出决定，而正如以上所表明，一切决心均内在于主观性，所以重要的是必须把一个客观事情的所有痕迹都消灭掉。"①

照克尔凯郭尔的说法，在黑格尔哲学中，"客观思维"把一切事物都转化为结果，因此真理就成为一个客体，而思维过程是离开思维着的主体而进行的。他说："客观反思的方式使主体成为偶然的东西，因此也就把存在变成了某种冷漠的东西、某种消失的东西。离开了主体，客观反思的方式引向客观真理，而当主体及其主观性成为冷漠的东西时，真理也同样成为冷漠的，而这种冷漠也正是它的客观有效性；然而一切利害关系如同一切下决断一样，都是植根于主观性的。"② 客观反思的方式导向抽象思维，导向数学和各种历史知识。克尔凯郭尔并不否认这种客观知识在科学领域内的价值，但他关心的根本不是这一类科学知识，严格地讲，他谈的也不是认识论，而是涉及个人的存在的方式。因此，他就提出所谓"主观思维"、"主观反思"同黑格尔的"客观思维"相对立。主观反思关心的不是客体，而是把注意力内在地转向主体，并希望在这种内心的紧张中去实现真理。在客观反思的进程中，客观性变成存在，主观性就消失了；反之，在主观反思中，主体的主观性成为最后的阶段，而客观性则成为消失

---

① 克尔凯郭尔：《〈哲学片断〉一书最后的非科学性附言》，第115、173页。
② 同上。

的因素。"它时刻不忘，主体是一个存在着的个人，而存在则是一个生成的过程，因此关于真理是思维与存在的同一的观念只是抽象的幻想而已。"① 客观思维所得到的知识可能是放之四海而皆准的有效，例如 2 + 2 = 4，但这种知识却与个人的存在无关，我不需要为之而斗争使它成为我的真理，尽可冷漠对待之；而主观思维则相反，它与个人的存在密切相关，正如莎士比亚笔下的哈姆雷特所说，"存在还是不存在，这是问题"，像这样的问题就只具有主观的意义。克尔凯郭尔孜孜以求的就是这种与个人的存在有关的主观真理，他在日记中说，"问题在于去寻找一种对我来说是真的真理，找到一种我能为之生和为之死的观念"②，就是这个意思。如果说黑格尔强调的是真理的普遍性和必然性，那么克尔凯郭尔所追求的则是与个人的存在相关的为我的真理。

　　克尔凯郭尔用这种观点去解释真理，提出了"真理是主观性"的著名命题。在过去的哲学史上，真理一般被理解为概念、观念和对象的一致。不同学派的哲学家们虽然对真理的看法很不一样，但他们总还是承认客观对象在真理的认识中的地位和作用的。黑格尔就把真理看作主客观统一的矛盾发展过程。克尔凯郭尔则反其道而行之，在真理问题上完全撇开客体，把真理纯粹归结为主观性。他曾对此作了充分的阐述，他说："当真理问题以一种客观的方式提出来的时候，真理是作为与认知者有关系的一个对象被客观地加以思考的。然而，思考不是集中在关系，而是集中在与认知者有关系的究竟是否是真理这一问题上。只要与主体有关系的对象是真理，那主体也就被以为是掌握了真理。相反，当真理问题被主观地提出来的时候，思考是主观地放在个人的关系的本质上；只要这种关系的方式是真的，那么即使与个人有关系的东西不是真的，个人也仍然掌握了真理。"③ 他举例说，如果有一个人生活在基督教世界，他在知识方面具有关于上帝的真实的概念，并来到尊崇真上帝的礼拜堂里，却以虚伪的精神来祈祷；而另一个人生活在盛行偶像崇拜的社团里，虽然他的眼睛看着偶

　　① 克尔凯郭尔：《〈哲学片断〉一书最后的非科学性附言》，第176页。
　　② 克尔凯郭尔：《日记》，英译本，第15页。
　　③ 克尔凯郭尔：《〈哲学片断〉一书最后的非科学性附言》，第178—180、182页。

像，却带着无限的全部激情来祈祷。那么，在这两人中谁有更多的真理呢？在克尔凯郭尔看来，显然是后者而不是前者，因为后者虽然拜的是一个偶像，却是真心向上帝祈祷，而前者则虚伪地向一个真的上帝祈祷，因此他实际上崇拜的是一个偶像。①

这样，在真理问题上克尔凯郭尔把客体的真实性就完全排除掉了。他所提出的真理的定义如下："在最富于激情的心性的占有过程中被紧紧把握住的客观不确定性就是真理，就是一个存在着的个人所能达到的最高真理。"② 在这一定义中，客观知识被搁置一旁，主体在客观上所拥有的仅仅是不确定性，但正是这一点增加了构成他的心性的那种无限的激情的紧张程度，而真理也正是"以无限的激情去选择一种客观的不确定性的冒险"。可是，既然客观的一切都如此不确定，并无规律可循，又没有任何客观的真理标准，那么要进行主观选择就只能依靠信仰。事实上，克尔凯郭尔自己也承认，他提出的真理定义和信仰是一个意思，因为"没有冒险，就没有信仰。信仰正就是个人心性的无限激情和客观不确定性之间的矛盾"③。由此也可以看出黑格尔和克尔凯郭尔之间的深刻分歧。在黑格尔看来，真理要依靠思维的发展、通过思辨才能达到；而在克尔凯郭尔那里，要达到真理就只能依靠信仰。

克尔凯郭尔指控黑格尔哲学的最严重的罪状是违反真正的基督教义，宣扬虚假的基督教真理。他指出，思辨哲学并不是说基督教是虚假的，恰恰相反，它说只有思辨哲学才能把握住基督教真理，可是实际上它对待基督教只是精于玩弄各种欺骗老实人的外交辞令，它所理解的基督教完全不同于真正的普通人所信的基督教，它所说的基督教是真理只是哲学家所理解的基督教构成基督教的真理而已。克尔凯郭尔认为，问题不在于黑格尔哲学正确与否，而在于它是如何解释基督教的，它和基督教是怎样的一种关系。黑格尔把基督教看作客观的真理，这就是问题的症结所在，因为"思辨哲学是客观的，而客观地说对存在的个人就没有真理可言"，存在的

---

① 克尔凯郭尔：《〈哲学片断〉一书最后的非科学性附言》，第 178、179—180、182 页。
② 同上。
③ 同上书，第 182 页。

个人由于他存在就不可能成为客观，相反地，基督教则是主观的；信教者内心的信仰构成了真理的永恒决心。客观上没有真理，因为关于基督教的真理（或多种真理）的一种客观知识，恰好就是非真理。

以上是克尔凯郭尔对黑格尔哲学的主要批评意见，当然此外还有一些不指名的批评涉及其他方面，实际上也把矛头指向黑格尔。他是把黑格尔作为以思辨为特征的整个德国古典哲学的代表来进行批判的。由于黑格尔主义在当时丹麦思想界居于统治地位，克尔凯郭尔对黑格尔哲学的全面的尖锐批判也就是对社会主流意识形态的严重挑战，其直接后果是导致他和丹麦基督教会发生激烈冲突，因为当时教会所宣扬的神学理论是以黑格尔学说作为理论基础的，它倾向于用理性主义精神去解释基督教义。克尔凯郭尔把这归咎于黑格尔的影响，认为这样会使基督教信仰毁于一旦。在某种意义上可以说，他晚年对教会的攻击是他批判黑格尔哲学的斗争的继续。直到生命的最后时刻，他始终是把黑格尔当做对立面。

## 三　简短的评论

从克尔凯郭尔对黑格尔哲学进行批判已经过去一个多世纪了，那么回顾这段历史，我们应对此作何评价呢？或者说，这一批判究竟有什么意义呢？

第一，从哲学史的角度去看，克尔凯郭尔对黑格尔的批判并不是促使黑格尔主义衰落的直接原因，因为在他的著作广为人知和发生影响之前，黑格尔主义早已分崩离析退出历史舞台了（后来兴起的所谓新黑格尔主义虽与黑格尔有关，却是不同于原来意义上的黑格尔主义的另一种哲学形态了）。黑格尔主义在19世纪德国及受其影响的地区的兴衰是值得研究的历史现象，有其深刻的社会原因和思想背景。黑格尔于1831年去世，但黑格尔学派的势力并未削减而反有继续扩大之势，在以后十余年内一直在思想界居于压倒一切的统治地位。虽然它一直受到外来的批评和攻击，可是无论是叔本华、特莱德仑堡或是晚年的谢林都未能动摇黑格尔学派的统治，更何况当时鲜为人知的克尔凯郭尔了。造成黑格尔主义衰落的基本原因在于该学派内部因思想分歧而发生公开分裂，在于以早期费尔巴哈、施特劳斯、鲍威尔和施蒂纳等人为代表的青年黑格尔派力图突破和超越黑格尔设立的框框，得出了和老师本人迥然不同的结论，从而颠覆了黑格尔主义统治的思想基础。但是，这绝不意味着克尔凯郭尔对黑格尔哲学的批判没有起作用。恰恰相反，在哲学史上其重要意义在于，克尔凯郭尔通过对黑格尔的批判提出了一个以突出个人存在、推崇非理性为特征的新的哲学发展方向，这对 20 世纪西方哲学和社会思想的发展产生了深远的影响。因此，雅斯贝尔斯把他和尼采并列为现时代"真正伟大思想家"不是没有理由的。

　　第二，要判断克尔凯郭尔对黑格尔哲学的批判属于什么性质，必须联系当时历史的实际情况才能看得更清楚。黑格尔去世后，黑格尔学派内部的争论和分裂是从宗教问题开始的，而且一直围绕着宗教问题而激烈地争吵。黑格尔学派成员以对宗教的不同态度，而分为左派、中派和右派，这最初是由施特劳斯借用当时法国议会里划分派别的办法提出来的。由于基督教是德国社会的既存秩序的思想支柱，因此黑格尔哲学和基督教保持什么关系是至关重要的。在这个问题上，右翼的正统派的观点是明确的，他们力图证明黑格尔哲学和基督教学说在本质上是完全一致的。例如正统派的代表人物葛歇尔认为，黑格尔主义是基督教本身的最高思辨表现，是"基督教的最高成果"，因此做一个真正的基督教徒也就是做一个黑格尔主义者。右派的另一些代表人物如兴利希和夏勒也竭力维护这种正统派观点，主张基督教信仰和哲学知识的内容同一乃是黑格尔体系的核心。站在正统派对立面的是左派或青年黑格尔派，他们强调要把黑格尔哲学作为新起点，用理性去征服世界，创造一个新世界、新时代，使世界合理化。这样就必然会和维护现状的基督教发生尖锐的矛盾和冲突，因此黑格尔左派就和对基督教的批判结下了不解之缘。处于左派和右派之间的是所谓黑格尔中派，他们对宗教采取比较缓和的妥协态度，但主张进行必要的改革。克尔凯郭尔对黑格尔学派内部的意见分歧和争论是清楚的。他不赞成任何一派的观点，他站在坚决维护基督教信仰的立场上反对正统派把基督教和黑格尔哲学相混同，同时又和反宗教信仰的左派划清界限。他强调，他的任务就是阐明怎样做一个真正的基督徒，做一个基督徒意味着什么，而依靠黑格尔的思辨哲学是不能理解宗教信仰的。他把自己和费尔巴哈作对比，说费尔巴哈这个"信魔鬼的叛徒"攻击基督教，是为了使人堕落，把他们和基督教割裂开；他自己则是"信上帝的叛徒"，他攻击信奉黑格尔主义的基督教会，是为了劝告他们成为真正的基督徒。从这里可以看出，洛维特把克尔凯郭尔看作黑格尔主义左派，以及卢卡奇把他称为"宗教无神论者"，都是缺乏足够根据的。

第三，虽然克尔凯郭尔是从一个虔诚的基督教信徒的立场出发去批判黑格尔，因而带有浓厚的宗教色彩，但这并不意味着他的批判没有任何哲学价值。实际上，他抓住了黑格尔哲学的一些根本弱点，他的某些批判可以说是相当深刻和击中要害的，只是由于他自己站在唯心主义哲学的基本立场上，尽管指出了黑格尔的缺失和错误，却无法进行纠正，更提不出对问题的正确的解答。例如，他批判黑格尔的思维与存在同一论，指责黑格尔把逻辑的东西等同于存在的东西，这确实是抓住了思辨哲学的致命弱点（即所谓"阿喀琉斯之踵"）。可是由于他对存在作了别出心裁的错误理解，把他的整个批判都弄糟了。相反，马克思和恩格斯则从唯物主义立场正确批判了青年黑格尔派所继承的这个黑格尔的错误观点，他们在《神圣家族》一书中深刻地指出，工人在现实生活中"非常痛苦地感觉到存在和思维、意识和生活之间的差别"，用"纯粹的思维"是不可能摆脱实际处境的。① 又如，克尔凯郭尔对黑格尔关于哲学的开端的看法及其整个体系的批判，本来也颇有可取之处，然而他的批判的锋芒没有触及黑格尔体系的唯心主义基础，所以总使人觉得有隔靴搔痒之感，而且有时连黑格尔的辩证法也被他当脏水连同小孩一起泼掉了。因此，总的来说，克尔凯郭尔对黑格尔的批判并不是非常成功的，根本不能和马克思主义对黑格尔的批判相提并论，不过他确实独树一帜与黑格尔哲学相抗衡，影响了以后西方哲学思想的发展。

第四，克尔凯郭尔在批判黑格尔哲学的同时，也提出了一系列新问题和新概念，丰富了哲学研究的内容，特别是他在自己的著作中广泛地涉及

---

① 参阅《马克思恩格斯全集》第 2 卷，中共中央编译局译，人民出版社 1957 年版，第 66 页。

人的各种情绪和主观心理状态，包括过去人们所忽视的一些所谓"消极性的"情绪，如畏惧、失望、苦恼、恐惧、怀疑、痛苦、绝望等，都被他提到哲学的高度来加以深入探讨。虽然他是作为一个狂热的宗教信仰者用非理性的精神去研究人的这些主观的领域，但毕竟把哲学研究的兴趣范围扩展到人的内心深处，推动了 20 世纪西方哲学的发展。正是由于他的倡导，某些概念已成为现代西方哲学家们探讨的热门主题。

# 论车尔尼雪夫斯基对黑格尔美学的批判

## ——兼论车尔尼雪夫斯基美学观点的哲学基础

## 一

俄国这位伟大的革命民主主义者曾经说过："美学观念上的不同，只是整个思想方式的哲学基础不同底结果，——这一部分也说明了斗争的残酷性——只为了一种纯粹的美学见解底分歧，就不可能变得这样残酷，何况，在本质上，敌我双方与其说是关心纯美学的问题，毋宁说主要是关心社会发展的问题……美学问题在双方看来，主要不过是一个战场，而斗争的对象却是对精神生活底一般影响。"① 任何一种美学理论都以一定的哲学体系为基础，这恐怕是很少会有人表示异议的。像历史上一切著名的美学家一样，车尔尼雪夫斯基在创立自己的美学理论时也极其忠实于他所信奉的哲学世界观。显然，确定车尔尼雪夫斯基的哲学世界观的性质，对了解他的美学思想的本质具有决定性的作用。也只有弄清楚这个问题之后，才能正确地理解他对黑格尔美学的批判的历史意义。

由于当时沙皇俄国实行严格的书报检查制度，车尔尼雪夫斯基往往不得不用伊索寓言式的语言来表达自己的思想。这位俄国的普罗米修斯虽然有足够的勇气为了自己的信念而承担苦难，在西伯利亚的苦役场和流放所历尽艰辛困苦，表现了一个伟大革命者的崇高品质，可是在他生前发表的著作中却只得用曲笔来暗示他所信奉的哲学学说，这就为后世的研究者制

① 《果戈理时期俄国文学概观》，《车尔尼雪夫斯基选集》上卷，生活·读书·新知三联书店1958年版，第167页。

造了一些麻烦。

但是，不管怎样，如果我们能够以实事求是的科学态度去阅读车尔尼雪夫斯基的著作，特别是注意到他生前没有机会发表的某些文章和书信，那么上面这个问题也是不难解决的。车尔尼雪夫斯基关于自己哲学思想的来源虽然谈得不多，却谈得十分清楚明确，使人不可能发生任何的怀疑和误解。

我们认为，要判定一个哲学家的哲学信仰，应该根据他的著作，并考虑到他本人的有关陈述。尤其是像车尔尼雪夫斯基那样的伟大思想家，对自己的哲学思想渊源是有清楚的了解的。因此，我们打算在这里从他的著作中引证一些材料，这虽然可能显得烦琐，却很有必要，因为在研究任何问题时，第一手材料总是最可靠的依据。在这里首先应该强调尊重历史事实，绝不能为了与学术不相干的其他目的而乱下结论。

车尔尼雪夫斯基曾经在著作里多次暗示过自己心目中的哲学导师，其中有几次是说得再明显不过的。例如，他在《论战之花》一文中明白地告诉自己的论敌杜德希金说，他所赞同的哲学体系"组成一系列哲学体系中的最后一个环节"，它"发源于黑格尔的体系，正像黑格尔的体系发源于谢林的体系一样"。但是，他觉得像杜德希金那样愚蠢的人未必已经弄清楚他的意思，因此又继续写道："但也许您还是没有把事情弄清楚吧？大概，您要想知道我所说的这位老师是谁吧？或许，为了使您便于寻找起见，我要告诉您，他不是俄国人，不是法国人，不是英国人，不是毕希纳，不是麦克斯·施蒂纳，不是布鲁诺·鲍威尔，不是摩莱肖特，也不是伏格特，——那么他是谁呢？"① 从这里，我们可以看得很清楚，车尔尼雪夫斯基说的是费尔巴哈。《论战之花》是车尔尼雪夫斯基为了回击《祖国纪事》等保守刊物对他的哲学论文《哲学中的人本主义原理》的攻讦而写的，而他的这篇哲学论文的内容也完全说明他是费尔巴哈哲学的信奉者，当时"人本主义"作为一种哲学学说正是由费尔巴哈所提出的。

当时在俄国，费尔巴哈哲学被反动当局看作洪水猛兽，连他的名字都不准在刊物上提到，因此车尔尼雪夫斯基不可能坦率地指出费尔巴哈是他的哲学导师。但是当他被流放到西伯利亚之后，他在给儿子们的信中就解除了这

---

① 《车尔尼雪夫斯基哲学著作选集》第3卷，1950年俄文版，第423页。着重点是笔者加的。

种顾虑。他在 1877 年 4 月 11 日的信中这样写道："你们若是愿意对什么是（照我的意见的）人类的天性有一个概念时，那你们可以从本世纪唯一的思想家那里知道这一点，因为他有一些对事物完全正确（据我的看法）的概念。这位思想家就是路德维希·费尔巴哈。可是我已有十五年没有重读他的著作了。在十五年之前即已无暇去多读他的著作，而我所读过的现在也几乎全部忘记了。但我在青年时代是能对他的著作整页整页地背诵的。根据我对他的已逐渐衰退的记忆，可以断定我是他的忠实信徒。"① 值得注意的是，即使在那时车尔尼雪夫斯基还认为费尔巴哈的思想并没有过时，因为在他看来，费尔巴哈在所有哲学家中间是"无可比拟的最好的一个"。

可是，使我们最感兴趣的是车尔尼雪夫斯基在逝世前一年（1888 年）所写的《艺术与现实的美学关系》第三版序言。在这篇序言中，他极其详尽地说明了他自己的美学思想和费尔巴哈哲学的关系，并且十分明确地承认自己是费尔巴哈的门生。车尔尼雪夫斯基先描述了他在青年时代怎样开始醉心于黑格尔哲学而很快又感到失望的经历，在失望中，费尔巴哈的主要著作之一偶然落到了他的手里②，于是他成了这位思想家的追随者；他勤勉地再三阅读费尔巴哈的著作，一直到生活上的需要使他不能潜心于科学研究工作的时候。

约莫在开始认识费尔巴哈之后六年，作者由于生活上的需要写了一篇学术论文。他感到，他可以应用费尔巴哈的基本思想来解决知识领域内某些未经他的宗师探讨的问题。

作者需要写的这篇论文的主题是关涉文学的。他想用他觉得是从费尔巴哈的思想中得出的结论来解释那些关于艺术、特别是诗歌的概念，以满足这个要求。这样，我正在给它写序的这本小书，就是一个应用费尔巴哈的思想来解决美学的基本问题的尝试。

"作者绝不自以为说出了什么属于他个人的新的意见。他只希望做一

---

① 《车尔尼雪夫斯基选集》下卷，生活·读书·新知三联书店 1959 年版，第 473 页。着重点是笔者加的。

② 根据车尔尼雪夫斯基的日记，他第一次阅读费尔巴哈的著作是在 1849 年，当时彼得拉舍夫斯基小组的参加者哈内柯夫介绍他阅读了费尔巴哈的《基督教的本质》一书，这本书对他造成了强烈的影响。

个应用在美学上的费尔巴哈思想的解说者。"①

在这篇序言结尾，车尔尼雪夫斯基又一次强调，他只是"用俄文重述费尔巴哈的若干思想"，而"只有那些涉及专门的美学问题的局部思想才是作者自己的。这本小册子里一切具有更广泛的性质的思想都属于费尔巴哈。作者忠实地重述了这些思想，并且在俄国文学界的情况所允许的范围内接近了费尔巴哈对这些思想的阐述"②。

大家知道，车尔尼雪夫斯基是一个十分谦逊的人，因此他把自己的功绩估计过低是理所当然的。但是我们应当注意的是费尔巴哈哲学在他心目中的地位。他认为费尔巴哈的体系"具有纯粹的科学性质"，而且"直到目前，关于所谓引入探讨的基本问题的科学概念的最好解说，仍然是费尔巴哈的解说"③。他从来没有提到过（哪怕暗示过）费尔巴哈的缺陷，更没有谈到有扬弃或批判费尔巴哈（哪怕在个别问题上）的必要。甚至在他读了马克思的《资本论》④以后，他对费尔巴哈哲学的信仰也没有动摇，直到自己临终时还仍然把费尔巴哈学说看作哲学思想发展的最新成就。

从上面这些材料，我们只能得出这样的结论：在哲学上，车尔尼雪夫斯基是费尔巴哈的忠实信徒，费尔巴哈学说就是他的美学思想的哲学基础。

在苏联一直有一种流行的看法，认为费尔巴哈对车尔尼雪夫斯基的影响是存在的，但它始终只占次要地位，因为车尔尼雪夫斯基的哲学世界观的来源不是费尔巴哈，而是俄国革命民主主义者赫尔岑和别林斯基。这种看法硬把以赫尔岑、别林斯基和车尔尼雪夫斯基为代表的俄国革命民主派的哲学，毫无根据地说成是已经超越了费尔巴哈阶段的唯物主义哲学发展的"更高阶段"。

赫尔岑和别林斯基对车尔尼雪夫斯基的思想确实有很大的影响，这是

---

① 《车尔尼雪夫斯基选集》上卷，生活·读书·新知三联书店1958年版，第135页。着重点是笔者加的。

② 同上书，第141页。

③ 同上书，第139、140页。

④ 1872年车尔尼雪夫斯基在西伯利亚收到了家里寄来的一批书，其中有《资本论》，这批书的清单发表在他1872年9月30日的家信的注释中（参阅《车尔尼雪夫斯基全集》第14卷，1949年俄文版，第843—844页）。

谁也不能否认的。但是，承认赫尔岑和别林斯基的影响，这并不能推翻车尔尼雪夫斯基基本上是费尔巴哈哲学的信徒这一论断。

首先，车尔尼雪夫斯基认为，在德国和俄国，哲学思想经历了同样的发展过程，即从抽象的科学过渡到生活的科学的过程。在他看来，赫尔岑和别林斯基的思想发展道路是和费尔巴哈完全一致的，都是从开始醉心于黑格尔哲学，转而对黑格尔哲学采取批判态度，而费尔巴哈则是他所谓新哲学的最大代表者，因此他信奉费尔巴哈哲学和他接受本国哲学遗产是毫无矛盾的。关于这一点，他在《果戈理时期俄国文学概观》第六篇里作了极其清楚的说明。

其次，既然他认为俄国革命民主主义者和费尔巴哈走的是同一条道路，那么去争论究竟是谁对他的影响更大的问题就没有多大意义了。但如果一定要提出这个问题的话，我们倒有一个材料很可以说明问题。在杜勃罗留波夫逝世后，有人发表了一篇文章，说杜勃罗留波夫是车尔尼雪夫斯基的学生。车尔尼雪夫斯基立刻在 1862 年 2 月号《同时代人》杂志上发表了一封信，在信里他一方面坚决否认自己是杜勃罗留波夫的老师（这当然是出于他的谦逊），另一方面也指出了当时外国的进步思想家的著作对俄国革命青年来说甚至具有更大的意义。他说："如果有才华的俄国人在决定自己发展的年代里阅读我们共同的西方伟大导师们的书籍，那么，用俄文写成的书籍和文章虽然可能使他喜爱，可能使他赞赏（正如杜勃罗留波夫在当时也曾赞赏过某些用俄文写成的作品），但无论如何，对他来说，用俄文写成的书籍和文章都不能成为他由读书汲取的那些知识和概念的最重要来源。"① 话说得不能再清楚了。加上前面已经引证过的《论战之花》中的一段话（即暗示他的老师是德国人），他的哲学思想的最重要来源究竟是什么，就不言自明了。

把车尔尼雪夫斯基看作费尔巴哈哲学的信徒，这种看法一点也不新鲜。早在车尔尼雪夫斯基逝世后翌年，即 1890 年，普列汉诺夫就在发表于国外出版的《社会民主党人》杂志上的《尼·加·车尔尼雪夫斯基》

---

① 《致谢。给 3—H 先生的信》，《车尔尼雪夫斯基全集》第 10 卷，俄文版，第 118 页。着重点是笔者加的。

一文中，公开指出车尔尼雪夫斯基是费尔巴哈哲学的信奉者①，以后他又在论车尔尼雪夫斯基的许多著作中屡次提出这个见解，并作了详细的论证。② 在他看来，车尔尼雪夫斯基和费尔巴哈属于同一学派，他们两人的哲学，只有量的区别，而没有质的不同。值得我们注意的是，普列汉诺夫最初提出这种见解时，并没有看到车尔尼雪夫斯基本人直接谈到费尔巴哈的材料（前面我们所引的《艺术与现实的美学关系》第三版序言发表于1906年，车尔尼雪夫斯基的西伯利亚通信集则发表于1912年），但他却得出了和车尔尼雪夫斯基本人的陈述完全一致的结论。

把车尔尼雪夫斯基看作费尔巴哈哲学的信徒，这也不只是普列汉诺夫一人的看法。列宁虽然没有详细谈论过车尔尼雪夫斯基和费尔巴哈的关系，但他在《唯物主义和经验批判主义》一书中，明确地把车尔尼雪夫斯基叫做"费尔巴哈的学生"，并且指出："早在上一世纪50年代，车尔尼雪夫斯基就作为费尔巴哈的信徒出现在俄国文坛上了，可是俄国的书报检察机关甚至连费尔巴哈的名字也不许他提到。"③ 在《哲学笔记》里，列宁也曾经把费尔巴哈和车尔尼雪夫斯基并列为"人本主义原理"的拥护者而加以批判。④ 列宁还仔细地读过普列汉诺夫论车尔尼雪夫斯基的著作，作了批注，并且指出了普列汉诺夫的不少错误，但是对他把车尔尼雪夫斯基看作费尔巴哈的追随者这一点，却丝毫没有表示不同意见⑤，难道这是偶然的吗？

在当时的马克思主义者中间，反对普列汉诺夫对于车尔尼雪夫斯基的评价最有力的恐怕要算卢那察尔斯基。可是，尽管卢那察尔斯基在一系列问题上批驳了普列汉诺夫，然而在上述这个问题上却认为普列汉诺夫是"绝对正确的"，说"普列汉诺夫确实判明了车尔尼雪夫斯基是一个真正

① 参阅《普列汉诺夫哲学著作选集》第4卷，1958年俄文版，第78页。

② 关于这一点，可参阅普列汉诺夫的《车尔尼雪夫斯基的美学理论》（1897年）、《尼·加·车尔尼雪夫斯基》（1909年）、《车尔尼雪夫斯基在西伯利亚》（1913年）等著作（见《普列汉诺夫哲学著作选集》第5卷，1958年俄文版，第251—252页；同上书，第4卷，1958年俄文版，第230—235、403—404页）。

③《列宁全集》第14卷，人民出版社1958年版，第380页。

④《列宁全集》第38卷，人民出版社1959年版，第78页。

⑤ 同上书，第581页。

的、坚定不移的费尔巴哈式的唯物主义者"①。

　　普列汉诺夫对车尔尼雪夫斯基的评价并不完全正确，他的某些看法甚至带有原则性的错误，特别是他在成为孟什维克以后犯了严重的错误，但他的错误并不在于把车尔尼雪夫斯基列入费尔巴哈学派。在这一点上，他是没有什么过失的。

　　应该指出，我们同意普列汉诺夫的主张，把费尔巴哈学说看作车尔尼雪夫斯基美学思想的哲学基础，丝毫也没有贬低这位伟大俄国思想家的意思。车尔尼雪夫斯基不是一个二流的模仿者，而是一个创造性的思想家。他绝不是奴隶式地抄袭费尔巴哈，而是在当时俄国的条件下，特别是在某些特殊的领域里（最重要的当然是美学），独立地、创造性地发展了费尔巴哈的一些基本思想，尤其是他把费尔巴哈的人本主义哲学和农民革命的思想结合起来，从而得出了费尔巴哈本人所没有达到的革命结论。他的思想水平，毫不逊色于费尔巴哈，但就其世界观的基本特征来说，毕竟是属于马克思主义以前唯物主义史上的费尔巴哈阶段，尽管在我们心目中，他无疑比费尔巴哈占有更崇高的地位。闭眼不顾事实，把车尔尼雪夫斯基哲学硬说成是比费尔巴哈哲学更高的阶段，这种思想是和严格的科学态度毫无共同之点的。

　　上面我们花了许多笔墨来谈车尔尼雪夫斯基和费尔巴哈的关系，目的在于弄清楚车尔尼雪夫斯基究竟是从什么立场出发对黑格尔美学进行批判的。我们的基本看法是：车尔尼雪夫斯基对黑格尔美学的批判，在性质上是和费尔巴哈对一般黑格尔哲学的批判相一致的。我们希望，在下面具体分析车尔尼雪夫斯基对黑格尔美学的批判时，将能证实我们的这个看法。

## 二

　　大家知道，车尔尼雪夫斯基和他的先驱者别林斯基不同。别林斯基在自己的文学活动初期曾醉心于谢林哲学，后来则一度成为一个彻底的黑格

---

①　卢那察尔斯基：《用现代眼光看车尔尼雪夫斯基的伦理学与美学》，《论俄罗斯古典作家》，人民文学出版社1958年版，第108页。

尔主义者。他摆脱黑格尔的影响并转而对黑格尔采取批判态度，曾经经历了一个相当艰巨的痛苦摸索和自我批判的过程。但对车尔尼雪夫斯基来说，他所处的历史地位就比别林斯基优越得多，他的文学活动几乎就是从批判黑格尔开始的。普列汉诺夫认为，车尔尼雪夫斯基的文学艺术观点乃是别林斯基在晚年所达到的那些观点的进一步发展。这个看法无疑是完全正确的。

车尔尼雪夫斯基的第一篇重要的美学著作是他的学位论文《艺术与现实的美学关系》。在这篇论文里，他提出了一个全新的美学纲领，可以说，他以后的美学著作都无非是这篇论文的基本思想的进一步发挥或补充。因此，我们应当把主要注意力放在这篇学位论文上。

车尔尼雪夫斯基在建立自己的新的美学体系时，面临着重大的批判任务。如果不推翻以往美学领域内占统治地位的旧的美学观点，就无法为新的美学观点开辟道路。当时，黑格尔哲学已成强弩之末，但是尽管黑格尔在哲学方面的独占统治已经瓦解，然而在某些具体领域内，黑格尔的影响仍然十分巨大。尤其是在美学领域内，黑格尔的统治地位甚至还丝毫没有发生动摇。年轻的车尔尼雪夫斯基刚踏进文坛就不得不同黑格尔那样强大的敌手交锋，他的学位论文在某种意义上就是为了批判黑格尔美学而写的。这使我们想起费尔巴哈的一句话："黑格尔哲学是近代哲学的完成。因此新哲学的历史必然性及其存在理由，主要是与对黑格尔的批判有联系的。"① 如果把其中的"哲学"两字换成"美学"，那么这个论断是完全适用于车尔尼雪夫斯基的。

车尔尼雪夫斯基虽然把黑格尔美学作为对立面，但他在批判黑格尔的时候，有时并不指出黑格尔的名字，而往往以当时的一个黑格尔主义者斐希尔作为批判的对象。例如在他的学位论文的初版中就没有公开提到黑格尔（在他逝世后出版的版本中，补入了许多以前删去的片断，在这些片断里很多次提到了黑格尔），用他的话来说，黑格尔"这个名字那时在俄文中也是不便使用的一个"。很可能，当时的一些不学无术的冒牌学者并没

---

① 《未来哲学原理》，《费尔巴哈哲学著作选集》上卷，生活·读书·新知三联书店 1959 年版，第 147 页。

有立刻从他的学位论文中看出他对黑格尔的批判态度，正如他在 1853 年
9 月 21 日写给他父亲的信里所说："可以秘密地告诉你，这里的文学教授
先生们完全没有研究过我为自己的学位论文所选择的题目，因此他们未必
能看出我的思想和目前关于美学问题的理解方式有什么关系。他们甚至以
为我是我所驳斥的那些哲学家的信徒，假如我不明显地说出这一点的话。
因此，如果我不是被迫坦率地说明这一点，我并不认为这里的人会懂得我
所分析的那些问题究竟多么重要。"① 但是，无论如何，我们今天看来，他
对黑格尔美学的批判态度是足够明显的，问题仅在于应当对他的批判作怎
样的评价。

　　我们在讨论车尔尼雪夫斯基对黑格尔美学的批判之前，应当先看一下
他对一般黑格尔哲学的态度。在《果戈理时期俄国文学概观》中，我们可
以读到这样的一段话："黑格尔的原则是非常有力、非常宽广的，可是结
论却狭窄而渺小：不管他的天才的所有巨大瑰玮，这位伟大的思想家却只
有力量说出普遍的观念，但是要不屈不挠坚持这些原理，从这些原理逻辑
地发展出一切必然的结果来的力量，却还不够。他预见到了真理，但却只
是在最普遍、最抽象、最模糊的轮廓中看到的；面对面看见真理，这已经
是下一代人的份了。而且，他不仅不能根据他的原则做出结论——就是原
则本身，他也没有完全都了然于胸，在他还是模糊不清的。"②

　　因此，在车尔尼雪夫斯基看来，黑格尔哲学的基本矛盾是原则和结论
之间的矛盾，正因为存在着这样的矛盾，所以人们就不可能长时期满足于
他的褊狭的结论，而必然要否定他的体系。但是，车尔尼雪夫斯基始终对
黑格尔哲学抱着深挚的敬意，承认黑格尔哲学是通往真理的道路上的一个
必然的过渡环节。他对黑格尔美学所采取的态度，也同样如此。

　　车尔尼雪夫斯基对黑格尔美学的批判从美的定义开始。他认为黑格尔
的定义完全是从黑格尔的哲学体系中引申出来的，因此根本不能令人满
意，而必然要随同体系一起崩溃，但即使黑格尔的定义和整个体系分开，
单独来看，也仍然是经不起批评的。

---

① 《车尔尼雪夫斯基全集》第 14 卷，1949 年俄文版，第 242 页。
② 《车尔尼雪夫斯基选集》上卷，生活・读书・新知三联书店 1958 年版，第 419 页。

　　根据黑格尔的客观唯心主义学说，整个世界的发展都只是绝对理念或世界精神的自己发展的过程。理念、精神是绝对的第一性，它在自己的发展中外化为自然界，然后又在人的精神发展中重新认识自己，从而回复到自身。美是理念发展过程中的一个阶段，因此美就是理念。美作为理念是先于自然界的，它表现为一般的美的概念。黑格尔写道："一切存在的东西只有在作为理念的一种存在时，才有真实性。因为只有理念才是真正实在的东西。这就是说，现象之所以真实，并不由于它有内在的或外在的客观存在，并不是由于它一般是实在的东西，而是由于这种实在是符合概念的。只有在实在符合概念时，客观存在才有现实性和真实性。"① 理念要在外界实现自己。当真实的东西直接呈现于意识，并且它的概念和它的外在现象直接取得统一的时候，理念就不仅是真的，而且是美的了。因此黑格尔给美下了这样的定义："美就是理念的感性显现。"②

　　在车尔尼雪夫斯基看来，黑格尔把美看作理念在个别事物上的显现，是不能自圆其说的。他认为，黑格尔主张，"一件事物如果能够完全表现出该事物的观念来，它就是美的"，这一说法如果翻译成普通的语言，就是说：凡是出类拔萃的东西，在同类中无与伦比的东西，就是美的。他从两方面来反驳黑格尔的这个看法。首先，他指出，一切美的事物都是出类拔萃的事物，这固然是对的，可是并不是一切出类拔萃的事物都是美的。为什么呢？因为并不是一切种类的事物都美，例如田鼠、大多数两栖类、许多鱼类，甚至许多鸟类都是不美的，这些种类中的动物愈是出类拔萃，从审美的观点看来就愈丑。因此，黑格尔的美的定义仅仅说明了在可以达到美的那些种类的事物和现象中，出类拔萃的才是美的，却完全没有说明为什么某些种类的事物和现象可以是美的，而另一些种类的事物和现象则一点也不美。其次，车尔尼雪夫斯基指责黑格尔的定义过于狭隘，因为这个定义抹杀了同一类事物和现象的美的多样性，而要求一个美的东西兼有同一种类的东西的一切优点。但是，这种要求最多只能适用于某些自然领域（例如某些植物），而不适用于动物界，尤其不适用于人类，因为在人

　　① 《美学》第1卷，人民文学出版社1958年版，第137页。
　　② 同上书，第138页。

身上美的典型的多样性特别显著，"我们简直不能设想人类美的一切色调都凝聚在一个人身上"①。

车尔尼雪夫斯基也不同意"美是理念和形象的一致"这个说法。在他看来，黑格尔的这种看法只是说出了艺术作品的美的观念的特征，而不是一般的美的观念的特征。这个要求对一个艺术家来说是合理的，因为只有当他在自己的作品里表达出他所要表达的一切时，他的作品才是真正美的。但是，"美丽地描绘一副面孔"和"描绘一幅美丽的面孔"，毕竟是截然不同的事。理念和形象的一致，只能适用于艺术品（即"美丽地描绘一副面孔"），但不能适用于美的自然对象（即"美丽的面孔"）。因此，车尔尼雪夫斯基指出，黑格尔的定义所注意的"不是活生生的自然美，而是美的艺术作品，在这个定义里，已经包含了通常视艺术美胜于活生生的现实中的美的那种美学倾向的萌芽或结果"②。

当然，车尔尼雪夫斯基并没有全盘否定黑格尔的定义的价值。他认为其中也含有正确的方面，即：美是在个别的、活生生的事物，而不在抽象的思想。车尔尼雪夫斯基之所以有这种想法，也许是由于黑格尔对柏拉图的批评。黑格尔批评柏拉图的美的理念是空洞无内容的抽象③，反对和个别相割裂的普遍，而主张理念是所谓"具体的共相"。车尔尼雪夫斯基说，黑格尔认为美不在抽象的思想，这是正确的。但黑格尔是否认为美是在个别的，活生生的事物呢？这就大可怀疑了。更确切一点，应该说，黑格尔认为美在于个别的、活生生的事物和思想的结合，也就在于主客观的统一。

为了和黑格尔的定义相对抗，车尔尼雪夫斯基提出了他自己的美的定义，这个定义曾经被普列汉诺夫称为"天才的发现"。

车尔尼雪夫斯基认为，正确的美的定义应该是："美是生活"；更具体地说："任何事物，凡是我们在那里面看得见依照我们的理解应当如此的生活，那就是美的；任何东西，凡是显示出生活或使我们想起生活的，那

---

① 《艺术与现实的美学关系》，《车尔尼雪夫斯基选集》上卷，生活·读书·新知三联书店1958年版，第4—5页。

② 同上书，第5页。

③ 《美学》第1卷，人民文学出版社1958年版，第25—26页。

就是美的。"①

那么，车尔尼雪夫斯基是怎样得出这个定义的呢？他说，美的事物在我们心中所唤起的感觉是一种愉悦之情。我们无私地爱美，欣赏美，喜欢它，就像喜欢我们亲爱的人一样。因此，美包含着一种可爱的、为我们的心所宝贵的东西，这种东西必须是最多样化的、最富于一般性的东西。可是，"在人觉得可爱的一切东西中最有一般性的，他觉得世界上最可爱的，就是生活；首先是他所愿意过他所喜欢的那种生活"②。

车尔尼雪夫斯基的定义确实是和黑格尔的定义根本对立的。根据黑格尔的看法，美既然是理念的感性显现，因此美实际上是理念加于现实的一种幻象，在现实中没有真正的美。美不属于客观世界本身，相反地，客观世界倒只是理念借以表现其自身为美的一种感性的手段。而在车尔尼雪夫斯基看来，美的理念根本就是不存在的，真正的最高的美正是人在现实世界中所遇到的美。换言之，美属于客观的现实生活本身，事物和现象之所以美，只因为美本来就客观地存在于现实界的事物和现象之中。所以他说："生活本身就是美"，"生活就是美的本质"③。

很明显，车尔尼雪夫斯基和黑格尔在美的定义上的根本分歧，反映了美学中的两条基本路线，即唯物主义路线和唯心主义路线的对立。实际上，这个美学的对立只不过是范围更大的哲学斗争的一个组成部分。

如果我们把车尔尼雪夫斯基对黑格尔美学的批判同费尔巴哈对黑格尔哲学的批判作一对比，那么就可以发现一些很令人感兴趣的内在联系。费尔巴哈对黑格尔的主要指责之一，就是批评黑格尔的体系从抽象的共相开始，而不从现实的存在开始。他这样写道："黑格尔是从存在开始，也就是说，是从存在的概念或抽象的存在开始。为什么我就不能从存在本身，亦即从现实的存在开始呢？"④ 费尔巴哈坚定地站在唯物主义立场上，反对

① 《艺术与现实的美学关系》，《车尔尼雪夫斯基选集》上卷，生活·读书·新知三联书店1958年版，第6页。
② 同上。
③ 车尔尼雪夫斯基：《美学论文选》，人民文学出版社1957年版，第64页。
④ 《黑格尔哲学批判》，《费尔巴哈哲学著作选集》上卷，生活·读书·新知三联书店1959年版，第51页。

黑格尔认为理念先于自然界的唯心主义神秘观点，而捍卫了物质第一性的原理。在他看来，"感性的、个别的存在的实在性，对于我们来说，是一个用我们的鲜血来打图章担保的真理"①。正是从这种观点出发，费尔巴哈尖锐地批判了黑格尔的整个哲学体系。

费尔巴哈企图为自己的哲学寻找新的基础，在《未来哲学原理》中有这样一节很有代表性的话："新哲学建立在爱的真理上，感觉的真理上。在爱中，在一般感觉中——人人都承认新哲学的真理。新哲学的基础，本身就不是别的东西，只是提高了的感觉实体——新哲学只是在理性中和用理性来肯定每一个人——现实的人——在心中承认的东西。新哲学是转变为理智的心情。心情不要任何抽象的，任何形而上学的，任何神学的对象和实体，它要实在的，感性的对象和实体。"②

费尔巴哈不仅推崇实在的、感性的东西，而且他也把生活置于一切之上。他说："真理并不存在于思维之内，并不存在于自为的认识之内。真理只是人的生活和本质的总体。"③

我们认为，上面所引证的费尔巴哈的这些思想，足以清楚地说明车尔尼雪夫斯基的美的定义的哲学根源。车尔尼雪夫斯基也同样对黑格尔的抽象思辨感到不满，而力求把实在的、感性的对象作为自己的美学的出发点。而且他也像费尔巴哈一样，把理论建立在"爱的真理"（爱生活，爱美）上，用理性来肯定"在心中承认的东西"，并把人的现实生活看作最高的真理。

费尔巴哈用感性的直观来反对黑格尔的思辨的理性，这一点也贯彻在车尔尼雪夫斯基的美学中。在黑格尔看来，"知性（Verstand）是不可能掌握美的……知性总是困在有限的，片面的，不真实的事物里。美本身却是无限的，自由的"④。这就是说，只有靠理性（Vernunft）才能把握美的意义。但在车尔尼雪夫斯基看来，人们爱生活、爱美，是出于人的正常的本

①　《黑格尔哲学批判》，《费尔巴哈哲学著作选集》上卷，生活·读书·新知三联书店 1959 年版，第 68 页。
②　同上书，第 168 页。
③　《未来哲学原理》，《费尔巴哈哲学著作选集》上卷，第 185 页。
④　《美学》第 1 卷，人民文学出版社 1958 年版，第 138—139 页。

性，而不是出于理性的思考，美只具有感性的特征，单凭感性就可以把握住它。黑格尔和车尔尼雪夫斯基的这一分歧，也同样是两种根本不同的哲学世界观的对立在美学中的反映。

现在大家都知道，车尔尼雪夫斯基的"美是生活"这个定义在美学史上起了多么伟大的作用，它确实沉重地打击了当时占统治地位的黑格尔美学体系，使美学理论脱离了传统的抽象思辨，而回到生动的现实生活的基础上来。车尔尼雪夫斯基的这个历史功绩，是谁也抹杀不了的。但是，我们除了肯定他的这个定义的历史意义以外，也应当指出在他的美的定义中包含着他本人所无法解决的一些矛盾，而他之所以不可能解决这些矛盾，归根结底是由于他所信奉的人本主义哲学本身的局限性。

首先，在车尔尼雪夫斯基看来，一方面，现实中的美是客观的，它自身就是美的；但在另一方面，则只有我们觉得可爱的东西，只有符合我们的生活理想，即只有我们在其中看到"依照我们的理解应当如此的生活"的东西，才是美的。这样说来，一个对象之所以美，又不仅是由于它自身，而是由于它符合我们的概念。车尔尼雪夫斯基没有解决这个矛盾，他甚至没有注意到这个矛盾的存在。这也是很自然的。马克思主义以前的一切唯物主义者的共同特征之一，就是不善于解释客体和主体之间的真正联系，不能理解客体和主体的相互关系的辩证法。

正由于车尔尼雪夫斯基的美的定义中包含着这个没有解决的矛盾，所以有时竟然会出人意料地被人解释成极其浅薄的唯心主义理论。尤其应当注意的是，做这种解释的人不是二流的平庸之辈，而是像皮萨列夫那样的杰出的理论家。

在皮萨列夫看来，车尔尼雪夫斯基的美的定义证明了美学这门科学是不可能存在的。他在《美学的毁灭》一文中这样写道："美学或关于美的科学，只有在美具有不以无限多样化的个人趣味为转移的独立意义的情况下，才有合理的存在权利。假如美只是我们所喜爱的东西，假如由于这个缘故，所有关于美的形形色色的概念原来都是同样合理的，那么美学就化为灰烬了。每一个人都建立他自己的美学，因此，把各种个人趣味强制地统一起来的那种普遍的美学，是不可能存在的。《艺术与现实的美学关系》的作者正是要把自己的读者引向这个结论，虽然他并没有十分坦白地说出这个结论。"① 因此，皮萨列夫认为，车尔尼雪夫斯基的学位论文之所以要以美学作为讨论题目，"只是为了要彻底消灭美学，并使那些被研究哲学的、不劳而食的庸人所愚弄的人永远清醒过来"②。

毫无疑问，这是对车尔尼雪夫斯基的美的定义的一种极其片面的解释，甚至可以说是一幅讽刺画。但这幅讽刺画的作者却真诚地相信他在捍卫车尔尼雪夫斯基的遗产呢！当然，我们绝不是要车尔尼雪夫斯基为皮萨列夫所犯的错误负责，不过车尔尼雪夫斯基的定义也确实有我们在前面所说的那种弱点，给唯心主义以可乘之机。

其次，更重要的是，车尔尼雪夫斯基不能科学地解释他的定义中的"生活"的概念。他已经看出，社会中经济地位不同的阶级（他称之为"等级"）具有不同的生活概念，从而也就具有不同的美的概念。例如农民和贵族的生活概念大不相同，因此他们关于美女的概念也大不相同：农村妇女的美的特征无不表现着强健的体魄和均衡的体格，而这永远是生活富足而又经常地、但并不过度地劳动的结果；上流社会的妇女的美的特征却是纤细的手足、病态、柔弱、委顿、慵倦，而这些是脱离体力劳动，百无聊赖，寻求"强烈的感觉、激动、热情"的寄生虫生活的标志。车尔尼雪夫斯基联系各个社会阶级的不同的经济地位去考察它们的不同的美的概念，这的确是他的一个重大的美学贡献。正如普列汉诺夫所说，假如车尔尼雪夫斯基能够更深入地探讨一下美学和经济的联系，并至少通过几个最主要的人类历史发展阶段去探索这种联系，那他就能在美学史上完成最伟大的变革。③ 但是，车尔尼雪夫斯基到这里就突然停步不前了。这也没有什么奇怪。要正确地理解美学概念在人类历史上的发展，首先就必须具备一个正确的、严整的历史观，可是车尔尼雪夫斯基和他的老师费尔巴哈一样，在社会历史的领域内仍然未能摆脱唯心主义的影响。

在我们看来，仅仅承认不同的社会阶级具有不同的美的概念，这还是非常不够的。问题是要进一步科学地解释这些美的概念究竟是怎样形成

---

① 《皮萨列夫文集》第 3 卷，1956 年俄文版，第 420 页。

② 同上。

③ 《尼·加·车尔尼雪夫斯基》（1900 年），《普列汉诺夫哲学著作选集》第 4 卷，1958 年俄文版，第 354 页。

的？是由什么东西制约的？它们在历史上是在哪一些力量的影响下发展和
变化的？又是怎样反映社会上的阶级的审美趣味的？在人类历史的不同阶
段上出现过不同的社会阶级，不同的阶级出现在历史舞台上，有声有色地
演完了自己的戏，然后又从舞台上消失。与此相应，我们在美学史上可以
看到极其复杂多样的美学概念的更迭。而且，同一个阶级的美学概念也不
是一成不变的。每个阶级有它自身发展的历史，起初是作为新生的力量出
现，接着是达到全盛时期在社会中占据统治地位，最后则趋于衰落灭亡，
它的美学概念也随之而发生变化。因此，无论封建贵族阶级或资产阶级，
它们在上升时期、全盛时期的美学概念和衰颓时期的美学概念都有很大的
区别。同样地，农民阶级或任何其他阶级的美学概念也在变化着，随着它
们生活条件的变化，它们的思想（其中包括关于"应当如此的生活"的
概念）也在发生变化。要正确地说明这些美学概念的发生、发展和衰亡的
根本原因，就必须对社会历史发展的规律和动力有一个正确的理解。但这
是车尔尼雪夫斯基所不可能做到的。作为一个人本主义的唯物主义者，他
的社会历史观点基本上是唯心的。在他看来，人类本性是衡量一切事物和
现象的最高标准。他说："人类生活的物质的和道德的条件，支配着社会
生活方式的经济规律，都要从这个目的来研究：明确它们适应人类本性要
求的程度。"① 他像费尔巴哈一样，主要把人看作生物学的抽象，而不是看
作社会关系的总和。在《哲学中的人本主义原理》中，他强调，"哲学所
看到的人，和医学、生理学、化学所看到的人一样"②，并认为科学所说的
"是人，而不是法国人或英国人，也不是商人或官僚。只有那构成人的本
性的东西，科学才认为它是真理"③。在他看来，真正的人类本性是始终不
变、永久如此的。他所追求的是符合人类本性的美的概念，他之所以反对
上流社会的美的概念，主要就是因为他觉得它们违反人类本性。这样，他
就不可避免地堕入了历史唯心主义。一般地说，人本主义只是"关于唯物

------

① 《果戈理时期俄国文学概观》，《车尔尼雪夫斯基选集》上卷，生活·读书·新知三联书店
1958 年版，第 387 页。
② 同上书，第 233 页。
③ 同上书，第 289 页。

主义的不确切的肤浅的表述"①。它在自然观方面还能坚持唯物主义，但在
社会历史观方面就往往会走向自己的反面，向唯心主义转化。车尔尼雪夫
斯基的例子就是一个证明。

车尔尼雪夫斯基既然反对黑格尔的美的定义，当然他也在与此直接有
关的问题上作出了和黑格尔截然不同的结论。我们且以他关于"崇高"的
见解为例。

在黑格尔看来，美是理念和形象的纯粹的一致；但在理念和形象之间
并不总是保持均衡，有时理念占优势，把我们带入绝对理念的领域、无限
的领域，这就称为"崇高"；而有时形象压倒理念，歪曲理念，则称之为
"滑稽"。

车尔尼雪夫斯基坚决反对这种认为崇高是美的变种的说法。他认为，
崇高和美是两件毫不相同的东西，它们之间既没有内在联系，也没有内在
的对立。在他看来，崇高的秘密不在于理念压倒形象，而在现象本身的性
质。崇高的观念和无限的观念也毫无联系，因为"我们觉得崇高的是事物
本身，而不是这事物所唤起的任何思想"②。不仅如此，我们还觉得崇高的
东西不是无限的，甚至完全和无限的观念相反。因此，他作出结论说：
"一件东西在量上大大超过我们拿来和它相比的东西，那便是崇高的东西；
一种现象较之我们拿来和它相比的其他现象都强有力得多，那便是崇高的
现象。"③ 例如我们说勃兰克峰和卡兹别克山是雄伟的、崇高的，就是因为
它们比我们所习见的山丘巨大得多。

在这里，车尔尼雪夫斯基的美的定义的长处和短处又重复出现了。他
正确地批评了关于"崇高"的唯心主义观点，而把它看作是客观的、属于
事物本身的；但他并不能真正解决这个问题，因为他所用的方法不是辩证
的。于是就发生了同样的难以解决的矛盾：一方面，勃兰克峰和卡兹别克
山之所以崇高是由于它们自身；而另一方面，它们之所以崇高是由于它们

---

① 《费尔巴哈〈宗教本质讲演录〉一书摘要》，《列宁全集》第 38 卷，人民出版社 1959 年版，
第 78 页。

② 《艺术与现实的美学关系》，《车尔尼雪夫斯基选集》上卷，生活·读书·新知三联书店 1958
年版，第 15 页。

③ 同上书，第 18 页。

比我们所习见的山丘巨大，换句话说，它们的崇高依赖于把它们同另一些对象加以比较的主体，而如果我们把它们和珠穆朗玛峰相比，那么它们的崇高也就荡然无存了。

在下一节里，我们将考察一下车尔尼雪夫斯基在自然美和艺术美孰高孰低的问题上对黑格尔的批判，实际上这是他对黑格尔的美的定义的批判的继续。

# 三

究竟是自然美高于艺术美，还是艺术美高于自然美？有关这个问题的争论是和美的定义的争论密切相连的。车尔尼雪夫斯基在评论他的学位论文时指出："假如说美是'理念在个别事物中的彻底表现'，那么在现实事物中就不可能有美，因为观念只有在宇宙整体中而不是在个别事物中彻底表现，由此推论，则只有我们的幻想才能把美带到现实中来，而美的真正领域就是幻想的领域，因此体现幻想之理想的艺术就高于现实，其根源在于人要创造现实中所不能找到的美这种憧憬。反之，从……'美是生活'这概念就得到如下的结论：真正的美是现实的美，而艺术……是不能创造出可以与现实现象媲美的东西的。"① 因此，在这个问题上，黑格尔和车尔尼雪夫斯基也是完全对立的：在前者看来，艺术美无条件地高于自然美，而在后者看来，则事情恰好相反。

车尔尼雪夫斯基在自己的学位论文里花了很多篇幅来讨论这个问题，他认为这个问题是极其重要的。用他的话来说，他的论文的实质就是把现实和艺术互相比较而为现实辩护，证明艺术作品绝不能和现实相提并论。在他看来，这个问题之所以重要，还因为它关涉艺术的起源、艺术的意义和作用这样一些重大问题的解决。

我们不妨先来看一下黑格尔是怎样论证艺术美高于自然美的。

黑格尔在《美学》中写道："我们可以肯定地说，艺术美高于自然。因为艺术美是由精神产生和再生的美，精神和它的产品比自然和它的现象

---

① 《车尔尼雪夫斯基选集》上卷，生活·读书·新知三联书店1958年版，第127页。

高多少，艺术美也就比自然美高多少。"① 而且他还进一步指出，他所说的艺术美高于自然美，并不是指二者之间的量的区别，而是指它们之间的质的区别："精神和它的艺术美'高于'自然，这里的'高于'却不仅是一种相对的或量的分别。只有精神才是真实的，只有精神才涵盖一切，所以一切美只有在涉及这较高境界而且由这较高境界产生出来时，才真正是美的。就这个意义来说，自然美只是属于精神的那种美的反映，它所反映的只是一种不完全不完善的形态，而按照它的实体，这种形态原已包含在精神里。"② 这种观点是完全符合黑格尔哲学的逻辑的。在黑格尔看来，整个客观世界或自然只不过是理念的外化，仿佛是理念的堕落，只有进而上升到精神，通过精神的发展，理念才能彻底地认识自己，而自觉地表现出来。因此，他一方面把自然美当作"美的第一种存在"，另一方面又认为自然只给予我们"不完满的美"③。据他说，自然美之所以可能存在，仅仅是因为自然本身就是理念的"最浅近的客观存在"。但是，在这里，理念还只是存在于直接的感性形式里，因此，"有生命的自然事物之所以美，既不是为它本身，也不是由它本身为着要显现美而创造出来的。自然美只是为其他对象而美，这就是说，为我们，为审美的意识而美"④。无论寂静的月夜，波涛汹涌的大海，肃穆而庄严的星空，它们之所以见得美，都是由于感发心情和契合心情的结果，"这里的意蕴并不属于对象本身，而是在于所唤醒的心情"⑤。黑格尔认为，自然美的基本缺陷，就是缺少"观念性的主观性"，不管自然美显现得多么完满。正由于自然美的这个基本缺陷才使我们去研究"理想"，即艺术美，而"理想"是在自然界找不到的，比起这种"理想"，自然美就显得只是它的"附庸"。

黑格尔得出上述的结论是理所当然的，因为他所着眼的本来是这样的问题：在自然美和艺术美这两种形式中，哪一种形式才真正符合理念。在他看来，只有在真正符合理念的形式里，理念才能把它的内容的真实整体

① 《美学》第1卷，人民文学出版社1958年版，第2页。
② 同上书，第3页。
③ 同上书，第179页。
④ 同上书，第156页。
⑤ 同上书，第166页。

全都表现出来。理念是黑格尔的最根本的出发点，在他那里，理念是最高的法官，一切事物都要由它来裁决。正是从这个观点出发，黑格尔肯定艺术美是本身完满的美，认为"只有艺术美才是符合美的理念的实在"①。因此，根据黑格尔的看法，"艺术的必要性是由于直接现实有缺陷，艺术美的职责就在于它须把生命的现象，特别是把精神的生气灌注现象按照它们的自由性，表现于外在事物，同时使这外在事物符合它的概念"②。在这里，黑格尔的思想的逻辑一贯性也是非常明确的，那就是坚持精神高于自然，精神的产品高于自然的产品。

黑格尔贬低自然美，这引起了车尔尼雪夫斯基极大的愤慨。他尖锐地驳斥了黑格尔的看法，热情地保卫了自己主张自然美高于艺术美的立场。但是，在他的学位论文里，他公开作为对立面来批判的不是黑格尔本人，而是另一个黑格尔派美学家斐希尔。应该说，斐希尔对自然美的批评在某些细节方面和黑格尔不尽相同，而且比黑格尔详细得多，可是就其总的精神来说，他是完全忠实于黑格尔美学的精神的。因此，车尔尼雪夫斯基对斐希尔的批判，基本上也同样适用于黑格尔。

车尔尼雪夫斯基回答黑格尔和斐希尔说："现实中的美，不管它的一切缺点，也不管那些缺点有多么大，总是真正美而且能使一个健康的人完全满意的。自然，无谓的幻想可能总是说：'这个不好，那个不够，那个又多余'；但是这种没有什么东西可以满足的幻想的苛求，我们必须承认是病态的现象。"③ 他对他们的具体驳斥可以归结为以下这几点。

第一，自然中的美确实是无意图的，但是自然是强大有力的，人的力量远弱于自然的力量，因此尽管艺术作品是有意图的，也仍然敌不过自然的作品。自然中的美虽然是无意图的，但不能说自然根本不企图产生美，如果我们把美理解为生活的丰富，那么我们就得承认，充满自然界的那种对于生活的意向也就是产生美的意向。美虽然不是自然的目的，但它是自然所奋力以求的一个重要的结果。这种倾向的无意图性，无意识性，并不

---

① 《美学》第 1 卷，人民文学出版社 1958 年版，第 179 页。
② 同上书，第 191 页。
③ 《车尔尼雪夫斯基选集》上卷，生活·读书·新知三联书店 1958 年版，第 37 页。

妨碍它的现实性。另一方面，艺术作品也并不完全是追求美的意图的结果，即使艺术因为具有意图性而有所增益，那么同时也往往因它而有所丧失，因为艺术家专心致志于美，常常反而于美一无所成。

第二，现实中的美不是很少，而是很多。生活只有在平淡无味的人看来才是空虚而平淡无味的。人所探求的只是美好的东西，而不是绝对完善的东西。人往往满足于当前现实中的美的现象，虽然明知道别的东西也许比它更美些。因此，现实生活完全能够使人满足，不满足于现实中的美，而要去追求绝对完善的美，这不过是无聊的空想。假如说，现实中的美是稀少的、不完善的，那么在艺术中美就更加稀少、更加不完善，因为伟大的诗人和艺术家本来就很少，而毫无瑕疵的艺术作品则简直寥寥无几，屈指可数。

第三，现实中的美确实是转瞬即逝的，不经常的，但它并不因此而稍减其美。相反地，随着时间的进展，新的要求不断出现，倘若现实中的美固定不变，倒反而会使我们厌倦。自然不会变得陈腐，它总是与时更始，新陈代谢，所以人们永远看不厌它的活生生的美。艺术却不然，它没有这种再生更新的力量，岁月的流逝往往会使它变得陈腐，何况艺术的美也同样不能持久不变，音乐作品随着乐队编成的改进而减色，油画的颜色也会消退和变黑。而且艺术中的美僵死不动，也容易使人厌倦。

第四，黑格尔派认为，个别的事物不可能是美的，原因就在于它不是绝对的，而美却是绝对的。他们把"绝对"看作理论真理和人类行动意图的准则。但是，这种观点是完全错误的，在哲学上根本不能成立，因为人的一般活动不是趋向于"绝对"，并且他对于"绝对"毫无所知，而只怀着纯粹的人的目的。"我们在现实中没有遇见过任何绝对的东西；因此，我们无法根据经验来说明绝对的美会给予我们什么样的印象；但是我们至少从经验中知道 Similis simili gaudet①，因此，我们作为不能越出个体性范围的个体的人，是很喜欢个体性，很喜欢同样不能越出个体性范围的个体的美的。"②

---

① 同声相应，同气相求。

② 《车尔尼雪夫斯基选集》上卷，生活·读书·新知三联书店 1958 年版，第 50 页。

　　车尔尼雪夫斯基对黑格尔派的驳斥还不止以上这几点，但，我们不拟再列举下去了，因为在我们看来，上面这几点已足以说明车尔尼雪夫斯基的观点的哲学实质。在这里，我们也可以嗅到强烈的费尔巴哈哲学的气味。推崇现实，反对虚幻的想象，这是费尔巴哈哲学的基调。费尔巴哈认为，"未来哲学应有的任务，就是将哲学从'僵死的精神'境界重新引导到有血有肉的，活生生的精神境界，使它从美满的神圣的虚幻的精神乐园下降到多灾多难的现实人间"①。在他看来，无论是宗教，或者是唯心主义哲学（特别是黑格尔哲学），都无非是人的脱离现实的虚幻想象，所以他要把它们彻底破除，以恢复现实界的"权利"。车尔尼雪夫斯基的立场也同样如此，他把艺术看作想象的产物，因此对他来说，自然美高于艺术美，实际上就等于说现实高于想象。他在《艺术与现实的美学关系》第三版序言中就明确指出，他在美学方面作出的结论是从费尔巴哈的下面这个思想中得出来的，即"想象世界仅仅是我们对现实世界的认识的改造物，而这种改造物是我们的幻想按照我们的愿望而产生的，改造物同现实世界事物在我们心中所引起的印象比较起来，在强度上是微弱的，在内容上是贫乏的"②。从这一点也可以看出，车尔尼雪夫斯基是怎样把费尔巴哈哲学的原理具体应用于美学的。

　　但是，费尔巴哈对车尔尼雪夫斯基的影响还不止于此。在费尔巴哈的著作中，特别是在《基督教的本质》和《宗教的本质》中，我们可以看到他对大自然的伟大力量的讴歌。与蔑视自然、推崇精神的唯心主义者相反，费尔巴哈赞美大自然，把自然界看作人类的摇篮、哺育人类的母亲。在他看来，自然界是人生存的原因、基础和根源，人是自然界的一部分，他只能生活在自然的怀抱之中。因此他发出了这样的号召："观察自然，观察人吧！在这里你们可以看到哲学的秘密。"③他认为，世界本身就拥有可以使人满足的一切，"世界只对那可怜的人是可怜的；世界只对那空虚

---

　　① 《未来哲学原理》，《费尔巴哈哲学著作选集》上卷，生活·读书·新知三联书店 1959 年版，第 120 页。
　　② 《车尔尼雪夫斯基选集》上卷，生活·读书·新知三联书店 1958 年版，第 141 页。
　　③ 《关于哲学改造的临时纲要》，《费尔巴哈哲学著作选集》上卷，生活·读书·新知三联书店 1959 年版，第 115 页。

的人是空虚的。心，至少一颗健康的心，在这里已经充分地得到满足"①。
费尔巴哈还坚决反对黑格尔哲学所鼓吹的"绝对"，认为"类"、普遍性
不可能在一个个体中得到绝对的体现，主张把"绝对"从自然哲学中一笔
勾销，因为它是"纯粹不确定的东西"，一种"消极的无有"。如果把费
尔巴哈的这些观点和我们在前面所引述的车尔尼雪夫斯基的观点作一对
照，它们之间的相互联系难道还不明显吗？

我们认为，车尔尼雪夫斯基在自然美和艺术美的关系问题上对黑格尔
派的批判是十分重要的，因为他关于艺术的起源的基本看法就来源于此。
在黑格尔，艺术的产生是由于人不能满足于现实；而在车尔尼雪夫斯基，
则正由于现实中的美的丰富才使我们想在艺术中加以再现。

但是，既然按照车尔尼雪夫斯基的说法，艺术美低于自然美，而且艺
术作品也有着现实的美中能够找到的同样的缺点，那么人为什么还需要艺
术、还喜爱艺术美呢？车尔尼雪夫斯基的解释是这样的：人往往重视困难
的事情和稀有的事物，特别是偏爱由人所创造的事物。在艺术作品身上有
着我们责备自然的同样缺点，而且这些缺点还比自然的缺点严重一百倍；
可是人们却常常挑剔自然的缺点，而原谅艺术作品的缺点，并且当别人指
出艺术作品的缺陷时还高声疾呼："在太阳上也有黑点呢！"这是因为：容
易得到的东西很少使我们感兴趣，虽然它的价值远远超过辛苦得来的东
西。此外，我们偏爱艺术的另一个原因是艺术能迎合我们的趣味，能迎合
我们由于对矫饰的爱好而产生的一切要求，而自然和现实生活却是超乎这
种局限性的。自然和生活不会迎合人的感伤情绪，而艺术作品则几乎总是
或多或少投合这种情绪。不过，无论如何，车尔尼雪夫斯基认为这些理由
只能说明人们为什么偏爱艺术，却不能证明这种偏爱是合理的。他十分形
象化地写道："现实生活的美和伟大难得对我们显露真相，而不为人谈论
的事是很少有人能够注意和珍视的；生活现象如同没有戳记的金条；许多
人就因为它没有戳记而不肯要它，许多人不能辨出它和一块黄铜的区别；
艺术作品像是钞票，很少有内在的价值，但是整个社会保证着它的假定的
价值，结果大家都宝贵它，很少人能够清楚地认识，它的全部价值是由它

---

① 《说明我的哲学思想发展过程的片断》，《费尔巴哈哲学著作选集》上卷，第228页。

代表着若干金子这个事实而来的。"①

在车尔尼雪夫斯基看来，人之所以需要艺术，不是由于在现实中找不到真正完全的美，而是由于不能经常见到这种美。我们的想象的活动不是由生活中的美的缺陷所唤起的，却是由于它的不在而唤起的；现实的美是完全的美，但是可惜它并不总是显现在我们的眼前。② 因此，艺术并不修正现实，也不粉饰现实，而是再现它，充作它的"代用品"，这代用品尽管远逊于现实，但因为人们并不总是有机会见到原物，所以也就对代用品感到满足。

现在，让我们来看一下车尔尼雪夫斯基的批判观点正确到什么程度。不妨先从所谓"代用品"说起，因为这是问题的关键所在。

车尔尼雪夫斯基曾经举过这样一个例子：海是美的，我们完全满足于海洋的美；但不是每个人都有机会见到真正的海，有可能欣赏海的人也不能随时随刻看到它；因此需要描绘海洋的画，使没有见过海的人得以欣赏海洋，使见过海的人加强自己关于海的回忆。于是，海洋画就起了海的"代用品"的作用。照车尔尼雪夫斯基来说，这就是大多数艺术作品的唯一的目的和作用。但如果这样，那么我们就不禁要问：为什么一定需要绘画呢？仅仅为了使没有见过海的人看一看海，或者使见过海的人加强自己对海的回忆，大可不必花工夫去画海洋画，普通的照相或电影就能更好地完成这个任务。这样，绘画艺术不是有被彻底淘汰的危险吗？

不，显然不是这样的。劣等的绘画也许会被照相和电影所代替③，但绘画艺术却将永远存在下去。我们曾经在著名的特莱梯耶柯夫画廊见到俄国画家艾瓦佐夫斯基的海洋画。的确，我们在画中看到了海洋，画中的海洋使我们回忆起真正的海洋，但总觉得画中还有海洋以外的更多的东西。我们所看到的不仅仅是海洋，还看到画家对海洋的感受，对海洋的观察，和海洋的拥抱与海洋的融合。在大海汹涌的浪花里掺杂着画家的喜悦的

---

① 《艺术与现实的美学关系》，《车尔尼雪夫斯基选集》上卷，生活·读书·新知三联书店1958年版，第82页。

② 同上书，第84页。

③ 哈拉普写道："照相术的发明人是法国达格尔，他在1839年公布他的重要发明时，画家们都恐慌起来了……一个次要的画家说：'从今日起，图画算是死亡了'。"

欢笑，在月光下的海洋的波涛里闪耀着画家宁静的灵魂。这是浸透着画家人格的海洋，画家的个性在他的作品里得到了淋漓尽致的表现，这才叫做真正的艺术。

艺术的任务在于再现客观现实，这是不错的。但是它绝不是现实的拙劣的"代用品"。如果艺术只起代用品的作用，那么有许多种艺术就根本没有存在的必要。譬如说，静物画就可以完全取消了，因为像卡拉凡乔、柯尔培和赛尚那些静物画大师们所描绘的对象，大多是生活中得来全不费功夫的普通事物，在任何水果铺里就能见到，似乎没有必要去为它们创造代用品。车尔尼雪夫斯基把艺术看得过于简单，因而得出了无法令人信服的结论。难道我们欣赏齐白石的画，仅仅是为了去看一看白菜，以加强我们对白菜的回忆吗？

车尔尼雪夫斯基没有足够估计到艺术的创造性，往往忽视了艺术所特有的审美价值。他没有注意到，艺术不是现实生活的简单的反映和再现，而是通过艺术家的创造活动作为一个新的现实呈现在我们面前的。因此，画家所画的对象已经不是原来意义上的自然物，而是画家的再创造。我们在欣赏一幅画的时候，一方面固然可能是为了通过它看看原物的情状，但更重要的是为了去欣赏艺术家怎样去表现他的对象。我们虽然对教皇英诺森十世的一副丑陋的尊容并不感兴趣，但我们对维拉斯克斯怎样描绘这个恶棍却极感兴趣，正因为他画得好，所以那幅肖像画才具有不朽的价值。同样地，我们去欣赏梵高的自画像，与其说是为了看看他的相貌（这位画家其貌不扬是人所公认的），倒不如说是想看看这位病态的天才怎样观察和表现他自己。艺术品不是纯客观性的东西，它不能停留于消极地反映客观世界，而必须在反映客观世界的同时表现艺术家的主观世界。正因为这样，所以艺术不是自然的代用品，甚至反过来说，艺术也不是自然物所能代替得了的。一幅好的海洋画，即使挂在海滨旅馆里，也仍然不会降低它的审美价值。

我们认为，车尔尼雪夫斯基对艺术的看法是狭隘的、片面的，他的观点带有形而上学唯物主义的特征。他强调了艺术再现现实生活这一面，而看不到艺术作品所反映的生活应该比现实生活更高，更强烈，更集中，更典型，更理想，更带普遍性，因此艺术美就可能更高于自然美。艺术起源于现实生活，从现实生活汲取自己的内容，经过提炼概括的过程，创造出比现实生活更高的内容，从而更深刻地反映出生活的本质。这就是艺术发展的辩证法。车尔尼雪夫斯基正由于不理解这种辩证法，而得出了片面性的结论。

但是，我们也应该指出，车尔尼雪夫斯基把自然置于艺术之上在某些情况下不是没有道理的。问题是要看说的是什么样的艺术。如果说的是单纯模仿自然的艺术，或是歪曲现实，甚至完全出于脱离现实的虚幻想象的拙劣的艺术，那么它们确实是低于自然的。然而车尔尼雪夫斯基谈的是一般的艺术，包括他自己所推崇的真正的艺术在内，这样就不免陷入错误了。

车尔尼雪夫斯基把自然美看得高于艺术美，这种观点是片面的。当他论及音乐时就特别明显地暴露出他的错误。我们能够说，自然界有许多美的东西可以满足我们的眼睛，却不能说它也有足够的美的声音来满足我们的耳朵。车尔尼雪夫斯基推崇声乐，特别是赞扬民歌，把它们作为音乐中的自然美胜过艺术美的证明。其实，声乐和民歌能否代表自然美是大可怀疑的，至少可以说现代人的有音乐训练的耳朵并不欣赏自然的人声，而比较欣赏经过艺术训练的人声。至于民歌，它并不是自然产生的，它也有作者，虽然这作者也许是千千万万的大众；我们也许可以说民歌的艺术性和一部交响乐相比有着程度上的差别，但绝不能说它不是艺术品。民歌常常是音乐家的原始材料，但当经过锤炼后的民歌旋律出现在格林卡、柴可夫斯基、德沃夏克等人的作品中时，难道可以说这些只是民歌的"代用品"吗？车尔尼雪夫斯基有一个奇特的思想，认为只有自然的歌唱才可能有真挚的感情，而人工的歌唱，即艺术的歌唱则只讲究技巧，必然缺乏感情。对于这样的意见，恐怕没有一个歌唱家会表示同意。他坚持声乐高于器乐，也没有足够的根据，近代音乐的发展对他并不有利。① 在他看来，小提琴高于其他一切乐器，因为它"比一切乐器更接近人声"；就算是这样，但我们欣赏小提琴却只因为人们用它演奏出美妙的乐曲，只因为有帕格尼尼、萨拉沙蒂和克莱斯勒那样优秀的演奏家和作曲家，换句话说，也就是正因为小提琴被用来作艺术的表演。他还认为器乐和声乐的真正关系在歌

---

① 西方音乐史证明，在欧洲封建社会里，天主教会是反对器乐，坚持器乐不得和声乐分开的，而保持器乐传统的却反而是普通人民。梅约说："器乐是新市民阶级发展的一个热闹的伴侣。"

剧中表现了出来，人们是喜欢声乐的，一听到歌唱就不再去注意乐队了。这个例子仍然一点也不能证明自然美的优越。在歌剧里，乐队本来只担任伴奏的任务，而且在表达艺术美的程度上，任何一部歌剧中的人声至少是毫不逊色于乐队的，而自然美却往往只退缩到影子的地位。因此，车尔尼雪夫斯基把音乐艺术看作生活现象的可怜的再现，这种看法是很难令人信服的。

总之，车尔尼雪夫斯基关于自然美和艺术美的理论的根本缺陷在于他没有在美学中贯彻辩证法。他不能辩证地解决主体和客体、精神性和自然性、普遍和个别之间的统一关系，因此他对艺术美的理解始终停留在把它看成自然美的苍白的反映。他在批判黑格尔的时候，没有分清精华和糟粕，而抛弃了黑格尔美学中有关艺术本性的许多深刻的真理。例如，黑格尔把艺术看作主客观统一的思想，认为艺术通过个别性体现普遍性的思想，认为艺术不是空洞的显现外形，而是比现实世界更高和更真实的客观存在的思想等，都没有得到车尔尼雪夫斯基应有的注意。

车尔尼雪夫斯基也没有从黑格尔对模仿自然说的批判中吸取教训。他自认为再现说和模仿说有本质的区别，因此黑格尔对模仿说的驳斥并不适用于他的再现说。可是事实证明，他并没有和模仿说彻底划清界限，他在论证自然美高于艺术美的时候，特别是在论证雕塑和绘画比不上原物的时候，就显然是把艺术作为自然的单纯模仿来看待的。也正因为这样，所以他才得出了艺术是现实的代用品的结论。但是，黑格尔早就指出，"靠单纯的模仿，艺术总不能和自然竞争，它和自然竞争，那就像一只小虫爬着去追大象"①，因此"不能把逼肖自然作为艺术的标准，也不能把对外在现象的单纯模仿作为艺术的目的"②。车尔尼雪夫斯基自己也承认黑格尔对模仿说的批判是正确的，但他却没有发现黑格尔使他陷入了矛盾的处境：如果他同意黑格尔，那就不可能保持自然美高于艺术美的立场；而如果要坚持自然美高于艺术美的话，那就只有站到黑格尔所批判的模仿说的立场上去。

---

① 《美学》第 1 卷，人民文学出版社 1958 年版，第 51 页。
② 同上书，第 54 页。

但是，尽管车尔尼雪夫斯基对自然美和艺术美的关系问题的看法有片面性，却绝不能说他对黑格尔的批判没有意义。应当看到，黑格尔在这个问题上虽不乏真知灼见，可是他所犯的错误是更具有根本性的。

黑格尔是从他的客观唯心主义立场坚持艺术美高于自然美的。在他看来，似乎美的理念存在于自然美和艺术美之前。它既是自然美的泉源，也是艺术美的泉源。它以不完全的、不自觉的形式表现为自然美，而以完全的、自觉的形式表现为艺术美。那抽象的普遍者——美的理念——非但不是具体的、个别的美的事物和现象的概括，却反而是后者的创造主。根据他的这种逻辑，就势必得出这样的结论：似乎在有女性之前先已存在着某种抽象的、普遍的女性美，在现实世界的真正的女性身上，它得不到完全的体现，只有在古希腊的雕塑和文艺复兴时期的意大利绘画中，它才以理想的形式得到充分的体现。这绝不是我们的臆测，而是根据黑格尔哲学的逻辑推演出的必然结论。在他那里，一切事物秩序都是头脚倒置的，而最后一切都归结为理念、精神的自身发展。这就使黑格尔的美学观念带有浓厚的神秘主义色彩。实际上，事物的真实关系应该是这样的，一般的美的观念、美的理想只能是许多个别的美的事物和现象的抽象概括，这种概括对艺术创作具有重大意义，如果没有这种概括，那么弥罗岛的维纳斯或拉斐尔笔下的圣玛利亚的美都是难以实现的。车尔尼雪夫斯基正是对这种概括的重要性估计不足，他甚至认为它完全是多余的，但他批判黑格尔的"理念"的虚妄，坚持现实世界是艺术美的真正泉源，却是完全正确的。

车尔尼雪夫斯基对黑格尔艺术观的批判，和费尔巴哈的观点是相一致的。费尔巴哈在《未来哲学原理》中说过："'艺术在感性事物中表现真理'这句话正确地理解和表达出来，就是说：艺术表现感性事物的真理。"① 黑格尔把感性事物贬低为艺术表现，呈现真理的手段，费尔巴哈却把感性事物提高为艺术表现的目的。从费尔巴哈的主张里，我们已经可以看到车尔尼雪夫斯基的再现说的根据。

总的来说，黑格尔在自然美和艺术美的关系问题上只被车尔尼雪夫斯基驳倒了一半，另一半合理的思想是这位唯物主义者所无法理解的。列宁

---

① 《费尔巴哈哲学著作选集》上卷，生活·读书·新知三联书店1959年版，第171页。

在评论黑格尔时说过："观念的东西转化为实在的东西，这个思想是深刻的……那里有许多真理。反对庸俗唯物主义。"[1] 不理解列宁的这句话的深刻含义，就无法对黑格尔进行彻底的批判。自然美是理念的不完全的体现，这是绝对荒谬的；但艺术美是理念的完全的体现，则在歪曲的形式下包含着某些真理。问题是要对黑格尔美学作唯物主义的根本改造，弃其糟粕，救出它的精华，而这是车尔尼雪夫斯基不可能做到的。

# 四

前面我们已经涉及车尔尼雪夫斯基对黑格尔艺术观点的批判，现在我们来对这个问题作进一步的考察。

大家知道，在黑格尔看来，艺术只是绝对精神发展中的一个环节，即直观阶段上的绝对精神。[2] 美是艺术的本质。由于人们有着追求美的不可遏制的渴望，而美本身又是无限的、自由的，不可能在客观现实世界里得到充分实现，因此"这种自由的需要就必然要在另一个较高的领域才能实现。这个领域就是艺术"[3]。换言之，艺术的任务就是满足人们对于美的渴望，实现美的理念。艺术不是用来实现其他目的的工具，它有自己的目的，即"用感性的艺术形象的形式去显现真实"[4]，实际上也就是去表现美。在黑格尔那里，整个艺术史就是根据艺术美即理想的发展而被分成三个阶段，和这三个阶段相适应的艺术类型是象征艺术，古典艺术和浪漫艺术。据他说，这三种类型对于理想即真正美的概念，始而追求，继而到达，终于超越。因此，艺术的发展归根结底也是被他用美的概念的发展来解释的。

在车尔尼雪夫斯基的《果戈理时期俄国文学概观》的第七篇论文里，

---

① 《黑格尔〈逻辑学〉一书摘要》，《列宁全集》第38卷，人民出版社1959年版，第117页。
② 在耶拿时期写的《精神现象学》里，黑格尔没有把艺术看作一个独立的环节，而把它包括在宗教中。在晚年写的《哲学全书》中的《精神哲学》里，艺术才和宗教、哲学并列为绝对精神的三个环节。
③ 《美学》第1卷，人民文学出版社1958年版，第191页。
④ 同上书，第66页。

我们可以看到一段极其精彩的批评：

> 先验论哲学，特别是黑格尔体系哲学……的一切美学见解都是以这个原则为根据的：艺术的特殊对象就是美的理想的实现；根据这种唯心论见解来说，艺术除了对美的追求以外，应当对人的一切其他追求保持完全的独立，这样的艺术就叫作纯艺术。
>
> 在这个地方，也像几乎所有其他之地一样，黑格尔的体系也在半途停顿了，放弃了根据他的根本原理而抽出的严格结论，让一些和这种原理背道而驰的、已经衰老的思想走进自己的脑子里。因此，它说过，真理只在具体的现象中才存在，但同时，在它的美学中，却又把美的观念作为最高的真理，仿佛这种观念是独立存在的，而不是存在于活的、真实的人中。这一种几乎在黑格尔体系一切其他部分都要重复的内在矛盾，就是使这个体系不能令人满意的原因。真正存在的是人，美的观念只是人的追求的一种抽象概念。而由于在人，在这个活的有机体中，一切部分和追求彼此都是不可分割地联系起来的，从而就应该得出结论，以一种特殊的美的观念作为艺术论的根据，这就会陷入片面性，而造成和现实不相适应的理论。在人的每一种行动中都贯穿着人的本性的一切追求，虽然其中之一，在这方面也许特别使人感到兴味。因此连艺术也不是因为对美的（美的观念）抽象的追求而产生的，而是活跃的人的一切力量和才能的共同行动。正因为在人的生活中，例如，对于像真理、爱情和改善生活的要求，总是大大比对于美的追求更强烈，因此艺术不但一直是在某种程度上表现了这些要求（而不是一种美的观念），而且艺术作品（人的生活的作品，这点是不能忘记的）也几乎总是在真理（理论的或者实践的）、爱情和改善生活的要求的大力影响下产生的，因此对美的追求，照人的行动的自然规律说来，总是人的本性中某种要求的表达者。①

这段话里包含着一些很重要的思想，它不仅说明了车尔尼雪夫斯基对

---

① 《车尔尼雪夫斯基选集》上卷，生活·读书·新知三联书店 1958 年版，第 457 页。

黑格尔艺术观的批判态度，而且也表达了他自己的人本主义的艺术观点。

在车尔尼雪夫斯基看来，人是一个有机体，他的本性是统一的，因此人的各种追求都是互相紧密地联系着的。这基本上就是他在《哲学中的人本主义原理》中所发挥的思想。但是，在这里更重要的是，他认为人对美的追求不仅不能和其他的追求分开，而且和其他的追求相比还处于次要的地位。因此，艺术并不是由于人对美的追求而产生的，而往往是在其他更强烈得多的追求的影响下产生的。这样，他就提出了一个极其重要的原理：艺术的范围并不限于美和所谓美的因素，而包括现实（自然和生活）中一切能使人发生兴趣的东西；艺术的首要任务就是去再现生活中普遍引人注意的东西。

车尔尼雪夫斯基认为，通常人们把美看作艺术的唯一内容，这把艺术的范围限制得太狭小了，因为在艺术中表现的东西极为广泛，不可能把它们都归入美或所谓美的因素（如崇高、滑稽）。这一点对诗来说，表现得尤其突出，因为"诗的范围是全部的生活和自然；诗人观照森罗万象，他的观点是如同思想家对这些森罗万象的概念一样多方面的"①。车尔尼雪夫斯基非常赞赏亚里士多德和莱辛，因为在他之前，只有这两位伟大的美学家明确地把整个人生看作艺术，特别是诗的主要内容。② 因此，在他看来，艺术家所关心的对象不应当局限于美，而应当包括现实生活的各个方面。

我们认为车尔尼雪夫斯基的上述意见基本是正确的，它实际上是表达了现实主义的一条最重要的原则，而有力地打击了以逃避现实为特征的各式各样的唯心主义文艺理论。正因为艺术反映的是整个生活，而不是抽象的美的观念，所以它才具有真正伟大的社会意义。相反地，黑格尔把艺术看作美的理想的实现，则是错误的，因为这不仅缩小了艺术的领域，而且势必忽视艺术反映社会生活的作用，降低艺术的社会意义。文学艺术史上有无数例子可以证明车尔尼雪夫斯基的意见的正确性。例如罗丹的老妓、高尔基的克里姆·萨姆金和鲁迅的阿Q，就绝不是由于对美的追求而产生

---

① 《艺术与现实的美学关系》，《车尔尼雪夫斯基选集》上卷，生活·读书·新知三联书店1958年版，第89页。

② 关于这一点可参阅车尔尼雪夫斯基的《论亚里士多德的〈诗学〉》和《莱辛，他的时代，生平和活动》。

的，也不能把他们看作美的理想的实现，他们之所以具有重要的社会意义，并不是由于他们代表着某种美的理想，而是由于他们作为成功的艺术典型深刻地揭露了特定社会的某些本质方面。至于在艺术品中，自然界的丑的事物转化为艺术美的现象，那完全是另一个问题。

车尔尼雪夫斯基总是强调文学艺术应当和现实生活保持密切的联系，并对社会发展产生有益的影响，为社会进步事业服务。在这一点上，他也和黑格尔迥然不同，因为黑格尔所关心的与其说是文学艺术对社会的影响，倒不如说是精神自身的发展。而且这个思想早在车尔尼雪夫斯基的求学时代里就已经开始成熟了，在他写于1850年的《论冯维辛的〈旅长〉》一文中可以看到这样一段话："只有在这样的时候，文学作品才可能对社会发生影响，那就是作为一个作品的基础的思想必须跟社会的现实生活……发生活生生的关系，使人们在读了这部作品之后，感到自己和过去有所不同，感到他们对事物的看法更清楚了或发生了变化，感到他们的精神生活或道德生活受到了推动。"① 上面这些话还是他在大学四年级时写的，后来在他的学位论文里，特别是在《果戈理时期俄国文学概观》里，他的这个思想就得到了彻底地发挥。

艺术要对社会发生影响，仅仅再现生活中使人感兴趣的东西显然还是不够的。因此，在车尔尼雪夫斯基看来，"艺术除了再现生活以外还有另外的作用——那就是说明生活"②。艺术既然向人们说明生活的意义，那就能使他们更好地理解生活，因此它具有很高的认识价值。而且在帮助人们认识事物的事情上，艺术往往比其他东西更容易达到自己的目的，因为它赋予事物以生动的形式，使人们更易于对事物发生兴趣，更易于认识事物的意义。同时，人既然对生活现象发生兴趣，就不能不有意识地或无意识地对它们作判断，艺术家和诗人对于他们所描写的对象也同样不能不下判断，因此艺术常常还有另一个作用——对生活现象下判断。正因为这样，艺术就成为人的一种道德活动。"艺术是开始研究生活的人的教科书"，这

---

① 《车尔尼雪夫斯基全集》第2卷，俄文版。
② 《艺术与现实的美学关系》，《车尔尼雪夫斯基选集》上卷，生活·读书·新知三联书店1958年版，第94页。

句话形象化地表述了车尔尼雪夫斯基的艺术观点。作为一个革命民主主义者，车尔尼雪夫斯基的伟大的历史功绩之一就是阐明了文学艺术作为宣传革命思想的工具的意义。后来整整一代的俄国革命知识分子，举起车尔尼雪夫斯基的旗帜，把创作"生活教科书"作为自己的文学纲领，这并不是偶然的。

从这个立场出发，车尔尼雪夫斯基对纯艺术论进行了坚决的斗争，在这一方面他也是别林斯基的战斗传统的最优秀的继承者。他把黑格尔也看作纯艺术论的拥护者，认为黑格尔的美学观点为纯艺术论提供了理论基础，因此在批判纯艺术论的时候也提到了黑格尔的名字。

平心而论，黑格尔是不能对纯艺术论的全部恶果负责的，至少他能否算得上名副其实的纯艺术论者也是颇可怀疑的，在他的《美学》中甚至还能找到某些反对纯艺术论者的言论（例如对艺术中的个人主义的批判）。但是，黑格尔的某些思想确实和纯艺术论有着内在联系，例如他把艺术看作美的理想的实现，又如他赞同康德的见解，认为艺术品作为对象是自由独立存在的，"它只应满足心灵的旨趣，必然要排除一切欲望"①，说什么艺术有它本身的目的，不能作为手段等。当时的纯艺术论者正是利用了黑格尔的这些错误观点，为他们自己谋求理论资本。因此车尔尼雪夫斯基的批判锋芒也涉及黑格尔，这是不足为奇的。

车尔尼雪夫斯基认为，鼓吹"为艺术而艺术"的那些纯艺术论者的根本错误，就是企图使文学艺术脱离现实生活，否认文学艺术必然代表一定的思想倾向。但是，问题却根本不在于文学艺术是否应当为生活服务，是否应当作为思想的传播者，因为"文学也像其他一切值得注意的智力或者道德活动一样，就其本性来说，它不能不是时代愿望的体现者，不能不是时代思想的表达者。问题只在于，文学所应当服务的思想是怎样的思想，是这种由于在时代生活中没有重要的地位，就使受到它们限制的文学带上空虚、无聊的性质的思想呢，还是为推动时代前进的思想而服务"②。在他

---

① 《美学》第 1 卷，人民文学出版社 1958 年版，第 44 页。
② 《果戈理时期俄国文学概现》，《车尔尼雪夫斯基选集》上卷，生活·读书·新知三联书店 1958 年版，第 549 页。

看来，纯艺术论者硬说艺术应当和日常生活互不相谋，他们不是自欺，就是做作，因为所谓"艺术应当离生活而独立"之类的说法，只不过是用来为反动的思想倾向作掩饰的，实质上纯艺术论者"关心的根本就不是离生活而独立的纯艺术，相反，他们是要使文学专门受一个包含纯粹世俗生活的意义的倾向所支配。问题在这里：有这样的人，他们认为，社会利益是不存在的，他们只知道离开推动社会前进的历史问题而独立的个人的享受和悲苦"[1]。这对纯艺术论来说，真是一针见血的批评。

车尔尼雪夫斯基指出："在人类活动的所有方面，只有那些和社会的要求保持活的联系的倾向，才能获得辉煌的发展。凡是在生活的土壤中不生根的东西，就会是萎靡的，苍白的，不但不能获得历史的意义，而且它的本身，由于对社会没有影响，也将是微不足道的。"[2] 从这个观点看来，脱离现实生活的任何抽象的追求，都是软弱无力的，因此抽象的美的追求在艺术方面也不会有什么成就。假如有专门以体现美的观念为目的的艺术作品的话，那它也一定会被历史所忘却，因为即使在艺术方面，它也是太脆弱了。

到此为止，我们只能对车尔尼雪夫斯基的意见举双手表示赞成。车尔尼雪夫斯基强调艺术要和现实生活保持密切联系，要求艺术为生活服务，宣传进步的思想，推动社会前进，这些主张在今天看来也仍然具有重大的意义。但是，在他的艺术观点中也包含着一些矛盾，虽然他自己往往没有察觉到它们的存在。

首先，我们会产生这样的疑问，既然艺术的作用不仅仅是再现生活，而且还要去说明生活和对生活现象下判断，那么怎能说艺术低于现实，艺术只是现实的代用品呢？

在我们看来，这是一个明显的矛盾。我们认为，要正确地说明生活和对它下正确的判断，就必须透过生活现象深入到本质，通过个别事物把握生活的一般意义，然后以生动的艺术形象把它表达出来，塑造出具有普遍

---

① 《果戈理时期俄国文学概现》，《车尔尼雪夫斯基选集》上卷，生活·读书·新知三联书店1958年版，第546页。

② 同上书，第545页。

意义的典型。这样，艺术当然就不可能仅仅充当现实的代用品，而应该成为现实生活的集中表现，从而高于现实了。但是，车尔尼雪夫斯基对这个问题的理解却完全不是这样的。

在前面我们已经提到过的《论冯维辛的〈旅长〉》一文中，年轻的车尔尼雪夫斯基写道："艺术性的规律不能和现实界所存在的东西相矛盾，不能不按现实界的真实面貌去描写它；现实界是个什么样子，它也就应该如实地反映在艺术作品中。"① 如果加以正确的理解，这个原理本来也没有什么不对，但是车尔尼雪夫斯基却对它作了片面的解释，从而得出了片面的结论。他说，过去人们通常要求艺术作品所描写的人物性格不应自始至终固定不变，而应当有所发展，但这是不正确的。因为在现实生活中我们就能常常遇见浅薄的天性和不复杂的性格，一眼就能把这样的人看透，即使同这种人一起生活二十年，在他身上也看不到什么新东西。"这样的人既然在现实中没有发展自己的性格，那么在艺术作品中又怎么能在你们面前发展自己的性格呢？"② 显然，在车尔尼雪夫斯基看来，如实地反映现实就等于把现实原封不动地搬进艺术。他甚至认为，艺术并不需要塑造典型，也不需要对现实中的个别现象进行艺术概括，因为现实本身就富于典型性，只要把它描摹下来就行了。

车尔尼雪夫斯基的这种观点在他的学位论文中表现得更为鲜明。在那篇论文里，他反对诗人创造典型性格的说法，而认为"在诗人所描写的人物中，不论现在或过去，'创造'的东西总是比人们通常所推测的少得多，而从现实中描摹下来的东西，却总是比人们通常所推测的多得多"③。他说，诗人在进行创作时在自己面前总是浮现出一个真实人物的形象，他在描绘自己的人物时总是有意无意地再现这个人。人们通常认为，诗人固然常常把真人作为蓝本，却把他提高到一般的意义。车尔尼雪夫斯基认为，"这提高通常是多余的，因为那原来之物在个性上已具有一般的意义：人只需能够理解真人的性格的本质，能用敏锐的眼光去看他就行了"④。他由

①　《车尔尼雪夫斯基全集》第2卷，俄文版，第796页。
②　同上书，第797页。
③　《车尔尼雪夫斯基选集》上卷，生活·读书·新知三联书店1958年版，第73页。
④　同上书，第72页。

此得出结论说，现实生活中有许多事件，人们只需去认识和理解它们并且善于加以叙述就行，诗人差不多始终只是一个"历史家或回忆录作家"，而诗歌作品和真实的历史叙述的主要区别仅在于细节比较丰富或带有"修辞的铺张"。但是，无论如何，在情节、典型性和性格化的完美上，诗总是远不如现实。"诗歌作品中的形象对于真实的、活的形象的关系，一如文字对于它所表示的现实对象的关系——〔无非〕是对现实的一种苍白的、一般的、不明确的暗示罢了。"① 正因为这样，所以，在他看来，诗是低于现实的。

车尔尼雪夫斯基之所以忽视创造艺术典型和进行艺术概括的重要性，根本原因在于他没有正确地解决一般和个别、普遍和特殊之间的辩证关系。可以说，他理解到一般、普遍不能离开个别、特殊而独立存在，因此他正确地批评了脱离现实生活而杜撰出来的那些所谓普遍性典型人物性格的虚假、空洞和贫乏。但他却过于强调个别性，低估了一般性的意义，甚至说"一般不过是个别的一种苍白的、僵死的抽象物"②。在这一点上，他也和黑格尔有所不同，因为黑格尔经常要求艺术通过个别的感性形象体现出内容的普遍性。列宁在阅读黑格尔的《逻辑学》时写了这样的一个批语："绝妙的公式：'不只是抽象的普遍，而且是自身体现着特殊、个体、个别东西的丰富性的这种普遍'……好极了！"③ 显然，车尔尼雪夫斯基没有达到这样深刻的理解，因此他对艺术典型的意义了解得很不够，他也没有去探究一般现实生活中的典型和艺术典型到底有什么区别，而错误地作出了艺术典型远逊于现实的论断。

其次，我们还发现车尔尼雪夫斯基的艺术观点和他的美学理论有时也会发生矛盾。例如，根据他的说法，艺术的第一目的就是再现生活，艺术美就是现实生活中的美的再现。很明显，他所说的生活指的是现有的生活。但是，他同时又指出，并不是现实中所有事物都是美的，只有我们在那里面看得见依照我们的理解应当如此的生活的事物，才是美的。我们在

---

① 《车尔尼雪夫斯基选集》上卷，生活·读书·新知三联书店 1958 年版，第 70 页。
② 同上。
③ 《黑格尔〈逻辑学〉一书摘要》，《列宁全集》第 38 卷，人民出版社 1959 年版，第 98 页。

前面已经说过，在阶级社会里不同社会阶级对生活有不同的看法。一般来说，统治阶级认为现有的生活就是"应当如此"的生活，他们作为既得利益阶级总是热衷于维护现存秩序，竭力美化现实，使它永恒化。相反，被统治阶级认为"应当如此"的生活却往往是在现实中所不存在的生活，而现有的生活则正是他们认为不"应当如此"的生活。当被统治阶级尚处于"自在"的状态时，他们常常把"应当如此"的生活的理想寄托于虚无缥缈的来世；但当他们上升到"自为"的状态时，他们就企图改造现实生活，粉碎旧制度，创造新世界。对于被统治阶级来说，在自己的文学艺术中再现现实生活主要是为了对它进行批判，但是他们不能局限于再现这种不"应当如此"的生活，而必然要在作品中提出自己的生活理想。普列汉诺夫说得好："他们向之申诉的生活，是'美好的生活，应当如此的生活'……它是符合于新的阶级的概念的。然而这种生活还没有完全形成，——因为新的阶级还在争取自己的解放，——它本身在很大的程度上还只是理想。因此，新的阶级的代表人物所创造的艺术也将是'现实主义与理想主义的独创的融合'。关于这样一种融合的艺术，就不能够说它是意图再现存在于现实中的美。不，这种艺术家不满意而且也不可能满意现实；他们，以及他们所代表的整个阶级，一部分人想要改造它，一部分人则想要依照自己的独创的理想来补充它。对于这样的艺术家和这样的艺术而言，车尔尼雪夫斯基的思想就是错误的。"① 换句话说，车尔尼雪夫斯基的艺术理论只是提出了批判现实主义的原则，由于历史条件的限制，他还停留在"解释世界"的阶段，而没有上升到"改造世界"的阶段，因此也就看不到"现实主义与理想主义的融合"。

有趣的是，车尔尼雪夫斯基在自己的文学创作实践中却并没有局限于再现当时俄国的现实生活。例如在他的著名小说《怎么办?》里，我们就可以发现许多在现实中并不存在、纯属作者理想的东西。这部小说实际上也就体现着"现实主义与理想主义的特殊的融合"。当作者刻画旧社会的一些代表人物的时候，他是一个彻头彻尾的现实主义者，他的描写是这样真实，人物栩栩如生，简直就像现实生活中的人一样。但当作者塑造所谓"新人"，即

---

① 《车尔尼雪夫斯基的美学理论》，《文艺理论译丛》1958 年第 1 期。

薇拉·巴夫洛芙娜、罗普霍夫、吉尔沙诺夫、拉赫美托夫等人的时候，他就成为一个典型的理想主义者。当时平民知识分子革命家这新的一代才刚刚形成，他们的性格特征还不十分明确，他们的形象还不够鲜明，他们所从事的事业和他们所走的道路也没有最后确定。车尔尼雪夫斯基为这一代"新人"的诞生而欢呼，但他在塑造这些典型的新人物时却无法求助于现实，因为在现实中他们还没有成长起来，于是他只得求助于自己的革命理想。因此，薇拉·巴夫洛芙娜和她的朋友们都是名副其实的理想人物，他们所过的生活是理想的、"应当如此"的生活。车尔尼雪夫斯基在这部小说里向我们展示了一幅"应当如此"的新生活的图景，它不是当时俄国现实生活的再现，而是一个标准的乌托邦。如果我们把这部小说和西欧空想社会主义者，特别是傅立叶的著作对证一下，那我们就能发现甚至车尔尼雪夫斯基所描绘的公共宿舍的情景的一些细节，也都能在那些空想社会主义著作中找得到根据。尤其是小说中所描述的薇拉·巴夫洛芙娜的几个梦，更是充分体现了车尔尼雪夫斯基所梦寐以求的理想。而这部小说之所以在当时获得空前的成功，对青年一代产生了巨大的影响，主要也不是由于它再现了俄国的现实，而是由于它提出了新的生活理想，教导人们应当怎样生活，应当在生活中追求什么。因此，车尔尼雪夫斯基自己的小说就生动地证明，革命的文学不能停留于反映现实，还必须提出革命理想来改造现实，而这却始终是车尔尼雪夫斯基的美学理论所没有解决的。

# 五

最后，我们转到悲剧问题上来。车尔尼雪夫斯基对黑格尔悲剧理论的批判也引起我们很大的兴趣。

在黑格尔看来，悲剧的本质是不同的伦理观念之间的矛盾和冲突。精神统治着整个世界，在人类社会里它表现为各种特殊的伦理力量，例如荣誉、爱情、爱国主义、家庭感情等。这些特殊的伦理力量往往互相排斥，各走极端，它们往往提出自己片面的要求，否定对方，因而形成悲剧的冲突。悲剧中的人物就是这些伦理力量的代表者，仿佛是它们的化身，它们各自为了实现这些伦理力量的要求而进行不妥协的斗争。就这些伦理力量本身来说，它们本来是合理的，但由于它们坚持自己片面的要求而否定对方的同样是合理的要求，所以它们又是有罪过的。因此它们就要受到惩罚，代表它们的悲剧人物就要遭到毁灭的命运。这样看来，悲剧人物的命运是不可避免的，因为他们本身代表着片面性，咎由自取，责无旁贷。但通过他们的毁灭，片面性就被扬弃了，于是矛盾就达到了"和解"。悲剧正是证实了全面性对片面性的胜利，"永恒正义"的胜利，因为在黑格尔看来，这一切都是理性法庭上的公正的判决，在绝对世界里没有不正义。

黑格尔的悲剧理论最引起车尔尼雪夫斯基反感的，就是认为悲剧的原因在于主人公自身的片面性的思想。他在《论崇高与滑稽》一文中以文才横溢的笔锋指责黑格尔说，"难道苔丝德蒙娜所以死真是自取灭亡吗？谁都看出，全是雅戈的卑劣的狡计置她于死地的。当然，假如我们一定要在每个灭亡者的身上找出过失来，正如通常的美学概念硬要我们这样做的话，那么我们将见人人都有过失。于是，苔丝德蒙娜是有过失的，为什么她要这样天真烂漫呢？于是，罗密欧和朱丽叶是咎由自取的，为什么他们要彼此相爱呢？于是，唐·卡罗斯是有过失的，波萨侯爵也是有过失的，为什么他们要这样不合时宜地清高呢？那么，甚至寓言中所讲的小羔羊，它到有狼在的河边饮水，也有过失了，为什么它偏要到可能遇着狼的小河去呀，而且，主要的，为什么它不自备一副利牙来吃掉狼呀？我们认为：要在每个灭亡者身上找出过失来的这种思想，是十分牵强的思想，而且是残忍到使人愤恨的思想"①。

黑格尔企图叫人相信，悲剧的结局总是理性的胜利、"永恒正义"的胜利，这也引起车尔尼雪夫斯基的愤慨。在车尔尼雪夫斯基看来，世界是生活的场所，并不是法庭。因此，许多违反道义的罪行并没有受到应有的惩罚，人们想使一切罪行都受到惩罚的想法实在是可笑的，所谓"恶有恶报"，犯罪者不是受罚便是内心痛苦的说法，也是没有根据的。现实生活中许多事例证明，人间的败德并不总是受到报应，美德也并不总是得到嘉奖，恶人可能处于富贵，安然善终，善人可能终生受苦，憔悴而死。那又

---

①　车尔尼雪夫斯基：《美学论文选》，人民文学出版社 1957 年版，第 105 页。

谈得上什么公正呢？至于说到舆论的制裁和自我忏悔时的良心责备，也同样是无稽之谈。社会舆论常常容忍人们的卑鄙行为，对"合法的"罪行就根本不去追究。斯巴达人可以随意欺骗非斯巴达人，可以像追猎兔子那样追杀希洛特农奴，罗马法律规定父亲有权杀掉或出卖自己的儿子，如此等等。这些令人发指的罪行都没有受到当时社会舆论的谴责，犯罪的人也毫不感到良心责备，难道这也算得上绝对公正的胜利吗？

在我们看来，车尔尼雪夫斯基对黑格尔的悲剧理论表示不满是理所当然的。车尔尼雪夫斯基本人所处的环境——沙皇统治下的俄国现实——使他亲眼看到了千百万人的悲剧，把这些人的悲剧命运和不幸遭遇都归咎于他们自己，这的确是一种"残忍到使人愤恨的思想"。他绝不能相信这些人的悲剧性结局是理性法庭的公正判决，而认为这些人只要处于另外的环境原本可以不遭到毁灭的命运。换句话说，这些人的悲剧性的毁灭完全取决于外部的偶然情况，完全不能要他们自己负责。作为一个革命民主主义者，车尔尼雪夫斯基事实上也只能采取这样的看法。

车尔尼雪夫斯基提出了和黑格尔相反的见解。在他看来，第一，悲剧人物自身并不是造成悲剧的根本原因；第二，悲剧的结果全然不是绝对公正的胜利；第三，伟大人物的命运并不一定是悲剧的，究竟是否形成悲剧要看环境而定。由此他作出结论说，悲剧中没有任何必然性，仅仅偶然性就足以构成悲剧。"伟大人物的苦难和毁灭是没有什么必然性的；不是每个人死亡都是因为自己的罪过，也不是每个犯了罪过的人都死亡；并非每个罪过都受到舆论的惩罚，等等。因此，我们不能不说，悲剧并不一定在我们心中唤起必然性的观念，必然性的观念绝不是悲剧使人感动的基础，[它]也不是悲剧的本质。"①

应该指出，车尔尼雪夫斯基对黑格尔悲剧理论的批判有着正确的一面。黑格尔在悲剧问题上确实暴露了严重的和现实妥协的思想。"现实的就是合理的"这一命题在坏的意义上就必然会得出保守的结论。悲剧是矛盾和冲突的产物，但归根结底矛盾又在悲剧性的结局里得到"和

---

① 《艺术与现实的美学关系》，《车尔尼雪夫斯基选集》上卷，生活·读书·新知三联书店1958年版，第30页。

解"。因此，黑格尔的悲剧论是虚假的乐观主义，它力图使人相信事实上不存在的理性胜利，而粉饰了丑恶的现实。车尔尼雪夫斯基完全有理由指责黑格尔理论的这一保守的方面，他反对使人消极地在必然性面前俯首听命，在受苦受难之后还要赞美绝对公正的胜利。这在实质上是完全正确的。

　　但是，很可惜，车尔尼雪夫斯基在批判黑格尔时完全抛弃了这位德国哲学家的天才的辩证发展思想。他不理解黑格尔的悲剧论中包含着一些非常深刻的思想，而不加区别地把它们一概当作唯心主义的谬论而加以否定。他甚至认为，黑格尔关于悲剧中的必然性的概念就是经过伪装的古希腊人的"命运"观念，以至于完全把它当做反科学的迷信的残余表现而加以抛弃。为了和黑格尔对抗，车尔尼雪夫斯基提出了自己的悲剧定义：悲剧是人生中可怕的事物。但这个定义完全不能令人满意。它过于一般化和不具体，它既不能解释悲剧的实质，也没有揭示出历史现实中的矛盾冲突的全部深度。对于这一点，普列汉诺夫曾经在1890年写的《尼·加·车尔尼雪夫斯基》一文中作了中肯的批评：

　　"决不能说：'按照新的欧洲文化的概念，悲剧是人生中可怕的事物'。'悲剧和命运观念并没有本质上的联系'，这是完全正确的。但是，它和必然性观念的联系却是毫无疑义的。人生中的一切可怕的事物并不都是悲剧性的。例如，被正在建筑的房屋的墙壁塌下来压死的人，他的命运是可怕的，但这种命运也许只对其中某些人来说才是悲剧性的……真正的悲剧以历史必然性的观念作基础。革拉古兄弟的命运是真正悲剧性的，他们的计划和生命都由于罗马的无产者不能发挥政治独立精神而毁灭了……一般来说，真正的悲剧，是个人自觉的意图，由于有限的、多少有点片面的必然性，而和像自然规律一样起作用的历史运动的盲目力量发生冲突所造成的。车尔尼雪夫斯基没有注意到，而且也不可能注意到事物的这一方面……但是，哪怕他只要想起黑格尔以索福克勒斯的《安提戈涅》为例对悲剧所作的解释，他也就会明白，不是唯心主义者也能谈论必然性。"[1]

---

[1] 《普列汉诺夫哲学著作选集》第4卷，第105页。

　　但是，并不是所有人都同意普列汉诺夫的批评，例如卢那察尔斯基就曾经为车尔尼雪夫斯基辩护，认为普列汉诺夫对他的悲剧概念的批评是不正确的①，因此有必要对这个问题作进一步的考察。

　　我们认为，问题的关键在于弄清楚必然性究竟在悲剧里占有什么地位，悲剧中的偶然性和必然性的关系究竟是怎样的。

　　我们说，安娜·卡列尼娜的遭遇是一幕悲剧。这是谁也不会否认的。但是，在什么意义上它才可以称为悲剧呢？假如她始终是一个旧俄高级官僚家里的"贤妻良母"，在一个风光明媚的春天出外旅行，偶然失足路轨而被火车撞死，那么这虽然可以算得上一件"人生中可怕的事"，却很难构成一幕具有典型意义的悲剧。安娜的命运说明，她的毁灭之所以是悲剧，正因为她的毁灭不是偶然的。安娜在她所处的环境里不得不毁灭，这就是悲剧之所在。关于安娜的悲剧性结局的必然性这一点，托尔斯泰是有深刻理解的。

　　当然，对于一定要把偶然性加在一切事物头上的人来说，那无限多样化的现实确实是可以满足他们的癖好的。安娜死于火车轮下难道不是绝对偶然的吗？要知道自杀的方式多着呢，她可以跳涅瓦河，可以借用她的情夫的手枪，还可以服毒、跳楼、上吊……如此等等。但是，无论如何，我们知道得很清楚，不论火车也好，手枪、毒药也好，都不可能是造成安娜死亡的根本原因，甚至卡列宁的冷酷自私，渥伦斯基的爱情不专，也并不是使安娜毁灭的最重要原因。实际上，安娜的悲剧根源于虚伪、残忍的上流社会。她是上流社会的反叛者，但又跳不出上流社会的圈子；她要反抗，但又没有力量，于是这场力量悬殊的斗争就只得以主人公的悲剧性的毁灭告终。安娜的悲剧的实质，正在于这种铁的必然性。在整个悲剧的发展过程中，把安娜导向毁灭的那种必然的趋势始终居于支配的地位，其余一切偶然性的情节只不过是为那种必然性开辟道路罢了。

　　车尔尼雪夫斯基问，难道考斯道夫·阿多尔夫的战死不是偶然的吗？为什么不能说悲剧是偶然的呢？我们回答说，考斯道夫·阿多尔夫的战死的确是偶然的，正像《西线无战事》里的那个德国小兵的战死是偶然的一

---

　　① 参阅卢那察尔斯基《用现代眼光看车尔尼雪夫斯基的伦理学与美学》。

样。一般来说，在战争中某一个人的毁灭决定于许多偶然的因素，这是无可否认的。但是，难道战争中就没有必然性吗？战争是政治的继续，是一定的社会制度的必然产物，而有战争就必然会有人在战争中死亡。在偶然性的背后有着必然性，必然性通过偶然性表现出来。而且在战争中死亡不一定是悲剧性的。例如一个革命战士为了革命事业而英勇牺牲，是他的莫大光荣，而不是一个悲剧。一个罪大恶极的帝国主义分子或殖民主义分子的战死，就是罪有应得，更不是什么悲剧。由此可见，仅仅战死这件事本身尚不足以构成悲剧，战死是否成为悲剧还取决于其他更深刻的原因。雷马克笔下的主人公的命运是真正悲剧性的，因为正是这些人体现了被帝国主义驱上战场充当炮灰的整整一代德国青年的悲剧命运，如果把他们的毁灭仅仅看作偶然的可怕事件，那就完全没有理解这场悲剧的实质所在。

普列汉诺夫说得完全正确：不是唯心主义者也能谈论必然性。我们还要补充一句：不谈必然性就不能成为一个彻底的唯物主义者。马克思主义以前的一切唯物主义者，都不能辩证地解决偶然性和必然性之间的关系。车尔尼雪夫斯基也同样如此，他把偶然性和必然性绝对对立起来，这绝不是辩证的观点。但是，对悲剧中的偶然性和必然性的解释，如果抛弃了辩证法，那就只有走入绝路。

应该指出，车尔尼雪夫斯基之所以否认悲剧中的必然性，主要是由于他对社会历史发展中的矛盾冲突的规律性缺乏理解。对于一个费尔巴哈式的唯物主义者，这是难以避免的缺陷。一般来说，车尔尼雪夫斯基作为一个革命家和启蒙者，总是对社会前途抱着十分乐观的看法，他相信一切悲剧性的不幸和苦难都不过是人类前进运动过程中的一些偶然性插曲。正如列宁在《我们究竟拒绝什么遗产？》中所指出的："启蒙者相信当前的社会发展，因为他们看不见它所特有的矛盾。"① 可以说，这就是车尔尼雪夫斯基的乐观主义的严重弱点。

作为一个辩证论者（虽然是唯心主义的辩证论者），黑格尔比车尔尼雪夫斯基更深刻地理解了悲剧中的偶然性和必然性的关系。在黑格尔看来，在悲剧中占支配地位的始终是必然性，虽然它往往借助于偶然性而表

① 《列宁全集》第2卷，人民出版社1959年版，第464页。

现出来。例如他关于哈姆雷特的悲剧写道："从表面上看，哈姆雷特的死似乎是由于他和勒尔替斯决斗并且交换了剑而偶然造成的。但是，在哈姆雷特灵魂的背后从一开始就隐伏着死亡。有限的范围不能使他满足；他处于这样的悲哀、柔弱、苦闷的状态，这样地厌恶一切生活条件，使我们从一开始就感到，他处在这种极可怕的环境下乃是一个失魂落魄的人，还在死亡从外面降临到他头上之前，内心的压抑就差不多已经把他折磨死了。"① 应该承认，黑格尔到人物的性格中去寻找悲剧的必然性，要比把悲剧纯粹看作可怕的偶然事件的观点深刻得多。

车尔尼雪夫斯基指责黑格尔关于悲剧中的必然性的概念是古希腊人的"命运"观念的翻版。我们觉得，这种指责是很难成立的。其实，黑格尔不仅不用"命运"来解释悲剧，而且还是"命运"观念的反对者，虽然他作为一个唯心主义者不可能彻底批判这种观念。"命运"是一种不可认识和无法理解的神秘的盲目力量，它在理性主义者黑格尔的眼里并没有多大的价值。我们不论从他关于历史现实中的悲剧（例如苏格拉底之死）或艺术中的悲剧（例如《安提戈涅》）的解释，都绝对得不出他赞同"命运"观念的结论。在黑格尔看来，苏格拉底和安提戈涅的悲剧性的毁灭，完全不是命运捉弄的结果，而是有着深刻的历史原因的。黑格尔认为，苏格拉底是雅典社会生活和精神生活中的新原则的代表者，他破坏了雅典社会的现存秩序，于是就受到惩罚，但他以死亡补偿了自己的罪过，所以他的原则就在他死后获得了胜利。至于安提戈涅，那么她所代表的是亲族之爱，而她的对立面克瑞翁所代表的则是国家的法律，在这场斗争中，安提戈涅付出了自己的生命，可是克瑞翁也同样受到了惩罚，失去了儿子和妻子，于是矛盾最后得到了和解。在这里，我们且不去问黑格尔的解释是否正确，重要的是他试图用社会生活中的矛盾冲突去说明悲剧，这和把悲剧的原因归于不可捉摸的命运的神秘观点，无疑是有天渊之别的。

但是，我们虽然承认黑格尔关于悲剧中的必然性的思想是深刻的，同时却必须指出他关于这种必然性的解释是错误的，因而也是不能令人

① 《美学》，1955 年德文版，第 1100 页。

满意的。在他看来，悲剧中的必然性首先是由于悲剧人物自身的片面性，但第一，人的悲剧性结局并不永远是由于自身的片面性，这一点车尔尼雪夫斯基已经作了正确的批判；第二，这种片面性本身就需要解释，而黑格尔本人由于他的唯心主义体系的重负，是不可能作出任何合理的解释来的。

黑格尔主要到悲剧人物的性格和伦理观念的矛盾冲突中去寻找悲剧的原因，因此他至多只是从主观方面探究了悲剧中的必然性。而他所得到的结论则是荒谬的："凡人莫不自作自受"，"假如一个人承认他所遭遇的横逆，只是由他自身演变出来的结果，他自己只是担负他自己的罪责，那么他便挺身为一自由的人，他并会相信，凡他所遭遇的一切，并没有冤枉"①。的确，要劝一个挨了耳光的人不仅不向揍他的人报复，反而还要承认自己活该，这不是容易办到的事，除非求助于一种力量，那就是宗教。我们可以看到，黑格尔也正是经常这样做的。

我们绝不否认悲剧的主观原因的重要性，但我们认为用它们不足以解释一切。它们在客观环境中是有根源的。譬如说，悲剧人物的心理条件或性格中的缺陷或"片面性"，确实对他们的悲剧性结局具有重要意义，在某种程度上，我们甚至可以说在哈姆雷特、奥赛罗、华伦斯坦、林黛玉等人的性格中早已潜伏着悲剧的可能性。但如果我们细究起来，那么这些性格（连同它们的"片面性"）毕竟也只是一定的社会条件的产物。这些性格尽管往往具有广泛的意义，但绝不应被误解为天生的、独立于社会环境以外的东西，它们必然只能依赖于一定的社会条件；换句话说，它们本身不是原因，而只是结果。总之，一般来说，在阶级社会里，各种性格的矛盾、各种观念的矛盾以及主客观的矛盾等，虽然有认识方面的问题，但归根结底都不外乎是社会矛盾，特别是阶级矛盾的反映；而社会性的冲突也往往以性格冲突、观念之间的冲突和主客观之间的冲突作为自己的表现形式。所以，从这个观点看来，我们应当把悲剧理解为悲剧环境的本质表现，悲剧本身乃是特定的社会环境的判决词。有怎样的社会，才有怎样的悲剧。显然，我们对悲剧中的必然性的这种理解首先以社会条件作为基

---

① 《小逻辑》，生活·读书·新知三联书店1957年版，第316页。

础，这种观点和黑格尔的观点是有根本区别的。

在悲剧问题上，我们也是乐观主义者。但我们既不像假乐观主义者那样膜拜悲剧的必然性，到宗教里去寻找廉价的安慰，也不像天真的乐观主义者那样看不到矛盾的深刻性，从而把悲剧看作偶然的可怕事件。我们理解到悲剧人物在一定的社会环境下毁灭的必然性，但这绝不妨碍我们给予他们最真挚的、最高贵的同情，而对真正应当负有罪责的人物和社会环境则表示无比的愤慨，为了消灭他（它）们而进行斗争。

*　　　　　*　　　　　*

在过去，车尔尼雪夫斯基对黑格尔美学的批判并没有得到人们的重视。像他的老师费尔巴哈的著作所遭到的命运一样，车尔尼雪夫斯基的美学著作从刚问世起就受到统治阶级的敌视和冷遇。统治阶级不仅借手于沙皇政府用镇压手段来限制他的著作的流传，而且还授意他们的雇佣文人用恶意的沉默来对待这些真正天才的著作。直到目前，几乎一切资产阶级美学家和美学史家也仍然绝口不提他的名字，似乎把他遗忘就等于战胜了他一样。只有在马克思主义的理论阵营中，车尔尼雪夫斯基的美学功绩才得到了应有的评价。

我们认为车尔尼雪夫斯基的美学思想是马克思主义以前唯物主义美学的最高成就。但当我们以敬仰的心情来接受这份丰富的遗产时，也不应该为前辈护短。就车尔尼雪夫斯基对黑格尔美学的批判而论，除了他在哲学观点上具有费尔巴哈唯物主义的一些根本缺陷以外，在其他方面也不是没有缺点的。黑格尔美学是内容异常丰富的庞大体系，如果深入进去用批判的眼光作一番考察，就可以在唯心主义的外衣下发现许多深刻的真理。车尔尼雪夫斯基没有对黑格尔美学作全面的探讨，他的批判仅限于黑格尔的某些观点（虽然是很重要的观点），因此彻底批判黑格尔美学的任务仍然是没有解决的。尤其是，黑格尔的《美学》含有浩瀚的艺术史材料，它的原理是以大量事实作为论据的，而车尔尼雪夫斯基虽然也主张美学应以文学艺术史为根据[①]，可是在他的学位论文里却很少历史的论证，而往往陷

---

① 参阅车尔尼雪夫斯基《论亚里士多德的〈诗学〉》。

于抽象的议论。这甚至使普列汉诺夫得出了这样一个令人诧异的结论，说在车尔尼雪夫斯基的《艺术与现实的美学关系》中，"我们所看到的关于艺术史的真正唯物主义的见解，要比譬如在'绝对唯心主义者'黑格尔的《美学》中所看到的少得多"①。

　　但是，无论如何，车尔尼雪夫斯基总是从唯物主义立场去批判黑格尔美学的第一个光辉的榜样，除了他的美学贡献以外，他的不妥协性和理论勇气在今天对我们仍然有莫大的教益。

---

　　①　《尼·加·车尔尼雪夫斯基》（1890 年），《普列汉诺夫哲学著作选集》第 4 卷，1958 年俄文版，第 103 页。

# 从右面批判黑格尔的克罗齐

意大利的现代资产阶级哲学家克罗齐（1886—1952年），是新黑格尔主义学派的一个重要角色。他的《黑格尔哲学中的活东西和死东西》一书（1906年）系统地表述了新黑格尔派对黑格尔哲学的态度，这在某种程度上代表了新黑格尔派修正黑格尔学说的总的趋势。

克罗齐本人只承认自己是一个黑格尔主义者，不承认自己是新黑格尔主义者，他在1945年所写的《我的哲学》一文中，甚至还对人们称他的哲学为"意大利新黑格尔主义"一事提出抗议。①《大英百科全书》里的《克罗齐》条中也说，他往往被人称为新黑格尔派乃是一种误解。其实，新黑格尔主义学派并不是"正统的"黑格尔派，甚至也不是一个在理论上严密一致的学派，新黑格尔主义者一般是从主观唯心主义的立场出发来阉割黑格尔哲学中的合理内核，发展黑格尔哲学中的保守的、神秘主义的因素，并且把凑合各家各派的学说看作自己了不起的"新发明"。克罗齐也不例外，他虽然建立了包括四卷著作的所谓"心灵哲学"（Filosofia dello Spirito），但这并不是什么独创的哲学体系，而只不过是新黑格尔主义、康德主义、马赫主义和柏格森主义的混合体。

在这里，我们不打算来详细批判克罗齐的"心灵哲学"体系，而仅限于考察他对黑格尔哲学的关系，只在必要时才涉及他本人的体系。我们的目的在于指出：克罗齐从什么立场来批判黑格尔，他所赞扬的黑格尔哲学中的"活东西"究竟是不是"活的"；他所批判的黑格尔哲学中的"死东西"究竟是不是"死的"。

---

① 克罗齐：《我的哲学》，1951年英译本，第19页。

# 一

　　克罗齐曾经在许多著作中说明他和黑格尔的关系。《黑格尔哲学中的活东西和死东西》一书是他的新黑格尔主义思想刚刚形成时期的作品。他后来在《自传》中谈到他的哲学观点与黑格尔的关系时写道："如果人们认为黑格尔哲学中的最重要的东西，是在自然世界中无意识地实现自身、并且在精神世界中重新发现自身的逻各斯概念，是经历一长串辩证的三段式以便在理念中达到顶点，从而转为自然的这种逻各斯的逻辑学的联合概念，是先于这种逻辑学并作为借以达到逻辑学最高天的阶梯而形成的现象学的联合概念，最后，是自然和人类历史的先验结构和黑格尔的学生与模仿者所主要地献身的那些类似伪形而上学的事业——这些东西在过去一般被人认作最重要的东西——那么，我所叙述的作为心灵科学的哲学并不是黑格尔主义的继续，而是它的完全灭亡。因为作为心灵科学的哲学否认现象学和逻辑学之间的区别；它不仅否认自然哲学和历史哲学的辩证结构，而且也同样否认逻辑学的辩证结构；它否认逻各斯、自然和精神的三合体，而主张精神是唯一的实在，在精神中，自然只不过是精神自身的辩证法中的一个方面。但是，如果相反地，人们认为黑格尔的最重要的东西是他追求内在性和具体性的有力趋向，以及他关于哲学逻辑的概念（根本不同于自然主义的逻辑），那么作为心灵科学的哲学当然虽不认为黑格尔是它的父亲（因为显然它的父亲只能是它的作者），却认为黑格尔是它的伟大先驱。"① 上面这一段话是理解克罗齐的《黑格尔哲学中的活东西和死东西》一书的重要线索。但应该指出，克罗齐自以为他从这个角度提出问题，便超越于黑格尔左派和右派的争论之上，"创造性"地继承了黑格尔哲学，其实只不过是自我吹嘘而已。克罗齐没有抓住，也不可能抓住黑格尔哲学中的基本矛盾，虽然有时他也多少看出了矛盾的所在，但他不能或不愿理解这种矛盾的实质，而想用一些治标不治本的办法来弥补这种矛盾，以便强化整个黑格尔哲学体系的唯心主义原则。

---

　　① 克罗齐：《自传》，1927 年英译本，第 99—101 页。

在克罗齐看来，黑格尔的错误是在应用原理的地方，而不在于原理本身。他虽然认为黑格尔的错误的原因不在他的哲学原理之外，本质上或大部分是哲学上的错误，而不是偶然的粗枝大叶的结果，但他却断定，这些错误的原因存在于哲学逻辑之中，存在于逻辑理论的一种错误之中。① 照他来说，对立概念和相异概念的混同是"一种根本的错误"，而且是"黑格尔体系里在哲学上所犯的所有错误"的根源。② 这样，黑格尔哲学内部的严重矛盾就被他一笔轻轻抹杀，变成单纯的逻辑上的错误了。

马克思列宁主义认为，黑格尔哲学中不可调和的内在矛盾是辩证法和客观唯心主义体系的矛盾。黑格尔的辩证方法是他的学说中的进步的方面，而他的哲学体系则是保守的方面。当然，不可忽略的是，黑格尔的辩证法是不彻底的，始终带有唯心主义的性质，不可能成为人们认识世界和改造世界的强有力的武器。黑格尔往往为了迁就他的唯心主义的体系而违背辩证法的一些基本原则。例如，辩证法把整个世界的发展看作一个过程，"在辩证法哲学看来，并没有什么一成不变的、绝对的、神圣的东西。辩证法哲学认为一切和任何事物中都有着不可避免的灭亡的印迹；在它看来，除了不断的发生和消灭的过程，除了无穷的由低级进到高级的上升过程以外，没有任何东西是永存的"③。在辩证法面前，没有任何最终的绝对真理，也没有发展的绝对终点，所以说它的革命性质是绝对的。但在黑格尔那里，辩证法却没有发挥到这样彻底的地步，而是半途而废的。黑格尔的唯心主义体系并不把辩证法看作世界发展过程在人的头脑中的反映，相反地，在黑格尔那里，人的思维过程转变成一个独立的主体，成为现实世界的创造主，似乎整个世界的发展都只不过是"绝对理念"（或"绝对精神"、"世界精神"）认识自己和回复到自身的活动过程。因此，他的体系要求他设想一个发展的终点，于是他便以神的代名词——"绝对理念"来实现这一任务，这样就与他的辩证方法发生深刻的矛盾。在政治方面也同样如此，黑格尔的辩证法并没有使他作出必须以新制度来代替旧制度的革

---

① 克罗齐：《黑格尔哲学中的活东西和死东西》，商务印书馆1959年版。
② 同上书，第56页。
③ 恩格斯：《路德维希·费尔巴哈与德国古典哲学的终结》，人民出版社1957年版，第9页。

命结论，由于哲学体系的要求，他在《法哲学》一书中作出了保守的结论，似乎德意志等级制君主政体是国家发展的最高之举，充分体现了"绝对理念"。所以恩格斯指出，在黑格尔的哲学中，"革命方面闷死在过分增长的保守方面的重压之下"①，也就是说，为了唯心主义的体系而牺牲了辩证方法。

　　显然可以看出，克罗齐是从右面来批评和护卫黑格尔哲学的，因而在他看来，黑格尔的错误不在于他的唯心主义原理，而在于他的唯心主义还不彻底，即所谓在论证这种原理的方法上有缺陷。的确，在主观唯心主义者看来，客观唯心主义是不彻底的，有着所谓"二元论"的残余，从前面引证的克罗齐的一段话中可以看出，他对黑格尔的自然是绝对理念的"异在"或"外化"的说法还感到不能满意，而索性主张精神是唯一的实在，自然只不过是精神自身的辩证法中的一个方面。其实，黑格尔尽管也把精神看成是"唯一的实在"，但他终究还没有完全否认自然的存在和现实性，而认为它是绝对理念的发展过程中的一个必要的阶段。克罗齐则更为"彻底"，他要消灭物质世界，把心灵活动的世界当作唯一真实的世界，这充分表现出克罗齐对黑格尔的批评的错误实质。

　　应该指出，黑格尔的根本错误不在于方法而在于体系，即在于他把精神看成先于物质的唯心主义观点。克罗齐没有能避开这种错误，反而发展了这种错误。克罗齐曾经在许多地方指责黑格尔的独断主义，但他作为一个唯心主义者却看不到这样一个千真万确的事实：唯心主义是最大的独断主义，一切唯心主义者为了自圆其说，不能不乞求于独断主义。这是唯心主义哲学的性质所决定的，而不是什么单纯的逻辑错误的结果。与黑格尔相比，克罗齐的独断主义是有过之而无不及的。

　　恩格斯曾经对黑格尔的历史功绩作了很高的评价，他指出："黑格尔的最大功绩是在于他第一个把整个自然的、历史的及精神的世界想象成一种过程，即认为它处在不断的运动、变化、改造和发展中，并且曾企图发现这种运动和发展的内在联系。"② 但他又指出，黑格尔并没有解决他所提

---

① 恩格斯：《路德维希·费尔巴哈与德国古典哲学的终结》，人民出版社1957年版，第7页。
② 《马克思恩格斯文选》第2卷，1955年莫斯科中文版，第133页。

出的这个任务，原因之一就在于："黑格尔是个唯心主义者，换句话说，他认为人脑的思想不是真实事物和真实过程多少抽象的反映；恰巧相反，黑格尔认为事物及其发展只是在世界尚未出现以前已存在于某个地方的某种'观念'所体现出来的反映。这样一切都被颠倒过来了，世界现象的真实联系完全被曲解了。"① 正由于黑格尔哲学的唯心主义性质，所以辩证法在他的手里是神秘的、头脚倒置的，他的整个体系也不能不是牵强附会的、虚构的。我们的任务就在于粉碎黑格尔哲学的唯心主义外壳，以拯救它的合理的内核——辩证法。在其原有的唯心主义形式下，黑格尔的辩证法不仅与马克思主义的唯物辩证法不同，而且是互相对立的。

马克思主义对黑格尔哲学的这种分析是与克罗齐完全相反的，马克思主义之所以批评黑格尔，是因为他是一个唯心主义者，而克罗齐之所以批评黑格尔，却完全是由于黑格尔的唯心主义不彻底。列宁曾经说过，一种唯心主义对另一种唯心主义的批评，往往是有利于唯物主义的。在这个意义上来说，克罗齐对黑格尔的批评也不是完全没有意义的。但是，如果我们来看一下克罗齐本人所鼓吹的所谓"心灵哲学"体系，就可以明白他究竟是从什么立场来批评黑格尔了。

根据克罗齐的"心灵哲学"，整个现实界都是心灵活动的显现，除了心灵之外，就没有任何其他的实在。"自然"的概念根本是不必要的，它只不过是心灵的虚构，研究自然的自然科学也只是为了实用目的而造成的理智的虚构。一切知识都起源于直觉，都是心灵活动的产物。"在直觉界线以下的是感受，或无形式的物质。这物质就其为单纯的物质而言，心灵永不能认识。心灵要认识它，只有赋予它以形式，把它纳入形式才行。单纯的物质对心灵为不存在，不过心灵须假定有这么一种东西，作为直觉以下的一个界线。"② 从这里我们可以看到，克罗齐怎样企图用主观唯心主义的精神来消灭物质和自然。他自己也知道用宣布"单纯的物质对心灵为不存在"的廉价手段究竟是消灭不了物质的，于是他又不得不走折中主义的小路，把物质从后门偷运进来，说必须要假定有这么一种东西云云，可是

---

① 《马克思恩格斯文选》第 2 卷，1955 年莫斯科中文版，第 133 页。
② 克罗齐：《美学原理》，作家出版社 1958 年版，第 5 页。

又转过来说心灵对这种单纯的物质是不能认识的。显然这只能是自欺欺人的一种自圆其说而已。

在黑格尔的体系中，物质世界是理念的外化，这确实是虚构的、神秘的、荒谬的，克罗齐也觉得这种说法有点站不住脚，所以对这种说法表示反对。但在唯心主义的基础上，除了客观唯心主义的这种解答以外，只可能有巴克莱主教那样的主观唯心主义的解答，那就是把物质看作个人的主观的产物。克罗齐就是用主观唯心主义来反对黑格尔的客观唯心主义的，虽然为了掩护他的主观唯心主义，他竭力想把他的所谓心灵说成普通的心灵，可是这样做就与他的直觉说相抵触，所以连英国学者约德也说，克罗齐努力想摆脱唯我论能否算得成功是值得怀疑的。[①]

马克思曾经批判黑格尔哲学是"儿子生出母亲，精神产生自然界……结果产生起源"[②]。克罗齐的所谓体系又何尝不是如此，他对黑格尔的批评只是想用主观唯心主义的原则来代替黑格尔的客观唯心主义原则，所以他的批评在本质上是从右面进行的。在思维对物质的关系问题上，克罗齐也和黑格尔完全一样，把思维看作"最高的实在"、"实在的实在"[③]。因此，在我们看来，克罗齐批评黑格尔并不意味着他避免了黑格尔的基本错误，相反地，克罗齐的批评完全没有涉及这种基本错误，而仅限于不很重要的次要方面，因此黑格尔所犯的基本错误即颠倒精神和自然界的主从关系的错误，不但没有得到纠正，反而被加深了。

克罗齐在评价黑格尔哲学时故意抹杀它的阶级本质。照他来说，必须把历史上的黑格尔和哲学家黑格尔严格区分开，因为哲学真理是没有阶级性的，没有党派性的，凡是我们可以从其中引申出一种特定的政治态度的立场，都不是纯粹的哲学真理。这种抹杀哲学的阶级性和党派性的说法，可说是一切资产阶级哲学家和哲学史家的共同特征，他们竭力想掩饰他们为资产阶级服务的真面目，伪装成超阶级、超时代的"纯粹哲学真理"的代表者。马克思主义在历史上第一次公开揭示出哲学的阶级性，马克思主

---

① 参阅约德《近代哲学引谕》，1924 年伦敦版。
② 《马克思恩格斯全集》第 2 卷，人民出版社 1957 年版，第 214 页。
③ 克罗齐：《黑格尔哲学中的活东西和死东西》，第 19 页。

义者认为，哲学思想属于社会意识形态，它是时代精神的反映，在阶级社会里，它必然属于某个特定的阶级，为这个阶级的利益服务。因此，超阶级、超时代的所谓"纯粹哲学真理"是没有的，是捏造出来的。在马克思主义者看来，包括黑格尔哲学在内的18世纪末至19世纪初的德国古典哲学，乃是1789年法国资产阶级革命的德国理论、德国的解释。黑格尔是德国资产阶级的思想家，他的学说中的进步方面和保守方面正是反映了当时德国资产阶级的两面性、软弱性和不彻底性。只有马克思主义理论才正确地分析了黑格尔哲学的阶级性质，而抹杀这种阶级性质的克罗齐所鼓吹的"纯粹哲学真理"则是完全不科学的。

<h1 style="text-align:center">二</h1>

　　我们来进一步考察一下克罗齐对黑格尔的批评，我们将把主要的注意力放在克罗齐对黑格尔辩证法的"修正"上。

　　前面已经提到，克罗齐认为黑格尔的根本错误是把对立概念和相异概念互相混淆。他说："我们不能把对立的概念跟相异的概念等同起来，亦不能把对立的概念看作是相异的概念的特例，是相异的概念之一个种类……两个相异的概念甚至在它们的相异中自行联合起来……至于两个对立的概念便好像互相排斥；这个呈现时，另一个便完全消灭……对于对立的概念，可以应用'你死我活'这句格言。"① 克罗齐把矛盾与对立的范围大大地缩小了，在他看来，对立只存在于作为具体共相的相异概念内部，而不存在于相异概念之间。相异概念之间既没有矛盾，也没有对立，它们之间只有高与低的度的关系。克罗齐用双分法把心灵活动分为两度："知"和"行"，而"知"和"行"又各分为两个阶段，"知"分为直觉和概念两个阶段，"行"分为经济和道德两个阶段，它们都是独立存在的，高的阶段包含低的阶段，并以低的阶段为依据，但低的阶段可以离开高的阶段而单独存在。在相异概念内部的对立面是绝对的，"唯一的真理便是统一，并不是

---

　　① 克罗齐：《黑格尔哲学中的活东西和死东西》，第6页。

有一种相反与它对立，而是把相反包含在自身中"①，如何能从对立达到统一呢？照克罗齐的说法，"用一个概念的形式来思维这对立。这个概念的形式便是最高的统一"②。黑格尔的辩证法是概念的辩证法，克罗齐对这一点是极其强调的。事实上，克罗齐所看到的所谓辩证法，就是概念中包含正、反两项，由第三项加以综合，这个合题便是对立面的统一，只有统一才代表真理。所以克罗齐虽然把对立面的辩证法作为黑格尔哲学中的有生命力的部分，而主张予以保留，但实质上他所说的辩证法只是黑格尔辩证法中的次要成分，辩证法中的精华和灵魂，即关于矛盾和发展的学说都被他抛弃了。

克罗齐根本不理解辩证法的实质，用形而上学的观点严重地歪曲了黑格尔的辩证法学说。黑格尔的辩证法虽然是唯心主义的，并与唯物辩证法根本相反，但它毕竟包含着许多合理的辩证因素、丰富的思想和天才的猜测，它与克罗齐所说的辩证法显然有天渊之别，可说是"播下的是龙种，收获的却是跳蚤"（海涅语）。作为新黑格尔派的克罗齐，对黑格尔哲学中的最强有力的方面即辩证法是漠视的。只有马克思主义才真正批判地改造了黑格尔的辩证法，并把它发展到新的高度。

黑格尔认为，矛盾是普遍存在的，"天地间绝没有任何事物，我们不能或不必在它里面指出矛盾或相反的特性"③。黑格尔驳斥了古希腊哲学家芝诺指出运动既然具有矛盾，所以就没有运动的说法，而作出了"运动就是矛盾"的结论。在他看来，没有什么事物不具有矛盾，没有矛盾就没有世界，也没有生命和运动。列宁非常重视黑格尔的这个杰出的思想，他在"谈谈辩证法问题"一文开头就指出："统一物之分解为两个部分以及对其矛盾着的各部分的认识，是辩证法的实质。黑格尔也正是这样提问题的。"④

黑格尔并不限于指出每个事物都包含矛盾，而且认为构成矛盾双方的对立面是统一的或同一的，这种统一不仅不妨碍对立，而且还是对立的结

---

① 克罗齐：《黑格尔哲学中的活东西和死东西》，第 12 页。
② 同上书，第 9 页。
③ 黑格尔，《小逻辑》，生活·读书·新知三联书店 1954 年版，第 210 页。
④ 列宁：《哲学笔记》，人民出版社 1956 年版，第 361 页。

果，因为除了对立面的统一之外，就没有真正的统一，不是对立面所组成的统一，只是机械的拼凑。因此，列宁在总结这个思想时写道："对立面的同一……就是承认（发现）自然界（精神和社会都在内）的一切现象和过程具有矛盾着的、相互排斥的、对立的倾向。"① 黑格尔这样描述了对立面双方的既互相排斥和斗争，又互相联系和统一的关系："在对立中，相异者，不是任一别物，而是与它正相反对的别物，这就是说，每一方面只由于与另一方面有了关系方得到它自己的性格，此一方面只有从另一方面反映间来，方能自己照映自己。"② 的确，在这里我们应当注意到，黑格尔没有明确提出对立面的统一是相对的、对立面的斗争是绝对的这种思想，这种思想是马克思主义对辩证法的新发展。但黑格尔毕竟提出了对立面的统一和斗争的基本原则，尽管由于他的唯心主义体系的要求，他最后强调的是对立面的统一和协调，达到所谓"绝对"，不过一般地说他是并不否认对立面斗争的。

黑格尔批判了形而上学关于对立的理解，形而上学正是把对立面看作绝对的、彼此不相干的东西。黑格尔则不仅认为对立面互相依赖，而且还能互相转化。当然，对立面转化的思想在黑格尔那里没有得到透彻的发挥。我们知道，马克思列宁主义创始人以及毛泽东同志根据丰富的革命实践经验，在这方面作出了极其重要的、创造性的发展。

承认矛盾的普遍性和对立面的统一和斗争，还只是黑格尔辩证法的合理内核的一部分，黑格尔还发挥了一个极其重要的思想，即事物的内在矛盾是发展的动力的思想。

黑格尔经常爱说下面这句话："矛盾引导前进"，他到事物的内部去寻找发展的泉源，强调事物的自身运动。他在谈到发展时，显然暂时摆脱了他的"绝对唯心主义"的枷锁，他在《逻辑学》一书中写道："同一和矛盾相反，它只是简单的直接的僵死存在的规定，而矛盾却是一切运动和生命力的根源；事物只因为在本身中包含着矛盾，所以它才能运动，才具有

---

① 列宁：《哲学笔记》，人民出版社 1956 年版，第 362 页。
② 黑格尔：《小逻辑》，第 263 页。

趋向和活动。"① 又写道："抽象的自我同一，还不是生命力，但因为肯定的东西在自身中就具有否定性，所以它可以超越自身之外，并引起自己的变化。可见某物之所以是有生命的，只是因为它本身包含着矛盾，因为它正是那种包括于自身并把它保持下来的力量。"② 黑格尔还这样辩证地阐述了矛盾和自身运动的关系："矛盾……是一切自己运动的原则，而自己运动就是矛盾的表现。"③ 列宁极其重视黑格尔的矛盾是发展动力的思想，他把这个思想称为"黑格尔主义的实质"。毛泽东同志进一步发展了这个思想，他在《矛盾论》中写道："事物发展的根本原因，不是在事物的外部而是在事物的内部，在于事物内部的矛盾性……事物内部的这种矛盾性是事物发展的根本原因，一事物和他事物的互相联系和互相影响则是事物发展的第二位的原因。"④ 在这里，我们也可以清楚地看到，只有马克思主义才真正批判地继承了黑格尔辩证法。

克罗齐对黑格尔辩证法的歪曲和阉割，首先在于他否认矛盾是普遍的，他形而上学地把相异和对立看作两种绝对不同、互相排斥的东西，而不懂得"世界上的每一差异中就已经包含着矛盾，差异就是矛盾"⑤。他不承认这样一个简明的真理：在一定条件下，差异可以发展成为对立，因为差异中就已包含着矛盾。这正是克罗齐反辩证法的形而上学思想。

克罗齐的另一个歪曲就是他只承认对立面的统一，而否认对立面的斗争和互相转化。他把对立面的统一绝对化，认为统一是"唯一的真理"，根本看不到这种统一的相对性和暂时性。他所理解的对立面的统一，只是机械地综合正反两项来达到真理的手段，这种统一是僵死的、自身不能发展的、一成不变的。这也正是反辩证法的形而上学思想。

克罗齐对黑格尔辩证法的第三个歪曲就是他根本抹杀矛盾作为发展动力的作用。克罗齐心目中的发展不是通过矛盾而进行的，发展的原因和泉源不在事物内部，而在事物外部。在他看来，高级阶段和低级阶段是度的

---

① 黑格尔：《逻辑学》，转引自列宁《哲学笔记》，人民出版社 1957 年版，第 119 页。
② 同上书，第 120 页。
③ 同上。
④ 《毛泽东选集》第一卷，人民出版社 1952 年版，第 259—290 页。
⑤ 同上书，第 295 页。

关系，从低级到高级的发展不是由于事物内在矛盾的运动的必然结果。显然，这同样还是反辩证法的形而上学思想。

因此，我们可以作出结论说，克罗齐对辩证法的最重要的规律，即对立面的统一和斗争的规律，作了粗暴的歪曲，阉割了它的灵魂和革命精神，这就是这个名噪一时的新黑格尔主义者发挥"独立思考"的结果！

至于说到辩证法的其他两条规律，即质量互变的规律和否定之否定的规律，则在克罗齐手里遭到了更为悲惨的命运。

大家知道，从量变过渡到质变的规律在黑格尔辩证法中占有重要的地位。马克思对于黑格尔的这一贡献曾给予很高的评价，他说："黑格尔因对德意志人阐明质量等的范畴……而永垂不朽。"① 黑格尔认为，质与量是统一的，在一定的范围内，量的增减不会影响到质，这就是发展中的渐进过程；但一旦达到度量关系交错线后，量变就会引起质变，于是旧的质就消灭，产生新的质，这就是发展中的飞跃。黑格尔极其强调飞跃在发展中的意义，他驳斥有些人关于自然界没有飞跃，而只有逐渐的发生和消灭的说法。他指出："存在的变化从来都不仅是从一个量转化为另一个量，而且是从质转化为量和从量转化为质，是他物的生成，即渐进过程的中断以及与先前的存在有质的不同的他物。"② 黑格尔所阐明的这条辩证法规律具有重大的革命意义，把这条规律运用于社会生活，就会得出革命不可避免的结论。无怪乎克罗齐对它默不作声，一字不提。因为作为形而上学者的克罗齐是不可能容忍这条规律的。

否定之否定的规律和黑格尔关于矛盾发展的学说有着紧密的联系。应该指出，在黑格尔那里，这条规律往往被他描述成正题——反题——合题的三段式，这当然是形而上学的。但是，黑格尔关于否定之否定的思想也包含着很丰富的辩证思想。他所说的否定不是简单的否定，否定旧事物的新事物，在自身中包含了从旧事物继承的某些因素，也就是他经常爱用的"扬弃"，否定之否定的思想不把发展看作一条直线，而把它看作螺旋线，这是极其深刻的。克罗齐恰恰不是从发展的观点来看这条规律，而仅仅把

① 《马克思恩格斯通信集》第 1 卷，生活·读书·新知三联书店 1957 年版，第 368 页。
② 黑格尔：《逻辑学》，转引自列宁《哲学笔记》，第 101 页。

它理解成为庸俗的三段式。他还恣意歪曲恩格斯的原意，对恩格斯在《反杜林论》一书中有关这条规律的阐述滥施攻击，这种手法证明他反对马克思主义辩证法是不择手段的。

黑格尔辩证法中关于本质和现象、必然性和偶然性、自由和必然、原因和结果、形式和内容、个别与一般等范畴之间的辩证关系的学说，也是克罗齐所不屑一顾的，在这里我们不可能一一叙述黑格尔在这些问题上的卓越贡献，我们只想指出克罗齐完全撇开这些问题不谈，表明他毫不重视黑格尔辩证法的精华。

经过上面的考察，我们可以清楚地看到，克罗齐所谓批评和继承黑格尔哲学，就是用形而上学来代替辩证法，他口头上虽然也接受辩证法，但这种所谓"辩证法"可说是名存实亡，与真正的辩证法毫无共同之处。

普列汉诺夫在评论克罗齐的《历史唯物主义与马克思主义经济学》一书时，曾把他评为"辩证方法和唯物主义的死敌"[1]。克罗齐在《黑格尔哲学中的活东西和死东西》一书中对黑格尔辩证法的歪曲和阉割，充分证明了普列汉诺夫的这个评价的正确性，顺便指出，克罗齐的这部著作虽然不是用来专门反对唯物主义的，但对唯物主义也作了恶毒的污蔑和攻击，照他说来，唯物主义似乎是否认一切价值，甚至是否认历史的价值，这表明他对唯物主义充满偏见，不值一驳。[2]

尽管克罗齐是反辩证法的形而上学的拥护者，他却信口雌黄把形而上学的帽子硬套在马克思头上，他在 1944 年所写的《论共产主义哲学》一文中大放厥词，对辩证唯物主义大肆污蔑。据他说，唯物主义就是机械论和决定论，与辩证法绝不相容，马克思对黑格尔辩证法的改造取消了"逻辑学中划时代的革命和历史思维的逻辑基础"，而保存了"老朽的形而上学的残余"，马克思的"物质"与黑格尔的"理念"是同一件东西云云。这就是克罗齐的"新发明"，虽然他自诩对马克思主义著作有精深的研究，但事实却证明他对马克思主义缺乏起码的理解。

事实是最无情的见证人，真正保存"老朽的形而上学的残余"不是马

---

① 《普列汉诺夫哲学选集》第 2 卷，俄文版，第 715 页。
② 克罗齐：《黑格尔哲学中的活东西和死东西》，第 39 页。

克思，正是克罗齐。这里可以举一个例子。他这样写道："哲学所考察的是在永恒状态里的精神，是在时间之外的永恒的理想史。它是生和灭的永恒形式的系列。像黑格尔所说过的，这是永远不生不灭的。"① 难道这不叫做形而上学？在这儿哪里还有什么辩证法！

# 三

克罗齐在批评了黑格尔的辩证法以后，紧接着就来讨论所谓辩证法形式的误用。他认为，由于黑格尔混淆了相异概念和对立概念，就产生了两种坏结果："一方面，哲学的错误获得了局部概念或特殊概念，即相异概念的高位。另一方面，那些真正是相异概念的地位被降为趋向真理的单纯努力的水平，降为不全面的、不完善的真理。这等于说相异概念是一具有哲学的错误的形态。"② 这段话是晦涩难懂的，意思是说一方面把普遍的变成了特殊的，另一方面把特殊的变成了普遍的。在克罗齐看来，普遍与特殊是严格对立的。

这里，克罗齐主要是批评黑格尔的泛逻辑主义和理念发展的先天程序。他认为黑格尔的体系是独断的，他说："如果不求助于死记硬背的机械方法，便不容易把黑格尔的《逻辑学》保留在记忆里。它的逻辑的各部分并不是以必然性互相引发出来的。"③ 照他看来，黑格尔的《逻辑学》中的"粗暴而独断的排列是被一种关于错误的先天演绎的不正确的观念所强制形成的"④。他认为，黑格尔的体系从纯有开始是缺乏根据的，哲学是一个"圆环"，没有一个必然的起点，因此他劝人们不要按照黑格尔所指出的程序去进入"女神"（或理念的秘密）的神殿，只有从各方面向神殿冲锋，才能登堂入室。

在表面上看来，克罗齐的批评似乎是有道理的，黑格尔的泛逻辑主义和人为的体系确实是独断的、神秘的。但是，产生这些错误的原因是黑格

---

① 克罗齐：《黑格尔哲学中的活东西和死东西》，第 53 页。
② 同上书，第 57 页。
③ 同上书，第 64 页。
④ 同上书，第 66、67 页。

尔所遵循的唯心主义原则，他既然不把辩证思维看作客观事物的辩证法在人的头脑中的反映，就只能从虚无缥缈的精神本源中把它人为地演绎出来。克罗齐完全没有接触到事情的本质，因此他的批评既不深刻，也不彻底。要把辩证法从专断的泛逻辑主义和人为的体系中解放出来，首先就应该使辩证法有一个坚实的、唯物的基础，克罗齐狂热地反对唯物主义，因此他对黑格尔的批评除了起某种破坏作用以外没有任何建设性的意义。

黑格尔的泛逻辑主义和独断的体系，与马克思在《神圣家族》一书中所批判的思辨的创世说有着密切的联系，黑格尔的思辨的创世说实际上认为："真正的宇宙运动只有作为独立于物质和摆脱了物质即独立于现实和摆脱了现实的、自我意识的观念运动，才是真正的和现实的。"① 宇宙运动既然是自我意识的观念运动或纯思想的运动，那么它就不能摆脱思想所固有的预先设定的逻辑的圈套，就不能不是神秘的。克罗齐正是看不到这一点，所以他对黑格尔的批评归根结底是用另一种神秘主义来代替黑格尔的神秘主义，克罗齐的神秘主义正在于他的非理性主义的直觉说，我们在后面还要对它进行考察。

克罗齐在批评黑格尔把特殊概念变相为普遍概念时，涉及美学、历史哲学和自然哲学。克罗齐对黑格尔的美学和历史哲学的批评特别表现出浓厚的主观唯心主义观点。

克罗齐认为，黑格尔由于把辩证法运用于相异概念，便降低了艺术的地位，似乎艺术只是绝对精神发展中的初级阶段，他指出："黑格尔所描写的艺术的目的，便在于指出，在我们的时代再不能深刻地使我们发生兴趣的艺术形式，相续地解体。"② 他把黑格尔这种看法称为"惊人的怪说"，并认为这比其他例证更好地阐明了黑格尔的逻辑的预先设定本身的错误。就这一点而论，克罗齐是不错的，黑格尔的美学确实披着神秘的外衣。例如，在黑格尔看来，美只是绝对理念的特殊表现形式，即感性形式下的表现。但是，应该指出的是，克罗齐的美学观点，比起黑格尔来，是更加错误的。

---

① 《马克思恩格斯全集》第 2 卷，第 179 页。
② 克罗齐：《黑格尔哲学中的活东西和死东西》，第 73 页。

克罗齐在他的《心灵哲学》的第一部《美学，表现与普遍语言的科学》（中译本改名为《美学原理》）中发挥了他的美学观点，并且阐明了美学在他的整个体系中的地位。照他说来，美学的研究对象应该是基本的心灵活动，即直觉。他认为艺术的真正领域就是直觉的领域。

克罗齐批评黑格尔《精神现象学》一书的起点——感性的确定性（Die sinnliche GewiBheit）还不是原始的、纯粹的，而已经掺杂了理智的反思。克罗齐认为，审美冥思中的感性的确定性"没有主体和客体的区别，没有一种事物跟另一种事物的比较，没有时空系列中的分类"①，"我们可以离开空间时间而有直觉②……它们的形成都与空间时间无关"③。直觉知识是一切知识的基础，它是离理智作用而独立的，因此"审美的知识完全不依靠理性的知识"④。而且直觉就是表现，就是艺术，表现是对于殊相的思想，心灵一想到共相，就破坏了表现。

克罗齐的直觉说最充分地暴露了他的非理性主义思想，他反对艺术的思想性，不承认艺术作品的思想内容的首要意义，当然更谈不上艺术的社会作用了。他的美学理论教导艺术家在创作时完全诉诸个人的主观直觉感受，而根本不考虑其他因素。显然，这种美学理论为现代西方资产阶级艺术中的神秘主义、个人主义、无思想性、反社会倾向、"为艺术而艺术"等作了理论上的论证。

克罗齐的直觉说在哲学上暴露出极端的主观唯心主义思想。他不承认有"美的事物"或"物理的美"，"因为美不是物理的事实，它不属于事物，而属于人的活动，属于心灵的力量"⑤，换句话说，自然界根本无所谓美丑，美只是人的主观创造。但克罗齐并没有到这里停步，在他看来，不仅客观事物无所谓美丑，而且连客观事物本身也只是人凭感觉印象创造出来的产物，感觉印象并不来自客观事物，而是来自主体的感受和情感，经心灵赋以形式而外化为对象。一句话，对象就是对象化了的主体，这与所

---

① 克罗齐：《黑格尔哲学中的活东西和死东西》，第69—70页。
② 所谓直觉即指感性确定性。
③ 《美学原理》，第4页。
④ 同上书，第21页。
⑤ 同上书，第90页。

谓"存在就是被感知"的原则在实质上又有什么区别？曾经写过一本《克罗齐的哲学》的英国人威尔登·卡尔虽然竭力为克罗齐开脱，也终究不得不承认克罗齐会在某种形式下承认这个原则。[①]

黑格尔的美学尽管是唯心主义的，但它毕竟包含了许多合理的成分和天才的猜测，正因为这样，所以它博得了恩格斯和普列汉诺夫的很高的评价。黑格尔的美学理论强调艺术作品的思想内容，反对形式主义，反对主观主义的审美评价，他虽然轻视自然美，但他终究没有达到根本否认自然美的荒谬地步。克罗齐所反对的正是黑格尔美学中的合理成分，这就说明了他对黑格尔美学的批评的实质。

克罗齐根据同样的出发点来批评黑格尔的历史哲学，他指出，"由于黑格尔不懂得艺术的自主性，因而妨碍了他对于历史（历史学）的自主性的了解"[②]。克罗齐甚至还反对黑格尔用"历史哲学"这个名词，他认为历史本身就是哲学，因此历史哲学这个名词就是赘词，如果把历史哲学理解为"第二度的历史"以区别于只叙述史实的"第一度的历史"，那么这意思就是消灭历史，因为它一旦出现，历史家的历史在相形之下便表现为一种错误，而不得不解体。克罗齐认为，黑格尔"是要确立，而实际上已经确立了一种历史哲学的观念；他是要否认历史家的历史……他的逻辑的预先设定要他这样做"[③]。克罗齐多少发现了黑格尔历史哲学的矛盾：黑格尔既要顾及历史事实，强调要依照历史的真相来进行研究，却又根据先天早已决定的理念发展程序的需要来任意取舍历史材料，任意宣布某些事实是本质的和必然的，另一些事实是非本质的和偶然的。

但是，克罗齐无法理解也不愿理解黑格尔历史哲学的根本错误。马克思曾经指出："黑格尔历史观的前提是抽象的或绝对的精神，这种精神正在以下面这种方式发展着：人类仅仅是这种精神的有意识或无意识的承担者……人类的历史变成了抽象的东西的历史，因而对现实的人说来，也就是变成了人类的彼岸精神的历史。"[④] 黑格尔的历史哲学虽然包含着一些对

---

① 参阅卡尔《克罗齐的哲学》，第7页。
② 克罗齐：《黑格尔哲学中的活东西和死东西》，第76页。
③ 同上书，第78页。
④ 《马克思恩格斯全集》第2卷，第108页。

个别问题的卓越见解和个别历史唯物主义的萌芽，但由于它贯彻着唯心主义精神，所以是不科学的、违背历史事实的。正因为这个缘故，列宁认为，黑格尔的历史哲学所提供的东西非常之少。

克罗齐用一种更错误的历史观来代替黑格尔的历史哲学。在他看来，历史经常是一种"艺术的作品"，他认为，每一个历史的命题或判断都不是单纯的个别客观事实，每个命题都具有执行主词功能的直觉原质和执行谓词功能的逻辑原质，因此任何一个命题都是个别形象（直觉原质）和普遍性（逻辑原质）的融合，史实并不是独立于人的主观意识而存在的，而是历史家在思想时所下的判断。因此，思想产生历史，历史只能存在于历史家的思想中，思想的发展本身就是历史，从这一点出发，他又得出结论说，一切历史都是现时史，因为只有当我去思索历史，依照我的心灵需要去整理历史的时候，历史才成为历史。

毫无疑问，克罗齐宣扬的是极端主观主义的历史观，他不仅叫人们凭各人主观愿望去任意歪曲和解释历史，而且还根本否认有客观的、铁一般的历史事实的存在，更不用说历史规律的存在了。黑格尔的历史哲学虽然在本质上是虚构的、歪曲历史发展真相的，但他毕竟并不否认客观的历史事实的存在，而且还发挥了历史规律性的思想，尽管他对这种规律性的解释完全是唯心主义的、错误的。克罗齐认为，黑格尔的唯心主义还不够彻底，索性把历史说成是人的主观活动的产物，从而为某些人曲解和伪造历史提供理论依据。

克罗齐还批评黑格尔的自然哲学，认为黑格尔的自然哲学和谢林的自然哲学一样，都错误地把精确科学（即自然科学）看作半哲学，而要把它们融摄在哲学中，他还批评了黑格尔以为自然没有历史的主张。

克罗齐的批评在一定的意义上来说是正确的，黑格尔的自然哲学虽然包含着一些辩证思想，但整个说来是不科学的，如同他的整个哲学体系一样，它的出发点是唯心主义的，它的体系是任意构成的。他的许多论断在现代科学看来甚至是可笑的，他想用自然哲学来融摄自然科学的妄想，即使在当时的自然科学发展水平下也是不能实现的。

但是，把自然界都看成心灵的产物的主观唯心主义者克罗齐绝不比黑格尔高明，他虽然以帮自然科学争取权利的斗士姿态出现，但这并不能证明他是自然科学的拥护者。他既然把自然看作方便假设，把自然科学看作理智的虚构，宣传主观主义和神秘主义，就根本谈不上什么科学精神。

　　克罗齐批评黑格尔的二元论也是从主观唯心主义出发的，他认为，黑格尔未能克服二元论，这种二元论表现在理念转为自然的过程中。产生这种二元论的原因，照他说来，在于黑格尔的绝对唯心主义，由于犯了严重的逻辑上的错误，因而被束缚于未被克服的二元论中，不能自拔"。

　　应该指出，马克思也批评了黑格尔的二元论，但马克思是从辩证唯物主义出发的，马克思在《黑格尔哲学批判》中指出："黑格尔不是把普遍物看做一种现实的有限物（即现存的固定物）的现实本质……这正是二元论。"[1] 因此，马克思认为黑格尔的二元论在于他把普遍和个别割裂开来，把它们对立起来，而实际上普遍是寓于个别之中的，它只能在个别中存在。克罗齐所谓黑格尔的二元论，其实并不是什么二元论，只不过是客观唯心主义而已。克罗齐实际上是批评黑格尔的唯心主义不够彻底，没有像他那样用主观唯心主义精神来把自然"消灭"掉，因此这个批评是从右面来的批评。

　　最后我们来对克罗齐的《黑格尔哲学中的活东西和死东西》一书作一个简短的结论：克罗齐的所谓活东西实质上就是黑格尔哲学的唯心主义糟粕；而克罗齐对黑格尔的批评的实质则在于：用形而上学来代替辩证法，用主观唯心主义来代替客观唯心主义，用反理性的神秘的直觉主义来代替理性主义。

---

　　① 《马克思恩格斯全集》第 1 卷，第 273 页。

# 马克思恩格斯对黑格尔哲学的
# 批判与哲学遗产继承问题

　　近几年来，我国哲学界关于在哲学史研究中，对如何继承遗产的问题，进行过多次讨论。在讨论中曾涉及如何对待在历史上有过巨大影响的唯心主义哲学学派（如黑格尔哲学）的问题。毫无疑问，彻底弄清这个问题，对改进哲学史的研究工作具有重要意义。大家都知道，马克思和恩格斯对黑格尔作了全面、系统、深刻的批判，是科学地解决哲学遗产继承问题的最光辉的榜样。学习和研究马克思和恩格斯对黑格尔哲学的批判，可以使我们具体体会到什么是继承遗产应有的科学态度和科学方法，从而提高哲学史研究工作的水平。

　　马克思和恩格斯对黑格尔哲学的批判，散见于他们的许多著作中，在这里我们只涉及其中最重要的几部著作。

　　写于1843年夏的《黑格尔法哲学批判》这一部未完成的著作，可说是马克思根据历史唯物主义原则系统地批判黑格尔的最初的尝试。在这部著作中，马克思深刻地批判了黑格尔的唯心主义的神秘思想，特别着重批判了黑格尔的国家和社会学说。写于这部手稿之后的"导言"表明，他已经彻底摆脱了黑格尔唯心主义哲学的影响，在历史上第一次提出了无产阶级革命哲学的任务。

　　马克思和恩格斯开始伟大的合作以后共同写成的第一部著作《神圣家族》，对青年黑格尔派展开了进攻，同时也批判了黑格尔的唯心主义，但对黑格尔辩证法中的合理因素则作了公正的评价。

　　马克思在1844年所写的《1844年经济学—哲学手稿》，特别是其中最后的一章："黑格尔辩证法和哲学一般的批判"，考察了黑格尔的辩证法，对其中的神秘主义成分作了尖锐批判，同时也拟定了改造这种辩证法的基本要点。

马克思和恩格斯在 1845—1846 年间合写的《德意志意识形态》，完成了对以鲍威尔和施蒂纳为代表的青年黑格尔派的批判，彻底粉碎了黑格尔的唯心主义哲学，到这时，马克思和恩格斯对黑格尔的批判已经基本完成。

马克思在另一部早期著作《哲学的贫困》（1846—1847 年）中，不仅概括地叙述和批判了黑格尔的唯心主义辩证法，并且揭露了无政府主义者蒲鲁东对黑格尔辩证法的歪曲和庸俗化。

恩格斯在 1878 年写成的《反杜林论》以及在 1873—1883 年间所作的札记《自然辩证法》，都对黑格尔的辩证法作了极其重要的研究，对它进行了唯物主义的根本改造，阐明了辩证法的基本规律。

恩格斯的最重要的著作之一《路德维希·费尔巴哈与德国古典哲学的终结》（1888 年），全面地总结了马克思主义创始人对黑格尔哲学的关系与态度，系统地评述了黑格尔在哲学史上应占的地位，并且深刻地揭露了黑格尔的辩证方法和唯心主义体系之间的矛盾。

当然，马克思和恩格斯对黑格尔的批判不仅限于上面所提到的这些著作，在其他许多著作中，例如在马克思的《资本论》和恩格斯的《论马克思的〈政治经济学批判〉》中，都能找到对黑格尔哲学的极其深刻的阐述和批判。

马克思和恩格斯是怎样批判黑格尔哲学的呢？对我们今天的哲学工作者和哲学史工作者又有什么教益呢？

第一，我们必须指出，马克思和恩格斯的批判的出发点是最彻底的唯物主义原则，如果不以唯物主义为基础，那么，便根本说不上对黑格尔哲学的任何真正的批判和改造。恩格斯在谈到应该如何发展科学的问题时指出："黑格尔的方法在其现有形式上是完全不适用的。它实质上是唯心的，而这里却需要发挥一种比过去所有一切世界观都更唯物的世界观。它是从纯粹的思维出发的，而这里却必须从最顽强的事实出发。"① 马克思和恩格

① 《马克思恩格斯文选》第 1 卷，第 349 页。

斯正是"从最顽强的事实出发",才彻底摧毁了黑格尔的整个唯心主义体系。

大家都知道,黑格尔是一个客观唯心主义者。在黑格尔看来,整个自然界是从绝对理念中派生出来的,是绝对理念的"异在"。他说:"精神是自然的真理,因而是自然的绝对第一性。自然消逝在它的这种真理里面,而精神归结为达到其自为存在的理念,理念的客体和主体皆同是概念。"① 又说:"绝对者是精神;这是关于绝对者的最高定义。"② 于是,一切都被颠倒过来了。因此在黑格尔那里,辩证法仅仅是"纯思维的辩证法"(马克思语),而不是客观的事物发展和运动的规律在人的头脑中的反映。至于他的整个唯心主义体系,也就不能不是虚构的、独断的、神秘主义的臆造。

马克思主义创始人对黑格尔的批判,首先针对着作为整个黑格尔体系的基础的唯心主义原则。马克思在批判黑格尔的法哲学时,一开始就抓住了问题的实质,他指出,黑格尔"把身为理念的主体的东西当成理念的产物,当成理念的谓语。他不是从对象中发展自己的思想,而是按照做完了自己的事情并且是在抽象的逻辑领域中做完了自己的事情的思维的样式来制造自己的对象"③。所以马克思说,逻辑的泛神论的神秘主义在黑格尔法哲学里已经暴露无遗;黑格尔不是用逻辑论证国家,而是用国家论证逻辑;不是使思想适应于国家的本性,而是使国家适应于现成的思想。因此,黑格尔对国家制度的神秘分析,使人得到的不是国家制度的概念,而是概念的制度。

这种神秘主义同样也表现在黑格尔的历史哲学里,正像马克思所指出的:"黑格尔历史观的前提是抽象的或绝对的精神,这种精神正在以下面这种方式发展着:人类仅仅是这种精神的有意识或无意识的承担者,即群众。因此,思辨的、奥秘的历史在经验的、明显的历史中的发生是黑格尔一手促成的。人类的历史变成了抽象的东西的历史,因而对现实的人说

① 黑格尔:《精神哲学》。
② 同上书。
③ 《马克思恩格斯全集》第 1 卷,第 259 页。

来，也就是变成了人类的彼岸精神的历史。"①

马克思在《神圣家族》一书第五章第二节《思辨结构的秘密》中，深刻地揭露了黑格尔唯心主义的认识论根源，这种根源就在于：黑格尔把一般的概念、观念、抽象变成了独立的本质，绝对主体，现实的创造者。马克思用生动的例子说明，在黑格尔看来，"果实"这个概念并不是苹果、梨、扁桃等具体事物的抽象概括，而是这些具体事物的"真正的本质"、"实体"，每一个单个的果实却反而成为"实体的、即绝对果实的特殊化身"。因此，马克思讽刺地说黑格尔"完成了一个奇迹"："他从'一般果实'这个非现实的、理智的本质造出了现实的自然的实物——苹果、梨等，就是说，他从他自己的抽象的理智……中创造出这些果实。"② 马克思一针见血地指出："这种办法，用思辨的话来说，就是把实体了解为主体，了解为内部的过程，了解为绝对的人格。这种了解方式就是黑格尔方法的基本特征。"③

马克思的辩证法和黑格尔的辩证法之所以是对立的，归根结底来说，就在于唯物主义和唯心主义是完全对立的，正像马克思在《资本论》第二版跋中所指出的："我的辩证法，在基础上就不只与黑格尔的辩证法不同，并且是它的正相反对。在黑格尔，思维过程——他在'观念'的名称下，把它转化为一个独立的主体——是现实界的创造主，现实只是它的外部现象。反过来，在我，观念不外是在人类头脑中变位了变形了的物质。"④ 这就是说，黑格尔的辩证法是建立在唯心主义基础上的，把精神看成是第一性的，而马克思的辩证法是建立在唯物主义基础上的，把物质看成是第一性的。黑格尔哲学中的方法和体系是紧密联系在一起的，二者都是神秘的。只有从马克思主义的辩证唯物主义观点出发，对黑格尔哲学进行具体的分析批判，才能真正达到取其精华，弃其糟粕的目的。

马克思对黑格尔法哲学的批判的伟大功绩，就在于历史唯物主义的发现，"并不是人们的意识决定人们的存在，恰好相反，正是人们的社会存

---

① 《马克思恩格斯全集》第2卷，第108页。
② 同上书，第74—75页。
③ 同上书，第75页。
④ 马克思:《资本论》第1卷，第17页。

在决定人们的意识"①。大家都知道，马克思主义以前的唯物主义者，在历史和社会领域方面都是唯心主义者，马克思对历史唯物主义的发现，不仅使社会科学真正变成了一门科学，并且给予唯心主义以致命的打击，正像恩格斯所指出的："人们的意识决定于人们的存在而不是相反——这个表面上很简单的原理，仔细研究一下，就发现在它的最初的推论中已经触犯了一切唯心主义，连最隐蔽的唯心主义也在内。对于一切历史性的东西的全部传统的和习惯的观点，都给它否定了。"②

唯物主义和唯心主义的斗争，始终是哲学和哲学史的根本问题。任何企图抹杀或冲淡这一根本问题，都不可能正确地解决哲学遗产的继承问题。马克思和恩格斯对黑格尔哲学的批判，可说是一贯地、坚定地、鲜明地站在彻底的唯物主义立场，与唯心主义进行不可调和的斗争，因而才能从根本上对黑格尔哲学进行批判，才能批判地肯定黑格尔哲学中的精华。

因此，马克思和恩格斯对黑格尔哲学的批判所持的彻底的唯物主义立场，是我们在哲学史研究工作中必须遵循和学习的头一条重要原则。

第二，马克思和恩格斯在批判黑格尔时所依据的另一个重要的原则，就是贯彻历史唯物主义的原则，从实际出发，联系当时德国的现实，从发展观点来看黑格尔哲学。

马克思在谈到青年黑格尔派的时候指出："这些哲学家没有一个想到要提出关于德国哲学和德国现实的联系问题，关于他们所作的批判和他们自身的物质环境之间的联系问题。"③青年黑格尔派完全缺乏历史观点，他们仅限于作抽象的议论，因而受到了马克思和恩格斯的严厉批评。

新黑格尔派也竭力抹杀黑格尔与他当时的历史条件的联系，例如克罗齐就公然主张把作为历史人物的黑格尔和哲学家黑格尔区别开。据他说，一切我们可以从其中引申出一种历史地被确定的政治态度的东西，都不是纯粹的哲学真理，因为作为哲学家的黑格尔是代表纯粹的哲学真理的，因此是超政治的，超阶级的，超时代的。

---

① 马克思：《政治经济学批判》，人民出版社 1955 年版，第Ⅱ页。
② 同上书，第 176 页。
③ 《德意志意识形态》，《马克思恩格斯全集》第 3 卷，第 23 页。

马克思主义创始人的这种思想，早在《黑格尔法哲学批判》一书中就已开始形成，而在《德意志意识形态》一书中则进一步从多方面加以深刻地论证。马克思在《黑格尔法哲学批判导言》中曾明确指出德国的哲学是德国历史在观念上的继续，黑格尔的法哲学是反映当时德国社会制度的历史产物，因此对黑格尔法哲学的批判，"不但是对现代国家和对同它联系着的现实的批判性分析，而且也是对到目前为止的德国政治意识和法意识的整个形式的最彻底的否定"。① 这说明马克思的批判是紧密地贯彻着历史唯物主义的原则和理论与实际相结合的原则。马克思不是为批判而批判，而是为了彻底否定当时德国的反动政治意识和法意识而进行批判的。

恩格斯在《自然辩证法》里也曾指出过："每一时代的理论的思维（我们这一时代的理论的思维也是如此）都是一种历史的产物"，强调在对待任何哲学思想同时，都不可忘记它的历史条件。以黑格尔的自然哲学为例，恩格斯说："自然科学的反对黑格尔的论战，只要对黑格尔一般地了解得正确，那么它反对的目标就只有这两点，即反对唯心论的出发点和反对违背着事实任意地构成体系。把这一切除开之后，还剩下黑格尔的辩证法。"② 在另外的著作里，恩格斯还说过：不能够要求黑格尔哲学去研究那还没有由当时的自然科学提到日程上的问题。

我们必须强调，所谓历史唯物主义观点绝不是纯客观主义态度，纯客观主义态度是没有的、也是不可能有的，它实质上只不过是资产阶级观点的一种比较隐蔽的形式，用这种态度去研究哲学史的结果，往往是贬低唯物主义的意义，为唯心主义辩护。历史唯物主义观点与阶级观点不仅毫无矛盾，而且还是密切结合的。不站在无产阶级的立场上，就不能客观地、历史地研究问题；不采取历史唯物主义的观点，就不能科学地确定无产阶级的利益所在。

马克思和恩格斯在批判黑格尔的时候，就是把这二者密切结合在一起的。马克思和恩格斯站在无产阶级的革命立场上，从无产阶级革命利益出发，在黑格尔哲学中发现了不少有价值的、合理的东西，对黑格尔的历史

① 《马克思恩格斯全集》第 1 卷，第 459—460 页。
② 《自然辩证法》，第 27 页。

功绩作了极高的评价，对黑格尔的错误作了科学的、合乎客观历史条件的批判。

例如，恩格斯在《社会主义由空想发展为科学》中考察了形而上学方法和辩证法的历史发展后，对黑格尔哲学作了以下的评价："这个新的德意志哲学于黑格尔的体系中达到了登峰造极的地步，黑格尔的最大功绩是在于他第一个把整个自然的、历史的及精神的世界想象成一种过程，即认为它处在不断的运动、变化、改造和发展中，并且曾企图发现出这种运动和发展的内在联系……至于黑格尔体系没有解决它所提出的这个任务，在这里我们认为没有什么重要；它的历史功绩是在于它提出了这个任务。"① 接着恩格斯又解释了黑格尔不能解决这个任务的原因。在恩格斯看来，黑格尔受到自己知识的限制、时代的知识和见解的限制，这是两个不可忽视的原因，此外还有第三个更重要的原因，那就是黑格尔是个唯心主义者。因此一切都被他弄颠倒了，世界现象的真实联系被曲解了。恩格斯还深刻地指出了黑格尔体系所包含着的不可救药的内在矛盾，即："一方面，它的重要前提，是将人类历史看作一个发展过程，这个过程按其本性是不能在发现所谓绝对真理中达到精神的顶峰的；但是，在另一方面，黑格尔体系又妄想成为这个绝对真理的顶峰。"② 恩格斯对黑格尔的这一个总结性的评价，向我们提供了用历史唯物主义观点来研究哲学史的范例，既肯定了黑格尔的历史功绩，也说明了黑格尔的局限性和片面性，尤其值得注意的是，恩格斯明确地指出了黑格尔哲学的内在矛盾。恩格斯这种分析所表现出的高度科学性和概括性，是值得我们好好学习的。

因此，马克思和恩格斯对黑格尔哲学的批判所持的历史唯物主义的观点，是我们在哲学史研究工作中必须遵循和学习的第二条重要原则。

第三，马克思和恩格斯对黑格尔哲学的批判，在方法上，可说是运用辩证法分析问题的典范，最善于抓住问题的本质，因而常常得出黑格尔本人由于唯心主义的束缚而不可能达到的革命结论。

马克思的《黑格尔法哲学批判》及其导言，是运用辩证法批判并且超

---

① 《马克思恩格斯文选》第 2 卷，第 133 页。
② 同上书，第 133—134 页。

出黑格尔哲学的杰出范例，这在前面已经谈过了，这里就不再赘述。现在我们以恩格斯的《路德维希·费尔巴哈与德国古典哲学的终结》为例，来说明一下我们上述的看法。

大家都知道，恩格斯在这本书中不仅指出了黑格尔哲学的真实意义和革命性质，以及黑格尔哲学的内在矛盾，并且像马克思一样，作出了超出黑格尔哲学的革命结论。例如，关于黑格尔的有名原理——"凡是现实的都是合理的；凡是合理的都是现实的"，恩格斯一方面指出，这个原理，显然是替现存的一切作辩护，是在哲学上替专制政体祝福，替警察式的国家祝福，替服从国王救命的诉讼手续祝福，替书报检查制度祝福的。另一方面，他又指出："黑格尔的这个原理，由于黑格尔的辩证法本身，就转化为自己的反面：凡人类历史领域内的一切现实的东西，随着时间的推移，都会变成不合理的东西……按照黑格尔思想方法的各种条规，凡是现实的东西都合乎理性这个原理，就变为另一个原理：凡是现存的一切，都是应当灭亡的。"① 同时，恩格斯还说明了黑格尔所谓现实的并非指现存的一切而言，在黑格尔看来，只有具有必然性的东西才是现实的。近视的政府和近视的自由派，都由于不了解黑格尔这一原理的实质，因而前者盲目地表示感谢，后者盲目地表示愤怒。

为什么黑格尔自己得不出革命的结论来呢？恩格斯说，这是因为黑格尔和其同时代的歌德一样，既伟大又庸俗，未能完全脱去德国的庸人气味。恩格斯还指出：黑格尔为了建立一个体系，便需要臆造一个所谓永久真理。于是便"使革命方面闷死在过分增长的保守方面的重压之下了"②。可是，不管怎样，必须承认"黑格尔完成了哲学：一方面，因为他的体系是集以往的哲学全部发展的大成；另一方面，因为他本人（虽是不自觉地）给我们指出了一条走出体系的迷宫而达到真正切实地认识世界的道路"③。因此，恩格斯的结论是："应该从黑格尔哲学的本来意义上'扬弃'它，就是说，要用批判方法消灭它的形式，而救出它所获得的新的内

① 恩格斯：《路德维希·费尔巴哈与德国古典哲学的终结》，人民出版社1957年版，第4—5页。
② 同上书，第7页。
③ 同上书，第9页。

容。"① 马克思和恩格斯对黑格尔哲学的批判，彻底实现了恩格斯所说的这一任务，对黑格尔哲学作了最彻底的扬弃。这说明要想批判地继承，就必须真正摆脱唯心主义的束缚，就必须学会辩证地分析问题。

大家都知道，马克思和恩格斯既反对束缚在黑格尔哲学的糟粕中，反对非批判的烦琐主义态度；也反对对有过巨大影响的哲学，简单地加以否定。

马克思在《1844 年经济学—哲学手稿》中曾经指出，青年黑格尔派虽然自认为对黑格尔进行批判，却根本没有超出黑格尔的范围，他说，近代批判对于它自己与黑格尔哲学，特别是与辩证法的关系是那样地没有意识到，以致批判者如施特劳斯和布鲁诺·鲍威尔，前者是完全地被束缚在黑格尔的逻辑学之内，而后者在他的《三福音书著者》一书里……尤其在《揭穿了的基督教》一书里至少就实质说是完全被束缚在黑格尔的逻辑学之内。还说鲍威尔的有些说法，"与黑格尔的看法在词句方面连一点区别也看不出来，却是逐字逐句地在重复黑格尔的话"。②

在《神圣家族》中，马克思还指出，施特劳斯和鲍威尔关于实体和自我意识的争论，是在黑格尔的思辨范围之内的争论，"施特劳斯和鲍威尔两人十分彻底地把黑格尔的体系应用于神学。前者以斯宾诺莎主义为出发点，后者则以费希特主义为出发点。他们两人都就上述两个因素之中的每一个因素在黑格尔那里由于另一个因素的渗入而被歪曲这一点批判了黑格尔，可是他们使每一个因素都获得了片面的、因而是彻底的发展。因此，他们两人在自己的批判中都超出了黑格尔哲学的范围，但同时他们两人都继续停留在黑格尔思辨的范围内，而他们之中无论哪一个都只是代表了黑格尔体系的一个方面"③。

另一方面，马克思和恩格斯也不赞成像费尔巴哈完全抛弃黑格尔哲学的错误做法。恩格斯说："费尔巴哈打破了黑格尔的体系，干脆把它抛弃了。但是宣布这个哲学是错误的，还不等于制服了这一哲学。像这样对民

---

① 恩格斯：《路德维希·费尔巴哈与德国古典哲学的终结》，人民出版社 1957 年版，第 12 页。
② 马克思：《黑格尔辩证法和哲学一般的批判》，第 6—7 页。
③ 《马克思恩格斯全集》第 2 卷，第 177 页。

族的精神发展有过巨大影响的黑格尔哲学，是绝不能靠简单地置之不理的办法就可以排除的。"①

不注意区别精华与糟粕，不管是肯定不应肯定的东西或是否定不应否定的东西，从方法论上说，都是一种形而上学的表现。

恩格斯曾经指出："马克思曾经是而且现在还是这样唯一的一个人，他能承担起重大任务来从黑格尔的逻辑学中取出那包含有黑格尔在这方面所作真正发现的内核，从而恢复辩证法，除去它的唯心主义的外壳而赋予它以使它成为唯一正确思想发展形式的纯朴形态。"② 是这样的，黑格尔的辩证法并没有在黑格尔学派手里得到发展，因为他们"不知道可用它干些什么"（恩格斯语），只有马克思主义的创始人才真正理解辩证法的本质和意义。

在新黑格尔派那里，辩证法也完全被遗忘了，或是被阉割和曲解了。新黑格尔派竭力抹杀黑格尔辩证法中关于矛盾和发展的思想，绝口不谈质量互变的规律和发展中的飞跃，千方百计地想把辩证法局限于概念或"感情"的范围内，而在根本上则用破损不堪的形而上学来代替辩证法。

因此，马克思和恩格斯对黑格尔哲学的批判所应用的辩证方法，是我们在哲学史研究工作中必须遵循和学习的第三条重要原则。

毫无疑问，在哲学史的研究工作中，只有具体地贯彻了上述各项原则，才真正称得上是有科学性、有战斗性的研究。只有这样地进行研究，才能正确地解决哲学遗产的继承问题，才能真正达到古为今用的目的。

（原载 1961 年 4 月 28 日《光明日报》）

① 恩格斯：《路德维希·费尔巴哈与德国古典哲学的终结》，第 12 页。
② 《马克思恩格斯文选》第 1 卷，第 350 页。